D1750697

Vahlens Handbücher
der Wirtschafts- und Sozialwissenschaften

Betriebswirtschaftliches Rechnungswesen

Band 2: Kosten- und Leistungsrechnung sowie kalkulatorische Bilanz

von

Dr. Helmut Kurt Weber

ord. Professor an der Georg-August-Universität Göttingen

und

Dr. Silvia Rogler

ord. Professorin an der Technischen Universität Bergakademie Freiberg

4., vollständig überarbeitete und erweiterte Auflage

Verlag Franz Vahlen München

**VERLAG
VAHLEN
MÜNCHEN**
www.vahlen.de

ISBN 3 8006 1753 6

© 2006 Verlag Franz Vahlen GmbH, Wilhelmstr. 9, 80801 München
Satz: DTP-Vorlagen der Autoren
Druck und Bindung: Druckhaus „Thomas Müntzer" GmbH
Neustädter Str. 1–4, 99947 Bad Langensalza
Gedruckt auf säurefreiem, alterungsbeständigem Papier
(hergestellt aus chlorfrei gebleichtem Zellstoff)

Vorwort zur vierten Auflage

1) Nach der fünften Auflage des ersten Bandes „Bilanz sowie Gewinn- und Verlustrechnung" wird hiermit die vierte Auflage des zweiten Bandes unter dem erweiterten Titel „Kosten- und Leistungsrechnung sowie kalkulatorische Bilanz" vorgelegt.

2) Im „Einführenden Teil" wird die Stellung der Kosten- und Leistungsrechnung sowie der kalkulatorischen Bilanz im Betriebswirtschaftlichen Rechnungswesen skizziert. Nach Klärung des Begriffs werden mehrere Arten von Kosten- und Leistungsrechnungen unterschieden sowie ihre Zwecke diskutiert.

3) Im „Hauptteil" wird nicht, wie üblich, nach Kostenarten-, Kostenstellen- und Kostenträgerrechnung gegliedert, sondern nach den vorher herausgearbeiteten Zwecken der Kosten- und Leistungsrechnung vorgegangen: den betriebsbezogenen, produktbezogenen, abteilungsbezogenen und produktionsfaktorbezogenen.

4) Der Abschnitt I ist der betriebsbezogenen Kosten- und Leistungsrechnung gewidmet, die die Grundlage für die anderen Rechnungen bildet. Es werden die Größen des kalkulatorischen Vermögens und Kapitals diskutiert sowie ihre Darstellung in einer kalkulatorischen Bilanz, ebenso wie die Größen der Kosten und Leistungen sowie deren Darstellung in einer Betriebsergebnisrechnung.

5) Anschließend erfolgt die Hinwendung zum Hauptfall der Kosten- und Leistungsrechnung, zur produktbezogenen Kostenrechnung. In Abschnitt II wird die klassische Ausprägung derselben, die vollständig stückbezogene Kostenrechnung, die sog. Vollkostenrechnung, behandelt. Dabei liegt der Schwerpunkt der Darstellung auf der, wegen der komplexen Produktionsverhältnisse, in der betrieblichen Praxis dominierenden Zuschlagskostenrechnung. Wie eine solche Kostenrechnung durchzuführen ist, wird zunächst zweckneutral gezeigt. Dann wird auf die einzelnen mit der produktbezogenen Kostenrechnung verfolgten Zwecke abgestellt.

6) In Abschnitt III wird die neuere Ausprägung der produktbezogenen Kostenrechnung, die teilweise stückbezogene Kostenrechnung, die sog. Teilkostenrechnung, behandelt. Ausgehend von der Kritik der Teilkostenrechnung an der Vollkostenrechnung werden die wichtigsten Systeme der Teilkostenrechnung dargestellt: das Direct Costing, die stufenweise Fixkostendeckungsrechnung sowie die Einzelkosten- und Deckungsbeitragsrechnung. Dann werden die genannten Systeme im Hinblick auf ihren Aussagewert für unternehmerische Entscheidungen beurteilt.

7) Der Abschnitt IV ist der abteilungsbezogenen Kostenrechnung gewidmet, die häufig schon als Bindeglied zwischen der betriebsbezogenen Kostenrechnung und der produktbezogenen Kostenrechnung benötigt wird, der aber auch eine eigen-

ständige Bedeutung zukommt. Nach der Diskussion der hierzu in der Literatur vorgeschlagenen Möglichkeiten wird das umfassendste und für die betriebliche Praxis bedeutsamste System behandelt: die flexible Vollplankostenrechnung.

8) In Abschnitt V wird als Gegenstück zur produktbezogenen Kostenrechnung die produktionsfaktorbezogene Kostenrechnung behandelt.

9) Gegenüber der vorhergehenden Auflage hinzugekommen ist Abschnitt VI, in dem als jüngste Erscheinungsformen der Kostenrechnung betrachtet werden: die Prozesskostenrechnung, die Zielkostenrechnung und die Umweltkostenrechnung.

Mit der Prozesskostenrechnung soll eine genauere Verrechnung der Gemeinkosten erreicht werden, indem diese nicht, wie in der Zuschlagskostenrechnung üblich, auf Basis der Einzelkosten, sondern auf der Grundlage von in Anspruch genommenen Prozessen auf die Mengeneinheiten verrechnet werden.

Die Zielkostenrechnung schlägt den umgekehrten Weg zum sonst Üblichen ein. Sie geht nicht von den Kosten aus, um aus diesen einen Preis abzuleiten, sondern geht vom Preis aus und schließt von diesem zurück auf die Kosten.

Die Umweltkostenrechnung kann man als abfallbezogene Kostenrechnung der betriebsbezogenen, abteilungsbezogenen, produktbezogenen und produktionsfaktorbezogenen Kostenrechnung an die Seite stellen. Ausgehend von ihren Zwecken, Einbeziehung der Kosten der Abfallbehandlung in die Produktkosten und Wahl der Alternativen bei der Abfallbehandlung, werden ihre Gestaltungsmöglichkeiten diskutiert.

10) Im „Abschließenden Teil" wird die Stellung des Rechnungswesens im einzelnen Wirtschaftsbetrieb charakterisiert ebenso wie die Stellung des Rechnungswesens in der Betriebswirtschaftslehre.

11) Diese Schrift ist für Studierende wirtschaftswissenschaftlicher Studiengänge, wie Betriebswirtschaftslehre, Volkswirtschaftslehre, Wirtschaftspädagogik, Wirtschaftsrecht, Wirtschaftsingenieurwesen sowie Wirtschaftsinformatik, konzipiert, sie soll aber auch den in der Wirtschaftspraxis tätigen Kaufleuten, Juristen, Technikern und Informatikern Anregungen geben.

12) Als Autorin ist hinzugekommen Frau Silvia Rogler, Professorin der Betriebswirtschaftslehre an der Technischen Universität Bergakademie Freiberg, die mich als meine damalige Mitarbeiterin auch schon bei der 3. Auflage tatkräftig unterstützt hat.

Dank gebührt der Georg-August-Universität Göttingen, die auch einem Emeritus noch Arbeitsmöglichkeiten einräumt.

Göttingen, im November 2005   Helmut Kurt Weber

Inhaltsverzeichnis

Vorwort V

Einführender Teil

1. Die Kosten- und Leistungsrechnung
   im Rahmen des Betriebswirtschaftlichen Rechnungswesens 1
2. Begriff und Arten der Kosten- und Leistungsrechnung 5
3. Verpflichtung zur Kosten- und Leistungsrechnung 7
4. Zwecke der Kosten- und Leistungsrechnung 9

Hauptteil:
Die Kosten- und Leistungsrechnung sowie die kalkulatorische Vermögens- und Kapitalrechnung

I. Die betriebsbezogene Kosten- und Leistungsrechnung 15
   1. Aufstellung der kalkulatorischen Vermögens- und Kapitalrechnung ... 15
      1.1. Begriff und Abgrenzung des kalkulatorischen Vermögens 15
      1.2. Gliederung des kalkulatorischen Vermögens 19
      1.3. Bewertung des kalkulatorischen Vermögens 19
      1.4. Begriff und Abgrenzung sowie Gliederung und Bewertung
           des kalkulatorischen Kapitals 22
   2. Durchführung der Kosten- und Leistungsrechnung 26
      2.1. Begriff und Abgrenzung der Kosten 26
      2.2. Begriff und Abgrenzung der Leistungen 37
      2.3. Gliederung der Kosten 42
      2.4. Gliederung der Leistungen 45
      2.5. Bemessung der Kosten und Leistungen 47
      2.6. Gegenüberstellung der Kosten und Leistungen 47
   3. Aussagewert der betriebsbezogenen Kosten- und Leistungsrechnung 52

II. Die produktbezogene und vollständig stückbezogene Kostenrechnung
    (Vollkostenrechnung) 54
    1. Problemstellung 54
    2. Kostenrechnung bei Produktion einer Mengeneinheit eines Produkts
       (Additionskostenrechnung) 55
    3. Kostenrechnung bei Produktion mehrerer Mengeneinheiten eines
       Produkts (Divisionskostenrechnung) 56

4. Kostenrechnung bei Produktion mehrerer gleichartiger Produkte (Äquivalenzziffernkostenrechnung).. 59
5. Kostenrechnung bei Produktion mehrerer verschiedenartiger Produkte (Zuschlagskostenrechnung) 62
   5.1. Problemstellung und mögliche Vorgehensweisen 62
   5.2. Begriff der Zuschlagskostenrechnung 64
   5.3. Arten der Zuschlagskostenrechnung 65
   5.4. Bestandteile der Zuschlagskostenrechnung 67
   5.5. Durchführung der Zuschlagskostenrechnung 69
       5.5.1. Rechnungsschritte zu Beginn der Rechnungsperiode........... 70
           5.5.1.1. Festlegung der Kostenträger...................................... 70
           5.5.1.2. Bildung von Einzelkostenarten und Gemeinkostenarten.. 71
           5.5.1.3. Bildung von Kostenstellen zur Gemeinkostenverrechnung..................................... 76
       5.5.2. Rechnungsschritte während und am Ende der Rechnungsperiode... 78
           5.5.2.1. Erfassung der von den Produkten produzierten und abgesetzten Mengen.. 78
           5.5.2.2. Erfassung der Kostenbeträge der einzelnen Kostengüterarten.. 79
           5.5.2.3. Erfassung der Kostenbeträge der Einzelkostenarten Mengeneinheit für Mengeneinheit der Produkte.. 79
           5.5.2.4. Erfassung der Kostenbeträge der Gemeinkostenarten Kostenstelle für Kostenstelle........... 82
           5.5.2.5. Verrechnung der Gemeinkosten von Kostenstelle zu Kostenstelle.................................... 83
               5.5.2.5.1. Sukzessive Verrechnung 84
               5.5.2.5.2. Simultane Verrechnung..................... 87
           5.5.2.6. Verrechnung der Gemeinkosten von den Kostenstellen auf die Mengeneinheiten der Produkte... 94
           5.5.2.7. Addition der Einzelkosten und Gemeinkosten Mengeneinheit für Mengeneinheit der Produkte... 101
   5.6. Zwecke der Zuschlagskostenrechnung 104
       5.6.1. Kalkulation bei Auftragsfertigung.. 104
           5.6.1.1. Vorkalkulation zur Bemessung der Preisforderung... 104
           5.6.1.2. Vorkalkulation für die Wahl zwischen Auftragsannahme und Auftragsablehnung 109
           5.6.1.3. Vorkalkulation zur Vermeidung von Kostenüberschreitungen 109

	5.6.1.4.	Nachkalkulation zur Ermittlung von etwaigen Kostenüberschreitungen sowie von Auftragsergebnissen 109

- 5.6.1.4. Nachkalkulation zur Ermittlung von etwaigen Kostenüberschreitungen sowie von Auftragsergebnissen 109
- 5.6.1.5. Nachkalkulation zur Preisfindung 110
- 5.6.1.6. Nachkalkulation zur Bewertung von fertigen und unfertigen Erzeugnissen 112
- 5.6.2. Kalkulation bei Lagerfertigung 113
  - 5.6.2.1. Vorkalkulation zur Bemessung der Preisforderung 113
  - 5.6.2.2. Vorkalkulation für die Wahl zwischen Herstellung und Nicht-Herstellung 118
  - 5.6.2.3. Vorkalkulation zur Vermeidung von Kostenüberschreitungen 118
  - 5.6.2.4. Nachkalkulation zur Ermittlung von etwaigen Kostenüberschreitungen sowie von Produktergebnissen 118
  - 5.6.2.5. Nachkalkulation zur Preisfindung 120
  - 5.6.2.6. Nachkalkulation zur Bewertung von fertigen und unfertigen Erzeugnissen 120
6. Kostenrechnung bei Produktion mehrerer zwangsläufig zusammen anfallender Produkte (Kuppelproduktionskostenrechnung) 124

III. Die produktbezogene und teilweise stückbezogene Kostenrechnung (Teilkostenrechnung) 129
1. Kritik der Teilkostenrechnung an der Vollkostenrechnung 129
   - 1.1. Missachtung des unterschiedlichen Charakters der Kosten 131
   - 1.2. Verstoß gegen das Verursachungsprinzip 133
   - 1.3. Fehlentscheidungen 138
   - 1.4. Fehlbewertungen 139
2. Überblick über die Systeme der Teilkostenrechnung 140
3. Das Direct Costing 141
   - 3.1. Rechenschema des Direct Costing 141
   - 3.2. Unterscheidung zwischen variablen und fixen Kosten 146
   - 3.3. Durchführung des Direct Costing 153
   - 3.4. Aussagewert des Direct Costing für unternehmerische Entscheidungen 155
     - 3.4.1. Ablehnung oder Annahme eines Verlustauftrags .....
     - 3.4.2. Nichtbelieferung oder weitere Belieferung eines Verlustkunden 156
     - 3.4.3. Eliminierung oder Beibehaltung eines Verlustprodukts ... 162
     - 3.4.4. Einstellung oder Weiterführung einer Verlustproduktion 163
     - 3.4.5. Entscheidungen gegenteiliger Art 164
     - 3.4.6. Festlegung von Prioritäten unter den Produkten (Engpassanalyse) 169

        3.4.7. Gewinnschwellenanalyse 177
   3.5. Aussagewert des Direct Costing für die Bestandsbewertung 188
        3.5.1. Erfolgsneutralität der Bestandsänderungen 188
        3.5.2. Beachtung des Verursachungsprinzips sowie des
               Prinzips der Bilanzwahrheit 194
        3.5.3. Beachtung des Realisationsprinzips 195
        3.5.4. Behandlung der Kosten der Unterbeschäftigung 197
        3.5.5. Abschließende Stellungnahme 197
4. Die stufenweise Fixkostendeckungsrechnung 197
   4.1. Kritik am Direct Costing 197
   4.2. Rechenschema der stufenweisen Fixkostendeckungsrechnung ... 199
   4.3. Bildung von Fixkostenstufen 201
   4.4. Durchführung der stufenweisen Fixkostendeckungsrechnung 205
   4.5. Aussagewert der stufenweisen Fixkostendeckungsrechnung 205
   4.6. Modifikation der stufenweisen Fixkostendeckungsrechnung 208
5. Die Einzelkosten- und Deckungsbeitragsrechnung 211
   5.1. Kritik an der Verrechnung der Gemeinkosten 211
   5.2. Rechenschema der Einzelkosten- und
        Deckungsbeitragsrechnung 212
   5.3. Bildung von Gemeinkostenstufen 218
   5.4. Durchführung der Einzelkosten- und
        Deckungsbeitragsrechnung 221
   5.5. Aussagewert der Einzelkosten- und
        Deckungsbeitragsrechnung 223

IV. Die abteilungsbezogene Kostenrechnung 225
   1. Zweck der abteilungsbezogenen Kostenrechnung 225
   2. Arten der abteilungsbezogenen Kostenrechnung 226
   3. Flexible Vollplankostenrechnung 229
      3.1. Vorgabe und Kontrolle von Materialeinzelkosten
           (Rohstoffkosten) 229
           3.1.1. Rechungsschritte zu Beginn der Rechnungsperiode 230
                  3.1.1.1. Festlegung der spezifischen Planeinsatzmenge 230
                  3.1.1.2. Festlegung des Planpreises 230
                  3.1.1.3. Errechnung der spezifischen Plankosten 231
                  3.1.1.4. Festlegung der Planproduktionsmenge 231
                  3.1.1.5. Errechnung der Plankosten und Vorgabe 231
           3.1.2. Rechnungsschritte während und am Ende der
                  Rechnungsperiode 232
                  3.1.2.1. Feststellung der Istkosten 232
                  3.1.2.2. Ermittlung der Preisabweichung 233
                  3.1.2.3. Ermittlung der Beschäftigungsabweichung 235
                  3.1.2.4. Ermittlung der Verbrauchsabweichung 236

3.1.2.5. Ermittlung reiner und gemischter
Abweichungen 237
3.2. Vorgabe und Kontrolle von Fertigungseinzelkosten
(Fertigungslohnkosten) 246
3.3. Vorgabe und Kontrolle von Betriebsstoffkosten 247
3.3.1. Rechnungsschritte zu Beginn der Rechnungsperiode 247
3.3.1.1. Festlegung eines Beschäftigungsmaßstabs 247
3.3.1.2. Festlegung des variablen spezifischen Planverbrauchs sowie des fixen Planverbrauchs 247
3.3.1.3. Festlegung des Planpreises 248
3.3.1.4. Errechnung der variablen spezifischen Plankosten sowie der fixen Plankosten 248
3.3.1.5. Festlegung der Planbeschäftigung 248
3.3.1.6. Errechnung der Plankosten und Vorgabe 248
3.3.2. Rechnungsschritte während und am Ende der
Rechnungsperiode 249
3.3.2.1. Feststellung der Istkosten 249
3.3.2.2. Ermittlung der Preisabweichung 249
3.3.2.3. Ermittlung der Beschäftigungsabweichung 249
3.3.2.4. Ermittlung der Verbrauchsabweichung 250
3.3.2.5. Ermittlung reiner und gemischter
Abweichungen 252
3.4. Vorgabe und Kontrolle von Lohn- und Gehaltskosten 252
3.5. Begrenzung oder Senkung der Gemeinkosten 254
3.6. Fortführung der Plankostenstellenrechnung
zu einer Plankostenträgerrechnung 256
3.7. Fortführung der abteilungsbezogenen Kostenrechnung
zu einer Abteilungsergebnisrechnung 258

V. Die produktionsfaktorbezogene Kostenrechnung 262
1. Kalkulation der Preisobergrenze bei Einkauf eines Rohstoffs 262
2. Wahl zwischen einem Lieferanten A und einem Lieferanten B 266
3. Wahl zwischen einem Rohstoff A und einem Rohstoff B 266
4. Wahl der Bestellmenge bei einem Rohstoff 267
5. Wahl zwischen Fremdbezug und Selbsterstellung eines Werkzeugs 269
6. Wahl zwischen einer Produktionsanlage A und
einer Produktionsanlage B 273
7. Wahl zwischen mehreren Produktionsverfahren 274
8. Suche nach der Minimalkostenkombination 276
9. Bewertung von Vermögensgegenständen außer Erzeugnissen 278

VI. Weitere Erscheinungsformen der Kostenrechnung 282
1. Prozesskostenrechnung 282
2. Zielkostenrechnung 293

3. Umweltkostenrechnung ... 302
3.1. Begriff der Umwelt und der Umweltkosten ... 302
3.2. Zwecke der Umweltkostenrechnung ... 304
3.3. Gestaltung der Umweltkostenrechnung zum Zweck der Einbeziehung der Umweltkosten in die Produktkosten ... 305
    3.3.1. Behandlung der Abfallentsorgungs- und Abfallablagerungskosten ... 305
    3.3.2. Behandlung der Abfallverwertungskosten ... 315
    3.3.3. Behandlung der Abfallvermeidungskosten ... 318
3.4. Gestaltung der Umweltkostenrechnung zum Zweck der Alternativenwahl für die Abfallbehandlung ... 320
3.5. Gestaltung der Umweltkostenrechnung zum Zweck der Bemessung von Rückstellungen für die Abfallbehandlung ... 323

Abschließender Teil

1. Das Rechnungswesen im Rahmen des Wirtschaftsbetriebs ... 325
2. Das Rechnungswesen im Rahmen der Betriebswirtschaftslehre ... 330

Abkürzungsverzeichnis ... 333
Abbildungsverzeichnis ... 335
Literaturverzeichnis ... 343
Stichwortverzeichnis ... 355

Einführender Teil

1. Die Kosten- und Leistungsrechnung im Rahmen des Betriebswirtschaftlichen Rechnungswesens

1) Traditionellerweise wird vom betrieblichen Rechnungswesen gesprochen und darunter die ziffernmäßige Erfassung und Zurechnung der betrieblichen Vorgänge verstanden. Hier wird der Begriff des Betriebswirtschaftlichen Rechnungswesens bevorzugt und wie folgt definiert: systematische Ermittlung, Aufbereitung, Darstellung, Analyse und Auswertung von Zahlen (Mengen- und Wertgrößen) über den einzelnen Wirtschaftsbetrieb und seine Beziehungen zu anderen Wirtschaftssubjekten.

2) Üblicherweise werden vier Teilgebiete des Rechnungswesens unterschieden:

   a) Buchhaltung und Bilanz (Zeitrechnung),

   b) Selbstkostenrechnung (Kalkulation, Stückrechnung),

   c) Statistik (Vergleichsrechnung),

   d) Planung (betriebliche Vorschaurechnung)

Die Bezeichnung des in diesem Band zu behandelnden zweiten Teilgebiets mit Selbstkostenrechnung ist antiquiert. Statt von Selbstkosten wird besser nur von Kosten gesprochen. Ergänzend müsste die Leistungsrechnung genannt werden. Die Kalkulation kann nicht der Kostenrechnung gleichgesetzt werden; sie macht nur einen Teil derselben aus. Mit der Bezeichnung Kalkulation wird allein die Kostenträgerrechnung erfasst, die sich als dritte Stufe an die Kostenartenrechnung als erste Stufe und die Kostenstellenrechnung als zweite Stufe anschließt. Die ersten beiden Stufen werden oft unter dem Begriff der Betriebsabrechnung oder Betriebsbuchhaltung zusammengefasst und der Geschäfts- oder Finanzbuchhaltung gegenübergestellt.

Die Charakterisierung als Stückrechnung trifft allenfalls auf die Kalkulation, also auf die Kostenträgerrechnung, zu, nicht jedoch auf die Kostenarten- und die Kostenstellenrechnung sowie auf die Betriebsergebnisrechnung.

3) Gegenüber der üblichen Einteilung des Rechnungswesens wird hier eine solche nach Rechnungsgrößen vorgezogen und unterschieden:

   a) die Einzahlungs- und Auszahlungs- sowie Geldbestandsrechnung,

   b) die Einnahmen- und Ausgaben- sowie Geld- und Kreditbestandsrechnung,

c) die Aufwands- und Ertrags- sowie bilanzielle Vermögens- und Kapitalbestandsrechnung,

d) die Kosten- und Leistungs- sowie kalkulatorische Vermögens- und Kapitalbestandsrechnung.

Mit **Einzahlungen** sind Geldzugänge, mit **Auszahlungen** Geldabgänge gemeint. Mit Hilfe einer Einzahlungs- und Auszahlungsrechnung lassen sich daher die Barzugänge von Kapital (wie Erhalt von Bareinlagen und von Darlehen) und die Barabgänge von Kapital (wie Rückgewähr von Bareinlagen und Tilgung von Darlehen) sowie die Barverkäufe von Gütern und die Bareinkäufe von Gütern erfassen.

Mit **Einnahmen** sind Einzahlungen, Forderungszunahmen und Abnahmen bestimmter Schulden gemeint, mit **Ausgaben** Auszahlungen, Schuldenzunahmen und Abnahmen bestimmter Forderungen. Mit Hilfe einer Einnahmen- und Ausgabenrechnung können daher alle Güterverkäufe (Barverkäufe, Kreditverkäufe und Vorauszahlungsverkäufe) sowie alle Gütereinkäufe (Bareinkäufe, Krediteinkäufe und Vorauszahlungseinkäufe) erfasst werden.

Die Rechnungsgrößen der **Aufwendungen** und der **Erträge** sind vor allem entwickelt worden, damit einerseits der Einsatz und Verzehr von Gütern abgebildet werden kann, andererseits die Ausbringung und Entstehung von Gütern. Aber auch reine Wertänderungen von Gütern und anderen Vermögensgegenständen sowie von Schulden werden unter Aufwendungen und Erträgen subsumiert.

Für die Rechnungsgrößen der **Kosten** und **Leistungen** gilt grundsätzlich das Gleiche wie für Aufwendungen und Erträge, wie noch im Einzelnen gezeigt werden wird. Mit ihrer Hilfe wird jedoch nur der Haupttätigkeitsbereich des jeweils betrachteten Wirtschaftsbetriebs oder ein anderer bestimmter Tätigkeitsbereich abgebildet.

Die Einzahlungs- und Auszahlungsrechnung geht von einer Geldbestandsrechnung zu Beginn einer Periode aus und mündet in eine Geldbestandsrechnung am Ende der Periode. Die Einnahmen- und Ausgabenrechnung wird durch eine Geld- und Kreditbestandsrechnung ergänzt, die Aufwands- und Ertragsrechnung durch eine Vermögens- und Kapitalbestandsrechnung (die hier als bilanzielle bezeichnet werden soll), die Kosten- und Leistungsrechnung durch eine Vermögens- und Kapitalbestandsrechnung (hier kalkulatorische Vermögens- und Kapitalbestandsrechnung genannt). Vgl. Abbildung 1.

1. Die Kosten- und Leistungsrechnung im Rahmen des Bwl. Rechnungswesens

Abbildung 1:
Überblick über die wichtigsten monetären Rechnungen der BWL

	Einzahlungs- und Auszahlungsrechnung	Einnahmen- und Ausgabenrechnung	Aufwands- und Ertragsrechnung	Kosten- und Erlösrechnung
Erfassung ökonomischer Vorgänge	Erfassung aller Geldbewegungen, d. h.: von Geldbewegungen im Zusammenhang mit Geldkapitaltransaktionen, z. B. Erhalt und Rückgewähr von Bareinlagen, Erhalt und Tilgung von Darlehen, sowie von Geldbewegungen im Zusammenhang mit Gütertransaktionen (zeitgenau bei Bareinkäufen und Barverkäufen; zeitversetzt bei unbaren Einkäufen und unbaren Verkäufen)	zeitgenaue Erfassung von Güterbewegungen externer Art, d. h.: von Bareinkäufen und Barverkäufen von Gütern sowie von unbaren Einkäufen und unbaren Verkäufen von Gütern	in erster Linie Erfassung von Güterbewegungen interner Art, d. h.: von Gütereinsatz und Güterentstehung im jeweiligen Betrieb daneben Erfassung von positiven und negativen Differenzen bei Güterbewegungen externer Art sowie von positiven und negativen Differenzen bei Kapitaltransaktionen	in erster Linie Erfassung von Güterbewegungen interner Art, d. h.: von Gütereinsatz und Güterentstehung im Haupttätigkeitsbereich des jeweiligen Betriebs daneben Erfassung von positiven und negativen Differenzen bei Güterbewegungen externer Art

	Einzahlungs- und Auszahlungsrechnung	Einnahmen- und Ausgabenrechnung	Aufwands- und Ertragsrechnung	Kosten- und Erlösrechnung
Zweck der Erfassung	Ermittlung eines Einzahlungs- oder Auszahlungsüberschusses:	Ermittlung eines Einnahmen- oder Ausgabenüberschusses:	Ermittlung eines Ertrags- oder Aufwandsüberschusses, eines bilanziellen Gewinns oder Verlusts:	Ermittlung eines Erlös- oder Kostenüberschusses, eines kalk. Gewinns oder Verlusts:
	zur Beurteilung der Einhaltung der Nebenbedingung der Liquidität	als Grundlage für Entscheidungen über Gütereinkäufe und Güterverkäufe	zur Beurteilung der Erreichung des Gewinn- bzw. Rentabilitätsziels	zur Beurteilung der Erreichung des Gewinn- bzw. Rentabilitätsziels im Haupttätigkeitsbereich
	als Grundlage für Entscheidungen bei überschüssiger oder bei mangelnder Liquidität		als Grundlage für Entscheidungen über Verwendung eines Gewinns oder Behandlung eines Verlusts	als Grundlage für die Ermittlung der gewünschten Verkaufspreise der Produkte und der gewünschten Einkaufspreise der Produktionsfaktoren
	als Grundlage für andere finanzwirtschaftliche Entscheidungen, wie Aufnahme von Eigenkapital oder Fremdkapital		als Grundlage für Bemessung der Steuerlast	als Grundlage für Absatz-, Produktions- und Beschaffungsentscheidungen bei gegebenen Verkaufspreisen und Einkaufspreisen
	als Grundlage für andere Entscheidungen, wie Investition oder Desinvestition		als Grundlage für Entscheidungen beschaffungs-, produktions- und absatzwirtschaftlicher sowie für solche besonderer Art (wie Konzernbildung, Liquidation)	

2. Begriff und Arten der Kosten- und Leistungsrechnung

1) Der Begriff der Kosten- und Leistungsrechnung wird in einem engen und in einem weiten Sinne gebraucht.

2) Mit der **Kosten- und Leistungsrechnung im engen Sinne** ist eine Bewegungsrechnung gemeint, die der handelsrechtlichen und steuerrechtlichen Gewinn- und Verlustrechnung (genauer: der handelsrechtlichen und steuerrechtlichen Aufwands- und Ertragsrechnung) vergleichbar ist.

Die Kosten bilden die negative Komponente, die Leistungen die positive Komponente dieser Rechnung. Statt von Leistungen wird auch von Erlösen gesprochen, statt von der Kosten- und Leistungsrechnung daher auch von der Kosten- und Erlösrechnung.

Die positive Differenz zwischen Leistungen und Kosten kann als kalkulatorischer Gewinn bezeichnet werden, die negative Differenz als kalkulatorischer Verlust.

3) Mit der **Kosten- und Leistungsrechnung im weiten Sinne** ist nicht nur die eben charakterisierte Bewegungsrechnung, sondern auch die dazugehörige Bestandsrechnung gemeint. Der Begriff der Kosten- und Leistungsrechnung wird dann für beide Rechnungen, also pars pro toto, gebraucht.

Diese Bestandsrechnung ist mit der handels- und steuerrechtlichen Bilanz (genauer: der handels- und steuerrechtlichen Vermögens- und Kapitalbestandsrechnung) vergleichbar. Für sie existiert keine gängige Bezeichnung. Man kann von einer kalkulatorischen Vermögens- und Kapitalbestandsrechnung bzw. kurz von einer kalkulatorischen Bilanz sprechen, im Unterschied zur bilanziellen Vermögens- und Kapitalbestandsrechnung.

Das kalkulatorische Vermögen bildet die aktive Komponente, das kalkulatorische Kapital die passive Komponente dieser Rechnung. Das kalkulatorische Vermögen bzw. Kapital wird oft als das betriebsnotwendige Vermögen bzw. Kapital bezeichnet. Zutreffender ist es, vom betriebsbezogenen Vermögen bzw. Kapital zu sprechen oder von dem jeweils betrachteten Tätigkeitsbereich zuzurechnenden Vermögen bzw. Kapital.

4) Wenn von einer Kosten- und Leistungsrechnung im weiten Sinne gesprochen wird, ist dies ein Notbehelf, weil sich für die beiden damit gemeinten Rechnungen, die Bewegungsrechnung und die Bestandsrechnung, noch kein zusammenfassender Begriff herausgebildet hat. Hier soll derjenige der **kalkulatorischen Rechnungen** vorgeschlagen werden.

Ein ähnlicher Mangel ist auf einem anderen wichtigen Teilgebiet des Betriebswirtschaftlichen Rechnungswesens zu konstatieren. Auch für die Aufwands- und Ertragsrechnung bzw. Gewinn- und Verlustrechnung sowie für die Vermögens- und Kapitalrechnung bzw. Bilanz fehlt ein zusammenfassender Begriff. Deswegen wird ersatzweise oft der Begriff der Bilanz (in diesem Fall also derjenige der Bestandsrechnung) in einem weiten Sinne gebraucht, so dass er die Gewinn- und Verlustrechnung mit einschließt.

Allenfalls der Begriff des Jahresabschlusses erfüllt eine solche Funktion. Aber er passt ohnehin nur für die am Ende eines Geschäftsjahres aufgestellte Bilanz sowie Gewinn- und Verlustrechnung. Zudem schließt er im Fall von Kapitalgesellschaften und Genossenschaften den Anhang mit ein. Schließlich besagt er inhaltlich wenig.

Als durchgängiger Oberbegriff wäre derjenige der **bilanziellen Rechnungen** geeignet, der auch einen adäquaten Gegenbegriff zu demjenigen der kalkulatorischen Rechnungen darstellen würde.

5) Nach vorläufiger Klärung des Begriffs der Kosten- und Leistungsrechnung bedarf es noch einiger grundlegender Differenzierungen.

Ausgehend von einem bestimmten Wirtschaftsbetrieb, z. B. einem Industriebetrieb, sind folgende Arten von Kosten- und Leistungsrechnungen zu unterscheiden:

a) die in regelmäßigen zeitlichen Abständen durchgeführten Kosten- und Leistungsrechnungen, und zwar

aa) die jeweils für eine abgelaufene Periode (Monat, Jahr) aufgestellten Kosten- und Leistungsrechnungen, wie Istkosten- und Istleistungsrechnung, Periodennachkalkulation;

ab) die jeweils für eine Periode (Monat, Jahr) im Voraus aufgestellten Kosten- und Leistungsrechnungen, wie Plankosten- und Planleistungsrechnung oder Sollkosten- und Sollleistungsrechnung, Periodenvorkalkulation;

b) die bei bestimmten Anlässen durchgeführten Kosten- und Leistungsrechnungen, wie

ba) die bei Erhalt eines Auftrags erstellte Kosten- und Leistungsrechnung, wie Auftragsvorkalkulation;

bb) die während der Ausführung eines Auftrags erstellte Kosten- und Leistungsrechnung, wie Auftragszwischenkalkulation;

bc) die nach Ausführung eines Auftrags erstellte Kosten- und Leistungsrechnung, wie Auftragsnachkalkulation.

6) Geht man nicht von einem bestimmten Wirtschaftsbetrieb aus, lassen sich folgende Arten von Kosten- und Leistungsrechnungen unterscheiden:

a) nach der ökonomischen Betätigung des Wirtschaftsbetriebs

aa) die Kosten- und Leistungsrechnung des Industriebetriebs (die hier im Vordergrund der Betrachtung stehen soll);

ab) die Kosten- und Leistungsrechnung des Handelsbetriebs;

ac) die Kosten- und Leistungsrechnung des Bankbetriebs;

b) nach der Rechtsform des Wirtschaftsbetriebs

ba) die Kosten- und Leistungsrechnung des Einzelkaufmanns, der OHG, der KG (in welcher z. B. ein kalkulatorischer Unternehmerlohn und ein kalkulatorischer Eigenkapitalzins anzusetzen sind);

bb) die Kosten- und Leistungsrechnung der GmbH, der AG, der KGaA (in welcher z. B. kein kalkulatorischer Unternehmerlohn, sondern nur ein kalkulatorischer Eigenkapitalzins anzusetzen ist).

7) Weitere wichtige Differenzierungen ergeben sich aus den verschiedenen mit der Kosten- und Leistungsrechnung verfolgten Zwecken (vgl. übernächsten Abschnitt).

3. Verpflichtung zur Kosten- und Leistungsrechnung

1) Eine Verpflichtung zu einer Kosten- und Leistungsrechnung ist den Wirtschaftsbetrieben nicht in der gleichen Weise auferlegt wie eine solche zu einer Aufwands- und Ertragsrechnung.

2) Kaufleute sind nach § 238 HGB zu einer Buchführung und nach § 242 HGB zu einem Abschluss derselben am Ende des Geschäftsjahres verpflichtet, d. h. zu einer Gewinn- und Verlustrechnung sowie einer Bilanz, nicht auch zu einer Kosten- und Leistungsrechnung. Eine Verpflichtung zu einer Kosten- und Leistungsrechnung ergibt sich aus § 238 HGB und § 242 HGB allenfalls dann, wenn es zur Erstellung einer Gewinn- und Verlustrechnung sowie einer Bilanz der Erstellung einer Kosten- und Leistungsrechnung bedarf.

Ein solcher Fall ist gegeben, wenn am Jahresende Bestände an fertigen und unfertigen Erzeugnissen vorliegen und wenn im abgelaufenen Jahr Sachanlagen selbst erstellt wurden. Denn die genannten Vermögensgegenstände müssen nach § 255 HGB grundsätzlich mit ihren Herstellungskosten bewertet werden. Das bedeutet, dass zumindest **für den Zweck der Bewertung eine Kostenrechnung** erforderlich ist.

3) Unternehmen, die mit öffentlichen Auftraggebern einen Selbstkostenpreis vereinbart haben, sind nach VOL bzw. VPöA[1] zu einer **Kostenrechnung zum Zweck der Preisfindung** verpflichtet. Öffentliche Aufträge sollen allerdings in der Regel zu Marktpreisen und nur ausnahmsweise zu Selbstkostenpreisen vergeben werden.

Bei den Selbstkostenpreisen kann es sich handeln um: Selbstkostenfestpreise, Selbstkostenrichtpreise oder Selbstkostenerstattungspreise (§§ 6, 7 VPöA), wobei die Selbstkostenfestpreise den Selbstkostenrichtpreisen und jene wiederum den Selbstkostenerstattungspreisen vorgezogen werden sollen.

---

[1] Verdingungsordnung für Leistungen ausgenommen Bauleistungen (VOL), § 15; Verordnung über die Preise bei öffentlichen Aufträgen VPöA, entspricht VOPR Nr. 30/53); vgl. hierzu Budäus, Dietrich: Aufträge, öffentliche, Sp. 204 ff.; Daub, Walter/ Meierrose, Rudolf (Begr.), fortgeführt und hrsg. von Hans Hermann Eberstein: Kommentar zur VOL/A; Ebisch, Hellmuth/ Gottschalk, Joachim (Begr.), fortgeführt von Werner Knauss/ Johann K. Schmidt: Preise und Preisprüfungen bei öffentlichen Aufträgen, einschließlich Bauaufträge, Kommentar; Müller-Wrede, Malte (Hrsg.), bearb. von Florian von Baum u. a.: Verdingungsordnung für Leistungen VOL/A, Kommentar.

Bei Vereinbarung eines Selbstkostenfestpreises muss eine Vorkalkulation durch das jeweilige Unternehmen eingereicht werden, ebenso bei Vereinbarung eines Selbstkostenrichtpreises. Bei Vereinbarung eines Selbstkostenerstattungspreises muss eine Nachkalkulation vorgelegt werden. Die Vorkalkulation muss ebenso wie die Nachkalkulation den vom Gesetzgeber in den Leitsätzen für die Preisermittlung aufgrund von Selbstkosten (LSP[1]) festgelegten Anforderungen entsprechen.

4) Bei Aktiengesellschaften sind die Mitglieder des Vorstands nach § 93 Abs. 1 AktG verpflichtet, ihre Geschäfte mit der Sorgfalt eines ordentlichen und gewissenhaften Geschäftsleiters zu führen.

Eine Verletzung der Sorgfaltspflicht liegt insbesondere vor, wenn gegen aktienrechtliche Vorschriften gemäß § 93 Abs. 3 AktG, gegen andere gesetzliche Bestimmungen sowie gegen Satzung, Geschäftsordnung und Anstellungsvertrag verstoßen wird.

Eine Verletzung der Sorgfaltspflicht kann jedoch auch vorliegen, wenn gesicherte und praktisch bewährte betriebswirtschaftliche Erkenntnisse bei der Führung von Unternehmen nicht berücksichtigt werden.[2] Zu den gesicherten und praktisch bewährten betriebswirtschaftlichen Instrumenten zur Führung von Unternehmen gehört auf jeden Fall die Kostenrechnung.[3] Daher kann aus der Sorgfaltspflicht die Verpflichtung zur Heranziehung einer Kostenrechnung abgeleitet werden.

Vorstandsmitglieder, die ihre Pflichten verletzen, sind nach § 93 Abs. 2 AktG der Gesellschaft zum Ersatz des daraus entstehenden Schadens als Gesamtschuldner verpflichtet.

Entsprechendes wie für die Mitglieder des Vorstands einer AG gilt für die persönlich haftenden Gesellschafter der KGaA (vgl. § 283 Nr. 3 AktG) sowie für die Geschäftsführer der GmbH (vgl. § 43 GmbHG).

5) Demnach besteht eine Verpflichtung zur Kostenrechnung nur für bestimmte Wirtschaftsbetriebe, nur in bestimmten Fällen und nur für bestimmte Zwecke.

Vorschriften über die Ausgestaltung der Kostenrechnung liegen allein für den Fall der Vereinbarung eines Selbstkostenpreises eines Unternehmens mit einem öffentlichen Auftraggeber vor (vgl. die bereits erwähnten LSP).

Da generelle Vorschriften fehlen, versuchen Wirtschaftsverbände diese Lücke auszufüllen. Sie geben ihren Mitgliedern Empfehlungen für die Ausgestaltung der Kosten- und Leistungsrechnung. Am wichtigsten sind die Empfehlungen des Bundesverbandes der deutschen Industrie, auf die im Folgenden an jeweils geeigneter Stelle hingewiesen wird.

---

[1] Anlage zur VPöA, vgl. hierzu Ebisch, Hellmuth/ Gottschalk, Joachim (Begr.), fortgeführt von Werner Knauss/ Johann K. Schmidt: Preise und Preisprüfungen bei öffentlichen Aufträgen, einschließlich Bauaufträge, Kommentar.

[2] Vgl. Mertens, Hans-Joachim: Kölner Kommentar zum Aktiengesetz, § 93 Rn. 45.

[3] Vgl. Kloppenburg, Günter: Mitverwaltungsrechte der Aktionäre, Thun, Frankfurt am Main 1982, S. 148 f.

4. Zwecke der Kosten- und Leistungsrechnung

1) Wir wollen mit der grundsätzlichen Frage beginnen: Warum benötigt man neben der Einzahlungs- und Auszahlungsrechnung, der Einnahmen- und Ausgabenrechnung und vor allem der Aufwands- und Ertragsrechnung überhaupt noch eine Kosten- und Leistungsrechnung?

Der hauptsächliche Grund ist der, dass es einer Rechnung bedarf, die in einem Industriebetrieb als Grundlage für Entscheidungen über die Verkaufspreise der herzustellenden und abzusetzenden Produkte geeignet ist bzw. als Grundlage für Entscheidungen bei gegebenen Verkaufspreisen.

Die Einzahlungs- und Auszahlungsrechnung kommt dafür nicht in Betracht, weil als Auszahlungen lediglich die Bareinkäufe von Gütern erfasst werden, dagegen nicht der Einsatz von Gütern für die Produktion neuer Güter und deren Absatz.

Ähnliches gilt für die Einnahmen- und Ausgabenrechnung, weil als Ausgaben zwar alle Einkäufe von Gütern erfasst werden, aber ebenfalls nicht der Einsatz von Gütern.

Anderes gilt dagegen für die Aufwands- und Ertragsrechnung. Denn mit Hilfe der Aufwendungen wird bereits der Einsatz und Verzehr von Gütern abgebildet, allerdings derjenige für den gesamten Wirtschaftsbetrieb, nicht nur derjenige für den Haupttätigkeitsbereich oder einen bestimmten anderen Tätigkeitsbereich des Wirtschaftsbetriebs.

Zudem werden die den Einsatz und Verzehr von Gütern abzubildenden Aufwendungen unter Beachtung der handels- und steuerrechtlichen Vorschriften, z. B. unter Beachtung des Niederstwertprinzips, ermittelt, die sich als störend erweisen können, wenn andere als die handels- und steuerrechtlichen Zwecke verfolgt werden.

Schließlich sind durch die Aufwendungen nicht nur güterwirtschaftliche, sondern ausnahmsweise auch bestimmte kapitalwirtschaftliche Vorgänge abzubilden, die die Entscheidungen über die Produkte nicht beeinflussen sollten, wie Ausfall von Darlehensforderungen, wie Wertloswerden von Einlagen bei anderen Unternehmen.

Daher bedarf es neben der handels- und steuerrechtlichen Aufwandsrechnung entweder einer weiteren Aufwandsrechnung (die enger abgegrenzt und an anderen Prinzipien orientiert ist) oder einer neuen Rechnung, wie sie schließlich in Gestalt der Kostenrechnung entwickelt wurde.

2) Was den hauptsächlichen Zweck der Kostenrechnung angeht, so sind, wie schon angedeutet, genau genommen zwei Fälle auseinander zu halten:

a) Der Industriebetrieb verfügt bei einem betrachteten Produkt über einen **preispolitischen Spielraum**, d. h., dass er das Produkt zu einem Preis z. B. von 100 €, 105 € oder 110 € pro Mengeneinheit absetzen kann. Er hat zu entscheiden, zu welchem Preis er das Produkt anbieten soll und dazu zweierlei Arten von Überlegungen anzustellen: Einerseits, wie hoch wäre je nach Preis die Absatzmenge? Andererseits, wie hoch wären je nach Absatz- und Produktionsmenge die Kosten?

Der vermutete Zusammenhang zwischen dem Preis pro Mengeneinheit und der Absatzmenge wird durch die Preisabsatzfunktion zum Ausdruck gebracht, der vermutete Zusammenhang zwischen der Produktionsmenge und den Kosten durch die Kostenfunktion. Aus der Preisabsatzfunktion leitet sich die Umsatzfunktion ab. Wird ihr die Kostenfunktion gegenübergestellt, ergibt sich die Gewinnfunktion. Sie zeigt an, welchen Preis der Betrieb vermutlich fordern sowie welche Menge er vermutlich produzieren und absetzen müsste, um den höchstmöglichen Gewinn zu erzielen.

Zur Aufstellung der Preisabsatzfunktion bedarf es einer Marktforschung, genauer: einer Erforschung der Nachfrage- und Konkurrenzverhältnisse auf dem Absatzmarkt, zur Aufstellung einer Kostenfunktion einer Kostenrechnung. Die Kostenrechnung ist also bei beeinflussbarem Preis eine Grundlage für die Wahl der Höhe des Verkaufspreises.

b) Der Industriebetrieb verfügt bei einem betrachteten Produkt über **keinen preispolitischen Spielraum**, d. h., dass er das Produkt nur zu einem bestimmten Preis, z. B. zu 100 € pro Mengeneinheit, absetzen kann. Dann hat er zu entscheiden, ob er zu diesem Preis das Produkt überhaupt anbieten soll.

Dazu sind ebenfalls eine konjekturale Preisabsatzfunktion und eine konjekturale Kostenfunktion aufzustellen. Wird der aus der Preisabsatzfunktion abgeleiteten Umsatzfunktion die Kostenfunktion gegenübergestellt, erhält man die Gewinnfunktion. Sie zeigt an, ob der Betrieb bei dem gegebenen Preis überhaupt einen Gewinn erzielen kann und ob er folglich das Produkt produzieren soll.

Die Kostenrechnung ist also bei gegebenem Preis die Grundlage für die Entscheidung über Produktion oder Nichtproduktion des Produkts.

3) Die für Entscheidungen über die Höhe des Angebotspreises bzw. über Angebot oder Nichtangebot eines Produkts entwickelte Kostenrechnung wird naturgemäß auch für **andere produktbezogene Zwecke** eingesetzt, so für die Wahl zwischen mehreren Produkten, für die Wahl der jeweiligen Losgröße bei der Produktion von Produkten, für die Bewertung eines in der Handels- und Steuerbilanz auszuweisenden Bestands an fertigen und unfertigen Produkten.

Wenn den Kosten Produkt für Produkt die Erlöse bzw. die Leistungen gegenübergestellt werden, erhält man die positiven oder negativen Produktergebnisse, die Produktgewinne oder –verluste. Anhand ihrer lässt sich beurteilen, wie die einzelnen Produkte zur Erreichung des Gewinnziels beitragen. Sie dienen daher auch der Festlegung von Prioritäten unter den Produkten.

4) Damit nun eine auf die einzelnen Produkte bezogene Kostenrechnung durchgeführt werden kann, bedarf es als Ausgangspunkt einer Rechnung, die sich auf alle Produkte erstreckt und die alle im Zusammenhang mit den Produkten stehenden Tätigkeiten, aber keine anderen, erfasst. Dies sind im Fall eines Industriebetriebs die Produktion und der Absatz der Produkte selbst, die Beschaffung der für die Produkte erforderlichen Produktionsfaktoren, die Aufbringung des hierfür je-

4. Zwecke der Kosten- und Leistungsrechnung

weils erforderlichen Kapitals, etc. Wir wollen eine solche Rechnung als **betriebsbezogene Kostenrechnung** bezeichnen.

Unberücksichtigt haben dabei also Tätigkeiten zu bleiben, die nicht im Zusammenhang mit den Produkten stehen. Dies sind im Fall eines Industriebetriebes der Zukauf und Verkauf von Handelsware sowie die Finanzierung von Handelsgeschäften. Es handelt sich dabei um Nebentätigkeiten.

In der Literatur wird von der Ausschaltung des neutralen Bereichs und von der Konzentration auf die eigentliche betriebliche Tätigkeit, auf den betrieblichen Bereich gesprochen. Mit „Betrieb" ist also in diesem Zusammenhang ein Teil des ganzen Wirtschaftsbetriebs, ein Teil der Unternehmung gemeint, während dieser Begriff sonst auch in anderen Bedeutungen gebraucht wird. Unseres Erachtens wäre statt vom neutralen Bereich besser vom Nebentätigkeitsbereich und statt vom betrieblichen Bereich besser vom Haupttätigkeitsbereich die Rede.

Wenn ein Industriebetrieb, der nebenher Handelsgeschäfte betreibt, Entscheidungen über die Verkaufspreise seiner Handelswaren treffen will, benötigt er eine weitere Kostenrechnung, eine solche, die von seiner Haupttätigkeit absieht und nur seine Handelstätigkeit erfasst. Ein gemischter Wirtschaftsbetrieb muss also unter Umständen mehrere Kostenrechnungen nebeneinander durchführen.

5) Eine betriebsbezogene Kostenrechnung dient aber nicht nur als Ausgangspunkt für produktbezogene Kostenrechnungen, ihr kommt auch eine eigenständige Bedeutung zu. Wird sie ergänzt um eine Leistungsrechnung, erhält man das positive oder negative Betriebsergebnis, den kalkulatorischen Gewinn oder Verlust. Anhand seiner lässt sich die Erreichung des Gewinnziels im Haupttätigkeitsbereich bzw. im jeweils betrachteten Tätigkeitsbereich beurteilen.

6) Damit man von einer betriebsbezogenen Kostenrechnung, im Falle eines Industriebetriebs also von einer auf seinen industriellen Tätigkeitsbereich bezogenen Kostenrechnung, zu einer produktbezogenen Kostenrechnung gelangt, bedarf es unter Umständen zur Überbrückung einer **abteilungs- und stellenbezogenen Kostenrechnung**. Genau genommen dann, wenn bei einem Produkt die Produktionsmenge und die Absatzmenge divergieren, wenn mehrere Produkte hergestellt werden und dies nicht völlig getrennt voneinander geschieht sowie wenn Sachanlagen selbst erstellt werden, was bei den meisten Industriebetrieben jeweils zutrifft.

7) Eine solche abteilungs- oder stellenbezogene Kostenrechnung dient aber nicht nur der Überbrückung zwischen einer betriebsbezogenen und einer produktbezogenen Kostenrechnung. Ihr kommt auch eine eigenständige Bedeutung zu. Vor allem mit ihrer Hilfe versucht man, die anfallenden Kosten so niedrig wie möglich zu halten. Können die Kosten jeweils um Leistungen ergänzt werden, erhält man Stellen- oder Abteilungsergebnisse. Anhand ihrer lässt sich beurteilen, wie die einzelnen Abteilungen zur Erreichung des Gewinnziels beitragen.

8) Das Gegenstück zu den produktbezogenen Kostenrechnungen bilden **produktionsfaktorbezogene Kostenrechnungen**. Ihnen kommt allerdings geringere Bedeutung zu. Sie können herangezogen werden zur Beeinflussung der Einkaufs-

preise, für die Wahl zwischen mehreren Lieferanten, für die Wahl zwischen alternativen Produktionsfaktoren, für die Wahl der Bestellmenge bei einem Produktionsfaktor, für die Wahl zwischen Selbsterstellung und Fremdbezug eines Produktionsfaktors.

Den Kosten eines Produktionsfaktors können keine entsprechenden Leistungen gegenübergestellt und damit keine produktionsfaktorbezogenen Ergebnisse ermittelt werden, da die Leistungen durch das Zusammenwirken mehrerer Produktionsfaktoren zustande kommen. Eine Aufteilung auf die einzelnen beteiligten Produktionsfaktoren ist unmöglich.

9) Insgesamt lassen sich also im Rahmen der Kosten- und Leistungsrechnung unterscheiden: betriebsbezogene, abteilungsbezogene, produktbezogene und produktionsfaktorbezogene Kostenrechnungen sowie betriebsbezogene, u. U. abteilungsbezogene und produktbezogene Leistungsrechnungen, mit deren Hilfe zum Teil gleichartige, zum Teil verschiedenartige Zwecke verfolgt werden (vgl. auch Abbildung 2).

10) Die genannten Rechnungen sollen hier, nach Klärung einiger noch ausstehender Fragen, in folgender Reihenfolge behandelt werden: betriebsbezogene Kosten- und Leistungsrechnung, produktbezogene Kosten- und Leistungsrechnung, abteilungsbezogene Kosten- und Leistungsrechnung, produktionsfaktorbezogene Kostenrechnung.

Abbildung 2:
Zwecke von Kosten- und Leistungsrechnungen

1. Zwecke der betriebsbezogenen Kosten- und Leistungsrechnung - Beurteilung der Erreichung des Gewinn- bzw. Rentabilitätsziels im Haupttätigkeitsbereich des Wirtschaftsbetriebs sowie Steuerung des Betriebs im Hinblick auf eine bessere Zielerreichung - Ausgangspunkt für eine produktbezogene Kostenrechnung
2. Zwecke der abteilungsbezogenen Kosten- und Leistungsrechnung - Beurteilung der Erreichung des Gewinn- bzw. Rentabilitätsziels in den einzelnen Abteilungen des Haupttätigkeitsbereichs des Wirtschaftsbetriebs sowie Steuerung der Abteilungen im Hinblick auf eine bessere Zielerreichung - sofern keine abteilungsbezogene Leistungsrechnung, sondern nur eine abteilungsbezogene Kostenrechnung durchführbar ist: Beurteilung der Erreichung des Unterziels „möglichst niedrige Kosten" sowie Steuerung der Abteilungen im Hinblick auf eine bessere Erreichung dieses Ziels - Ausgangspunkt für eine produktbezogene Kostenrechnung
3. Zwecke der produktbezogenen Kosten- und Leistungsrechnung - Beurteilung der Erreichung des Gewinn- bzw. Rentabilitätsziels bei den einzelnen Produkten sowie Steuerung von Produktion und Absatz im Hinblick auf eine bessere Zielerreichung - Unterlage für die Wahl der Höhe der Verkaufspreise (sofern diese nicht gegeben sind) sowie für die Wahl der Höhe der Produktions- und Absatzmengen bei den Produkten - Unterlage für die Entscheidung über Produktion oder Nicht-Produktion bei gegebenen Preisen - Unterlage für die Wahl zwischen mehreren Produkten - Unterlage für die Wahl der Losgrößen bei der Produktion mehrerer Produkte - Bewertung der fertigen und unfertigen Erzeugnisse sowie selbst erstellten Sachanlagen mit ihren Herstellungskosten in der Handels- und Steuerbilanz
4. Zwecke der produktionsfaktorbezogenen Kostenrechnung - Beurteilung der Erreichung des Unterziels „möglichst niedrige Einkaufspreise und Beschaffungskosten" sowie Steuerung der Beschaffung im Hinblick auf eine bessere Erreichung dieses Ziels - Unterlage für die Wahl zwischen mehreren Lieferanten eines Produktionsfaktors - Unterlage für die Wahl der Bestellmenge bei einem Produktionsfaktor - Unterlage für die Entscheidung über Fremdbezug oder Eigenherstellung eines Produktionsfaktors - Unterlage für die Wahl zwischen mehreren gegeneinander substituierbaren Produktionsfaktoren - Bemessung der Anschaffungsnebenkosten der fremdbezogenen Roh-, Hilfs- und Betriebsstoffe, Sachanlagen sowie immateriellen Anlagen für die Handels- und Steuerbilanz

Hauptteil
Die Kosten- und Leistungsrechnung sowie die kalkulatorische Vermögens- und Kapitalrechnung

I. Die betriebsbezogene Kosten- und Leistungsrechnung

1) Mit Betrieb ist in kostenrechnerischen Zusammenhängen, wie bereits dargelegt, der Haupttätigkeitsbereich oder ein bestimmter anderer Tätigkeitsbereich des jeweiligen Wirtschaftsbetriebes gemeint.

2) Von betriebsbezogener Kosten- und Leistungsrechnung wird hier zunächst in einem weiten Sinne gesprochen. Es ist damit sowohl die Kosten- und Leistungsrechnung im engen Sinne als auch die zu dieser Bewegungsrechnung gehörende Bestandsrechnung, die kalkulatorische Vermögens- und Kapitalrechnung, gemeint. Beide Rechnungen bauen aufeinander auf. Will man z. B. die kalkulatorischen Abschreibungen für die Bewegungsrechnung ermitteln, muss man vom abnutzbaren kalkulatorischen Vermögen zu Beginn des Jahres ausgehen. Die Abschreibungen wiederum benötigt man, um das abnutzbare kalkulatorische Vermögen am Ende des Jahres festzustellen.

3) Die Bestandsrechnung bildet jeweils die Grundlage für eine entsprechende Bewegungsrechnung. Wir wollen daher zuerst die kalkulatorische Vermögens- und Kapitalrechnung behandeln.

1. Aufstellung der kalkulatorischen Vermögens- und Kapitalrechnung

1.1. Begriff und Abgrenzung des kalkulatorischen Vermögens

1) Mit dem kalkulatorischen Vermögen ist das dem Haupttätigkeitsbereich oder das einem bestimmten anderen Tätigkeitsbereich des jeweiligen Wirtschaftsbetriebes dienende Vermögen gemeint.

Statt von einem kalkulatorischen Vermögen wird in der Literatur und Praxis oft von einem betriebsnotwendigen Vermögen gesprochen. Diese Bezeichnung könnte so aufgefasst werden, als wäre das Vermögen nicht nur seiner Art, sondern auch seines Umfanges nach im Hinblick auf den jeweils betrachteten Tätigkeitsbereich abzugrenzen. Diese Auffassung erscheint uns jedoch nicht haltbar. Die meisten Vermögensgegenstände (wie Grundstücke, Gebäude, Maschinen, Rohstoffe) sind allein der Art nach daraufhin zu überprüfen, ob sie dem betrachteten Bereich dienen; nur bei wenigen Vermögensgegenständen (wie beim Geldbestand) ist auch eine Überprüfung des Umfanges nach angebracht. Daher spricht man besser von einem betriebsbezogenen oder eben vom kalkulatorischen Vermögen.

2) Generell setzt sich das Vermögen eines Wirtschaftsbetriebes zusammen aus: Geld, Forderungen, Anteilen an anderen Unternehmen, materiellen Gütern und immateriellen Gütern.[1]

3) Um speziell das kalkulatorische Vermögen zu erhalten,[2] geht man am besten vom bilanziellen, vom handels- und steuerrechtlichen Vermögen aus und nimmt eine Reihe von Aussonderungen vor, u. U. aber auch Ergänzungen.

4) So sind aus der Bilanz der großen Kapitalgesellschaft nach § 266 HGB eine Reihe von Aktiva nicht in die kalkulatorische Vermögensrechnung zu übernehmen, da ihnen **kein Vermögenscharakter** zukommt, weswegen schon ihre Aufnahme in die Bilanz nicht gerechtfertigt ist. Dabei handelt es sich um:

- die ausstehenden Einlagen auf das gezeichnete Kapital;
- die Aufwendungen für die Ingangsetzung und Erweiterung des Geschäftsbetriebs;
- den Geschäfts- oder Firmenwert;
- die eigenen Anteile;
- die aktiven Rechnungsabgrenzungsposten, soweit es sich um aktivierte Zölle, Verbrauchsteuern und Umsatzsteuern handelt;
- die aktiven latenten Steuern.

5) Weiterhin sind der kalkulatorischen Vermögensrechnung fernzuhalten, wenn es sich um einen vorwiegend industriell tätigen Betrieb handelt, Aktiva, die im Zusammenhang mit **Handelsgeschäften und anderen Dienstleistungsgeschäften** stehen, wie

- die Waren (die in der Bilanz allerdings zusammen mit den fertigen Erzeugnissen ausgewiesen werden);
- die Forderungen aus dem Verkauf von Waren (die unter den Forderungen aus Lieferungen und Leistungen ausgewiesen werden);
- die geleisteten Anzahlungen für Waren (die zusammen mit den anderen geleisteten Anzahlungen ausgewiesen werden);
- die Grundstücke, Gebäude und Maschinen, die der Lagerung und dem Transport von Waren dienen (die zusammen mit den anderen Grundstücken, Gebäuden und Maschinen ausgewiesen werden).
- die verpachteten Grundstücke (die in der Bilanz zusammen mit den anderen Grundstücken ausgewiesen werden);

---

[1] Vgl. Weber, Helmut Kurt/ Rogler, Silvia: Betriebswirtschaftliches Rechnungswesen, Bd. 1, S. 81 ff.
[2] Vgl. auch Krökel, Edgar: Die kalkulatorische Vermögens- und Kapitalrechnung, S. 21 f.

I. Die betriebsbezogene Kosten- und Leistungsrechnung 17

- die vermieteten Gebäude und Maschinen (die zusammen mit den anderen Gebäuden und Maschinen ausgewiesen werden);
- die Forderungen aus Verpachtung und Vermietung (die zusammen mit den anderen Forderungen ausgewiesen werden).

6) Schließlich sind in die kalkulatorische Vermögensrechnung in der Regel solche Aktiva nicht aufzunehmen, die im Zusammenhang mit **reinen Finanzgeschäften stehen**, wie:

- die Finanzanlagen, d. h. die Anteile an verbundenen Unternehmen, die Ausleihungen an verbundene Unternehmen, die Beteiligungen, die Ausleihungen an Unternehmen, mit denen ein Beteiligungsverhältnis besteht, die Wertpapiere, die sonstigen Ausleihungen;
- die den Finanzanlagen entsprechenden Gegenstände des Umlaufvermögens, d. h. die Anteile an verbundenen Unternehmen, die Ausleihungen an verbundene Unternehmen (die in der Bilanz unter den Forderungen gegen verbundene Unternehmen ausgewiesen werden), die Ausleihungen an Unternehmen, mit denen ein Beteiligungsverhältnis besteht (die unter den Forderungen gegen Unternehmen, mit denen ein Beteiligungsverhältnis besteht, ausgewiesen werden), die verbleibenden Ausleihungen (die unter den sonstigen Vermögensgegenständen ausgewiesen werden), die Wertpapiere.

Sollten allerdings in den Anteilen an verbundenen Unternehmen sowie in den Beteiligungen Anteile an Lieferanten oder an Abnehmern enthalten sein, könnte erwogen werden, diese in das kalkulatorische Vermögen einzubeziehen. Denn aufgrund solcher Anteile ist das betrachtete Unternehmen u. U. in der Lage, Rohstoffe und Maschinen zu günstigeren Preisen einzukaufen bzw. fertige Erzeugnisse zu günstigeren Preisen zu verkaufen als unter anderen Umständen. Entsprechendes gilt für die Ausleihungen an verbundene Unternehmen und für die Ausleihungen an Unternehmen, mit denen ein Beteiligungsverhältnis besteht.

Als Folge davon müssten dann allerdings auch die Dividenden- und Zinserträge aus solchen Anteilen und Ausleihungen in die Leistungsrechnung übernommen werden, ebenso wie etwaige Abschreibungen solcher Anteile und Ausleihungen in die Kostenrechnung. Aber dieses Vorgehen würde die Kosten- und Leistungsrechnung erheblich komplizieren. Daher wird auf die Einbeziehung der genannten Anteile und Ausleihungen in die kalkulatorische Vermögensrechnung besser verzichtet.

7) Dagegen können die verbleibenden Aktiva der Bilanz der großen Kapitalgesellschaft im Großen und Ganzen in die kalkulatorische Vermögensrechnung übernommen werden, nämlich:

- die immateriellen Anlagen (mit Ausnahme eines Geschäfts- oder Firmenwerts), d. h. die Konzessionen, die gewerblichen Schutzrechte und ähnlichen Rechte und Werte sowie die Lizenzen an solchen Rechten und Werten, die geleisteten Anzahlungen auf solche Gegenstände, soweit sie jeweils selbst genutzt werden;

- die Sachanlagen, d. h. die Grundstücke, die Bauten, die technischen Anlagen und Maschinen, die anderen Anlagen, die Betriebs- und Geschäftsausstattung, die geleisteten Anzahlungen auf solche Gegenstände und die Anlagen im Bau, soweit sie selbst genutzt werden;

- die Vorräte, d. h. die Roh-, Hilfs- und Betriebsstoffe, die unfertigen und fertigen Erzeugnisse (mit Ausnahme der Waren), die geleisteten Anzahlungen auf solche Gegenstände;

- die Forderungen aus Lieferungen und Leistungen (mit Ausnahme der Forderungen aus Handels- und Dienstleistungsgeschäften);

- die Forderungen gegen verbundene Unternehmen sowie gegen Unternehmen, mit denen ein Beteiligungsverhältnis besteht, soweit es sich um Forderungen aus dem Verkauf von Erzeugnissen handelt;

- die aktiven Rechnungsabgrenzungsposten, soweit es sich um geleistete Vorauszahlungen handelt;

- die flüssigen Mittel, d. h. der Kassenbestand, die Bundesbankguthaben, die Guthaben bei Kreditinstituten sowie die Schecks, soweit diese flüssigen Mittel für industrielle Zwecke gehalten werden (deren Anteil an den gesamten flüssigen Mitteln lässt sich allerdings schwer bestimmen, da die flüssigen Mittel nicht von vornherein zweckbestimmt, sondern universell verwendbar sind; man könnte allenfalls vom Anteil der Zahlungen für industrielle Zwecke an den gesamten Zahlungen ausgehen);

- die sonstigen Wertpapiere des Umlaufvermögens, soweit sie zur Sicherung der Liquidität im industriellen Bereich gehalten werden (für die das Gleiche wie für die flüssigen Mittel gilt).

8) Über die genannten Aktiva hinaus könnten in einer kalkulatorischen Vermögensrechnung angesetzt werden:

- die selbst geschaffenen immateriellen Anlagen, die industriellen Zwecken dienen und die in der Handels- und Steuerbilanz nicht aktiviert werden dürfen, wenngleich sie Vermögenscharakter haben;

- die gemieteten und gepachteten Sachanlagen, die industriellen Zwecken dienen und die handels- und steuerrechtlich nicht dem Mieter bzw. Pächter, sondern dem Vermieter bzw. Verpächter zugerechnet werden.

Sollten die gemieteten und gepachteten Sachanlagen in die kalkulatorische Vermögensrechnung einbezogen werden, müssten sie, soweit sie abnutzbar sind, abgeschrieben werden. Auch das in ihnen investierte Kapital bedürfte der Verzinsung. In der Kostenrechnung müssten also sowohl entsprechende Abschreibungen als auch entsprechende Zinsen angesetzt werden. Die Folge davon wäre, die Miet- und Pachtaufwendungen nicht in die Kostenrechnung zu übernehmen. Aber dieser Weg bereitet viel Mühe und dürfte fast zum gleichen Ergebnis führen wie die alternative Vorgehensweise, d. h. die Nichteinbeziehung der gemieteten und gepachteten Gegenstände in die kalkulatorische Vermögensrechnung, aber Übernahme der Miet- und Pachtaufwendungen in die Kostenrechnung. Daher ist es vertretbar, weniger konsequent vorzugehen.

1.2. Gliederung des kalkulatorischen Vermögens

1) Die Gliederung des kalkulatorischen Vermögens könnte entsprechend derjenigen des Bilanzvermögens nach § 266 HGB vorgenommen werden. Allerdings ist beim kalkulatorischen Vermögen die Unterteilung nach Anlagevermögen und Umlaufvermögen, an die die handels- und steuerrechtlichen Bewertungsvorschriften anknüpfen, entbehrlich. Denn die Gegenstände des kalkulatorischen Vermögens sollten einheitlich, ohne Berücksichtigung der Dauer ihrer Bindung an das Unternehmen, bewertet werden.

2) Aussagekräftiger als die Gliederung nach § 266 HGB ist eine solche nach **Vermögenskategorien**, wie:

a) Geld;

b) Forderungen;

c) Unternehmensanteile (sofern solche zur Liquiditätssicherung gehalten werden);

d) materielle Produktionsfaktoren

da) nicht-abnutzbare Gebrauchsgüter, wie Grundstücke;

db) abnutzbare Gebrauchsgüter, wie Gebäude, Maschinen, Werkzeuge;

dc) Verbrauchsgüter, wie Roh- Hilfs- und Betriebsstoffe;

e) immaterielle Produktionsfaktoren;

f) Produkte

fa) unfertige Erzeugnisse;

fb) fertige Erzeugnisse.

1.3. Bewertung des kalkulatorischen Vermögens

1) Für die der Bewertung vorausgehende **Ermittlung des Mengengerüsts** des kalkulatorischen Vermögens (Inventur) kommen die gleichen Möglichkeiten in Betracht, die im Handels- und Steuerrecht unterschieden werden, wie: körperliche und buchmäßige Bestandsaufnahme, Vollaufnahme und Teilaufnahme, Inventur zum Rechnungsstichtag und Inventur zu anderen Zeitpunkten.[1] Im Allgemeinen

---

[1] Vgl. Weber, Helmut Kurt/ Rogler, Silvia: Betriebswirtschaftliches Rechnungswesen, Bd. 1, S. 133 ff.

wird man jedoch keine gesonderte Inventur vornehmen, sondern einfach die Ergebnisse der handels- und steuerrechtlichen Inventur auch in die kalkulatorische Rechnung übernehmen.

2) Für die **Bewertung** des ermittelten Mengengerüsts des kalkulatorischen Vermögens kommen grundsätzlich ebenfalls die gleichen Wertansätze in Betracht, die im Handels- und Steuerrecht unterschieden werden. Dies sind unter zeitlichen Gesichtspunkten: der Anschaffungswert, der Tageswert und der zukünftige Wert; unter inhaltlichen Gesichtspunkten: der Beschaffungswert für fremdbezogene Gegenstände, der Herstellungswert für selbst erstellte Vermögensgegenstände, der Veräußerungswert für zum Absatz bestimmte Vermögensgegenstände, der sog. Teilwert, der anteilige Erfolgswert für im eigenen Betrieb genutzte Vermögensgegenstände, der isolierte Erfolgswert für anderen zur Nutzung überlassene Vermögensgegenstände.[1]

3) Was die **zeitlich bestimmten Wertansätze** angeht, so sollte für eine Rechnung, die sich auf den gegenwärtigen Zeitpunkt bezieht, allein der Wert maßgebend sein, der sich auf den gleichen Zeitpunkt bezieht, also der Tageswert. Einen früheren oder späteren Wert anzusetzen, erscheint widersinnig. Ähnlich widersinnig wäre es, in eine Vermögensrechnung zum gegenwärtigen Zeitpunkt frühere oder künftige Vermögensgegenstände einzubeziehen.

Dies müsste auch für die Handels- und Steuerbilanz gelten. Die davon abweichende Regelung, dass der Tageswert nur angesetzt werden darf, wenn er unter dem Anschaffungswert liegt, ist allenfalls aus Gründen der Vorsicht vertretbar. Das Vorsichtsprinzip braucht jedoch in der kalkulatorischen Rechnung nicht beachtet zu werden, denn es ergibt sich aus dem Gedanken des Gläubigerschutzes. Die kalkulatorische Rechnung wird aber nicht wie die Handelsbilanz im Hinblick auf Gläubiger erstellt, sondern als Entscheidungsunterlage für das jeweilige Unternehmen.

4) Was die **sachlich bestimmten Wertansätze** angeht, so scheidet der sog. Teilwert aus, d. h. der Wert, den ein Erwerber des ganzen Betriebs mit der Absicht der Fortführung des Betriebs für das einzelne Wirtschaftsgut im Rahmen des Gesamtkaufpreises ansetzen würde. Denn dabei handelt es sich um einen völlig fiktiven Wert. Das Gleiche gilt für den anteiligen Erfolgswert, einer Ausprägung des Teilwerts, denn er lässt sich der Höhe nach nicht bestimmen. Der isolierte Erfolgswert käme nur für vermietete oder verpachtete Gegenstände in Betracht, die, wenn der Haupttätigkeitsbereich eines Industriebetriebs betrachtet wird, ohnehin nicht zum kalkulatorischen Vermögen gehören. Damit verbleiben der Anschaffungs- oder Beschaffungswert bzw. der Wiederbeschaffungswert, der Herstellungswert bzw. der Wiederherstellungswert sowie der Veräußerungswert für die jeweils genannten Kategorien von Vermögensgegenständen.

---

[1] Vgl. Weber, Helmut Kurt/ Rogler, Silvia: Betriebswirtschaftliches Rechnungswesen, Bd. 1, S. 143 ff.

I. Die betriebsbezogene Kosten- und Leistungsrechnung

5) Was diese generellen Festlegungen im Einzelnen bedeuten, soll für ausgewählte wichtige Gruppen von Vermögensgegenständen gezeigt werden.

6) **Nicht-abnutzbare Gebrauchsgüter**, wie Grundstücke, sind zunächst mit ihrem Anschaffungswert anzusetzen. Wenn später festgestellt wird, dass der Anschaffungswert von einem etwaigen Wiederbeschaffungswert unterschritten wird, ist der niedrigere Wiederbeschaffungswert, der dem Verkaufswert entsprechen dürfte, anzusetzen und eine außerplanmäßige Abschreibung vorzunehmen.

Wird später festgestellt, dass der Anschaffungswert von einem etwaigen Wiederbeschaffungswert überschritten wird, ist der höhere Wiederbeschaffungswert anzusetzen und eine Zuschreibung vorzunehmen.

Da es sich bei der Zuschreibung um eine noch nicht realisierte Leistung handelt, könnte aus dem sich zunächst ergebenden Betriebsergebnis I eine Wertsteigerungsrücklage gebildet werden und ein niedrigeres, aber für die laufenden Geschäfte aussagefähigeres Betriebsergebnis II ausgewiesen werden. Im Fall einer außerplanmäßigen Abschreibung wäre zunächst eine vorhandene Wertsteigerungsrücklage aufzulösen.

7) **Abnutzbare Gebrauchsgüter**, wie Gebäude und Maschinen, sind, soweit fremdbezogen, zunächst mit ihrem Anschaffungswert anzusetzen, der um planmäßige Abschreibungen zu vermindern ist.

Wenn später festgestellt wird, dass der fortgeschriebene Anschaffungswert von einem etwaigen Verkaufswert unterschritten wird, ist der niedrigere Verkaufswert anzusetzen und eine außerplanmäßige Abschreibung vorzunehmen. Als Ersatz für einen Verkaufswert könnte ein Wiederbeschaffungsneuwert, vermindert um planmäßige Abschreibungen, der sog. Wiederbeschaffungszeitwert, herangezogen werden.

Wird später festgestellt, dass der fortgeschriebene Anschaffungswert von einem etwaigen Verkaufswert bzw. von einem Wiederbeschaffungszeitwert überschritten wird, müsste man den höheren Wert ansetzen und zunächst eine Zuschreibung vornehmen sowie anschließend vom erhöhten Wert planmäßige Abschreibungen.

Wenn der Wert solcher Gegenstände stetig steigt, würden allerdings die akkumulierten Abschreibungen von den jeweils um Zuschreibungen erhöhten Werten immer noch nicht ausreichen, um eine Ersatzbeschaffung vorzunehmen.

Daher könnte man auch der Einfachheit halber bei diesen Gegenständen den Ansatz höherer Verkaufswerte sowie entsprechende Zuschreibungen unterlassen und stattdessen die Bildung einer Ersatzbeschaffungsrücklage vorsehen.[1] In der Kostenrechnung für preispolitische Zwecke müsste man also zusätzlich zu den Abschreibungen noch einen Betrag für Ersatzbeschaffung von abnutzbaren Gebrauchsgütern ansetzen. Damit nimmt man allerdings eine Abweichung von der für nicht-abnutzbare Gebrauchsgüter geltenden Bewertung in Kauf.

---

[1] Vgl. Lücke, Alexander: Wertsteigerungsrücklagen und Ersatzbeschaffungsrücklagen, S. 196 ff.; Weber, Helmut Kurt: Ansatz von Tageswerten und Bildung von Wertsteigerungs- sowie Ersatzbeschaffungsrücklagen, S. 223 ff.

8) Abnutzbare Gebrauchsgüter sind, soweit selbst erstellt, zunächst mit ihren Herstellungskosten anzusetzen, die um planmäßige Abschreibungen zu vermindern sind. Im Übrigen gilt sinngemäß das Gleiche wie eben ausgeführt.

9) **Verbrauchsgüter**, wie Roh-, Hilfs- und Betriebsstoffe, sind zunächst mit ihrem Anschaffungswert anzusetzen. Sollten sie länger auf Lager liegen, bedarf dieser Wert einer Überprüfung. Wird festgestellt, dass der Anschaffungswert von einem Wiederbeschaffungswert unterschritten wird, ist der niedrigere Wiederbeschaffungswert anzusetzen und eine außerplanmäßige Abschreibung vorzunehmen. Wird festgestellt, dass der Anschaffungswert von einem Wiederbeschaffungswert überschritten wird, ist der höhere Wiederbeschaffungswert anzusetzen und eine Zuschreibung vorzunehmen.

10) Die fertigen und unfertigen **Erzeugnisse** sind zunächst mit ihren Herstellungskosten anzusetzen. Wird festgestellt, dass ihr Veräußerungswert, abzüglich noch anfallender Lagerkosten, Transportkosten und sonstiger Vertriebskosten, die Herstellungskosten unterschreitet, ist der niedrigere Veräußerungspreis anzusetzen. Wird festgestellt, dass der Veräußerungspreis die Herstellungskosten überschreitet, ist der höhere Veräußerungspreis anzusetzen.

1.4. Begriff und Abgrenzung sowie Gliederung und Bewertung des kalkulatorischen Kapitals

1) Mit dem kalkulatorischen Kapital ist das im Haupttätigkeitsbereich oder das in einem bestimmten anderen Tätigkeitsbereich des jeweiligen Wirtschaftsbetriebes investierte Kapital gemeint.

Statt von einem kalkulatorischen Kapital wird in Literatur und Praxis oft vom betriebsnotwendigen Kapital gesprochen. Diese Bezeichnung ist ebenso missverständlich wie diejenige des betriebsnotwendigen Vermögens. Besser ist es, von einem betriebsbezogenen oder eben vom kalkulatorischen Kapital zu sprechen.

2) Generell werden unter dem Begriff des Wirtschaftsbetriebs so unterschiedliche Größen wie einerseits die Schulden, andererseits das Reinvermögen zusammengefasst.[1]

3) Um speziell das kalkulatorische Kapital zu erhalten,[2] könnte man versuchen, vom Bilanzkapital auszugehen und eine Reihe von Aussonderungen, u. U. aber auch Ergänzungen vorzunehmen, in Analogie zur Abgrenzung des kalkulatorischen Vermögens vom Bilanzvermögen.

4) Geht man in der Reihenfolge der Passiva in der Bilanz der großen Kapitalgesellschaft nach § 266 HGB vor, müsste man zunächst untersuchen, inwieweit das

---

[1] Vgl. Weber, Helmut Kurt/ Rogler, Silvia: Betriebswirtschaftliches Rechnungswesen, Bd. 1, S. 203 ff.

[2] Vgl. auch Krökel, Edgar: Die kalkulatorische Vermögens- und Kapitalrechnung, S. 27.

I. Die betriebsbezogene Kosten- und Leistungsrechnung

gezeichnete Kapital im jeweils betrachteten Tätigkeitsbereich und inwieweit es in anderen Tätigkeitsbereichen investiert ist. Eine entsprechende Aufspaltung ist jedoch kaum möglich. Denn selbst wenn das gezeichnete Kapital ursprünglich allein für einen Tätigkeitsbereich aufgenommen worden sein sollte, könnte es später anderen Bereichen zugeführt worden sein.

5) Entsprechendes gilt für die Kapitalrücklagen, die Gewinnrücklagen und den Gewinnvortrag bzw. Verlustvortrag. Denn selbst wenn z. B. die Gewinnrücklagen ausschließlich für Investitionen im Haupttätigkeitsbereich gebildet wurden, könnten sie in der Zwischenzeit für Investitionen in den anderen Bereichen verwandt worden sein.

6) Anderes als für die Eigenkapitalposten gilt für die Rückstellungen. Sie werden aus bestimmten Gründen sowie für bestimmte Zwecke vorgenommen und können daher aufgespalten werden. Bei den Pensionsrückstellungen z. B. lässt sich feststellen, welcher Teil für Pensionszahlungen an Arbeitskräfte im Haupttätigkeitsbereich vorgesehen wurde und welcher Teil für Pensionszahlungen an andere Arbeitskräfte.

7) Eine Reihe von Verbindlichkeiten können ebenfalls aufgespalten werden. So lässt sich bei den Verbindlichkeiten aus Lieferungen und Leistungen feststellen, welcher Betrag auf den Krediteinkauf von Roh-, Hilfs- und Betriebsstoffen und welcher Betrag auf den Krediteinkauf von Handelswaren entfällt.

Entsprechendes gilt für die Verbindlichkeiten aus Handelswechseln, die Verbindlichkeiten gegenüber verbundenen Unternehmen und gegenüber Unternehmen, mit denen ein Beteiligungsverhältnis besteht, die erhaltenen Anzahlungen sowie die passiven Rechnungsabgrenzungsposten.

8) Dagegen können bei einer Reihe anderer Verbindlichkeiten keine entsprechenden Aufspaltungen vorgenommen werden, so bei den Anleihen, den Verbindlichkeiten gegenüber Kreditinstituten und den anderen Darlehensverbindlichkeiten. Denn selbst wenn ein Darlehen ursprünglich für einen bestimmten Zweck aufgenommen worden sein sollte (z. B. für die Finanzierung von Rohstoffeinkäufen), kann es noch vor seiner fälligen Rückzahlung für einen anderen Zweck verwandt worden sein (z. B. für den Kauf von Wertpapieren).

9) Wegen der genannten Schwierigkeiten der Aufspaltung des Eigenkapitals sowie der Darlehensverbindlichkeiten wird der Versuch, aus dem bilanziellen Kapital das kalkulatorische Kapital abzuleiten, als aussichtslos aufgegeben. Statt vom bilanziellen Kapital geht man im Allgemeinen vom kalkulatorischen Vermögen aus und setzt das kalkulatorische Kapital diesem gleich.

10) Wenn allerdings das kalkulatorische Kapital zur Ermittlung der kalkulatorischen Zinsen herangezogen werden soll, dann ist das kalkulatorische Vermögen noch um das sog. Abzugskapital zu vermindern und nur der verbleibende Betrag als kalkulatorisches Kapital zu behandeln.

Unter dem **Abzugskapital** wird üblicherweise das dem Wirtschaftsbetrieb zinslos zur Verfügung stehende Kapital verstanden.[1] Gemeint sind damit erhaltene Anzahlungen und Vorauszahlungen sowie Verbindlichkeiten aus Lieferungen und Leistungen.

Fraglich ist allerdings, ob die genannten Kapitalposten tatsächlich zinslos zur Verfügung gestellt werden. Für die erhaltenen Anzahlungen und Vorauszahlungen sind zwar keine Zinszahlungen zu leisten, wie für Darlehensverbindlichkeiten, aber die Preise, die beim Verkauf der angezahlten oder vorausbezahlten Güter erzielt werden, dürften niedriger sein als die Preise, die ohne Anzahlungen oder Vorauszahlungen erzielbar wären. Entsprechendes gilt für die Verbindlichkeiten aus Lieferungen und Leistungen.[2] Die Preise, die bei einem Einkauf auf Kredit zu bezahlen sind, dürften höher sein als die Preise bei einem Bareinkauf. Daher handelt es sich bei den genannten Kapitalposten unseres Erachtens nicht um zinsloses, sondern um **versteckt verzinsliches Kapital**.[3]

Es ist also gerechtfertigt, mit der Begründung, dass die Verzinsung der erhaltenen Anzahlungen und Vorauszahlungen sowie der Verbindlichkeiten aus Lieferungen und Leistungen bereits über niedrigere Verkaufspreise bzw. höhere Einkaufspreise berücksichtigt ist, die genannten Kapitalposten als Abzugskapital zu behandeln, so lange der Zweck verfolgt wird, anhand des kalkulatorischen Kapitals die Zinskosten zu ermitteln. Für andere Zwecke sind die genannten Kapitalposten als zum kalkulatorischen Kapital gehörig zu betrachten, ist das kalkulatorische Kapital dem kalkulatorischen Vermögen gleichzusetzen.

Die Alternative zu der üblichen Vorgehensweise, die Anzahlungen und Vorauszahlungen sowie die Verbindlichkeiten aus Lieferungen und Leistungen als Abzugskapital zu behandeln, würde darin bestehen, die Erlöse aus dem Verkauf der Erzeugnisse um die versteckten Zinsen zu erhöhen bzw. die Preise für die eingekauften Güter um die versteckten Zinsen zu vermindern. Dann dürften die erhaltenen Anzahlungen und Vorauszahlungen sowie die Verbindlichkeiten aus Lieferungen und Leistungen nicht als Abzugskapital behandelt werden. Sie wären auch für die Ermittlung der Zinskosten in das kalkulatorische Vermögen einzubeziehen. Dieser Weg ist aber erheblich mühsamer als die übliche Vorgehensweise.

11) Da man ein kalkulatorisches Kapital nicht über einzelne Kapitalposten, sondern nur durch vollständige oder weitgehende Gleichsetzung mit dem kalkulatorischen Vermögen erhält, bleibt seine Zusammensetzung offen. Die Frage nach der Gliederung erübrigt sich (vgl. Abbildung 3).

Dies hat auch Konsequenzen für die Ermittlung der kalkulatorischen Zinsen. Man kann nicht, wie es angebracht wäre, mit unterschiedlichen Zinssätzen rechnen. Stattdessen muss man sich mit einem einheitlichen Zinssatz begnügen. Nicht

---

[1] Vgl. Wöhe, Günter/ Döring, Ulrich: Einführung in die Allgemeine Betriebswirtschaftslehre, S. 1092.
[2] Vgl. Wedell, Harald: Grundlagen des Rechnungswesens, Bd. 2, S. 99.
[3] Vgl. Müller, Eckhard: Die Berücksichtigung von Abzugskapital bei der Ermittlung kalkulatorischer Zinsen, S. 221 ff.

I. Die betriebsbezogene Kosten- und Leistungsrechnung

einmal ein nach der Zusammensetzung des Kapitals gewichteter durchschnittlicher Zinssatz lässt sich ermitteln.

Abbildung 3:
Beispiel für eine kalkulatorische Vermögens- und Kapitalrechnung

I. Kalkulatorisches Vermögen
1. Bargeld und Buchgeld
2. Wertpapiere, die zur Liquiditätssicherung gehalten werden
3. Forderungen aus Lieferungen und Leistungen
4. Geleistete Anzahlungen und Vorauszahlungen
5. Grundstücke ohne Bauten
6. Grundstücke mit Fabrik- und Geschäftsbauten
7. Maschinen, maschinelle Anlagen, Fahrzeuge
8. Betriebs- und Geschäftsausstattung
9. Roh-, Hilfs- und Betriebsstoffe
10. Patente, Lizenzen und ähnliche Rechte
11. Unfertige Erzeugnisse
12. Fertige Erzeugnisse
II. **Kalkulatorisches Kapital** **für die kalkulatorische Vermögens- und Kapitalrechnung** (= I.)
III. **Abzugskapital** (z. B. Verbindlichkeiten aus Lieferungen und Leistungen, erhaltene Anzahlungen und Vorauszahlungen)
IV. **Kalkulatorisches Kapital** **zur Bestimmung der kalkulatorischen Zinsen** (= I. ./. III.)

12) In Anbetracht dieser Schwierigkeiten könnten allenfalls folgende Auswege erwogen werden:

a) Man unterstellt, dass das kalkulatorische Anlagevermögen durch Eigenkapital und langfristiges Fremdkapital finanziert ist, das kalkulatorische Umlaufvermögen durch kurzfristiges Fremdkapital. Aber solche Unterstellungen sind willkürlich, denn den Vermögensgegenständen lassen sich nicht bestimmte Kapitalteile zurechnen.

b) Man unterstellt, dass das kalkulatorische Kapital ebenso strukturiert ist wie das bilanzielle Kapital, überträgt also die Anteile des Eigenkapitals und des Fremdkapitals am Bilanzkapital sowie diejenigen des langfristigen Fremdkapitals und des kurzfristigen Fremdkapitals am Bilanzkapital auf das kalkulatorische Kapital. Auch diese Unterstellungen sind schwer zu rechtfertigen, aber vielleicht ebenso vertretbar wie die Annahme eines einheitlichen Zinssatzes für das gesamte kalkulatorische Kapital.

13) Da man das kalkulatorische Kapital nicht vom bilanziellen Kapital ableiten kann, entfällt auch das Problem einer etwaigen Umbewertung der Kapitalposten.

2. Durchführung der Kosten- und Leistungsrechnung

2.1. Begriff und Abgrenzung der Kosten

1) Mit den Kosten z. B. eines Gutes ist in der Alltagssprache häufig der Preis des Gutes gemeint, also anders als in der Betriebswirtschaftslehre. Aber auch im HGB wird der Begriff der Kosten oft nicht im betriebswirtschaftlichen Sinne verwendet. So handelt es sich bei den Anschaffungskosten des § 255 Abs. 1 HGB um Ausgaben im betriebswirtschaftlichen Sinne, bei den Herstellungskosten des § 255 Abs. 2 HGB um Aufwendungen. Besonders misslich ist der Ausdruck des Kostenaufwandes, weil hier zwei verschiedene betriebswirtschaftliche Begriffe zu einem Wort zusammengezogen werden und es genügen würde, entweder von Kosten oder von Aufwendungen zu sprechen.

2) In der Betriebswirtschaftslehre wird, wie schon mehrfach dargelegt, zwischen Aufwendungen und Kosten unterschieden.[1] Dabei geht man in der Literatur im Allgemeinen von den Aufwendungen aus und leitet von diesen die Kosten ab. Insofern herrscht eine **aufwandsorientierte Kostenkonzeption** vor, die allerdings in der Literatur ungenau als eine wertmäßige Kostenkonzeption bezeichnet wird.[2]

Auch in der Praxis geht der einzelne Wirtschaftsbetrieb im Allgemeinen von den Zahlen der Geschäftsbuchhaltung, d. h. von den Aufwendungen, aus und entwickelt aus diesen, unter Berücksichtigung weiterer Daten, die Zahlen der Betriebsbuchhaltung, d. h. die Kosten.

Entsprechend diesem Vorgehen in Literatur und Praxis sollen auch hier die Kosten in mehreren Stufen von den Aufwendungen abgegrenzt werden.

3) Aus der Gewinn- und Verlustrechnung nach dem Gesamtkostenverfahren der großen Kapitalgesellschaft (vgl. § 275 Abs. 2 HGB) sind allerdings eine Reihe von Größen keinesfalls in die Kostenrechnung zu übernehmen, da ihnen **kein Aufwandscharakter** zukommt, weswegen schon ihr Ausweis vor dem Gewinn nicht gerechtfertigt ist. Dabei handelt es sich um:[3]

- die aufgrund einer Gewinngemeinschaft, eines Gewinnabführungs- oder eines Teilgewinnabführungsvertrags abgeführten Gewinne (die gesondert ausgewiesen werden);

---

[1] Zum Kostenbegriff vgl. Homburg, Carsten: Kostenbegriffe, Sp. 1051; Menrad, Siegfried: Der Kostenbegriff; Thielmann, Kurt: Der Kostenbegriff in der Betriebswirtschaftslehre.

[2] Vgl. Weber, Helmut Kurt: Grundbegriffe der Kostenrechnung, S. 6 ff.

[3] Vgl. Weber, Helmut Kurt/ Rogler, Silvia: Betriebswirtschaftliches Rechnungswesen, Bd. 1, S. 282 f.

I. Die betriebsbezogene Kosten- und Leistungsrechnung 27

- die aufgrund von Gewinnbeteiligungen im Rahmen des laufenden Geschäfts- und Lizenzverkehrs sowie die aufgrund von Gewinnbeteiligungen von Aufsichtsratsmitgliedern, Vorstandsmitgliedern und einzelnen Arbeitnehmern abgeführten Gewinne (die meist vermischt mit Aufwendungen ausgewiesen werden);
- die gewinnabhängigen Steuern (die gesondert ausgewiesen werden);
- die Einstellungen in Sonderposten mit Rücklageanteil (die ebenfalls gesondert ausgewiesen werden);
- die Bildung von Verlust- und Aufwandsrückstellungen (die nicht gesondert ausgewiesen werden).

4) Weiterhin sind der Kostenrechnung fernzuhalten, wenn es sich um einen vorwiegend industriell tätigen Betrieb handelt, Aufwendungen, die im Zusammenhang mit **Handelsgeschäften und anderen Dienstleistungsgeschäften** stehen wie:

- die Aufwendungen für bezogene Waren (die in der Gewinn- und Verlustrechnung nach dem Gesamtkostenverfahren zusammen mit den Aufwendungen für Roh-, Hilfs- und Betriebsstoffe ausgewiesen werden), die Aufwendungen für den Einkauf, die Lagerung sowie den Verkauf der Handelswaren (die in verschiedenen Positionen enthalten sein können), die Aufwendungen für das Personal, das die Handelsgeschäfte tätigt (die zusammen mit den Aufwendungen für das übrige Personal ausgewiesen werden);
- die Abschreibungen von verpachteten bzw. vermieteten Grundstücken, Gebäuden, Maschinen, Fahrzeugen (die zusammen mit den Abschreibungen nicht verpachteter bzw. nicht vermieteter Gegenstände ausgewiesen werden), die Aufwendungen für das Personal, das die Verpachtung bzw. Vermietung betreibt.

5) Schließlich sind in die Kostenrechnung in der Regel solche Aufwendungen nicht aufzunehmen, die im Zusammenhang mit **reinen Finanzgeschäften** stehen, wie:

- die Aufwendungen aus Verlustübernahme (die gesondert ausgewiesen werden);
- die Abschreibungen auf Finanzanlagen und entsprechende Gegenstände des Umlaufvermögens (die in mehreren Positionen ausgewiesen werden) sowie die negativen Wertdifferenzen beim Abgang von Finanzanlagen und von entsprechenden Gegenständen des Umlaufvermögens, die Aufwendungen für Personal, das die Finanzgeschäfte tätigt (die zusammen mit den Aufwendungen für das übrige Personal ausgewiesen werden).

Ausgeklammert werden müssten auch aus den Zinsaufwendungen die Zinsen für solches Fremdkapital, das in Finanzanlagen und in entsprechenden Gegenständen des Umlaufvermögens, in Handelswaren sowie in verpachteten bzw. vermieteten Gegenständen investiert ist. Damit würden die Zinsen für solches Fremdkapital verbleiben, das im industriellen Bereich investiert ist. Das Kapital lässt sich jedoch nicht entsprechend aufspalten. Daher werden die gesamten Zinsaufwendungen eliminiert und die Zinsen auf andere Weise berücksichtigt.

6) Die unter 4) und 5) genannten Aufwendungen werden im Allgemeinen als **betriebsfremde Aufwendungen** bezeichnet.[1] Da es sich dabei um Aufwendungen handelt, die nicht zu Kosten werden, ließe sich auch von **Nur-Aufwendungen** sprechen.

7) Dagegen können die verbleibenden Aufwendungen der Gewinn- und Verlustrechnung der großen Kapitalgesellschaft im Großen und Ganzen in der Kostenrechnung angesetzt werden, nämlich:

- die Aufwendungen für Roh-, Hilfs- und Betriebsstoffe sowie für sonstige im industriellen Bereich eingesetzte Verbrauchsgüter;

- die etwaigen außerplanmäßigen Abschreibungen von industriell genutzten Grundstücken;

- die planmäßigen und außerplanmäßigen Abschreibungen von abnutzbaren Sachanlagen (wie von Gebäuden, Maschinen und Fahrzeugen) des industriellen Bereichs;

- die planmäßigen und außerplanmäßigen Abschreibungen von immateriellen Anlagen des industriellen Bereichs (wie von Produktionspatenten und Vertriebslizenzen);

- die Aufwendungen für Dienstleistungen, welche für industrielle Zwecke in Anspruch genommen werden (wie Transportleistungen, Lagerleistungen, Versicherungsleistungen, Beratungsleistungen);

- die Aufwendungen für dasjenige Personal, das im industriellen Bereich tätig ist;

- die Aufwendungen für nicht-gewinnabhängige Steuern, die auf den industriellen Bereich entfallen.

Genannt werden müssten hier auch die Zinsaufwendungen für solches Fremdkapital, das im industriellen Bereich investiert ist. Aber da sich der Anteil dieses Kapitals nicht feststellen lässt, sind die Zinsen auf andere Weise zu berücksichtigen.

8) Wenngleich die genannten Aufwendungen grundsätzlich Kostencharakter haben, sind sie u. U. jedoch nur modifiziert in die Kostenrechnung zu übernehmen. Dies sei hier am Beispiel der beiden wichtigsten Aufwendungen, derjenigen für Roh-, Hilfs- und Betriebsstoffe sowie derjenigen für Abschreibungen von abnutzbaren Sachanlagen gezeigt.

---

[1] Vgl. Götze, Uwe: Kostenrechnung und Kostenmanagement, S. 7; Haberstock, Lothar: Kostenrechnung I, S. 20.

I. Die betriebsbezogene Kosten- und Leistungsrechnung

a) Der den **Aufwendungen für Roh-, Hilfs- und Betriebsstoffe** zugrunde liegende produktionsbedingte Verbrauch bildet die Basis auch für die Kostenrechnung. Dieser Verbrauch bedarf jedoch u. U. einer anderen Bewertung.[1] Wenn der Wiederbeschaffungswert der Roh-, Hilfs- und Betriebsstoffe über den Anschaffungswert gestiegen ist, muss in der handels- und steuerrechtlichen Rechnung wegen des Vorsichtsprinzips beim Anschaffungswert geblieben werden. In der kalkulatorischen Rechnung sollte, weil das Vorsichtsprinzip nicht beachtet werden muss, der höhere Wiederbeschaffungswert herangezogen werden. Damit wird auch dem Grundsatz der Substanzerhaltung entsprochen. Die Kosten für Roh-, Hilfs- und Betriebsstoffe übersteigen also in diesem Fall die entsprechenden Aufwendungen.

Wenn der Wiederbeschaffungswert der Roh-, Hilfs- und Betriebsstoffe unter den Anschaffungswert gesunken ist, muss in der handels- und steuerrechtlichen Rechnung auf den Wiederbeschaffungswert übergegangen werden. In der kalkulatorischen Rechnung sollte ohnehin dieser Wert angesetzt werden. Die Kosten für Roh-, Hilfs- und Betriebsstoffe stimmen also in diesem Fall mit den entsprechenden Aufwendungen überein.

Fraglich ist, wie der nicht-produktionsbedingte Verbrauch von Roh-, Hilfs- und Betriebsstoffen behandelt werden soll, z. B. der Schwund und der Verderb bei der Lagerung oder der Untergang durch einen Brand. In der Literatur besteht die Tendenz, alle außergewöhnlichen Vorgänge der Kostenrechnung fernzuhalten, die im Zusammenhang mit solchen Vorgängen entstehenden Aufwendungen als neutrale Aufwendungen zu kennzeichnen und ihnen keinen Kostencharakter zuzuerkennen. Uns erscheint zweifelhaft, ob dies gerechtfertigt ist. Denn auf diese Weise würde eine Kostenrechnung, die sich z. B. auf den industriellen Bereich eines Wirtschaftsbetriebs bezieht, nur ein unvollständiges Abbild dieses Bereichs liefern, zudem noch ein verzerrtes, ein geschöntes. Das Betriebsergebnis würde zu günstig ausfallen.

Das Bestreben dürfte lediglich so weit gehen, solche außergewöhnlichen Aufwendungen normalisiert in der Kostenrechnung zu berücksichtigen, durch die Bildung sog. kalkulatorischer Wagnisse. Das bedeutet, dass man nicht bis zum Eintreten eines Ereignisses wartet und dann erst außerplanmäßige Abschreibungen vornimmt, wie es in der Aufwandsrechnung vorgeschrieben ist, sondern im Hinblick auf sein mögliches Eintreten Vorkehrungen trifft. So wären also im Hinblick auf die mögliche Vernichtung der Roh-, Hilfs- und Betriebsstoffe durch einen Brand entsprechend dem Grad der Wahrscheinlichkeit eines solchen Ereignisses kalkulatorische Wagnisse in der Kostenrechnung anzusetzen. Dies würde der Antizipation etwaiger außergewöhnlicher Aufwendungen und damit ihrer gleichmäßigeren zeitlichen Verteilung dienen.

Wenn bei Eintritt eines Schadens dieser genauso hoch ist wie die im Laufe der Zeit akkumulierten kalkulatorischen Wagnisse, wird die Kostenrechnung nicht

---

[1] Zu den Möglichkeiten der Einzelbewertung und den Methoden der Sammelbewertung vgl. Weber, Helmut Kurt/ Rogler, Silvia: Betriebswirtschaftliches Rechnungswesen, Bd. 1, S. 190 ff.

mehr berührt. Anderes gilt, wenn der Schaden höher ist als die akkumulierten kalkulatorischen Wagnisse. Streng genommen müsste dann in Höhe der Differenz auch in der Kostenrechnung noch eine außerplanmäßige Abschreibung vorgenommen werden. Überdies sollte geprüft werden, die kalkulatorischen Wagnisse in Zukunft höher anzusetzen. Entsprechendes gilt, wenn der Schaden niedriger als die akkumulierten kalkulatorischen Wagnisse ist. Es müssten dann in Höhe der Differenz Rückstellungen für kalkulatorische Wagnisse aufgelöst werden. Überdies sollte geprüft werden, die kalkulatorischen Wagnisse in Zukunft niedriger anzusetzen.

Die geschilderte Problematik wird im Allgemeinen durch Abschluss eines Versicherungsvertrags entschärft. Die Versicherungsprämien stellen Aufwendungen dar, die in gleicher Höhe in die Kostenrechnung übernommen werden können. Der Ansatz kalkulatorischer Wagnisse entfällt. Wenn bei Eintritt eines Schadens dieser durch die Versicherungsgesellschaft voll ausgeglichen wird, entstehen keine weiteren Aufwendungen und Kosten. Anderes gilt, wenn der Schaden nicht voll ausgeglichen wird. Es fallen dann in Höhe der Differenz noch weitere Aufwendungen bzw. Kosten an.

b) Von den **Abschreibungsaufwendungen** für abnutzbare Sachanlagen, die für industrielle Zwecke genutzt werden, können die Abschreibungskosten[1] auf mannigfache Weise abweichen, z. B. dadurch, dass nicht vom Anschaffungswert, sondern von einem höheren Wiederbeschaffungswert abgeschrieben wird, dadurch, dass bei zeitabhängiger Abschreibung eine längere Nutzungsdauer angesetzt sowie statt der degressiven die lineare Methode gewählt wird, dadurch, dass gegenüber der zeitabhängigen Abschreibung die nutzungsabhängige Abschreibung oder eine Kombination aus beiden bevorzugt wird.[2]

Für die Bemessung der planmäßigen Abschreibungen ist in der handels- und steuerrechtlichen Rechnung vom Anschaffungswert der Anlagen auszugehen.

Wenn der Wiederbeschaffungswert unter den Anschaffungswert voraussichtlich dauerhaft sinkt, muss in der handels- und steuerrechtlichen Rechnung der niedrigere Wiederbeschaffungswert den weiteren planmäßigen Abschreibungen zugrunde gelegt werden. In der kalkulatorischen Rechnung sollte ohnehin der Wiederbeschaffungswert angesetzt werden. In der handels- und steuerrechtlichen Rechnung muss zudem eine außerplanmäßige Abschreibung vorgenommen werden. Fraglich ist, ob eine solche Abschreibung auch in die Kostenrechnung übernommen werden soll. In der Literatur wird dies unter Hinweis auf deren außerplanmäßigen Charakter im Allgemeinen verneint. Aber damit bliebe eine Kostenrechnung, die sich z. B. auf den industriellen Bereich des Wirtschaftsbetriebs bezieht, unvollständig. Das Betriebsergebnis für diesen Bereich würde zu günstig ausfallen.

---

[1] Vgl. Kilger, Wolfgang: Einführung in die Kostenrechnung, S. 112 ff.; Schmidt, Heino/ Wenzel, Hans-Heinrich: Probleme bei der Ermittlung kalkulatorischer Abschreibungen und Zinsen, S. 24 ff.; Schneider, Dieter: Entscheidungsrelevante Fixkosten, Abschreibungen und Zinsen zur Substanzerhaltung, S. 2523 f.; Wedell, Harald: Grundlagen des Rechnungswesens, Bd. 2, S. 83 ff.

[2] Zu den Abschreibungsmethoden vgl. Weber, Helmut Kurt/ Rogler, Silvia: Betriebswirtschaftliches Rechnungswesen, Bd. 1, S. 176 ff.

I. Die betriebsbezogene Kosten- und Leistungsrechnung

Daher bedarf es unseres Erachtens auch in der Kostenrechnung einer außerplanmäßigen Abschreibung.

Wenn der Wiederbeschaffungswert über den Anschaffungswert steigt, muss in der handels- und steuerrechtlichen Rechnung wegen des Vorsichtsprinzips beim fortgeschriebenen Anschaffungswert geblieben werden. Unseres Erachtens bliebe damit die Abbildung des industriellen Bereichs des jeweiligen Wirtschaftsbetriebs unvollständig.

Wenn bei Steigen des Wiederbeschaffungswertes die planmäßigen Abschreibungen höher bemessen werden, reichen die akkumulierten Abschreibungen gleichwohl nicht aus, den abzuschreibenden Gegenstand nach Abnutzung zum gestiegenen Preis nachzukaufen. Daher könnte erwogen werden, zusätzlich zu den planmäßigen Abschreibungen Rückstellungen für Ersatzbeschaffung vorzusehen.[1]

9) Diejenigen Aufwendungen, denen Kostencharakter zukommt, die aber wegen einer anderen Bewertung des ihnen zugrunde liegenden Mengengerüsts oder wegen einer anderen Periodisierung nur modifiziert in die Kostenrechnung zu übernehmen sind, werden in der Literatur häufig als **periodenfremde Aufwendungen** bezeichnet.[2]

Daneben werden oft noch außerplanmäßige oder außerordentliche Aufwendungen unterschieden,[3] wenngleich es eine dritte Kategorie neben betriebsfremden und periodenfremden Aufwendungen nicht geben kann.

Da die periodenfremden Aufwendungen dem Betrag nach von Kosten divergieren, könnte man auch von **kostenverschiedenen Aufwendungen** sprechen oder von Andersaufwendungen, in Umkehrung des von Kosiol eingeführten Begriffs der Anderskosten.

Die ihnen entsprechenden Kosten werden als Zusatzkosten bezeichnet,[4] was jedoch missverständlich ist, da es sich dabei nicht um zusätzlich zu Kosten angesetzten Größen, sondern um Kosten schlechthin handelt. Kosiol spricht genauer von betragsverschiedenen Zusatzkosten oder kurz von Anderskosten.[5] Üblich ist auch die Bezeichnung der **kalkulatorischen Kosten**, die jedoch ebenfalls missverständlich ist, da es sich nicht nur bei den hier gemeinten Kosten, sondern bei allen Kosten ex definitione um kalkulatorische Größen handelt. Unseres Erachtens sollte von **aufwandsverschiedenen Kosten** gesprochen werden.

Die genannten Aufwendungen werden oft zusammen mit den betriebsfremden Aufwendungen unter den Oberbegriff der **neutralen Aufwendungen**[6] subsumiert.

---

[1] Vgl. Lücke, Alexander: Wertsteigerungsrücklagen und Ersatzbeschaffungsrücklagen, S. 196 ff.
[2] Vgl. Götze, Uwe: Kostenrechnung und Kostenmanagement, S. 7; Haberstock, Lothar: Kostenrechnung I, S. 20 f.
[3] Vgl. Götze, Uwe: Kostenrechnung und Kostenmanagement, S. 7; Haberstock, Lothar: Kostenrechnung I, S. 21.
[4] Vgl. Mellerowicz, Konrad: Kosten und Kostenrechnung, Bd. 1, S. 9.
[5] Vgl. Kosiol, Erich: Kosten- und Leistungsrechnung, S. 118 f.
[6] Vgl. Mellerowicz, Konrad: Kosten und Kostenrechnung, Bd. 1, S. 9.

Da es sich dabei um völlig unterschiedliche Aufwendungen handelt, ist diese Zusammenfassung wenig sinnvoll. Zumindest sollte man im einen Fall von betragsmäßig neutralen Aufwendungen, im anderen Fall von wesensmäßig neutralen Aufwendungen sprechen.

Im Übrigen führt der Begriff der neutralen Aufwendungen leicht zu dem Missverständnis, als gäbe es innerhalb der Unternehmung neben dem Betriebsbereich einen neutralen Bereich. Tatsächlich gibt es neben dem durch die Kostenrechnung jeweils betrachteten Tätigkeitsbereich im Allgemeinen mehrere Tätigkeitsbereiche.

10) Diejenigen Aufwendungen, die Kostencharakter haben und die mit dem gleichen Betrag in die Kostenrechnung zu übernehmen sind, werden meistens als Zweckaufwendungen bezeichnet. Da aber nicht nur sie, sondern auch die Andersaufwendungen dem Betriebszweck dienen, würde man besser von **kostengleichen Aufwendungen** sprechen.

Die ihnen entsprechenden Kosten werden als Grundkosten bezeichnet. Besser wäre es, von **aufwandsgleichen Kosten** zu sprechen.

11) In Ergänzung zu den u. U. modifizierten Aufwendungen sind in der Kostenrechnung Größen anzusetzen, denen kein Aufwandscharakter zukommt, wie Zinsen für Eigenkapital, d. h. Zinsen für Bar- und Sacheinlagen der Eigentümer und für einbehaltene Gewinne, sowie Löhne/Gehälter für die Arbeitsleistung der Eigentümer.

a) **Zinsen für Eigenkapital** stellen handels- und steuerrechtlich keine Aufwendungen dar; sie sind aus dem Gewinn zu bestreiten. In der Kostenrechnung kann man sich jedoch vom Handels- und Steuerrecht lösen.

Für den Ansatz der Eigenkapitalzinsen als Kosten sprechen zwei zusammengehörende Argumente: Wenn die Eigentümer ihr Geld nicht ihrem Unternehmen, sondern anderen Wirtschaftssubjekten als Fremdkapital zur Verfügung stellen würden, erhielten sie dafür Zinsen. Durch den Verzicht auf eine solche anderweitige Geldanlage entgeht ihnen Nutzen. Dieser Nutzenentgang bedarf des Ausgleichs. Daher sind in seiner Höhe Kosten anzusetzen. Dabei handelt es sich um sog. Opportunitätskosten.[1] Wenn die Eigentümer ihrem Unternehmen kein Eigenkapital zur Verfügung stellen würden, müsste Fremdkapital aufgenommen werden. Dafür wären Zinsen zu entrichten. Diese Aufwendungen werden durch die Aufnahme von Eigenkapital vermieden.

Zugunsten des Ansatzes von Eigenkapitalzinsen wird häufig auch angeführt, dass erst auf diese Weise Unternehmen unterschiedlicher Kapitalstruktur vergleichbar würden. Aber dabei handelt es sich um ein schwaches Argument. Denn das Rechnungswesen soll bestehende Unterschiede nicht egalisieren, sondern die Verhältnisse wirklichkeitsgetreu abbilden.

---

[1] Vgl. zu Opportunitätskosten Heinhold, Michael: Kosten- und Erfolgsrechnung in Fallbeispielen, S. 141; Samuelson, Paul A./ Nordhaus, William D.: Volkswirtschaftslehre, S. 156 ff.

Allerdings erscheint es müßig, über den Kostencharakter von Eigenkapitalzinsen zu streiten. Wenn man die Eigenkapitalzinsen nicht in die Kostenrechnung einbezieht, muss man dies nur bei Interpretation des Betriebsergebnisses beachten. Das Betriebsergebnis hätte bei Nichteinbeziehung der Eigenkapitalzinsen entsprechend höher zu sein als bei ihrer Einbeziehung. Wenn man die Eigenkapitalzinsen nicht als Kosten ansetzt, muss man ferner bei Verwendung der Kosten als Kalkulationsunterlage einen entsprechend höheren Gewinnaufschlag vorsehen.

Bedauerlicherweise ist es jedoch nicht möglich, die Zinsen auf das Eigenkapital getrennt von den Zinsen auf das Fremdkapital zu berechnen und in die Kostenrechnung einzubeziehen. Denn die Anteile des Eigenkapitals und des Fremdkapitals am kalkulatorischen Kapital lassen sich nicht feststellen. Daher bleibt nichts anderes übrig, als **Zinsen insgesamt vom kalkulatorischen Kapital** zu berechnen und in der Kostenrechnung anzusetzen.[1] Aus diesem Grund mussten schon vorher die Aufwendungen für die Verzinsung des Fremdkapitals unberücksichtigt bleiben, denen man Kostencharakter hätte zuerkennen können, soweit es sich jedenfalls um im industriellen Bereich investiertes Fremdkapital handelt.

Um das kalkulatorische Kapital zu erhalten, ist vom in der Periode durchschnittlich gebundenen kalkulatorischen Vermögen auszugehen, im einfachsten Fall, indem man die Beträge zu Beginn und am Ende einer Periode addiert und die Summe halbiert. In der Literatur wird auch vorgeschlagen, bei Gegenständen des abnutzbaren Anlagevermögens statt der Periodendurchschnittswerte Durchschnittswerte über die Lebensdauer der Vermögensgegenstände zu ermitteln, d. h. die Werte zu Beginn und am Ende der Lebensdauer zu addieren und die Summe zu halbieren.[2] Dieses Vorgehen ist aber mit Prognoseunsicherheiten verbunden und insgesamt recht umständlich.

Das ermittelte kalkulatorische Vermögen ist, wie weiter vorne begründet, um das Abzugskapital, d. h. das versteckt verzinsliche Kapital, zu vermindern.

Für die Verzinsung des kalkulatorischen Kapitals ist notgedrungen ein einheitlicher Zinssatz zu wählen, etwa einer, der für die langfristige Verzinsung von Fremdkapital gilt, da sich die Zusammensetzung dieses Kapitals nicht ergründen lässt, wie bereits dargelegt. Dabei müsste es sich, sofern das kalkulatorische Vermögen zu Anschaffungskosten bewertet wurde, um einen nominellen Zinssatz handeln, sofern das kalkulatorische Vermögen zu Wiederbeschaffungskosten bewertet wurde, um einen realen Zinssatz.[3]

b) **Löhne und Gehälter für die Mitarbeit der Eigentümer** im Unternehmen stellen handels- und steuerrechtlich keine Aufwendungen dar, wenn das Unternehmen keine juristische Person ist, also die Rechtsform eines Einzelkaufmanns,

---

[1] Vgl. auch Lücke, Wolfgang: Die kalkulatorischen Zinsen im betrieblichen Rechnungswesen, S. 3 ff.; Schwetzler, Bernhard: Zinsen, Sp. 2178 ff.
[2] Vgl. Götze, Uwe: Kostenrechnung und Kostenmanagement, S. 57 f.; Heinhold, Michael: Kosten- und Erfolgsrechnung in Fallbeispielen, S. 143 f.
[3] Vgl. auch Rogler, Silvia, Inflation, Sp. 713 ff.; Wedell, Harald: Grundlagen des Rechnungswesens, Bd. 2, S. 115.

einer OHG oder einer KG hat. In die Kostenrechnung können sie gleichwohl einbezogen werden, mit der gleichen Begründung, wie sie bei den Eigenkapitalzinsen gegeben wurde.

Löhne bzw. Gehälter für die Mitarbeit der Eigentümer im Unternehmen stellen dann handels- und steuerrechtlich Aufwendungen dar, wenn das Unternehmen eine juristische Person ist, also die Rechtsform einer AG, KGaA oder GmbH hat. Sie sind mit dem Anteil in die Kostenrechnung zu übernehmen, der auf die Mitarbeit der Eigentümer im jeweils betrachteten Tätigkeitsbereich entfällt.

12) Diejenigen Größen, die, ohne Aufwandscharakter zu haben, in der Kostenrechnung anzusetzen sind, werden üblicherweise als Zusatzkosten bezeichnet. Kosiol spricht genauer von wesensmäßigen Zusatzkosten.[1] Auch die Bezeichnung der kalkulatorischen Kosten ist für sie üblich. Unseres Erachtens könnte man von **aufwandsergänzenden Kosten** oder von **Nur-Kosten** sprechen.

13) Insgesamt setzen sich demnach die Kosten zusammen aus (vgl. auch Abbildung 4):

a) Größen, die mit Aufwendungen identisch sind (üblicherweise Grundkosten, besser **aufwandsgleiche Kosten** genannt);

b) Größen, die dem Grunde nach Aufwendungen entsprechen, die aber dem Betrag nach wegen einer anderen Bewertung des Mengengerüsts oder wegen einer anderen Periodisierung von Aufwendungen abweichen (üblicherweise kalkulatorische Kosten oder Zusatzkosten, von Kosiol Anderskosten, besser **aufwandsverschiedene Kosten** genannt);

c) Größen, denen keine Aufwendungen entsprechen (üblicherweise ebenfalls kalkulatorische Kosten oder Zusatzkosten, von Kosiol wesensmäßige Zusatzkosten, besser **aufwandsergänzende Kosten** oder Nur-Kosten genannt).

14) Abschließend soll eine Definition der Kosten versucht werden. Unter Bezugnahme auf den Begriff der Aufwendungen[2] lässt sich sagen:

Kosten =

betragsgleiche und, wegen Umbewertung oder anderer Periodisierung, betragsverschiedene betriebsbezogene Aufwendungen sowie fiktive Aufwendungen für Dienste der Eigentümer oder

Kosten =

umbewertete und normalisierte betriebsbezogene Aufwendungen sowie fiktive Aufwendungen für Dienste der Eigentümer.

---

[1] Vgl. Kosiol, Erich: Kosten- und Leistungsrechnung, S. 117 f.

[2] Vgl. Weber, Helmut Kurt/ Rogler, Silvia: Betriebswirtschaftliches Rechnungswesen, Bd. 1, S. 248 ff.

I. Die betriebsbezogene Kosten- und Leistungsrechnung

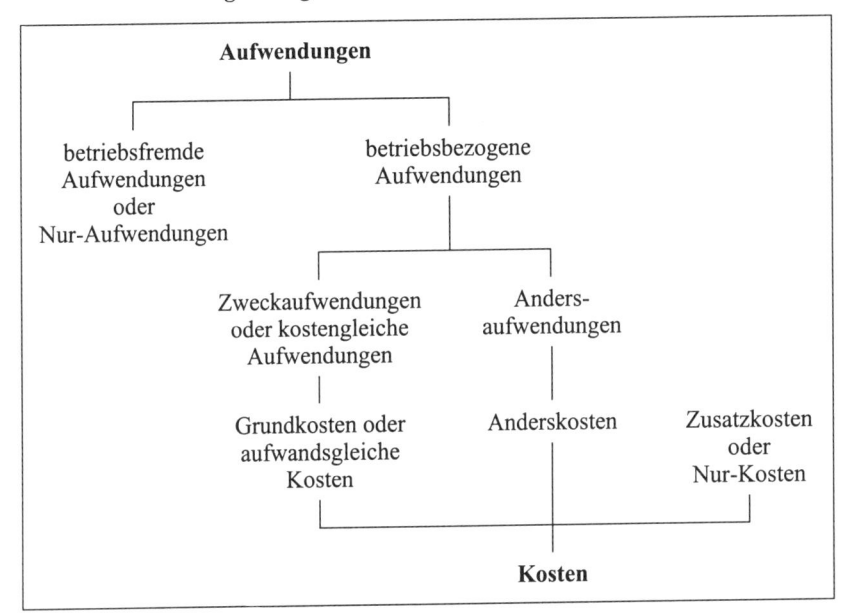

Abbildung 4:
Abgrenzung der Kosten von den Aufwendungen

```
                        Aufwendungen
                  ┌──────────┴──────────┐
          betriebsfremde          betriebsbezogene
          Aufwendungen            Aufwendungen
          oder              ┌──────────┴──────────┐
          Nur-Aufwendungen  Zweckaufwendungen    Anders-
                            oder kostengleiche   aufwendungen
                            Aufwendungen
                                  │                │
                            Grundkosten oder   Anderskosten    Zusatzkosten
                            aufwandsgleiche                    oder
                            Kosten                             Nur-Kosten
                            └──────────────────┬───────────────┘
                                             Kosten
```

15) In der Literatur wird bei der Definition des wertmäßigen Kostenbegriffs kaum auf Aufwendungen Bezug genommen, wenngleich stets ein enger Zusammenhang zwischen den Kosten im wertmäßigen Sinne und Aufwendungen hergestellt wird.

Schmalenbach, der die Unterscheidungen nach neutralen Aufwendungen und Zweckaufwendungen sowie Grundkosten und Zusatzkosten in die Betriebswirtschaftslehre eingeführt hat, definiert Kosten als "die in der Kostenrechnung anzusetzenden Werte der für Leistungen verzehrten Güter"[1]. Er stellt demnach auf folgende drei Merkmale ab: Vorliegen eines Güterverzehrs, Bewertung des Güterverzehrs, Leistungsbedingtheit des bewerteten Güterverzehrs.

Kosiol, der zur Ausgestaltung der Unterscheidung zwischen Aufwendungen und Kosten maßgeblich beigetragen hat, nennt ähnliche Wesensmerkmale von Kosten: mengenmäßiger Verbrauch von Gütern; Leistungsbezogenheit (Produktbezogenheit) des Güterverbrauchs; mit Hilfe von Preisen bewerteter Güterverbrauch.[2]

Menrad definiert Kosten „als in einem Geldbetrag ausgedrückter Wert leistungsverbundenen Güterverbrauchs"[3].

---

[1] Schmalenbach, Eugen: Kostenrechnung und Preispolitik, S. 6.
[2] Vgl. Kosiol, Erich: Kosten- und Leistungsrechnung, S. 14 f.
[3] Menrad, Siegfried: Rechnungswesen, S. 52.

16) Den wiedergegebenen Definitionen ist gemeinsam, dass sie auf den **wertmäßigen Kostenbegriff** abzielen, der, wie erwähnt, in der Literatur vorherrscht, aber nicht ohne Kritik und Alternativen geblieben ist. Insbesondere gegen die Einbeziehung von Eigenkapitalzinsen und Unternehmerlohn werden Einwendungen erhoben.

Nach Fettel handelt es sich bei diesen Größen um Gewinnbestandteile, da die Unternehmer in der Marktwirtschaft keinen Anspruch auf Verzinsung und Entlohnung hätten. Er definiert Kosten als "die einem Kalkulationsobjekt zugerechneten Ausgaben (auf Grund der Beteiligung der käuflich erworbenen Produktionsmittel an der Erstellung des Kalkulationsobjektes)".[1] Mit Ausgaben meint er Auszahlungen im Sinne der hier verwendeten Terminologie. Deswegen ließe sich seine Kostenkonzeption als **pagatorisch** bezeichnen.

Auch Koch wendet sich gegen die Einbeziehung von Eigenkapitalzinsen und Unternehmerlohn. Anders als Fettel besteht er jedoch nicht auf dem Ansatz von Anschaffungspreisen, sondern lässt auch denjenigen von Wiederbeschaffungspreisen zu. Er definiert Kosten als "die im Rahmen des betrieblichen Prozesses entrichteten Entgelte"[2] und versteht unter Entgelten nicht nur die ausbezahlten Geldbeträge, sondern auch die mit Hilfe von Hypothesen zugerechneten Geldbeträge. Deswegen lässt sich seine Kostenkonzeption als gemildert pagatorisch bezeichnen, im Unterschied zur streng pagatorischen von Fettel.

Riebel definiert Kosten, ähnlich wie Fettel, als "die durch die Entscheidung über das betrachtete Objekt ausgelösten zusätzlichen - nicht kompensierten - Ausgaben (Auszahlungen)".[3]

Von den genannten Autoren werden also die Kosten als Auszahlungen angesehen, aber nicht den Auszahlungen schlechthin gleichgesetzt. Dies wäre auch nicht haltbar, denn eine Reihe von Auszahlungen, z. B. diejenigen zur Tilgung eines Darlehens, ließen sich nie als Kosten auffassen. Die Kosten werden vielmehr als "zugerechnete" Ausgaben (Fettel) bzw. "zugerechnete" Geldbeträge (Koch) bezeichnet. Damit erhebt sich die Frage, wie diese Zurechnung vorgenommen werden soll. Diese Frage bleibt aber weitgehend offen.

Unseres Erachtens kann eine solche Zurechnung nicht wesentlich anders vorgenommen werden, als es zunächst durch den Übergang von Auszahlungen und Ausgaben zu Aufwendungen,[4] sodann durch den Übergang von Aufwendungen zu Kosten geschieht. Die Aufwendungen lassen sich weitgehend aus Auszahlungen bzw. Ausgaben ableiten und stellen insofern zugerechnete Auszahlungen bzw. Ausgaben dar. Die Kosten wiederum lassen sich weitgehend aus den Aufwendungen ableiten und stellen insofern unmittelbar zugerechnete Aufwendungen, mittelbar zugerechnete Auszahlungen bzw. Ausgaben dar.

---

[1] Fettel, Johannes: Ein Beitrag zur Diskussion über den Kostenbegriff, S. 568.
[2] Koch, Helmut: Grundprobleme der Kostenrechnung, S. 51.
[3] Riebel, Paul: Einzelkosten- und Deckungsbeitragsrechnung, S. 427.
[4] Vgl. Weber, Helmut Kurt/ Rogler, Silvia: Betriebswirtschaftliches Rechnungswesen, Bd. 1, S. 249 f.

I. Die betriebsbezogene Kosten- und Leistungsrechnung   37

17) Neben den Kosten im betriebswirtschaftlichen Sinne werden sog. **volkswirtschaftliche Kosten** unterschieden. Damit ist aber im Allgemeinen nicht etwa die Summe der Kosten der einzelnen Wirtschaftsbetriebe gemeint. Vielmehr handelt es sich dabei um eine Übertragung des anglo-amerikanischen Begriffs der "social costs".

Darunter sind die Belastungen zu verstehen, die von einem Wirtschaftssubjekt anderen Wirtschaftssubjekten ohne Ausgleich auferlegt werden. Statt von volkswirtschaftlichen Kosten würde man daher besser von negativen externen Effekten sprechen,[1] was auch zum Teil geschieht. Als Beispiele seien genannt: die Verschmutzung der Luft durch Rauch und Abgase, die Verunreinigung von Gewässern durch Abwasser, die Verursachung von störendem Lärm.

Wenn Unternehmen die von ihnen verursachten volkswirtschaftlichen Kosten reduzieren oder ganz vermeiden wollen, müssen sie im Allgemeinen höhere betriebswirtschaftliche Kosten in Kauf nehmen. Man spricht von einer Umwandlung volkswirtschaftlicher Kosten oder von einer Internalisierung negativer externer Effekte.

2.2. Begriff und Abgrenzung der Leistungen

1) Für die den Kosten entgegen gesetzte Wertgröße, für das positive Pendant zu den Kosten, hat sich in der Betriebswirtschaftslehre keine so gängige Bezeichnung herausgebildet, wie sie diejenige der Kosten darstellt.[2]

Meistens wird von Leistungen gesprochen, so bereits von Schmalenbach,[3] ebenso von Kosiol.[4] Aber dieses Wort wird auch in vielen anderen Zusammenhängen gebraucht. Hingewiesen sei auf die Einteilung der Güter in "Sachleistungen" und "Dienstleistungen", auf die Bilanzposition "unfertige Erzeugnisse und Leistungen", auf die Position der Gewinn- und Verlustrechnung "andere aktivierte Eigenleistungen" sowie auf die Größen der Wertschöpfungsrechnung "Vorleistungen" und "Eigenleistung".

Eine weniger vieldeutige Bezeichnung wäre wünschenswert. So könnte man statt von Leistungen von Erlösen sprechen. Dieses Wort wird allerdings häufig im Sinne von erzielten Preisen, von erzielten Entgelten gebraucht, so in der Wortzusammensetzung "Umsatzerlöse". Den Begriff der Umsatzerlöse würde man jedoch besser durch denjenigen der Umsatzeinnahmen ersetzen. Damit wäre der Begriff der Erlöse nicht mehr belegt. Uns erscheint jedenfalls der Begriff der Erlöse als

---

[1] Vgl. Schlieper, Ulrich: Externe Effekte, S. 524 ff.
[2] Vgl. Weber, Helmut Kurt: Grundbegriffe der Kostenrechnung, S. 8 f.
[3] Vgl. Schmalenbach, Eugen: Kostenrechnung und Preispolitik, S. 10.
[4] Vgl. Kosiol, Erich: Kosten- und Leistungsrechnung, S. 12.

Gegenbegriff zu demjenigen der Kosten gut geeignet.[1] Trotzdem wollen auch wir hier beim üblichen Begriff der Leistungen bleiben.

2) Zur Abgrenzung der Leistungen geht man am besten von den Erträgen aus, in Analogie zur Abgrenzung der Kosten von den Aufwendungen.

3) Aus der Gewinn- und Verlustrechnung nach dem Gesamtkostenverfahren der großen Kapitalgesellschaft (vgl. § 275 Abs. 2 HGB) sind allerdings eine Reihe von Größen keinesfalls in die Leistungsrechnung zu übernehmen, da ihnen **kein Ertragscharakter** zukommt, weswegen schon ihr Ausweis vor dem Gewinn nicht gerechtfertigt ist. Dabei handelt es sich um:[2]

- die Erträge aus Verlustübernahme (die eine Art der Verlustdeckung darstellen und gesondert ausgewiesen werden);

- die Auflösung von Sonderposten mit Rücklageanteil (die eine bestimmte Art der Gewinnverwendung rückgängig machen und gesondert ausgewiesen werden);

- die Herabsetzung von Verlust- und Aufwandsrückstellungen (die ebenfalls eine bestimmte Art der Gewinnverwendung rückgängig machen, allerdings nicht gesondert ausgewiesen werden);

- die Aktivierung von Aufwendungen für Ingangsetzung und Erweiterung des Geschäftsbetriebs (die in den "Anderen aktivierten Eigenleistungen" enthalten sind).

4) Weiterhin sind der Leistungsrechnung fernzuhalten, wenn es sich um einen vorwiegend industriell tätigen Betrieb handelt, Erträge, die im Zusammenhang mit **Handelsgeschäften und anderen Dienstleistungsgeschäften** stehen, wie:

- die Erträge aus dem Verkauf von Handelswaren (die unter den Umsatzerlösen ausgewiesen werden);

- die Erträge aus der Verpachtung und Vermietung von Grundstücken, Gebäuden, Maschinen (die nicht gesondert ausgewiesen werden);

- die Erträge aus dem Erbringen von sonstigen Dienstleistungen (die nicht gesondert ausgewiesen werden).

5) Schließlich sind in die Leistungsrechnung in der Regel solche Erträge nicht zu übernehmen, die im Zusammenhang mit **reinen Finanzgeschäften** stehen, wie:

- die aufgrund einer Gewinngemeinschaft, eines Gewinnabführungs- oder eines Teilgewinnabführungsvertrags erhaltenen Gewinne (die gesondert ausgewiesen werden);

- die Erträge aus Beteiligungen (die gesondert ausgewiesen werden);

---

[1] Ebenso Männel, Wolfgang: Bemerkungen zu den Begriffsreihen "Auszahlungen, Ausgaben, Aufwand, Kosten" und „Einzahlungen, Einnahmen, Erträge, Leistungen", S. 221 sowie Kolb, Jürgen: Industrielle Erlösrechnung, S. 38.

[2] Vgl. Weber, Helmut Kurt/ Rogler, Silvia: Betriebswirtschaftliches Rechnungswesen, Bd. 1, S. 282 f.

I. Die betriebsbezogene Kosten- und Leistungsrechnung 39

- die Erträge aus anderen Wertpapieren und Ausleihungen des Finanzanlagevermögens (die eine eigene Position bilden);
- die sonstigen Zinsen und ähnlichen Erträge (die eine eigene Position bilden);
- die Zuschreibungen zu Finanzanlagen und zu entsprechenden Gegenständen des Umlaufvermögens (die nicht gesondert auszuweisen sind) sowie die positiven Wertdifferenzen beim Abgang von Finanzanlagen und entsprechenden Gegenständen des Umlaufvermögens (die nicht gesondert auszuweisen sind).

6) Die unter 4) und 5) genannten Erträge können als **betriebsfremde Erträge** bezeichnet werden. Da es sich dabei um Erträge handelt, die nicht zu Leistungen werden, ließe sich auch von **Nur-Erträgen** sprechen.

7) Dagegen können die verbleibenden Erträge der Gewinn- und Verlustrechnung der großen Kapitalgesellschaft im Großen und Ganzen auch in der Leistungsrechnung angesetzt werden, nämlich:

- die Erträge aufgrund der Herstellung und des Verkaufs von fertigen und unfertigen Erzeugnissen (die sich aus der Gegenüberstellung der Erzeugnisumsatzerlöse und der Änderung des Bestands an fertigen und unfertigen Erzeugnissen ergeben);
- die Erträge aufgrund der Selbsterstellung von Sachanlagen (die unter den anderen aktivierten Eigenleistungen ausgewiesen werden);
- die Zuschreibungen zu Vermögensgegenständen des industriellen Bereichs (z. B. den Zuschreibungen zu Grundstücken) sowie den positiven Wertdifferenzen beim Verkauf von Vermögensgegenständen des industriellen Bereichs (z. B. beim Verkauf von nicht mehr benötigten Maschinen sowie Roh-, Hilfs- und Betriebsstoffen).

8) Wenngleich die genannten Erträge grundsätzlich Leistungscharakter haben, sind sie u. U. jedoch nur modifiziert in die Leistungsrechnung zu übernehmen. So besteht bei der Bewertung der hergestellten fertigen und unfertigen Erzeugnisse sowie der selbst erstellten Sachanlagen nach Handels- und Steuerrecht ein großer Spielraum, der sich recht unterschiedlich auf die Höhe der entsprechenden Erträge auswirken kann. Die Untergrenze für die Bewertung der genannten Gegenstände im Handelsrecht bilden allein die Einzelkosten. In der kalkulatorischen Rechnung sollte man sich davon lösen und die Bewertung zumindest mit vollen Kosten vornehmen, sofern diese durch die am Markt erzielbaren Preise gedeckt sind. Man könnte zur Bewertung sogar die Preise abzüglich noch anfallender Kosten heranziehen. Das Realisationsprinzip, das den Ausweis noch nicht realisierter Gewinne verbietet, braucht jedenfalls nicht beachtet zu werden. Das bedeutet, dass sich u. U. erheblich höhere Leistungen als Erträge ergeben.

Zuschreibungen zu Vermögensgegenständen sind nach dem Handels- und Steuerrecht höchstens bis zu den Anschaffungskosten zulässig. Davon sollte man sich in der kalkulatorischen Rechnung ebenfalls lösen und Zuschreibungen auch auf einen höheren Stichtagswert vornehmen. Gegen den Ansatz von Zuschreibungen bestehen allerdings im Allgemeinen grundsätzliche Bedenken, weil sie außergewöhnlicher Natur sind und alle außergewöhnlichen Vorgänge der kalkulatorischen Rechnung fernzuhalten seien. Aber diese Bedenken sind unseres Erachtens nicht gerechtfertigt. In der kalkulatorischen Rechnung sollte der jeweils betrachtete Tätigkeitsbereich vollständig und genau abgebildet werden. Das Bestreben dürfte lediglich so weit gehen, außergewöhnliche Vorgänge zu verstetigen, wie durch den Ansatz von kalkulatorischen Wagnissen in der Kostenrechnung; aber dafür gibt es keine entsprechenden Möglichkeiten in der Leistungsrechnung. Bei Interpretation des Betriebsergebnisses muss man freilich die unterschiedlichen Arten von Leistungen berücksichtigen.

9) Diejenigen Erträge, denen Leistungscharakter zukommt, die aber wegen einer anderen Bewertung des ihnen zugrunde liegenden Mengengerüsts modifiziert in die Leistungsrechnung zu übernehmen sind, können als **periodenfremde Erträge** bezeichnet werden. Treffender ist es jedoch, von **leistungsverschiedenen Erträgen** zu sprechen oder von Andersertägen. Die ihnen entsprechenden Leistungen könnten als Zusatzleistungen bezeichnet werden. Besser ist es jedoch, von Andersleistungen oder von **ertragsverschiedenen Leistungen** zu sprechen.

10) Diejenigen Erträge, die mit dem gleichen Betrag in die Leistungsrechnung zu übernehmen sind, können als Zweckerträge bezeichnet werden. Treffender ist es jedoch, von **leistungsgleichen Erträgen** zu sprechen. Die ihnen entsprechenden Leistungen können als Grundleistungen bezeichnet werden. Besser ist es jedoch, von **ertragsgleichen Leistungen** zu sprechen.

11) In Ergänzung zu den u. U. modifizierten Erträgen sind in der Leistungsrechnung Größen anzusetzen, die handels- und steuerrechtlich keine Erträge darstellen. So dürfen die selbst geschaffenen immateriellen Anlagen in der Handels- und Steuerbilanz nicht aktiviert und damit auch nicht in die anderen aktivierten Eigenleistungen der Gewinn- und Verlustrechnung nach dem Gesamtkostenverfahren einbezogen werden. Davon sollte man sich jedoch in der kalkulatorischen Rechnung lösen. Solche Leistungen, die keine Erträge darstellen, können als wesensmäßige Zusatzleistungen bezeichnet werden. Stattdessen ließe sich auch von **ertragsergänzenden Leistungen** oder von Nur-Leistungen sprechen.

12) Insgesamt setzen sich demnach die Leistungen zusammen aus (vgl. auch Abbildung 5):

a) Größen, die mit Erträgen identisch sind (Grundleistungen in Analogie zu den Grundkosten, besser ertragsgleiche Leistungen genannt);

b) Größen, die dem Grunde nach Erträgen entsprechen, die aber dem Betrag nach wegen einer anderen Bewertung des Mengengerüsts von Erträgen abweichen (Andersleistungen in Analogie zu den Anderskosten, besser ertragsverschiedene Leistungen genannt);

c) Größen, denen keine Erträge entsprechen (Zusatzleistungen in Analogie zu den Zusatzkosten, besser ertragsergänzende Leistungen oder Nur-Leistungen genannt).

I. Die betriebsbezogene Kosten- und Leistungsrechnung

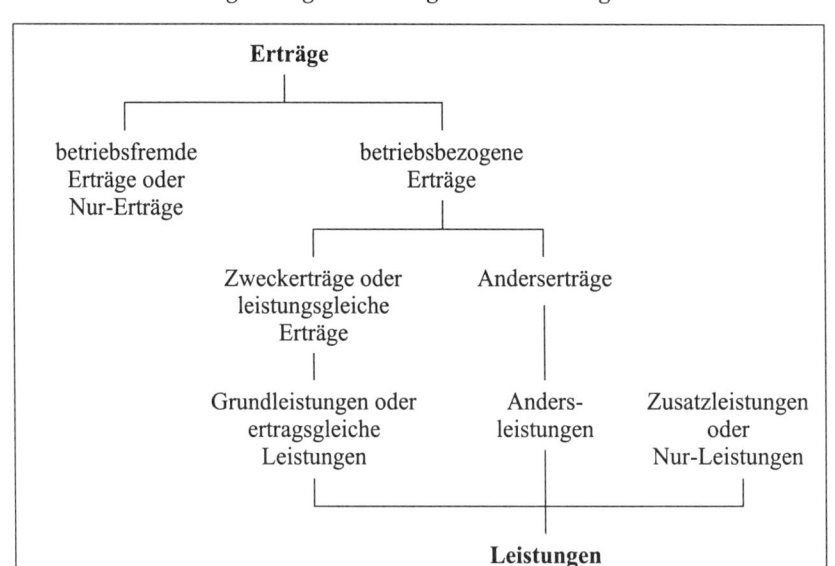

Abbildung 5:
Abgrenzung der Leistungen von den Erträgen

```
                                    Erträge
                                       |
            ┌──────────────────────────┴──────────────────────────┐
    betriebsfremde                                        betriebsbezogene
    Erträge oder                                          Erträge
    Nur-Erträge                                              |
                            ┌────────────────────────────────┴─────────┐
                    Zweckerträge oder                            Andersertäge
                    leistungsgleiche                                  |
                    Erträge                                           |
                         |                                            |
                    Grundleistungen oder        Anders-          Zusatzleistungen
                    ertragsgleiche              leistungen       oder
                    Leistungen                                   Nur-Leistungen
                         └────────────────────┬───────────────────────┘
                                              |
                                         Leistungen
```

13) Abschließend soll eine Definition der Leistungen versucht werden. Unter Bezugnahme auf den Begriff der Erträge[1] lässt sich sagen:

Leistungen =
betragsgleiche und, wegen Umbewertung oder anderer Periodisierung, betragsverschiedene Erträge sowie fiktive Erträge für Ergebnisse betrieblicher Tätigkeit oder

Leistungen =
umbewertete und normalisierte betriebsbezogene Erträge sowie fiktive Erträge für Ergebnisse betrieblicher Tätigkeit.

14) In der Literatur sind erheblich weniger Definitionen des Leistungsbegriffs als solche des Kostenbegriffs zu finden. In diesen Definitionen der Leistungen wird kaum auf Erträge Bezug genommen, ebenso wenig wie bei der Definition der Kosten auf Aufwendungen.

Nach Menrad sind Leistungen die bewertete und bezweckte Güterentstehung.[2] Männel bevorzugt den Begriff der Erlöse gegenüber demjenigen der Leistungen. Er unterscheidet zwischen der pagatorischen und der wertmäßigen Erlöskonzeption. Unter den pagatorischen Erlösen versteht er die von baren oder kreditorischen Einnahmen abgeleiteten Erlöse aus der Veräußerung von vom Betrieb erstellten

---

[1] Vgl. Weber, Helmut Kurt/ Rogler, Silvia: Betriebswirtschaftliches Rechnungswesen, Bd. 1, S. 236 f.
[2] Vgl. Menrad, Siegfried: Rechnungswesen, S. 52.

oder anderen Gütern und Leistungen, unter den wertmäßigen Erlösen die Wertzuwächse, die den vom Betrieb erstellten Gütern und Leistungen entsprechen.[1]

15) Für die den volkswirtschaftlichen Kosten entgegengesetzte Größe fehlt eine entsprechende Bezeichnung in der deutschen Literatur. Man spricht nicht etwa von **volkswirtschaftlichen Leistungen** oder Erlösen als Pendant zu volkswirtschaftlichen Kosten. Im anglo-amerikanischen Schrifttum ist der Begriff der "social benefits" gebräuchlich, den man mit volkswirtschaftlichem Nutzen übersetzen könnte.

Darunter ist der Nutzen zu verstehen, den ein Wirtschaftssubjekt für andere Wirtschaftssubjekte stiftet, ohne dafür ein Entgelt zu verlangen. Man könnte auch von positiven externen Effekten sprechen. Als Beispiele seien genannt: die von einem Industriebetrieb gebauten und unterhaltenen Straßen und Wege, die auch anderen Wirtschaftssubjekten zur Verfügung stehen, die von einem Industriebetrieb geschaffenen und unterhaltenen Sporteinrichtungen, die nicht nur von Betriebsangehörigen, sondern auch von Außenstehenden genutzt werden.

Die social benefits sind den social costs gegenüberzustellen. In der Gegenüberstellung dieser beiden Größen kann das Kernstück einer Sozialbilanz[2] gesehen werden.

2.3. Gliederung der Kosten

1) Die Gliederung der Kosten könnte entsprechend derjenigen der Aufwendungen in der handelsrechtlichen Gewinn- und Verlustrechnung dem Gesamtkostenverfahren bzw. in der handelsrechtlichen Gewinn- und Verlustrechnung nach dem Umsatzkostenverfahren vorgenommen werden. Dies würde Vergleiche zwischen Aufwendungen und Kosten erleichtern.

Aber die genannten Gliederungen der Aufwendungen sind von geringem Aussagewert. Beim Gesamtkostenverfahren (§ 275 Abs. 2 HGB) bleibt die Abgrenzung der Materialaufwendungen unklar. Die Abschreibungen werden stark zusammen gefasst. Für die Dienstleistungsaufwendungen fehlt eine eigene Position. Beim Umsatzkostenverfahren (§ 275 Abs. 3 HGB) unterbleibt eine Gliederung nach Aufwandsgüterarten; sie wird ersetzt durch eine solche nach Aufwandsbereichen. Daher nimmt man die Gliederung der Kosten besser unabhängig von derjenigen der Aufwendungen in der handelsrechtlichen Gewinn- und Verlustrechnung vor.

---

[1] Vgl. Hummel, Siegfried/ Männel, Wolfgang: Kostenrechnung 1, S. 83 ff. (Autor: Hummel).
[2] Vgl. Eichhorn, Peter: Gesellschaftsbezogene Unternehmensrechnung; Wysocki, Klaus von: Sozialbilanzen.

I. Die betriebsbezogene Kosten- und Leistungsrechnung

2) Der Gemeinschaftskontenrahmen der Industrie[1] sieht in Kontenklasse 4 folgende Gliederung der Kosten vor:

a) Fertigungsmaterial (40), Gemeinkostenmaterial (41), Brennstoffe, Energie und dgl. (42);

b) Löhne und Gehälter (43), Sozialkosten (44);

c) Instandhaltung (45);

d) Steuern, Gebühren, Beiträge (46);

e) Mieten, Verkehrs-, Büro-, Werbekosten (47);

f) Abschreibungen (kalkulatorische Kosten) (48);

g) Sondereinzelkosten der Fertigung und des Vertriebs (49).

Hierbei werden die Kosten abwechselnd eingeteilt:

- nach ihrem Verhältnis zu Aufwendungen (z. B. Abschreibungen als kalkulatorische Kosten);

- nach den ihnen zugrunde liegenden Produktionsfaktoren oder Gütern (z. B. Stoffkosten, Personalkosten);

- nach ihrem Entstehungsort (z. B. Bürokosten);

- nach ihrem Zweck (z. B. Werbekosten);

- nach ihrer Verrechenbarkeit auf die Mengeneinheiten der Produkte (z. B. Sondereinzelkosten).

Die genannten Kriterien werden miteinander vermengt, nicht jedoch systematisch kombiniert.

3) Der Industriekontenrahmen[2] hat für die Kostenrechnung die Kontenklasse 9 reserviert, lässt aber dort die Gliederung der Kosten offen.

4) Vom Bundesverband der Deutschen Industrie[3] wird die Bildung folgender Kostenartenhauptgruppen empfohlen:

a) Materialkosten und Kosten für bezogene Leistungen;

b) Personalkosten;

c) Kapitalkosten;

d) sonstige Kosten;

e) Kostensteuern und vergleichbare Abgaben;

f) (kalkulatorische Kosten).

---

[1] Vgl. Gemeinschaftskontenrahmen der Industrie (GKR), abgedruckt in: Wedell, Harald: Grundlagen des Rechnungswesens, Bd. 1, S. 268 f.

[2] Vgl. Industriekontenrahmen (IKR), abgedruckt in: Wedell, Harald: Grundlagen des Rechnungswesens, Bd. 1, S. 270 f.

[3] Vgl. Bundesverband der Deutschen Industrie e.V. (Hrsg.): Empfehlungen zur Kosten- und Leistungsrechnung, Bd. 1, S. 33.

Dabei werden die Gruppen der kalkulatorischen Kosten und der Kapitalkosten als Alternativen gedacht.[1] Werden die kalkulatorischen Kosten als Kostenartenhauptgruppe vorgesehen, entfällt diejenige der Kapitalkosten. Die Zinsen und die Abschreibungen sind unter die kalkulatorischen Kosten zu subsumieren, ebenso wie der kalkulatorische Unternehmerlohn und die kalkulatorischen Wagnisse, was zu einer heterogenen Gruppe führt.

Werden die Kapitalkosten als Kostenartenhauptgruppe vorgesehen, entfällt diejenige der kalkulatorischen Kosten. Die Zinsen und die Abschreibungen sind unter die Kapitalkosten zu subsumieren, die darüber hinaus verbleibenden kalkulatorischen Kosen sind den anderen Kostenartenhauptgruppen, hauptsächlich wohl der Gruppe der sonstigen Kosten, zuzuordnen.

5) Unseres Erachtens sollten die Kosten zunächst konsequent nach den ihnen zugrunde liegenden Produktionsfaktoren oder Einsatzgütern eingeteilt werden. Man erhält dann folgende Kostenarten, die wir in Anlehnung an Lehmann[2] als **Kostengüterarten** bezeichnen wollen:

a) Kosten für den Verbrauch von Gütern, wie Roh-, Hilfs- und Betriebsstoffen, Verpackungsmaterial, Büromaterial (= Materialkosten / Verbrauchskosten);

b) Kosten für die Abnutzung von Gütern, wie Gebäuden, Maschinen, Fahrzeugen (= planmäßige Abschreibungen, genauer: Abnutzungskosten);

c) Kosten für die Nutzung von Immaterialgüterrechten, wie Patenten (= planmäßige Abschreibungen, genauer: Nutzungskosten);

d) Kosten für die Inanspruchnahme von Dienstleistungen, wie Handelsleistungen, Verkehrsleistungen, Lagerleistungen, Versicherungsleistungen (= Dienstleistungskosten);

e) Kosten für die Inanspruchnahme von Arbeitsleistungen (= Arbeitskosten, einschließlich des sog. Unternehmerlohns);

f) Kosten für die Inanspruchnahme von Geldkapital (= Zinskosten);

g) Kosten für die Inanspruchnahme staatlicher Leistungen (= Abgabekosten oder Steuerkosten).

6) Ergänzend müssten noch berücksichtigt werden:

h) Kosten für nicht-bestimmungsgemäße Mengen- und Wertminderungen von Gegenständen des kalkulatorischen Vermögens sowie negative Wertdifferenzen beim Abgang von solchen Gegenständen (= außerplanmäßige Abschreibungen, besser: Wertberichtigungskosten);

i) Kosten für die Berücksichtigung von Wagnissen, die nicht fremd versichert sind (= Wagniskosten).

---

[1] Vgl. Bundesverband der Deutschen Industrie e.V. (Hrsg.): Empfehlungen zur Kosten- und Leistungsrechnung, Bd. 1, S. 33.

[2] Vgl. Lehmann, Max Rudolf: Industriekalkulation, S. 70.

I. Die betriebsbezogene Kosten- und Leistungsrechnung

Die Wertberichtigungen einer Reihe von Vermögensgegenständen, so diejenigen von Roh-, Hilfs- und Betriebsstoffen, von Gebrauchsgütern, von Immaterialgüterrechten könnten auch in die vorher genannten Kostenarten einbezogen werden, so in die Materialkosten, die Abnutzungskosten, die Nutzungskosten. Aber nicht alle Wertberichtigungen lassen sich entsprechenden Kostenarten zuordnen, so nicht die Wertminderungen von Grundstücken, die Wertminderungen von Forderungen, die Mengen- und Wertminderungen von Geldbeständen. Daher dürfte es besser sein, für die Wertberichtigungskosten eine eigene Kostenkategorie vorzusehen.

Ähnliches gilt für die Wagniskosten. Die Wagnisse im Zusammenhang mit der Lagerung von Roh-, Hilfs- und Betriebsstoffen, mit dem Einsatz von Maschinen könnten auch in die Materialkosten bzw. Abnutzungskosten einbezogen werden. Aber nicht alle Wagnisse lassen sich entsprechenden Kostenarten zuordnen, z. B. nicht das Wagnis eines Ausfalls von Forderungen sowie das Wagnis, aus übernommenen Garantien für ausgelieferte Produkte in Anspruch genommen zu werden. Daher dürfte es besser sein, für die Wagniskosten eine eigene Kostenkategorie einzuführen. Zudem besteht ein Unterschied zwischen den Wagniskosten z. B. für Roh-, Hilfs- und Betriebsstoffe und den eigentlichen Materialkosten. Durch die Materialkosten wird der tatsächliche Verbrauch an Roh-, Hilfs- und Betriebsstoffen erfasst, während durch die Wagniskosten eine etwaige nicht-bestimmungsgemäße Mengen- oder Wertminderung der Roh-, Hilfs- und Betriebsstoffe antizipiert werden soll.[1]

Zwischen den Wertberichtigungskosten und den Wagniskosten liegen, wie die jeweils angeführten Beispiele erkennen lassen, enge Beziehungen vor. So sollen durch den Ansatz von Wagniskosten die Wertberichtigungskosten soweit wie möglich vermieden werden. Im Ansatz von Wagniskosten kommt das der Kostenrechnung eigene Normalisierungsbestreben am stärksten zum Ausdruck.

7) Eine Reihe weiterer Differenzierungen von Kosten sind in den folgenden Abschnitten vorzunehmen.[2]

2.4. Gliederung der Leistungen

1) Die Gliederung der Leistungen könnte entsprechend derjenigen der Erträge in der handelsrechtlichen Gewinn- und Verlustrechnung nach dem Gesamtkostenverfahren oder derjenigen in der handelsrechtlichen Gewinn- und Verlustrechnung nach dem Umsatzkostenverfahren vorgenommen werden.

Das Gesamtkostenverfahren sieht jedoch mit den Positionen Umsatzerlöse, Bestandsänderungen, andere aktivierte Eigenleistungen und sonstige betriebliche Erträge keinen stark differenzierten Ausweis der Erträge vor. Und beim Umsatz-

---

[1] Vgl. zur Behandlung des nicht produktionsbedingten Rohstoffverbrauchs Fricke, Wolfgang: Kosten und Kostenrechnung im Saisonbetrieb, S. 115 ff.

[2] Zu einem Überblick vgl. Wedell, Harald: Grundlagen des Rechnungswesens, Bd. 2, S. 50.

kostenverfahren brauchen manche Erträge, wie Bestandserhöhungen und andere aktivierte Eigenleistungen, überhaupt nicht ausgewiesen zu werden.

2) Vom Bundesverband der deutschen Industrie wird für die Leistungen der gleiche Ausweis wie für die Erträge in der handelsrechtlichen Gewinn- und Verlustrechnung nach dem Gesamtkostenverfahren empfohlen: Umsatzerlöse, Bestandsänderungen an fertigen und unfertigen Erzeugnissen, andere aktivierte Eigenleistungen.[1]

Die Abgrenzung dieser Positionen müsste aber anders als in der handelsrechtlichen Gewinn- und Verlustrechnung vorgenommen werden, wenn man unterstellt, dass es sich um eine Leistungsrechnung für den Haupttätigkeitsbereich eines Industriebetriebes handeln soll. In die Umsatzerlöse dürfen nur die Erlöse aus dem Verkauf bzw. aus der Vermietung von fertigen und unfertigen Erzeugnissen einbezogen werden. Es müssen ausgeklammert bleiben: die Erlöse aus dem Verkauf bzw. aus der Vermietung von Handelswaren sowie die Erlöse aus Dienstleistungen.

Zudem handelt es sich bei den Umsatzerlösen per se noch nicht um eine Leistungsgröße. Sind Minderungen des Bestands an fertigen und unfertigen Erzeugnissen ausgewiesen, entsprechen den Umsatzerlösen in dieser Höhe keine Leistungen. Sind Erhöhungen des Bestands ausgewiesen, handelt es sich bei diesen ebenso wie bei den Umsatzerlösen um Leistungen, allerdings sind diese von unterschiedlicher Art. Die Umsatzerlöse stellen einnahmengleiche oder realisierte Leistungen dar, die Bestandserhöhungen noch nicht realisierte Leistungen.

In die anderen aktivierten Eigenleistungen dürfen nur die selbst erstellten Sachanlagen einbezogen werden. Ausgeklammert müssen die Ingangsetzungs- und Erweiterungsaufwendungen bleiben. Einzubeziehen sind dagegen auch selbst geschaffene Immaterialgüterrechte, wie Produktionspatente.

3) Unseres Erachtens empfiehlt sich die folgende Gliederung der Leistungen:

a) Wert der hergestellten und verkauften fertigen Erzeugnisse;

b) Wert der hergestellten und noch nicht verkauften fertigen Erzeugnisse;

c) positive Wertdifferenzen beim Verkauf von in Vorperioden hergestellten fertigen Erzeugnissen;

d) Wert der erstellten unfertigen Erzeugnisse;

e) Wert der selbst erstellten Sachanlagen;

f) Wert der selbst geschaffenen Immaterialgüterrechte;

Ergänzend müssen noch berücksichtigt werden:

g) nicht-produktionsbedingte Wertsteigerungen von Gegenständen des kalkulatorischen Vermögens sowie positive Wertdifferenzen beim Abgang von solchen Gegenständen.

---

[1] Vgl. Bundesverband der Deutschen Industrie e.V. (Hrsg.): Empfehlungen zur Kosten- und Leistungsrechnung, Bd. 1, S. 32.

I. Die betriebsbezogene Kosten- und Leistungsrechnung   47

2.5. Bemessung der Kosten und Leistungen

Die Bemessung der Kosten und der Leistungen ergibt sich zum größten Teil indirekt aus der Bewertung des kalkulatorischen Vermögens. Daher sei auf den entsprechenden Abschnitt verwiesen.

2.6. Gegenüberstellung der Kosten und Leistungen

1) Für die Gegenüberstellung der in den Abschnitten 2.3. und 2.4. unterschiedenen Kostenarten und Leistungsarten im Rahmen der Betriebsergebnisrechnung kann gewählt werden:

a) entweder die Kontoform

b) oder die Staffelform.

2) Die **Kontoform** ist übersichtlicher als die Staffelform, da hierbei Kosten und Leistungen scharf voneinander getrennt ausgewiesen werden. Zudem werden auch die Summen der Kosten und Leistungen ausgewiesen; sie müssen nicht erst noch ermittelt werden. Vgl. den Vorschlag in Abbildung 6.

Übersteigt die Summe der Leistungen die Summe der Kosten, kann von einem positiven Betriebsergebnis gesprochen werden, im umgekehrten Fall von einem negativen Betriebsergebnis. Bedauerlicherweise hat sich für den Saldo aus Leistungen und Kosten keine so gängige Bezeichnung herausgebildet wie sie diejenige des Gewinns oder Verlusts für den Saldo aus Erträgen und Aufwendungen darstellt. Es ließe sich auch von einem kalkulatorischen Gewinn bzw. Verlust sprechen, im Unterschied zum handelsrechtlichen Gewinn bzw. Verlust.

3) Die **Staffelform** wird oft deswegen gegenüber der Kontoform vorgezogen, weil hierbei nicht nur ein Endergebnis ausgewiesen wird, sondern auch Zwischenergebnisse. Bei Bildung solcher Zwischenergebnisse kann man sich an dem für eine Wertschöpfungsrechnung typischen Vorgehen orientieren. Vgl. den Vorschlag in Abbildung 7.

4) Zugunsten einer staffelförmigen Betriebsergebnisrechnung ließe sich auch anführen, dass dadurch Vergleiche mit der handelsrechtlichen Gewinn- und Verlustrechnung, für die nach § 275 Abs. 1 HGB die Staffelform vorgeschrieben ist, erleichtert werden. Dies gilt allerdings nur, wenn man sich bei der Gliederung der Kosten und Leistungen stärker als in den Abbildungen 6 und 7 an diejenige der Aufwendungen und Erträge annähert.

5) Unter dieser Voraussetzung einer Angleichung der Kosten- und Leistungsarten an die Aufwands- und Ertragsarten könnte für die Gestaltung der Betriebsergebnisrechnung nicht nur das Gesamtkostenverfahren, sondern auch das Umsatzkostenverfahren in Betracht gezogen werden. Dies gilt vor allem dann, wenn für die

handelsrechtliche Gewinn- und Verlustrechnung, wie nach § 275 Abs. 3 HGB zulässig, das Umsatzkostenverfahren gewählt wurde.

Abbildung 6:
Beispiel für eine Betriebsergebnisrechnung in Kontoform

Kosten	Leistungen
1. Verbrauch von Stoffen (Materialkosten) 2. Abnutzung von Gütern (Abnutzungskosten) 3. Nutzung von Immaterialgüterrechten (Nutzungskosten) 4. Inanspruchnahme von Dienstleistungen (Dienstleistungskosten) 5. Inanspruchnahme von Arbeitsleistungen (Arbeitskosten) 6. Wertberichtigungskosten 7. Wagniskosten 8. Inanspruchnahme von Geldkapital (Zinskosten) 9. nicht gewinnabhängige Steuern (Steuerkosten)	1. Produktion und zeitgleicher Absatz von Erzeugnissen (Ansatz zu Preisen) ./. Einsatz von unfertigen Erzeugnissen 2. Vorratsproduktion von Erzeugnissen (Ansatz zu Kosten) ./. Einsatz von unfertigen Erzeugnissen 3. bei Lagerverkauf von Erzeugnissen erzielter Überschuss der Preise über die Kosten 4. Produktion von unfertigen Erzeugnissen (Ansatz zu Kosten) 5. Selbsterstellung von Sachanlagen (Ansatz zu Kosten) 6. Selbstschaffung von Immaterialgüterrechten (Ansatz zu Kosten) 7. nicht produktionsbedingte Wertsteigerungen
Summe der Kosten	*Summe der Leistungen*
Betriebsergebnis	

6) Beim **Gesamtkostenverfahren**, das in den Abbildungen 6 und 7 unterstellt wurde, würden dann als Leistungen ausgewiesen werden: Umsatzeinnahmen, Mehrung/Minderung des Bestands an fertigen und unfertigen Erzeugnissen, selbst erstellte Sachanlagen, selbst geschaffene immaterielle Anlagewerte. Diesen Leistungen sind als Kosten gegenüberzustellen: Materialkosten, Dienstleistungskosten, Abschreibungskosten, Arbeitskosten, Zinskosten, Wagniskosten, Kostensteuern, jeweils bezogen auf die in der abgelaufenen Periode produzierten Mengeneinheiten.

Schwierigkeiten ergeben sich bei der Bemessung der Mehrung/Minderung des Bestands an fertigen und unfertigen Erzeugnissen, wenn die in der abgelaufenen Periode verkauften Erzeugnisse aus verschiedenen Perioden stammen. Es liegt nahe, von durchschnittlichen Herstellkosten auszugehen. Sinnvoll kann auch sein, eine bestimmte Abgangsfolge zu unterstellen, z. B. bei begrenzter Haltbarkeit der Erzeugnisse, dass die zuerst hergestellten Mengen auch zuerst verkauft werden.[1]

Abbildung 7:
Beispiel für eine Betriebsergebnisrechnung in Staffelform

1.		Produktion und zeitgleicher Absatz von Erzeugnissen (Ansatz zu Preisen)
		./. Einsatz von unfertigen Erzeugnissen
2.	+	Vorratsproduktion von Erzeugnissen (Ansatz zu Kosten)
		./. Einsatz von unfertigen Erzeugnissen
3.	+	bei Lagerverkauf von Erzeugnissen erzielter Überschuss der Preise über die Kosten
4.	+	Produktion von unfertigen Erzeugnissen (Ansatz zu Kosten)
5.	+	Selbsterstellung von Sachanlagen (Ansatz zu Kosten)
6.	+	Selbstschaffung von Immaterialgüterrechten (Ansatz zu Kosten)
7.	+	nicht produktionsbedingte Wertsteigerungen
8.	=	*Bruttoproduktionswert*
9.	-	Verbrauch von Stoffen (Materialkosten)
10.	=	*Nettoproduktionswert I*
11.	-	Abnutzung von Gütern (Abnutzungskosten)
12.	-	Nutzung von Immaterialgüterrechten (Nutzungskosten)
13.	-	Inanspruchnahme von Dienstleistungen (Dienstleistungskosten)
14.	-	Wertberichtigungskosten
15.	-	Wagniskosten
16.	=	*Nettoproduktionswert II (Wertschöpfung)*
17.	-	Inanspruchnahme von Arbeitsleistungen (Arbeitskosten)
18.	-	Inanspruchnahme von Geldkapital (Zinskosten)
19.	-	nicht gewinnabhängige Steuern (Steuerkosten)
20.	=	**Betriebsergebnis**

7) Beim **Umsatzkostenverfahren** werden die Leistungen nicht schon bei der Produktion, sondern erst beim Absatz der Erzeugnisse ausgewiesen. Das bedeutet, dass Mehrungen des Bestands an fertigen und unfertigen Erzeugnissen nicht als Leistungen erscheinen, ebenso wenig wie die selbst erstellten Sachanlagen und die selbst geschaffenen immateriellen Anlagewerte. Als Leistungen verbleiben somit nur noch die Umsatzeinnahmen. Diesen sind als Kosten gegenüberzustellen: die Minderungen des Bestands an fertigen und unfertigen Erzeugnissen sowie die Materialkosten, Dienstleistungskosten, Abschreibungskosten, Arbeitskosten, Zins-

---

[1] Vgl. zu den Methoden der Sammelbewertung Weber, Helmut Kurt/ Rogler, Silvia: Betriebswirtschaftliches Rechnungswesen, Bd. 1, S. 190 ff.

kosten, Wagniskosten und Kostensteuern, soweit sie sich auf die in der abgelaufenen Periode abgesetzten Mengeneinheiten beziehen. Dabei werden die Kosten allerdings im Allgemeinen nicht nach Güterarten unterteilt, sondern nach Funktionsbereichen, wie Herstellung, Verwaltung und Vertrieb.

8) Die Gemeinsamkeiten und Unterschiede zwischen beiden Verfahren sollen nun an einem Beispiel verdeutlicht werden (vgl. Abbildung 8), bei dem vereinfachend davon ausgegangen wird, dass zu Beginn der Periode t_1 kein Lageranfangsbestand und am Ende von t_2 kein Lagerendbestand vorliegt. Damit entfällt das Problem, welche Verbrauchsfolge zu unterstellen ist. Die Bewertung des Lagerbestandes soll zu Herstellkosten erfolgen. Es zeigt sich, dass die Summen der Kosten und der Leistungen in den einzelnen Perioden voneinander abweichen, aber über mehrere Perioden hinweg gleich hoch sind. Das Betriebsergebnis ist ohnehin immer gleich hoch.

Auch wenn das Umsatzkostenverfahren zum richtigen Ergebnis führt, so ist sein Aussagewert doch geringer einzuschätzen als derjenige des Gesamtkostenverfahrens. Denn die Kosten und Leistungen werden in einer Periode mit Bestandsmehrungen zu niedrig ausgewiesen, in einer Periode mit Bestandsminderungen zu hoch.

9) Für das Gesamtkostenverfahren spricht weiterhin, dass es leichter in das Kontensystem der Finanzbuchführung zu integrieren ist als das Umsatzkostenverfahren. Wenn trotzdem in der Praxis oft das Umsatzkostenverfahren vorgezogen wird, dann vielleicht deswegen, weil hierbei die Kosten schon ähnlich wie bei der Zuschlagskostenrechnung nach Funktionsbereichen, wie Herstellung, Verwaltung und Vertrieb, getrennt werden.

I. Die betriebsbezogene Kosten- und Leistungsrechnung

Abbildung 8:
Beispiel für die Erstellung einer Betriebsergebnisrechnung nach dem Gesamtkostenverfahren und dem Umsatzkostenverfahren

Ausgangsdaten:

Rohstoffkosten	600 €/ME
Fertigungslöhne	700 €/ME
Abschreibungen auf Maschinen	500.000 €/Periode
Gehälter Verwaltung	400.000 €/Periode
Gehälter Vertrieb	250.000 €/Periode
Lageranfangsbestand t_1	0 ME
Produktionsmenge t_1	1.000 ME
Absatzmenge t_1	500 ME
Lageranfangsbestand t_2	500 ME
Produktionsmenge t_2	1.000 ME
Absatzmenge t_2	1.500 ME
Absatzpreis	2.800 €/ME

Betriebsergebnisrechnung nach dem Gesamtkostenverfahren t_1

Materialkosten	600.000 €	Umsatzeinnahmen	1.400.000 €
Personalkosten	1.350.000 €	Bestandserhöhung	900.000 €
Abschreibungen	500.000 €	kalk. Verlust	150.000 €
	2.450.000 €		2.450.000 €

Betriebsergebnisrechnung nach dem Umsatzkostenverfahren t_1

Kosten Herstellung	900.000 €	Umsatzeinnahmen	1.400.000 €
Kosten Verwaltung	400.000 €	kalk. Verlust	150.000 €
Kosten Vertrieb	250.000 €		
	1.550.000 €		1.550.000 €

Betriebsergebnisrechnung nach dem Gesamtkostenverfahren t_2

Bestandsminderung	900.000 €	Umsatzeinnahmen	4.200.000 €
Materialkosten	600.000 €		
Personalkosten	1.350.000 €		
Abschreibungen	500.000 €		
kalk. Gewinn	850.000 €		
	4.200.000 €		4.200.000 €

Betriebsergebnisrechnung nach dem Umsatzkostenverfahren t_2

Kosten Herstellung	2.700.000 €	Umsatzeinnahmen	4.200.000 €
Kosten Verwaltung	400.000 €		
Kosten Vertrieb	250.000 €		
kalk. Gewinn	850.000 €		
	4.200.000 €		4.200.000 €

3. Aussagewert der betriebsbezogenen Kosten- und Leistungsrechnung

1) Je höher ein positives Betriebsergebnis in einer abgelaufenen Periode ist, umso günstiger ist das Wirtschaften im jeweils betrachteten Tätigkeitsbereich des Unternehmens zu beurteilen, je höher ein negatives Betriebsergebnis ist, umso ungünstiger.

2) Es liegt nahe, das Betriebsergebnis mit dem handelsrechtlichen bzw. steuerrechtlichen Ergebnis zu vergleichen. Aber eine unmittelbare Vergleichbarkeit besteht nicht. Eine solche wäre nur gegeben, solange man sich in der Betriebsergebnisrechnung darauf beschränken würde, die betriebsfremden Erträge und Aufwendungen zu eliminieren. Sobald man jedoch Umbewertungen und andere Periodisierungen als in der Aufwands- und Ertragsrechnung vornimmt sowie über die Aufwendungen und Erträge hinausgehende Wertgrößen in der Betriebsergebnisrechnung ansetzt, ist eine Vergleichbarkeit nicht mehr gegeben.

Eine Kongruenz zwischen dem Betriebsergebnis und dem handelsrechtlichen bzw. steuerrechtlichen Ergebnis besteht auch insofern nicht, als das Betriebsergebnis die Verzinsung des kalkulatorischen Kapitals, des eigenen und des fremden Kapitals, berücksichtigt, das handelsrechtliche bzw. steuerrechtliche Ergebnis dagegen nur die Verzinsung des Fremdkapitals. In dieser Hinsicht ließe sich jedoch eine Kongruenz leicht dadurch herstellen, dass man die Verzinsung zunächst durchgängig unberücksichtigt lässt.

3) Will man also beurteilen, in welchem Maße ein einzelner Tätigkeitsbereich zu einem Gesamtergebnis beigetragen hat, müsste man für jeden Tätigkeitsbereich eine Kosten- und Leistungsrechnung durchführen und die jeweiligen Ergebnisse addieren.

4) Damit man das in einer Periode erzielte Betriebsergebnis besser beurteilen kann, müsste man es auf das in der Periode durchschnittlich eingesetzte Kapital beziehen. Allerdings sind kalkulatorische Zinsen schon bei Ermittlung des Betriebsergebnisses berücksichtigt worden, so dass man vor der Wahl steht, diese Verzinsung wieder rückgängig zu machen und ein Betriebsergebnis vor Zinsen auf das kalkulatorische Kapital zu beziehen oder diese Verzinsung als eine normale Verzinsung zu betrachten und erst ein sich danach ergebendes Betriebsergebnis auf das kalkulatorische Kapital zu beziehen.

5) Neben der absoluten sowie der relativen Höhe des Betriebsergebnisses ist auch sein Zustandekommen zu beurteilen. Je höher bei einem positiven Betriebsergebnis der Anteil des Wertes der in der abgelaufenen Periode hergestellten und verkauften Erzeugnisse an den gesamten Leistungen ist, umso günstiger ist dies zu sehen.

6) An ein positives Betriebsergebnis sind keine automatischen Rechtsfolgen geknüpft, wie an einen steuerrechtlichen Gewinn diejenige der Abführung von Gewinnsteuern an den Staat. Bei einem positiven Betriebsergebnis sind auch nicht

I. Die betriebsbezogene Kosten- und Leistungsrechnung 53

kraft Gesetz bestimmte Entscheidungen zu treffen, wie bei einem handelsrechtlichen Gewinn diejenigen über die Verwendung dieses Gewinns.

Es bleibt völlig der Unternehmensleitung überlassen, welche Konsequenzen sie aus dem Betriebsergebnis zieht. Solche liegen insbesondere bei einem negativen Betriebsergebnis nahe. Es sind dann Überlegungen in zwei verschiedene Richtungen anzustellen.

Eine Senkung der Kosten kann grundsätzlich erreicht werden: durch niedrigere Einkaufspreise (sofern sich dadurch nicht die Qualität der bezogenen Rohstoffe verschlechtert und der Ausschuss erhöht wird, denn dann würden sich nur bestimmte Kosten verringern, andere jedoch erhöhen); durch niedrigeren Verbrauch von Rohstoffen pro Mengeneinheit der Erzeugnisse (sofern sich dadurch nicht die Qualität der Erzeugnisse verschlechtert und dadurch die Verkaufspreise beeinträchtigt werden, denn dann würden zwar die Kosten verringert werden, aber gleichzeitig auch die Leistungen); durch höhere Ausnutzung der Maschinen (geringere Stillstandszeiten, höhere Laufzeiten, sofern genügend Zeit für Wartung verbleibt); durch Verringerung der Zahl der Arbeitskräfte; etc.

Eine Steigerung der Leistungen kann grundsätzlich erreicht werden: durch höhere Verkaufspreise (sofern sich dadurch nicht die Absatzmenge verringert); durch höhere Absatzmengen (sofern dazu nicht die Verkaufspreise gesenkt werden müssen); durch Beeinflussung der Abnahmemenge pro Abnehmer; durch Erhöhung der Zahl der Abnehmer pro Absatzgebiet; durch Ausweitung des Absatzgebiets (sofern die dazu erforderlichen Werbemaßnahmen nicht die Kosten zu stark steigen lassen).

Damit die Auswirkungen solcher Maßnahmen besser abgeschätzt werden können, empfiehlt sich die Aufstellung einer Kosten- und Leistungsrechnung für die kommende Periode, zusätzlich zu derjenigen für die abgelaufene Periode.

7) Bei einem anhaltend negativen Betriebsergebnis drängt sich die Frage nach der Stilllegung des jeweils betrachteten Tätigkeitsbereichs auf. Um darüber eine Entscheidung treffen zu können, genügt es allerdings nicht, eine Kosten- und Leistungsrechnung der skizzierten Art für einen künftigen Zeitraum aufzustellen. Es muss dann noch stärker, vor allem innerhalb der Kosten, differenziert werden: nach Kosten, die bei einer Stilllegung wegfallen bzw. nicht anfallen, sowie nach Kosten, die trotz einer Stilllegung zumindest vorläufig weiterhin anfallen (vgl. Abschnitt III.3.4.4.).

II. Die produktbezogene und vollständig stückbezogene Kostenrechnung (Vollkostenrechnung)

1. Problemstellung

1) Nachdem wir die betriebsbezogene Rechnung behandelt und in deren Rahmen die Grundbegriffe der Kosten und der Leistungen sowie des kalkulatorischen Vermögens und des kalkulatorischen Kapitals geklärt haben, wollen wir uns nun derjenigen Rechnung zuwenden, derentwillen die Kosten- und Leistungsrechnung hauptsächlich entwickelt wurde, der produkt- und stückbezogenen Rechnung.

2) Mit Produkt ist im Fall des hier unterstellten Industriebetriebes ein von diesem hergestelltes und für Dritte bestimmtes materielles Gut gemeint. Ausgegangen sei davon, dass die Kosten des einzelnen Stücks, der einzelnen Mengeneinheit des Produkts bzw. mehrerer Produkte ermittelt werden sollen. In Bezug auf sie ist es üblich, von Stückkosten zu sprechen. Dieser Begriff ist jedoch nur zutreffend, wenn es sich bei den Produkten um Stückgüter handelt. Um auch den Fall der Schüttgüter und ähnlicher Güter zu erfassen, müsste man allgemein von Mengeneinheitskosten sprechen. Aber auch hier soll beim Begriff der Stückkosten geblieben werden.

3) Es stellt sich also die Frage, wie Stückkosten ermittelt werden können. Ihre Ermittelbarkeit ist generell gesprochen abhängig von den Beschaffungs-, Produktions- und Absatzverhältnissen des jeweiligen Industriebetriebs, vor allem von der Zahl der Mengeneinheiten, die von einem Produkt hergestellt und abgesetzt werden, von der Zahl der Produkte, die hergestellt und abgesetzt werden, sowie von den Beziehungen zwischen den Produkten.

Folgende Fälle lassen sich in dieser Hinsicht unterscheiden:

a) Es wird nur ein Produkt und von diesem nur eine Mengeneinheit in einer betrachteten Periode produziert (= Einstückfertigung im Einproduktbetrieb).

b) Es wird nur ein Produkt produziert, aber von diesem mehrere Mengeneinheiten (= Mehrstückfertigung im Einproduktbetrieb).

c) Es werden mehrere gleichartige Produkte und von diesen jeweils eine oder mehrere Mengeneinheiten produziert (= Einstück- oder Mehrstückfertigung mehrerer gleichartiger Produkte).

d) Es werden mehrere verschiedenartige Produkte und von diesen jeweils eine oder mehrere Mengeneinheiten produziert (= Einstück- oder Mehrstückfertigung mehrerer verschiedenartiger Produkte).

e) Es werden zwangsläufig mehrere Produkte und von diesen jeweils eine oder mehrere Mengeneinheiten produziert (= Einstück- oder Mehrstückfertigung von Kuppelprodukten).

II. Die produktbezogene und vollständig stückbezogene Kostenrechnung 55

4) Den genannten Fällen wollen wir uns nun nacheinander zuwenden; die einfachen Fälle, die selten sind, bedürfen nur einer kurzen Behandlung.

2. Kostenrechnung bei Produktion einer Mengeneinheit eines Produkts (Additionskostenrechnung)

1) Sollte ein Industriebetrieb nur ein Produkt und von diesem nur eine Mengeneinheit in einer Periode (z. B. in einem Jahr) herstellen, wäre die Ermittlung von Stückkosten einfach. Es müssten nur die Kostenbeträge, die Kostengüterart für Kostengüterart in der Periode anfallen, erfasst und addiert werden. Man könnte von einer Additionskostenrechnung sprechen. Die stückbezogene Kostenrechnung ist in diesem Fall mit der produktbezogenen und mit der betriebsbezogenen Kostenrechnung identisch. Der Begriff der Additionskostenrechnung ist allerdings unüblich. Die damit gemeinte Methode der Kostenrechnung wird in der Literatur kaum erwähnt.

2) Die Erfassung der Kostenbeträge von manchen Kostengüterarten in einer Periode ist unproblematisch, z. B. die Erfassung der Kosten für Rohstoffe, die in einer Periode beschafft und in der gleichen Periode verbraucht werden. Denn die bei Bareinkauf der Rohstoffe entstehenden Auszahlungen bzw. die bei Krediteinkauf entstehenden Ausgaben werden noch in der gleichen Periode zu Kosten.

Dagegen bereitet die Erfassung der Kostenbeträge von anderen Kostengüterarten Schwierigkeiten. Maschinen z. B. werden in einer Periode beschafft und über mehrere Perioden hinweg genutzt. Die Auszahlungen bzw. Ausgaben für Maschinen und die Kosten fallen zeitlich auseinander.

Die erstgenannten Kosten wollen wir als **periodenisolierte Kosten** bezeichnen, die letztgenannten als periodenverkettete Kosten. Man könnte auch von Periodeneinzelkosten sprechen bzw. von Periodengemeinkosten. Aber Riebel[1], der diese Begriffe in die Kostenrechnung eingeführt hat, gebraucht sie in einer anderen Bedeutung (vgl. auch Abschnitt III.5.3).

3) Im Fall der **periodenverketteten Kosten** z. B. von Maschinen könnte man wie folgt vorgehen:

a) Die den Kosten zugrunde liegenden Auszahlungen bzw. Ausgaben werden auf die Perioden der Nutzung verteilt, (= kalenderzeitabhängige Abschreibung),

aa) indem jede Periode gleich belastet wird (= lineare Abschreibung);

ab) indem die einzelnen Perioden ungleichmäßig belastet werden, z. B. die ersten Perioden stärker als die letzten (= degressive Abschreibung).

---

[1] Vgl. Riebel, Paul: Einzelkosten- und Deckungsbeitragsrechnung, S. 38 f.

b) Die Auszahlungen bzw. Ausgaben werden auf die insgesamt herstellbaren Mengeneinheiten (allgemeiner: auf die maximalen Nutzungseinheiten) verteilt (= nutzungsabhängige Abschreibung),

ba) indem jede hergestellte Mengeneinheit (abgegebene Nutzungseinheit) gleich belastet wird;

bb) indem die hergestellten Mengeneinheiten (abgegebene Nutzungseinheiten) ungleich belastet werden.

4) Die Ergebnisse sind, je nach angewandter Methode, unterschiedlich. Eine Methode als die unter allen Umständen Richtige zu bestimmen, ist unmöglich. Im Einzelfall kann allenfalls gesagt werden, welche der genannten Methoden plausibler ist als die Verbleibenden.

5) Zu dieser Unsicherheit kommt im Beispielsfall die Ungewissheit bezüglich der Dauer der Nutzung bzw. des Umfangs des Nutzungspotentials hinzu. Die geschätzte Nutzungsdauer kann unter- oder überschritten werden. Wenn man wegen dieser Schwierigkeit auf die Verrechnung der Auszahlungen bzw. Ausgaben für Maschinen ganz verzichten würde, wie teilweise vorgeschlagen, erhielte man keine Kosten für Maschinen in den einzelnen Perioden. Man müsste es bei einer Auszahlungs- bzw. Ausgabenrechnung belassen. Damit könnte auch kein Gewinn oder Verlust im üblichen Sinne für die einzelnen Perioden festgestellt werden, sondern allenfalls ein positiver oder negativer Deckungsbeitrag der Periode. Daher ist dieser Verzicht wenig hilfreich.

3. Kostenrechnung bei Produktion mehrerer Mengeneinheiten eines Produkts (Divisionskostenrechnung)

1) Wenn ein Industriebetrieb nur ein Produkt herstellt, aber von diesem mehrere Mengeneinheiten in einer Periode (z. B. in einem Jahr), ist die Ermittlung von Stückkosten immer noch vergleichsweise einfach.

2) Werden die Mengeneinheiten jeweils nacheinander hergestellt und abgesetzt, könnte grundsätzlich ebenso wie bei einer Additionskostenrechnung vorgegangen werden. Die Periode (das Jahr) müsste dazu in Unterperioden (z. B. Monate) zerlegt werden, die der Produktions- und Absatzdauer jeweils einer Mengeneinheit entsprechen. Die in einer Unterperiode anfallenden Kostenbeträge müssten Kostengüterart für Kostengüterart festgestellt und addiert werden. Sie wären den Kosten einer Mengeneinheit gleichzusetzen.

Das Problem der Verrechnung der periodenverketteten Kosten verschärft sich nun allerdings. Denn die Auszahlungen bzw. Ausgaben z. B. für eine Maschine sind nun nicht nur auf Perioden (wie Jahre), sondern auch noch auf die Unterperioden (wie Monate, Wochen) zu verteilen.

II. Die produktbezogene und vollständig stückbezogene Kostenrechnung 57

3) Werden die Mengeneinheiten gleichzeitig hergestellt und abgesetzt, kommen folgende Möglichkeiten in Betracht:

a) Die für die Kostengüterarten anfallenden Kostenbeträge werden festgestellt und addiert. Die Kostensumme wird durch die Zahl der Mengeneinheiten dividiert. Man erhält **durchschnittliche Mengeneinheitskosten oder Stückkosten**. Üblicherweise wird von einer Divisionskalkulation oder Divisionskostenrechnung gesprochen.

b) Die für die Kostengüterarten in der betrachteten Periode anfallenden Kostenbeträge versucht man, so weit wie möglich, Mengeneinheit für Mengeneinheit zu erfassen. Die Kostenbeträge der verbleibenden Kostengüterarten werden auf die Mengeneinheiten umgelegt. Man erhält **Mengeneinheitskosten oder Stückkosten**, die gemischter Art, **teils individueller, teils genereller Art**, sind und die voneinander abweichen können, anders als diejenigen unter a).

4) Die Methode b) ist genauer als die Methode a), allerdings auch mühsamer. Zudem ist fraglich, ob mit der größeren Genauigkeit ein größerer Nutzen verbunden ist. Denn auch wenn man bei Anwendung der Methode b) unterschiedliche Kosten für die einzelnen Mengeneinheiten des Produkts erhält, was wahrscheinlich ist, kann man daraus doch kaum preispolitische Konsequenzen ziehen. Sind die produzierten Mengeneinheiten für ein und denselben Abnehmer bestimmt, müsste man trotz unterschiedlicher Kosten den gleichen Preis verlangen. Sind umgekehrt die produzierten Mengeneinheiten für verschiedene Abnehmer bestimmt, könnte man trotz gleicher Kosten unterschiedliche Preise, je nach Nachfrage- und Konkurrenzsituation, verlangen.

5) Abgesehen davon, dass die Divisionskostenrechnung der skizzierten Art nur für einen Einproduktbetrieb in Betracht kommt, wie eingangs angenommen, so dass auch die Selbsterstellung von Sachanlagen und die Selbstschaffung von Immaterialgüterrechten auszuschließen ist, müssen folgende weitere Voraussetzungen erfüllt sein:

a) Die Produktionsmenge und die Absatzmenge stimmen überein. Weder zu Beginn des Jahres noch am Ende des Jahres liegt ein Fertigerzeugnisbestand vor.

b) Die Produktion verläuft entweder einstufig oder mehrstufig ohne Bildung eines Zwischenerzeugnisbestandes.

6) Trifft die unter 5b) genannte Voraussetzung nicht zu, wurde z. B. von dem einzigen Produkt nur ein Teil der in der abgelaufenen Periode hergestellten Mengeneinheiten verkauft, muss eine Trennung nach Produktionskosten und Absatzkosten vorgenommen werden. Das bedeutet, dass zwei Kostenbereiche oder zwei Kostenstellen zu bilden sind. Die Summe der Produktionskosten könnte man durch die Produktionsmenge dividieren, die Summe der Absatzkosten durch die Absatzmenge.

Besser wäre es jedoch, auch die produzierten und noch auf Lager liegenden Mengeneinheiten mit Absatzkosten zu belasten, denn ein Teil der Absatzkosten entsteht bereits vor dem Verkauf, z. B. die Kosten für Marktforschung sowie für Werbung. Will man die Bewertung der produzierten und auf Lager liegenden

Abbildung 9:
Beispiel einer mehrstufigen Divisionskostenrechnung

	I. Stufe Material-förderung		Zwi-schen-lager I	II. Stufe Material-aufbereitung		Zwi-schen-lager II	III. Stufe Material-verarbeitung		Fertig-waren-lager	IV. Stufe Vertrieb	
	insgesamt	pro ME		insgesamt	pro ME		insgesamt	pro ME		insgesamt	pro ME
1) Ausbringungsmenge der einzelnen Stufen	10.000 t			8.000 t			7.000 t			5.000 t	
2) Primärkosten der einzelnen Stufen	20.000 €	2 €		24.000 €			35.000 €			10.000 €	
3) Mengen und Kosten des in Lager I verbleibenden Zwischenprodukts	→ 2.000 t		4.000 €								
4) Mengen und Kosten des an Stufe II weiter gegebenen Zwischenprodukts	→ 8.000 t			16.000 €							
5) Kosten bis zur II. Stufe				40.000 €	5 €						
6) Mengen und Kosten des in Lager II verbleibenden Zwischenprodukts				→ 1.000 t		5.000 €					
7) Mengen und Kosten des an Stufe III weiter gegebenen Zwischenprodukts				→ 7.000 t							
8) Kosten bis zur III. Stufe							35.000 €				
9) Mengen und Kosten des in Lager III verbleibenden Fertigprodukts							70.000 € →	10 €	20.000 €		
10) Mengen und Kosten des an Stufe IV weiter gegebenen Fertigprodukts							→ 2.000 t → 5.000 t			50.000 €	
11) Kosten bis zur IV. Stufe = Selbstkosten der verkauften Menge des Fertigprodukts										60.000 €	12 €

Mengeneinheiten entsprechend den handels- und steuerrechtlichen Vorschriften für den Jahresabschluss vornehmen, darf man allerdings keine Absatzkosten bzw. Vertriebskosten einbeziehen.

7) Trifft die unter 5c) genannte Voraussetzung nicht zu, ist z. B. von dem einzigen Produkt neben den fertig gestellten Mengeneinheiten eine Reihe von Mengeneinheiten unfertig geblieben, muss eine Trennung der Kosten nach Produktionsstufen vorgenommen werden. Das bedeutet, dass für jede Produktionsstufe eine Kostenstelle vorzusehen ist. Die Summe der Kosten der ersten Stufe kann durch die auf der ersten Stufe erstellten Mengeneinheiten dividiert werden, etc. Es ist eine sog. mehrstufige Divisionskostenrechnung durchzuführen, entweder indem die Kosten der ersten Stufe festgestellt und auf die folgenden Stufen weiter gewälzt werden (vgl. Zahlenbeispiel in Abbildung 9) oder indem die Kosten jeweils Stufe für Stufe festgestellt und dann addiert werden. Das erste Vorgehen wird als durchwälzende Divisionskostenrechnung bezeichnet, das zweite Vorgehen als addierende Divisionskostenrechnung.[1]

4. Kostenrechnung bei Produktion mehrerer gleichartiger Produkte (Äquivalenzziffernkostenrechnung)

1) Wenn ein Industriebetrieb mehrere Produkte in einer Periode herstellt, gestaltet sich die Ermittlung von Stückkosten naturgemäß schwieriger als im Einproduktfall. Dabei ist von geringer Relevanz, ob von den Produkten jeweils nur eine Mengeneinheit oder mehrere Mengeneinheiten hergestellt werden. Wir wollen uns hier gleich dem zweiten Fall zuwenden.

2) Sollten die Produkte gleichartig sein, könnte man versuchen, ähnlich wie bei einer Divisionskostenrechnung vorzugehen. Dazu müsste man Kostenverhältniszahlen oder sog. **Äquivalenzziffern** festlegen.

Dabei ist von einem Produkt auszugehen, z. B. von demjenigen mit dem vermutlich niedrigsten Kostenanfall pro Mengeneinheit, und ihm eine Ziffer zuzuerkennen, z. B. die Ziffer 1. Den anderen Produkten mit vermutlich höherem Kostenanfall pro Mengeneinheit sind entsprechend höhere Ziffern, wie 1, 2 oder 3 zuzuordnen.

Mit diesen Ziffern ist die Zahl der von jedem Produkt hergestellten und verkauften Mengeneinheiten zu multiplizieren, was die sog. Rechnungseinheiten jedes Produkts ergibt.

Die Kostenbeträge sind Kostengüterart für Kostengüterart festzustellen und zu addieren. Die Kostensumme ist durch die Summe der Rechnungseinheiten zu dividieren, womit man die Kosten pro Rechnungseinheit erhält. Diese Kosten sind Produkt für Produkt mit der jeweiligen Zahl der Rechnungseinheiten zu multipli-

---

[1] Vgl. Heinhold, Michael: Kosten- und Erfolgsrechnung in Fallbeispielen, S. 276 f.

zieren, womit man die Kosten jedes Produkts erhält. Dividiert man diese durch die jeweilige Zahl von Mengeneinheiten, erhält man schließlich die gewünschten Mengeneinheitskosten für jedes Produkt. Abgekürzt kann man zur Bestimmung der Kosten pro Mengeneinheit auch die Kosten pro Rechnungseinheit mit den Äquivalenzziffern multiplizieren. Vgl. Zahlenbeispiel in Abbildung 10.

Abbildung 10:
Beispiel für eine einstufige Äquivalenzziffernkostenrechnung

Produkt	A	B	C
Produktions- und Absatzmenge	5.000 ME	7.000 ME	6.000 ME
Äquivalenzziffer	3	2	1
Rechnungseinheiten (RE)	15.000 RE	14.000 RE	6.000 RE
Kosten insgesamt	315.000 €		
Kosten pro RE	9 €/RE (315.000 € : 35.000 RE)		
Kosten pro Produkt	135.000€ (15.000 RE * 9 €/RE)	126.000 (14.000 RE * 9 €/RE)	54.000 (6.000 RE * 9 €/RE)
Kosten pro ME des Produkts	27 €/ME (135.000 € : 5.000 ME)	18 €/ME (126.000 € : 7.000 ME)	9 €/ME (54.000 € : 6.000 ME)

3) Das Kernproblem bei dieser Kostenrechnung (üblicherweise Äquivalenzziffernkalkulation genannt; besser Äquivalenzziffernkostenrechnung) ist die Festlegung der Äquivalenzziffern. Wenn man sich nicht auf eine reine Schätzung beschränken will, kommen zur Findung von Äquivalenzziffern folgende Möglichkeiten in Betracht:

a) Man entschließt sich vorübergehend dazu, die Produkte sukzessive herzustellen und zu verkaufen. Die innerhalb einer Teilperiode anfallenden Kosten können dann einem Produkt zugeordnet und durch die jeweilige Zahl von Mengeneinheiten dividiert werden. Die sich daraus Produkt für Produkt ergebenden Mengeneinheitskosten werden zueinander ins Verhältnis gesetzt.

b) Man entschließt sich vorübergehend zu einer genaueren, aber eben auch mit höheren Kosten verbundenen Kostenrechnung, d. h. zu einer Zuschlagskostenrechnung. Die mit ihrer Hilfe ermittelten Mengeneinheitskosten der einzelnen Produkte werden zueinander ins Verhältnis gesetzt.

4) Abgesehen davon, dass die Äquivalenzziffernkostenrechnung der skizzierten Art nur für einen Betrieb mit gleichartigen Produkten in Betracht kommt, wie eingangs angenommen, so dass auch die Selbsterstellung von Sachanlagen und

II. Die produktbezogene und vollständig stückbezogene Kostenrechnung

die Selbstschaffung von Immaterialgüterrechten auszuschließen ist, müssen folgende weitere Voraussetzungen erfüllt sein:

a) Die für eine Mengeneinheit eines Produkts im Vergleich zu einer Mengeneinheit eines anderen Produkts anfallenden Kosten unterscheiden sich bei allen Kostengüterarten in der gleichen Weise. Trifft dies nicht zu, müsste man für jede Kostengüterart andere Äquivalenzziffern festlegen. Unter diesen Umständen kann man aber gleich zu einer Zuschlagskostenrechnung übergehen.

b) Die für eine Mengeneinheit eines Produkts im Vergleich zu einer Mengeneinheit eines anderen Produkts anfallenden Kosten bleiben über Jahre hinweg gleich oder verändern sich in der gleichen Weise. Trifft dies nicht zu, müsste man immer wieder neue Äquivalenzziffern festlegen. Will man sich dabei nicht auf reine Schätzungen verlassen, müsste man vorübergehend immer wieder zu einer Zuschlagskostenrechnung übergehen. Unter diesen Umständen kann man aber gleich bei einer Zuschlagskostenrechnung bleiben.

Abbildung 11:
Beispiel für eine mehrstufige Äquivalenzziffernkostenrechnung

Produkt	Stufe 1		Stufe 2		Stufe 3	
	Prod.-menge	Äquiv.-ziffer	Prod.-menge	Äquiv.-ziffer	Absatz-menge	Äquiv.-ziffer
A	5.000	3	5.500	2	5.200	1
B	7.000	2	6.500	1	6.200	2
C	6.000	1	6.000	2	5.400	1
Rechnungs-einheiten	35.000 RE		29.500 RE		23.000 RE	
Kosten insgesamt	140.000 €		88.500 €		46.000	
Kosten pro RE	4 €/RE		3 €/RE		2 €/RE	
Kosten pro Produkt A B C	60.000 € 56.000 € 24.000 €		33.000 € 19.500 € 36.000 €		10.400 € 24.800 € 10.800 €	
Kosten pro ME des Produkts A B C	12 €/ME 8 €/ME 4 €/ME		6 €/ME 3 €/ME 6 €/ME		2 €/ME 4 €/ME 2 €/ME	

c) Die Produktionsmenge und die Absatzmenge stimmen überein. Andernfalls müsste man Äquivalenzziffern für den Produktionsbereich und andere Äquivalenzziffern für den Absatzbereich festlegen.

d) Der Produktionsprozess ist einstufig. Andernfalls müsste man für jede Produktionsstufe andere Äquivalenzziffern festlegen. Vgl. Abbildung 11.

5. Kostenrechnung bei Produktion mehrerer verschiedenartiger Produkte (Zuschlagskostenrechnung)

5.1. Problemstellung und mögliche Vorgehensweisen

1) Wenn ein Industriebetrieb mehrere Produkte herstellt, die nicht gleichartig und damit nicht vergleichbar sind, scheidet eine Äquivalenzziffernkostenrechnung aus. Unter bestimmten Umständen könnte man versuchen, weitgehend getrennte Kostenrechnungen für die einzelnen Produkte durchzuführen.

a) Sollten die Produkte sukzessiv in einer Periode hergestellt und abgesetzt werden, könnte man versuchen, die Periode in Unterperioden zu zerlegen, die der Produktions- und Absatzdauer der einzelnen Produkte entsprechen. Dann müssten die Kostengüterart für Kostengüterart anfallenden Kostenbeträge festgestellt und addiert werden. Sie wären den Kosten der jeweiligen Zahl von Mengeneinheiten des jeweiligen Produkts gleichzusetzen. Die Division durch die Zahl von Mengeneinheiten ergäbe die durchschnittlichen Mengeneinheitskosten oder Stückkosten.

Schwierigkeiten bereiten allerdings neben den periodenverketteten Kosten in diesem Fall die Kosten, die gemeinsam für alle Produkte anfallen, z. B. diejenigen der Verwaltung. Sie müssten noch auf die Produkte und von diesen wiederum auf die Mengeneinheiten der Produkte umgelegt werden.

b) Sollten die Produkte zwar simultan, aber völlig getrennt voneinander hergestellt und abgesetzt sowie die Produktionsfaktoren für die Produkte getrennt voneinander beschafft werden, könnte man versuchen, die für die Kostengüterarten anfallenden Kostenbeträge Produkt für Produkt zu erfassen. Die Division durch die jeweilige Zahl von Mengeneinheiten ergäbe dann die durchschnittlichen Mengeneinheits- oder Stückkosten.

Allerdings bedürften auch noch die gemeinsam für alle Produkte anfallenden Kosten der Umlage auf die Produkte und deren Mengeneinheiten.

2) Wenn die genannten Umstände nicht gegeben sind, bleibt nichts anderes übrig, als zu versuchen, die anfallenden Kosten Mengeneinheit für Mengeneinheit eines jeden Produkts zu erfassen, soweit dies technisch möglich und wirtschaftlich vertretbar ist. Die so erfassten Kosten werden **Einzelkosten** genannt. Es handelt sich um individuelle Stückkosten oder Mengeneinheitskosten, im Unter-

II. Die produktbezogene und vollständig stückbezogene Kostenrechnung

schied zu den bei der Divisionskostenrechnung ermittelten durchschnittlichen Stückkosten oder Mengeneinheitskosten.

3) Die verbleibenden Kosten, bei denen eine Einzelerfassung technisch nicht möglich oder wirtschaftlich nicht vertretbar ist, werden **Gemeinkosten** genannt. Will man sie auf die Mengeneinheiten der Produkte verrechnen, also die totalen Stückkosten oder Mengeneinheitskosten oder die sog. Vollkosten ermitteln, könnten folgende Wege beschritten werden:

a) Die Gemeinkosten werden gleichmäßig auf die Produkte und von diesen gleichmäßig auf die Mengeneinheiten der jeweiligen Produkte umgelegt, was jedoch wenig sinnvoll wäre.

b) Die Gemeinkosten werden nach der vermuteten Inanspruchnahme aller gemeinsamen Einsatzgüter mit Hilfe von Äquivalenzziffern auf die Produkte und die jeweiligen Mengeneinheiten umgelegt. Aber solche Äquivalenzziffern sind schwer zu finden.

c) Die Gemeinkosten werden nach der Inanspruchnahme von einzelnen gemeinsamen Einsatzgütern auf die Produkte bzw. auf die jeweiligen Mengeneinheiten umgelegt, z. B. nach der zeitlichen Inanspruchnahme der gemeinsamen Produktionsanlagen oder/und nach der zeitlichen Inanspruchnahme des gemeinsamen Personals. Aber die Einsatzgüter sind im Allgemeinen zu unterschiedlich, als dass ihr Einsatz mit dem gleichen Maßstab gemessen werden könnte.

d) Die Gemeinkosten werden nach der Höhe der für jede Mengeneinheit vorher ermittelten Einzelkosten auf die Mengeneinheiten der Produkte umgelegt. Dies ist der am häufigsten beschrittene Weg. Man sagt, dass die Gemeinkosten den Einzelkosten zugeschlagen werden und spricht daher von **Zuschlagskostenrechnung**.

Die Umlage der Gemeinkosten auf Basis der Einzelkosten ist auf jeden Fall pragmatisch, da man sich dabei auf schon ermittelte Größen und zudem auf vergleichbare Größen stützt. Eine tiefere Rechtfertigung könnte man darin sehen, dass in der Höhe der Einzelkosten auch die jeweilige Inanspruchnahme der gemeinsamen Einsatzgüter durch die Mengeneinheiten zum Ausdruck kommt.

Allerdings besteht die Gefahr, dass Mengeneinheiten von Produkten, bei denen Einzelkosten leicht feststellbar sind, nicht nur mit vergleichsweise hohen Einzelkosten, sondern auch noch mit ungerechtfertigt hohen Gemeinkosten belastet werden.

4) Die Alternative zu den aufgezeigten Wegen besteht im Verzicht auf eine Verrechnung der Gemeinkosten auf die Mengeneinheiten der Produkte, womit wir uns in Abschnitt III beschäftigen wollen. Nunmehr zur sog. Zuschlagskostenrechnung.

5.2 Begriff der Zuschlagskostenrechnung

1) Die Bezeichnung der Zuschlagskostenrechnung stellt eine unzulässige Verallgemeinerung dar. Denn nur ein Teil der Kosten wird den Mengeneinheiten zugeschlagen, nämlich die Gemeinkosten. Der andere Teil der Kosten wird Mengeneinheit für Mengeneinheit erfasst, nämlich die Einzelkosten. Daher hätte man besser den Begriff der **Einzel- und Gemeinkostenrechnung** gewählt. Bei seiner Verwendung heute besteht aber die Gefahr der Verwechslung mit der Einzelkosten- und Deckungsbeitragsrechnung im Sinne Riebels.

2) Wesensbestimmend für das mit "Zuschlagskostenrechnung" bezeichnete Kostenrechnungssystem ist also die Differenzierung nach Einzelkosten und Gemeinkosten, die bei der Additionskostenrechnung und Divisionskostenrechnung entfällt und bei der Äquivalenzziffernkostenrechnung unterbleibt. Da die genannte Differenzierung auf die Erfassbarkeit und Verrechenbarkeit der Kosten abstellt, wollen wir die Einzelkosten und Gemeinkosten als Verrechnungskostenarten bezeichnen. Damit heben wir sie deutlich ab von anderen Kostenarten, insbesondere von den Kostengüterarten.

3) Unter den **Einzelkosten** sind also zu verstehen diejenigen Kosten, die Mengeneinheit für Mengeneinheit eines jeden Produkts erfassbar sind, unter den **Gemeinkosten** diejenigen Kosten, die nicht Mengeneinheit für Mengeneinheit eines jeden Produkts erfassbar sind.

Allerdings werden manche Kosten, die Mengeneinheit für Mengeneinheit erfassbar sind, aus Gründen der Wirtschaftlichkeit nicht Mengeneinheit für Mengeneinheit erfasst, sondern wie Gemeinkosten behandelt, so die Kosten für Hilfsstoffe. Riebel bezeichnet solche Kosten als unechte Gemeinkosten.[1]

4) Die Einzelkosten werden häufig auch erklärt als diejenigen Kosten, die der einzelnen Mengeneinheit eines Produkts direkt zurechenbar sind, die Gemeinkosten als diejenigen Kosten, die der einzelnen Mengeneinheit eines Produkts nur indirekt zurechenbar sind.

Allerdings wird zum Teil in der Literatur die Verrechenbarkeit bestimmter Gemeinkosten, nämlich der fixen Gemeinkosten, auf die Mengeneinheiten bestritten (vgl. Abschnitt III.1.). Soweit dies geschieht, müssten die Gemeinkosten erklärt werden als diejenigen Kosten, die der einzelnen Mengeneinheit eines Produkts entweder nur indirekt oder überhaupt nicht zurechenbar sind.

Zum Teil wird in der Literatur sogar die Verrechenbarkeit aller Gemeinkosten, der fixen und der variablen, auf die Mengeneinheiten bestritten (vgl. Abschnitt III.1.). Soweit dies geschieht, müssten die Gemeinkosten erklärt werden als diejenigen Kosten, die der einzelnen Mengeneinheit eines Produkts nicht zurechenbar sind, und die Einzelkosten als diejenigen Kosten, die der einzelnen Mengeneinheit eines Produkts zurechenbar sind.

---

[1] Vgl. Riebel, Paul: Einzelkosten- und Deckungsbeitragsrechnung, S. 14.

5) Der Begriff der Einzelkosten hat in der Literatur im Laufe der Zeit eine starke Ausdehnung erfahren, derjenige der Gemeinkosten dementsprechend eine Verengung. So werden zum Teil unter Einzelkosten nicht nur diejenigen Kosten verstanden, die der einzelnen Mengeneinheit eines Produkts direkt zurechenbar sind, sondern auch solche Kosten, die einer Kostenstelle, einem Produkt, einem Auftrag, einem Kunden, einem Absatzgebiet oder einer Entscheidung direkt zurechenbar sind (vgl. Abbildung 12).

Damit hat der Begriff der Einzelkosten an Schärfe verloren. Er müsste nunmehr, um Missverständnisse auszuschließen, stets mit einem Zusatz versehen werden. Es müsste also von Stückeinzelkosten, Produkteinzelkosten, Auftragseinzelkosten, Kostenstelleneinzelkosten, etc. gesprochen werden. Dies ist jedoch umständlich. Daher soll hier beim Begriff der Einzelkosten in seiner ursprünglichen Bedeutung geblieben werden. Wird von Einzelkosten ohne Zusatz gesprochen, sind damit die Stückeinzelkosten bzw. Mengeneinheitseinzelkosten gemeint.

Abbildung 12:
Überblick über die Begriffe von Einzelkosten und Gemeinkosten

Einzelkosten	Gemeinkosten
die einer Mengeneinheit eines Produkts direkt zurechenbaren Kosten (sog. Kostenträgereinzelkosten, genauer: Stückeinzelkosten, Mengeneinheitseinzelkosten)	die einer Mengeneinheit eines Produkts nicht direkt zurechenbaren Kosten (sog. Kostenträgergemeinkosten, genauer: Stückgemeinkosten, Mengeneinheitsgemeinkosten)
die einem Produkt direkt zurechenbaren Kosten (auch Kostenträgereinzelkosten genannt, genauer: Produkteinzelkosten)	die einem Produkt nicht direkt zurechenbaren Kosten (auch Kostenträgergemeinkosten genannt, genauer: Produktgemeinkosten)
die einer Kostenstelle direkt zurechenbaren Kosten (Kostenstelleneinzelkosten)	die einer Kostenstelle nicht direkt zurechenbaren Kosten (Kostenstellengemeinkosten)

5.3. Arten der Zuschlagskostenrechnung

1) Die Zuschlagskostenrechnung ist zunächst in grober Form angewandt, aber im Laufe der Zeit immer mehr verfeinert worden, wegen der zunehmenden Komplexität der Beschaffungs-, Produktions- und Absatzverhältnisse in den Wirtschaftsbetrieben sowie wegen des Strebens nach größerer Genauigkeit. Dies hat ihr al-

lerdings auch den Vorwurf mangelnder Durchschaubarkeit eingetragen und zu Gegenbewegungen geführt (vgl. Abschnitt III.).

2) Die verschiedenen Entwicklungsstufen der Zuschlagskostenrechnung sollen hier nicht nachvollzogen werden. Es sei gleich ein Überblick über die denkbaren Varianten der Zuschlagskostenrechnung gegeben.

3) Bei Anwendung der Zuschlagskostenrechnung kann man sich darauf beschränken, nur bei einer Kostengüterart den Kostenanfall Mengeneinheit für Mengeneinheit der Produkte zu erfassen, also nur eine Einzelkostenart vorzusehen (z. B. Kosten des Rohstoffs R_1). Einen höheren Genauigkeitsgrad erreicht man, indem man bei einer größeren Zahl von Kostengüterarten den Kostenanfall Mengeneinheit für Mengeneinheit erfasst, also eine größere Zahl von Einzelkostenarten bildet (z. B. Kosten des Rohstoffs R_1, des Rohstoffs R_2, Kosten für Arbeitsleistungen).

4) Bei Verrechnung der Gemeinkosten auf die Mengeneinheiten der Produkte kann man sich auf eine Zuschlagsgrundlage, auf einen Zuschlagssatz beschränken. Einen höheren Genauigkeitsgrad erreicht man, indem man eine größere Zahl von Zuschlagsgrundlagen bzw. Zuschlagssätzen heranzieht. Im ersten Fall wird von **summarischer oder kumulativer Zuschlagskostenrechnung**, im zweiten Fall von **elektiver Zuschlagskostenrechnung** gesprochen.[1]

5) Als Zuschlagsgrundlage für die Verrechnung der Gemeinkosten auf die Mengeneinheiten kann man die für diese Mengeneinheiten vorher ermittelten Einzelkosten benutzen. Dies ist üblich und wird manchmal sogar als wesensbestimmend für die Zuschlagskostenrechnung angesehen. Aber dieser engen Auffassung sei hier nicht gefolgt. Das Wesen der Zuschlagskostenrechnung besteht unseres Erachtens in der Unterscheidung nach Einzelkosten und Gemeinkosten, nicht jedoch in der Art der Verrechnung der Gemeinkosten.

Außer den Einzelkosten werden als Zuschlagsgrundlage für die Verrechnung z. B. der Fertigungsgemeinkosten die Maschinenstunden oder die Abschreibungen verwendet. Man spricht dann von einer Maschinenstundensatzrechnung. In dieser wird gelegentlich sogar eine Alternative zur Zuschlagskostenrechnung gesehen. Aber dabei geht man von der oben erwähnten engen Auffassung der Zuschlagskostenrechnung aus. Hier wird die Maschinenstundensatzrechnung unter die Zuschlagskostenrechnung subsumiert.

6) Zu diesen Ausprägungen der Zuschlagskostenrechnung und ihren Kombinationsmöglichkeiten vgl. auch Abbildung 13.

7) Hier soll derjenige Typ einer Zuschlagskostenrechnung behandelt werden, der sich am stärksten in Literatur und Praxis durchgesetzt hat. Es sei jedoch auch immer wieder auf Alternativen hingewiesen.

---

[1] Vgl. Kosiol, Erich: Kosten- und Leistungsrechnung, S. 442 f.

Abbildung 13:
Varianten der Zuschlagskostenrechnung

1. **Zuschlagskostenrechnung auf der Grundlage einer Einzelkostenart** (z. B. der Rohstoffkosten) **und Verrechnung des verbleibenden Teils der Kosten als Gemeinkosten**
 1.1. global, d. h. mit Hilfe einer Maßgröße
    (z. B. auf der Grundlage von Einzelkosten)
 1.2. differenziert, d. h. mit Hilfe mehrerer Maßgrößen
    (z. B. zum Teil auf der Grundlage von Einzelkosten,
    zum Teil auf der Grundlage von Maschinenstunden)

2. **Zuschlagskostenrechnung auf der Grundlage möglichst vieler Einzelkostenarten** (z. B. der Rohstoffkosten, der Fertigungslohnkosten) **und Verrechnung des verbleibenden Teils der Kosten als Gemeinkosten**   2.1. global, d. h. mit Hilfe einer Maßgröße   2.2. differenziert, d. h. mit Hilfe mehrerer Maßgrößen

5.4. Bestandteile der Zuschlagskostenrechnung

1) Als drei aufeinander folgende Bestandteile der Zuschlagskostenrechnung werden üblicherweise unterschieden (vgl. auch Abbildung 14):

a) die Kostenartenrechnung,

b) die Kostenstellenrechnung,

c) die Kostenträgerrechnung.

2) Unter der Kostenartenrechnung wird im Allgemeinen die Erfassung der Kostenbeträge Kostengüterart für Kostengüterart verstanden. Zudem müsste darunter die Überführung der Kostengüterarten in die Verrechnungskostenarten der Einzelkosten und der Gemeinkosten subsumiert werden.

Unter der Kostenstellenrechnung versteht man die Erfassung der Gemeinkosten Kostenstelle für Kostenstelle sowie die Verrechnung der Gemeinkosten von den Vorkostenstellen auf die Endkostenstellen.

Mit der Kostenträgerrechnung ist das Zusammenfügen von Einzelkosten und Gemeinkosten Kostenträger für Kostenträger gemeint.

3) Bei dieser Dreiteilung wechselt das Abgrenzungsprinzip. Denn die Kostenartenrechnung bezieht sich auf Einzelkosten und Gemeinkosten, die Kostenstellenrechnung lediglich auf Gemeinkosten, die Kostenträgerrechnung wiederum auf Einzelkosten und Gemeinkosten. Statt einer solchen Dreiteilung würde man daher

besser eine Zweiteilung in Einzelkostenrechnung und Gemeinkostenrechnung vornehmen.

4) Die bei der genannten Dreiteilung unterstellte Aufeinanderfolge von Kostenartenrechnung, Kostenstellenrechnung und Kostenträgerrechnung ist nur bedingt zutreffend. Denn Einzelkostenarten und Gemeinkostenarten lassen sich sinnvoll lediglich im Hinblick auf bestimmte Kostenträger unterscheiden. Daher muss man bei der Kostenrechnung mit den Kostenträgern beginnen, dann zur Kostenartenrechnung und Kostenstellenrechnung übergehen sowie mit der Kostenträgerrechnung abschließen. In dieser Reihenfolge wollen wir hier vorgehen, aber noch stärker nach einzelnen Rechnungsschritten differenzieren.

Abbildung 14:
Übliche Gliederung der Zuschlagskostenrechnung

Kostenartenrechnung	
Erfassung der Kostenbeträge Kostengüterart für Kostengüterart und Trennung in:	
Kostenträgereinzelkosten	*Kostenträgergemeinkosten*
Kostenstellenrechnung	
Kostenträgereinzelkosten werden nur insoweit kostenstellenweise erfasst, als sie als Zuschlagsgrundlage für die Verrechnung der Gemeinkosten benötigt werden	Kostenträgergemeinkosten werden kostenstellenweise erfasst (als Kostenstelleneinzelkosten oder Kostenstellengemeinkosten) und von den Vorkostenstellen, ggf. über Zwischenkostenstellen, auf die Endkostenstellen verrechnet
Kostenträgerrechnung	
Kostenträgereinzelkosten werden direkt den Kostenträgern zugeordnet	Kostenträgergemeinkosten werden von den Endkostenstellen, also indirekt, auf die Kostenträger verrechnet

5.5. Durchführung der Zuschlagskostenrechnung

1) Wie eine Zuschlagskostenrechnung vorzunehmen ist, soll in diesem Abschnitt behandelt werden, ohne dass hierbei auf einen bestimmten Zweck abgestellt wird. Wie dieses Grundmodell im Hinblick auf bestimmte Zwecke zu variieren ist, soll im nachfolgenden Abschnitt diskutiert werden.

2) Angenommen sei, dass diese Rechnung für eine abgelaufene Periode durchzuführen ist (= Periodennachkalkulation). Zu den Fällen der Periodenvorkalkulation sowie der Auftragsnachkalkulation und Auftragsvorkalkulation wird ebenfalls auf den nachfolgenden Abschnitt verwiesen.

3) Als Rechnungsperiode sei ein Monat unterstellt. Kürzere Rechnungsperioden, wie eine Woche, bereiten große Abgrenzungsschwierigkeiten. Längere Abrechnungsperioden stiften nur noch geringen Nutzen.

4) Damit am Ende einer Periode, wie immer sie auch abgegrenzt sein mag, eine Nachkalkulation durchgeführt werden kann, müssen bereits zu Beginn der Periode eine Reihe von Vorkehrungen getroffen werden. Daher soll hier selbst im Rahmen der Nachkalkulation zwischen Rechnungsschritten zu Beginn der Periode und Rechnungsschritten während bzw. am Ende der Periode unterschieden werden (vgl. Schema in Abbildung 15).

Abbildung 15:
Schritte der Zuschlagskostenrechnung

I. Rechnungsschritte zu Beginn der Rechnungsperiode	
1. Schritt:	Festlegung der Kostenträger, d. h. der Produkte und der Mengeneinheiten der Produkte
2. Schritt:	Bildung von Einzelkostenarten und Gemeinkostenarten
3. Schritt:	Bildung von Kostenstellen zur Gemeinkostenverrechnung
II. Rechnungsschritte während und am Ende der Rechnungsperiode	
4. Schritt:	Erfassung der Produktions- und Absatzmengen der Produkte
5. Schritt:	Erfassung der Kostenbeträge der einzelnen Kostengüterarten
6. Schritt:	Erfassung der Kostenbeträge der Einzelkostenarten Mengeneinheit für Mengeneinheit der Produkte
7. Schritt:	Erfassung der Kostenbeträge der Gemeinkostenarten Kostenstelle für Kostenstelle
8. Schritt:	Verrechnung der Gemeinkosten von Kostenstelle zu Kostenstelle
9. Schritt:	Verrechnung der Gemeinkosten von den Kostenstellen auf die Mengeneinheiten der Produkte
10. Schritt:	Addition der Einzelkosten und Gemeinkosten Mengeneinheit für Mengeneinheit der Produkte

5.5.1. Rechnungsschritte zu Beginn der Rechnungsperiode

5.5.1.1. Festlegung der Kostenträger

1) Zu Beginn der Periode bedarf der Klärung, von welchen Gütern die Mengeneinheitskosten am Ende der Periode und von welchen Einheiten einer Menge die Kosten bei den einzelnen Gütern ermittelt werden sollen.

2) In der Literatur wird oft neutral von Kalkulationsobjekten oder von Kostenträgern gesprochen. Diese Begriffe werden allerdings in mehreren Bedeutungen gebraucht. Sie werden auf das einzelne Gut bezogen, ebenso wie auf die einzelne Mengeneinheit, darüber hinaus auf ein Los (d. h. auf mehrere zusammengehörige Mengeneinheiten), einen Auftrag, eine Entscheidung. Wegen ihrer Mehrdeutigkeit wollen wir diese Begriffe weitgehend vermeiden.

3) Als Güter, für welche die Mengeneinheitskosten ermittelt werden sollen, kommen bei einer Kostenrechnung für den Haupttätigkeitsbereich eines Industriebetriebs in Betracht: die für Dritte produzierten materiellen Güter (die fertigen und unfertigen Erzeugnisse in der Bilanzterminologie) sowie die für den eigenen Bedarf in diesem Bereich produzierten materiellen Güter (die selbst erstellten Sachanlagen in der Bilanzterminologie) und u. U. die selbst geschaffenen immateriellen Anlagewerte. Unter den genannten Gütern wollen wir uns hier auf diejenigen, die für Dritte bestimmt sind, konzentrieren. Sie sind jeweils gemeint, wenn im Folgenden von Produkten gesprochen wird.

4) Wenn ein Industriebetrieb eine größere Zahl von Produkten herstellt, liegt es nahe zu versuchen, die einzelnen Produkte zu Gruppen zusammenzufassen, wie:

a) beschaffungsverbundene Produkte, die hinsichtlich der Beschaffungskosten Gemeinsamkeiten aufweisen;

b) produktionsverbundene Produkte, die hinsichtlich der Produktionskosten Gemeinsamkeiten aufweisen;

c) absatzverbundene Produkte, die hinsichtlich der Absatzkosten Gemeinsamkeiten aufweisen.

Auf diese Weise können bestimmte Kosten leichter, nämlich zunächst auf die Produktgruppen, dann auf die Produkte und schließlich auf die Mengeneinheiten der Produkte, verrechnet werden.

5) Als Einheit einer Menge, für welche die Kosten ermittelt werden sollen, kommt bei **Stückgütern**[1] in erster Linie das einzelne Stück in Betracht. Ausnahmen gelten, wenn Stückgüter zu Paaren oder Ensembles zusammengestellt werden.

Bei **Schüttgütern**[2], Endlosgütern, flüssigen und gasförmigen Gütern ist eine solch natürliche Mengeneinheit wie bei Stückgütern nicht gegeben. Daher muss

---

[1] Vgl. Weber, Helmut Kurt: Industriebetriebslehre, S. 130.
[2] Vgl. Weber, Helmut Kurt: Industriebetriebslehre, S. 130.

II. Die produktbezogene und vollständig stückbezogene Kostenrechnung 71

man zuerst klären, ob die Menge eines derartigen Gutes dem Gewicht, der Länge, der Fläche oder dem Volumen nach gemessen werden soll. Sodann muss man klären, auf welche Gewichtseinheit, Längeneinheit, Flächeneinheit oder Volumeneinheit die Kosten bezogen werden sollen. Bei Zement z. B. wird die Menge üblicherweise dem Gewicht nach bestimmt. Aber sollen die Kosten nun auf 1 dz oder 1 t Zement bezogen werden? Generell lässt sich dazu nur sagen, dass man bemüht sein muss, produktions- und absatzrelevante Gewichts-, Längen-, Flächen- bzw. Volumeneinheiten zu finden.

6) Wenn ein Industriebetrieb eine größere Stückzahl von einem Produkt herstellt, liegt es nahe zu versuchen, bestimmte Kosten zunächst auf kleinere Stückzahlen (z. B. Aufträge, Lose) und dann erst auf die einzelnen Stücke zu verrechnen.

7) In unserem Zahlenbeispiel einer Zuschlagskostenrechnung in Abbildung 26 wird ein Industriebetrieb angenommen, der zwei Produkte herstellt, bei denen es sich um Stückgüter handelt.

5.5.1.2. Bildung von Einzelkostenarten und Gemeinkostenarten

1) Ebenfalls bereits zu Beginn der Periode ist zu klären, welche Kostengüterarten als Einzelkosten erfasst werden sollen. Daraus ergibt sich, welche Kostengüterarten als Gemeinkosten verrechnet werden müssen.

2) Im Extremfall könnte man sich darauf beschränken, eine Einzelkostenart zu bilden und alle anderen Kostengüterarten als Gemeinkosten zu verrechnen. Aber dann erhielte man recht ungenaue Ergebnisse. Je genauer die Ergebnisse sein sollen, umso mehr Einzelkostenarten müsste man versuchen abzugrenzen.

3) Üblicherweise werden vier Einzelkostenarten unterschieden:
   a) Materialeinzelkosten oder Fertigungsmaterialkosten;
   b) Fertigungseinzelkosten oder Fertigungslohnkosten;
   c) Sondereinzelkosten der Fertigung;
   d) Sondereinzelkosten des Vertriebs.

4) Unter den **Materialeinzelkosten** oder Fertigungsmaterialkosten werden verstanden die Kosten für Rohstoffe, d. h. für solche Verbrauchsgüter, die in die Produkte eingehen und einen Hauptbestandteil derselben ausmachen. Statt von Rohstoffen spricht man auch von Einzelkostenmaterial.

Die Kosten für Hilfsstoffe, d. h. für solche Verbrauchsgüter, die in die Produkte eingehen, aber nur einen Nebenbestandteil derselben bilden, sind zwar ihrer Natur nach auch Einzelkosten, sie werden jedoch wegen ihrer geringen Bedeutung und wegen der Mühe, die mit einer Einzelerfassung verbunden wäre, wie Gemeinkosten behandelt. Riebel bezeichnet sie als unechte Gemeinkosten.[1]

---

[1] Vgl. Riebel, Paul: Einzelkosten- und Deckungsbeitragsrechnung, S. 14.

5) Unter den **Fertigungseinzelkosten** bzw. Fertigungslohnkosten werden verstanden die Kosten für diejenigen Arbeitskräfte, die die eingesetzten Rohstoffe bzw. die entstandenen Erzeugnisse bearbeiten. Sie werden auch als Fertigungsarbeiter bezeichnet, die anderen Arbeiter als Hilfsarbeiter, womit aber nicht Unterschiede in der Qualifikation zum Ausdruck gebracht werden sollen. Um ein solches Missverständnis zu vermeiden, wird im einen Fall auch von Fertigungslöhnern, im anderen Fall von Hilfslöhnern gesprochen.

Da mit den Fertigungseinzelkosten nur Fertigungslohnkosten gemeint sind, wäre besser gleich von Personaleinzelkosten die Rede. Dieser Begriff würde auch den passenden Gegenbegriff zu demjenigen der Materialeinzelkosten bilden. Dagegen ist der Begriff der Fertigungseinzelkosten so weit, dass neben den Personaleinzelkosten oder Fertigungslohnkosten auch die Materialeinzelkosten oder Fertigungsmaterialkosten darunter subsumiert werden können, was sinnvoll wäre, aber nicht üblich ist.

Im Übrigen könnte man, ebenso gut wie die Kosten für Arbeitskräfte, die die eingesetzten Rohstoffe bzw. die entstehenden Erzeugnisse bearbeiten, die Kosten für die Nutzung der entsprechenden Maschinen als Einzelkosten zu erfassen versuchen, was allerdings eine nutzungsabhängige Abschreibung bedingt. Solche Maschineneinzelkosten ließen sich ebenfalls unter dem Begriff der Fertigungseinzelkosten subsumieren. Dies ist jedoch nicht üblich.

6) Unter den **Sondereinzelkosten der Fertigung** werden verschiedene Kosten zusammengefasst, wie Kosten für Modelle, Vorrichtungen, Werkzeuge, die speziell für eine Mengeneinheit oder ein Erzeugnis bestimmt sind.

7) Unter den **Sondereinzelkosten des Vertriebs** werden ebenfalls recht verschiedenartige Kosten zusammengefasst, wie Teile der Verpackungskosten, Transportkosten und Versicherungskosten sowie Zölle, Provisionen und Verbrauchsteuern.

8) Als Gemeinkostenarten werden üblicherweise unterschieden:

a) Materialgemeinkosten;

b) Fertigungsgemeinkosten;

c) Vertriebsgemeinkosten;

d) Verwaltungsgemeinkosten.

9) Unter den **Materialgemeinkosten** werden verstanden die Kosten für die Beschaffung und Lagerung des Materials. Statt von Materialgemeinkosten würde man deshalb besser von Beschaffungs- und Lagergemeinkosten sprechen.[1] Damit wäre auch dem Missverständnis vorgebeugt, dass die Materialgemeinkosten dem Gemeinkostenmaterial, d. h. den Hilfs- und Betriebsstoffen, gleichzusetzen seien.

---

[1] Vgl. Weber, Helmut Kurt: Beschaffungskosten und Materialgemeinkosten, S. 18 f.

II. Die produktbezogene und vollständig stückbezogene Kostenrechnung 73

Mit den Materialgemeinkosten sind allerdings nicht nur die Kosten für die Beschaffung und Lagerung der Rohstoffe gemeint, sondern auch diejenigen für die Beschaffung der Hilfsstoffe und Betriebsstoffe.

Unter die Materialgemeinkosten fallen also vor allem:
- die Kosten für Arbeiter und Angestellte des Beschaffungsbereichs;
- die Kosten für Güter, die bei der Beschaffung verbraucht werden, wie Strom, Benzin;
- die Kosten für Güter, die bei der Beschaffung gebraucht werden und sich abnutzen, wie Gebäude, Transport- und Lagereinrichtungen, Fahrzeuge;
- die Kosten für die Verzinsung des im Beschaffungsbereich investierten Kapitals.

10) Unter den **Fertigungsgemeinkosten** werden viele verschiedenartige Kosten zusammengefasst, wie:
- die Kosten für Hilfsstoffe, d. h. für diejenigen Verbrauchsgüter, die zwar in die Produkte eingehen, aber nur einen unwesentlichen Bestandteil derselben ausmachen; sie werden auch als Gemeinkostenmaterial bezeichnet;
- die Kosten für Betriebsstoffe, d. h. für diejenigen Güter, die bei der Produktion verbraucht werden, aber nicht in die Produkte eingehen;
- die Kosten für diejenigen Arbeitskräfte des Produktionsbereichs, die nicht die eingesetzten Rohstoffe bzw. die entstehenden Erzeugnisse unmittelbar bearbeiten, d. h. die Kosten für Hilfsarbeiter (Hilfslöhner) sowie für Angestellte;
- die Kosten für Güter, die im Produktionsbereich eingesetzt und abgenutzt werden, wie Gebäude, Maschinen, Fahrzeuge;
- die Kosten für Immaterialgüterrechte, die für die Produktion genutzt werden, wie Produktionspatente, Produktionslizenzen;
- die Kosten für die Verzinsung des im Produktionsbereich investierten Kapitals.

11) Unter den **Vertriebsgemeinkosten** werden zusammengefasst:
- die Kosten für die Arbeiter und Angestellten des Vertriebsbereichs, d. h. die Löhne und Gehälter, dagegen nicht die Kosten für Vertreter, d. h. die Provisionen;
- die Kosten für Güter, die beim Vertrieb verbraucht werden, wie Strom, Benzin;
- die Kosten für Güter, die im Vertriebsbereich eingesetzt und abgenutzt werden, wie Gebäude, Lager- und Transporteinrichtungen, Fahrzeuge;
- die Kosten für Immaterialgüterrechte, die für den Vertrieb genutzt werden, wie Vertriebslizenzen, sofern sie nicht von den Mengeneinheiten abhängig sind;

- die Kosten für Dienstleistungen von Dritten, wie Honorare für Marktforschungsinstitute und Werbeagenturen, Fracht- und Lagergebühren, Versicherungsprämien, sofern sie nicht Mengeneinheit für Mengeneinheit anfallen;
- die Kosten für die Verzinsung des im Vertriebsbereich investierten Kapitals.

12) Unter die **Verwaltungsgemeinkosten** sind zu subsumieren:
- die Kosten für die Arbeiter und Angestellten der Verwaltung, d. h. der Finanzabteilung, der Rechnungswesenabteilung, der Personalabteilung, der Organisationsabteilung, der Revisionsabteilung, soweit die genannten Arbeitskräfte für den Hauptzweck oder den jeweils betrachteten Zweck des Unternehmens tätig sind;
- die Kosten für den Vorstand, den Aufsichtsrat, die Hauptversammlung bei einer AG bzw. die Kosten für die entsprechenden Organe bei anderen Rechtsformen, soweit diese dem Hauptzweck zuordenbar sind;
- die Kosten für Verbrauchsgüter (wie Büromaterial) und Gebrauchsgüter (wie Bürogebäude, Büromaschinen);
- die Kosten für Dienstleistungen von Dritten, wie Honorare für Rechtsanwälte, Steuerberater und Wirtschaftsprüfer sowie Beiträge zu Verbänden und Kammern.
- die Kosten für die Verzinsung des in der Verwaltung investierten Kapitals.

13) Wie sich aus diesen Erläuterungen ergibt, entsprechen die üblicherweise gebildeten Einzelkostenarten und Gemeinkostenarten einander nur teilweise.

Mit den Materialeinzelkosten sind Kosten für Rohstoffe gemeint, mit den Materialgemeinkosten nicht etwa Kosten für Hilfsstoffe und Betriebsstoffe, sondern Kosten für die Beschaffung und Lagerung von Stoffen, aber nicht etwa nur die Kosten für die Beschaffung und Lagerung der Rohstoffe, vielmehr die Kosten für die Beschaffung und Lagerung aller Stoffe.

Unter den Fertigungseinzelkosten werden Kosten für bestimmte Arbeitskräfte verstanden, also Personaleinzelkosten, unter den Fertigungsgemeinkosten jedoch nicht etwa Personalgemeinkosten, d. h. Kosten für die Einstellung und Betreuung der Arbeitskräfte. Eine solche Abgrenzung würde derjenigen zwischen den Materialeinzelkosten und Materialgemeinkosten entsprechen. Vielmehr werden unter die Fertigungsgemeinkosten auch Kosten für Hilfs- und Betriebsstoffe sowie Abschreibungen subsumiert.

14) Den üblicherweise gebildeten Einzelkostenarten und Gemeinkostenarten liegen also wechselnde Kriterien zugrunde. Zum Teil erfolgt eine Abgrenzung nach Kostengüterarten (z. B. Materialeinzelkosten), zum Teil nach betrieblichen Funktionen (z. B. Fertigungseinzelkosten, Fertigungsgemeinkosten, Vertriebsgemeinkosten). Demgegenüber wäre es wünschenswert, entweder nach einem einheitlichen Kriterium vorzugehen oder mehrere Kriterien systematisch miteinander zu kombinieren.

II. Die produktbezogene und vollständig stückbezogene Kostenrechnung 75

15) Geht man **nach Kostengüterarten** vor, müsste man unterscheiden: Kosten für Verbrauchsgüter (Materialkosten), Kosten für materielle Gebrauchsgüter (Abnutzungskosten), Kosten für Immaterialgüterrechte (Nutzungskosten), Kosten für Arbeitskräfte (Arbeitskosten) etc.

16) Geht man **nach betrieblichen Funktionen** vor, müsste man unterscheiden: Kosten des Einkaufs bzw. der Beschaffung, Kosten der Fertigung bzw. der Produktion, Kosten des Vertriebs bzw. des Absatzes, Kosten des Finanzwesens, Kosten des Rechnungswesens, Kosten des Personalwesens, Kosten der Organisation etc. Von diesen können die vier letztgenannten Kosten u. U. zu Verwaltungskosten zusammengefasst werden.

17) **Kombiniert** man die Vorgehensweise nach Kostengüterarten mit derjenigen nach betrieblichen Funktionen, erhält man folgende Systematik von Einzelkosten und Gemeinkosten:

a) Einkaufs- bzw. Beschaffungskosten
(die den Mengeneinheiten der Produkte nicht direkt zurechenbar sind, die also Gemeinkosten darstellen), wie Kosten für Verbrauchsgüter, Kosten für Gebrauchsgüter, Kosten für Arbeitskräfte;

b) Fertigungs- bzw. Produktionskosten
(die den Mengeneinheiten der Produkte zum Teil direkt zurechenbar sind)

ba) Fertigungs- bzw. Produktionseinzelkosten,
wie Kosten für Verbrauchsgüter, die zu Produktbestandteilen werden, d. h. Kosten für Rohstoffe und Hilfsstoffe, Kosten für produktbezogene Gebrauchsgüter, Kosten für produktbezogene Arbeitskräfte, Kosten für produktbezogene Dienstleistungen;

bb) Fertigungs- bzw. Produktionsgemeinkosten,
wie Kosten für Verbrauchsgüter, die nicht zu Produktbestandteilen werden, d. h. Kosten für Betriebsstoffe, Kosten für nicht-produktbezogene Gebrauchsgüter, Kosten für nicht-produktbezogene Arbeitskräfte, Kosten für nicht-produktbezogene Dienstleistungen;

c) Vertriebs- bzw. Absatzkosten
(die den Mengeneinheiten der Produkte zum Teil direkt zurechenbar sind)

ca) Vertriebs- bzw. Absatzeinzelkosten,
wie Kosten für Verbrauchsgüter, die der Verpackung der Produkte dienen, d. h. Kosten für Verpackungsmaterial, Kosten für produktbezogene Gebrauchsgüter (z. B. Lager-, Transportmittel), Kosten für produktbezogene Arbeitskräfte (z. B. Reisende, Vertreter), Kosten für produktbezogene Dienstleistungen;

cb) Vertriebs- bzw. Absatzgemeinkosten,
wie Kosten für Verbrauchsgüter, Kosten für nicht-produktbezogene Gebrauchsgüter, Kosten für nicht-produktbezogene Arbeitskräfte, Kosten für nicht-produktbezogene Dienstleistungen;

d) Verwaltungskosten

(die den Mengeneinheiten der Produkte im Allgemeinen nicht direkt zurechenbar sind), wie Kosten für Verbrauchsgüter, Kosten für Gebrauchsgüter, Kosten für Arbeitskräfte, Kosten für Dienstleistungen.

18) Im Beispiel in Abbildung 25 sind nur zwei Einzelkostenarten und relativ wenige Gemeinkostenarten angenommen worden.

5.5.1.3. Bildung von Kostenstellen zur Gemeinkostenverrechnung

1) Schließlich sind bereits zu Beginn der Periode Kostenstellen für die indirekte Verrechnung der Gemeinkosten auf die Mengeneinheiten der Produkte abzugrenzen.

2) Über das Wesen von **Kostenstellen** besteht allgemeines Einverständnis.[1] Dennoch werden Kostenstellen in der Literatur etwas unterschiedlich definiert:

a) unter Betonung des räumlichen Aspekts als Orte der Kostenentstehung, des Kostenanfalls oder des Güterverbrauchs bzw. des Gütereinsatzes;

b) unter Betonung des funktionalen Aspekts als Tätigkeitsbereiche;

c) unter Betonung des organisatorischen Aspekts als Verantwortungsbereiche;

d) unter Betonung des Aspekts der Verrechnung als Verrechnungseinheiten.

In jedem Fall sind unter Kostenstellen zu verstehen: Teile des jeweiligen Wirtschaftsbetriebs, kleinere Einheiten innerhalb des Haupttätigkeitsbereichs bzw. des jeweils betrachteten Tätigkeitsbereichs.

3) Der Begriff der Kostenstelle unterscheidet sich vom Begriff der **Stelle im organisatorischen Sinne**, mit welcher die kleinste organisatorische Einheit innerhalb der Unternehmung, der einzelne Aufgabenträger gemeint ist. Demgegenüber ist der Begriff der Kostenstelle umfassender; er wird auf Unternehmensbereiche und Unternehmensabteilungen bezogen, u. U. aber auch auf Stellen im organisatorischen Sinne. Im Extremfall kann die Kostenstellenbildung so weit gehen, dass jede Stelle im organisatorischen Sinne zu einer Kostenstelle wird. Dies trifft bei einer sog. Platzkostenrechnung[2] zu, bei welcher jeder Arbeitsplatz, zumindest in der Fertigung, als eine Kostenstelle behandelt wird.

4) Bei der Gemeinkostenverrechnung könnte man sich im Extremfall auf eine einzige Zuschlagsgrundlage, einen einzigen Zuschlagssatz beschränken. Einer Kostenstellenbildung bedürfte es dann nicht. Aber dies würde voraussetzen, dass die Produktionsmenge und die Absatzmenge bei den Produkten übereinstimmen. Sobald die Produktionsmenge und die Absatzmenge bei einem Produkt divergieren, müssten zumindest eine Fertigungskostenstelle und eine Vertriebskostenstelle eingerichtet werden. Aber selbst dann erhielte man immer noch recht ungenaue

---

[1] Vgl. Weber, Helmut Kurt: Kostenstellenbildung, Sp. 963 ff.
[2] Vgl. Mellerowicz, Konrad: Kosten und Kostenrechnung, Bd. 2.2, S. 140 f.

II. Die produktbezogene und vollständig stückbezogene Kostenrechnung 77

Ergebnisse. Je genauer die Ergebnisse sein sollen, umso mehr Kostenstellen müsste man vorsehen.

5) Die Kostenstellen lassen sich nach verschiedenen Gesichtspunkten einteilen, vor allem nach der Art der zu verrechnenden Gemeinkosten sowie nach der Art der Verrechnung der Gemeinkosten.

6) Nach der **Art der zu verrechnenden Gemeinkosten** sind zumindest zu unterscheiden:

a) Kostenstellen für die Verrechnung der Beschaffungsgemeinkosten (Beschaffungs- bzw. Materialkostenstellen);

b) Kostenstellen für die Verrechnung der Fertigungsgemeinkosten (Fertigungskostenstellen);

c) Kostenstellen für die Verrechnung der Vertriebsgemeinkosten (Vertriebskostenstellen);

d) Kostenstellen für die Verrechnung der Verwaltungsgemeinkosten (Verwaltungskostenstellen).

Unter Umständen kommen noch hinzu:

e) Kostenstellen für die Verrechnung allgemeiner Gemeinkosten, wie Betriebsgemeinkosten, auf die vorher genannten besonderen Kostenstellen.

7) Nach der **Art der Verrechnung der Gemeinkosten** auf Kostenträger sind zu unterscheiden:

a) Kostenstellen, deren Kosten unmittelbar auf die Kostenträger verrechnet werden (sog. Endkostenstellen);

b) Kostenstellen, deren Kosten mittelbar, d. h. über andere Kostenstellen, auf die Kostenträger verrechnet werden (sog. Vorkostenstellen).

8) Berücksichtigt man die übliche Reihenfolge der Gemeinkostenverrechnung, so lassen sich die allgemeinen Betriebskostenstellen als Vorkostenstellen in Bezug auf alle anderen Kostenstellen bezeichnen. Noch genauer wäre es, von Anfangskostenstellen zu sprechen.

Die Fertigungshilfskostenstellen sind Vorkostenstellen in Bezug auf die Fertigungshauptkostenstellen. Da sie aber nicht nur Kosten abgeben, sondern in der Regel auch bereits Kosten zu übernehmen haben, könnte man sie als Zwischenkostenstellen bezeichnen.

Die Fertigungshauptkostenstellen sind ebenso wie die Materialkostenstellen, Verwaltungskostenstellen und Vertriebskostenstellen Endkostenstellen.

9) Vom Bundesverband der Deutschen Industrie wird folgende Kostenstellenbildung empfohlen:[1]

---

[1] Vgl. Bundesverband der Deutschen Industrie e. V. (Hrsg.): Empfehlungen zur Kosten- und Leistungsrechnung, Bd. 1, S. 49 ff.

a) Materialkostenstellen (Beschaffung): Einkauf, Warenannahme und -prüfung, Materialverwaltung, Materiallagerung und -ausgabe;

b) Fertigungskostenstellen (Fertigung):

ba) Fertigungshilfsstellen: Fertigungsvorbereitung und -steuerung, Betriebsbüro, Betriebsmittelfertigung, Zwischenlager, Werkzeuglager, Qualitätssicherung;

bb) Fertigungshauptstellen: Vorfertigung, Hauptfertigung, Montage, Sonderfertigung;

c) Forschungs- und Entwicklungskostenstellen (Entwicklung): Forschung und Entwicklung, Konstruktion, Versuche, Erprobung, Musterbau und -erprobung;

d) Verwaltungskostenstellen (Verwaltung): Unternehmensleitung, Personalverwaltung, Finanz- und Rechnungswesen, spezielle Verwaltungsdienste, allgemeine Verwaltung;

e) Vertriebskostenstellen (Vertrieb): Verkaufsvorbereitung, Akquisition/Verkauf, Auftragsabwicklung, Fertigwarenlager, Verpackung und Versand, Kundendienst;

f) Kostenstellen des Allgemeinen Bereichs: Grundstücke und Gebäude, Energieversorgung, Transport, Instandhaltung, allgemeiner Werksdienst, Sozialeinrichtungen.

10) Im Beispiel in Abbildung 25 sind nur wenige und stark zusammengefasste Kostenstellen angenommen worden, nämlich eine allgemeine Betriebskostenstelle, eine Einkaufskostenstelle, eine Fertigungshilfskostenstelle, zwei Fertigungshauptkostenstellen, eine Verwaltungskostenstelle und eine Vertriebskostenstelle.

5.5.2. Rechnungsschritte während und am Ende der Rechnungsperiode

5.5.2.1. Erfassung der von den Produkten produzierten und abgesetzten Mengen

1) Wird der Fertigerzeugnisbestand zu Beginn der Kostenrechnungsperiode oder am Ende der Vorperiode durch eine Inventur festgestellt, ist während der Periode entweder die Produktionsmenge oder die Absatzmenge zu erfassen. Im ersten Fall ist wie folgt zu rechnen:

    Anfangsbestand
+ Zugänge (d. h. Produktionsmenge)
./. Endbestand
= Abgänge (d. h. Absatzmenge)

Im zweiten Fall ist zu rechnen:

    Endbestand
./. Anfangsbestand

II. Die produktbezogene und vollständig stückbezogene Kostenrechnung 79

+ Abgänge (d. h. Absatzmenge)
= Zugänge (d. h. Produktionsmenge)

2) Wenn während der Periode sowohl die Produktionsmenge als auch die Absatzmenge erfasst werden, könnte man auf eine Inventur jeweils zu Beginn oder am Ende der Kostenrechnungsperiode verzichten, sofern diese, wie hier empfohlen, kürzer als ein Jahr ist. Spätestens am Ende eines Jahres muss jedoch schon aus handels- und steuerrechtlichen Gründen eine körperliche Bestandsaufnahme erfolgen.

3) Im Vergleich zum Fertigerzeugnisbestand ist der Bestand an unfertigen Erzeugnissen schwerer zu erfassen, da sich unfertige Erzeugnisse nur zum Teil in Zwischenlagern, zum Teil jedoch noch in der laufenden Produktion befinden. Das Gleiche gilt für die Zugänge und Abgänge bei den unfertigen Erzeugnissen.

4) Im Beispiel in Abbildung 26 beträgt die Produktions- und Absatzmenge von Produkt X 2.000 Stück, diejenige von Produkt Y 1.000 Stück.

5.5.2.2. Erfassung der Kostenbeträge der einzelnen Kostengüterarten

1) Während der Periode ist auch bereits mit der Erfassung der anfallenden Kosten zu beginnen. Dies hat Kostengüterart für Kostengüterart zu geschehen. Dazu kann man von den Zahlen der Geschäftsbuchhaltung, d. h. von den vergleichbaren Aufwendungen, ausgehen. Diese muss man dann allerdings noch in Zahlen der Betriebsbuchhaltung umwandeln, entsprechend den Ausführungen in Abschnitt I.2.1.

2) Im Beispiel in Abbildung 25 betragen die Fertigungsmaterialkosten 12.500 €, die Fertigungslohnkosten 8.700 €, die Hilfsstoffkosten 700 €, die Betriebsstoffkosten 1.500 €, die Kosten für Hilfslöhne und Gehälter 4.300 €, die Abschreibungskosten 2.500 € und die sonstigen Kosten 1.000 €.

5.5.2.3. Erfassung der Kostenbeträge der Einzelkostenarten Mengeneinheit für Mengeneinheit der Produkte

1) Bei den Einzelkostenarten müssen die Kostenbeträge Mengeneinheit für Mengeneinheit der Produkte erfasst werden. Wie dies zu geschehen hat, sei hier anhand der wichtigsten Einzelkostenarten, der Materialeinzelkosten bzw. Rohstoffkosten sowie der Fertigungseinzelkosten bzw. Fertigungslohnkosten, gezeigt.[1]

2) Die **Ermittlung der Rohstoffkosten** für eine Mengeneinheit eines Produkts wäre einfach, solange jeder Rohstoff jeweils nur für ein Produkt verwendet werden würde (**produktspezifische Rohstoffe**). Man könnte dann die für jeden Rohstoff in der Periode anfallenden Kosten durch die Zahl der Mengeneinheiten jedes

---

[1] Vgl. auch Eisele, Wolfgang: Technik des betrieblichen Rechnungswesens, S. 651 ff., S. 654 ff.; Hummel, Siegfried/ Männel, Wolfgang: Kostenrechnung, Bd. 1, S. 143 f., S. 156 f. (Autor: Männel)

80 Hauptteil

Produkts dividieren. Damit erhielte man zwar nur die durchschnittlichen Rohstoffkosten einer Mengeneinheit eines Produkts, nicht die Einzelkosten im strengen Sinne. Aber diese durchschnittlichen Kosten wären hinlänglich genau.

3) Sobald die Rohstoffe für mehrere Produkte verwendet werden (**produktuniverselle Rohstoffe**), muss festgestellt werden, welche Menge eines Rohstoffs für jede produzierte Mengeneinheit verbraucht wurde. Dafür kommen grundsätzlich zwei Möglichkeiten in Betracht:

a) Man geht aus von der dem Lager jeweils für eine oder für mehrere Mengeneinheiten eines Produkts entnommenen Rohstoffmenge, die in Materialentnahmescheinen festgehalten wird. Zusätzlich bedürfen noch die Lagerschwundmengen der Berücksichtigung. Da sich diese nicht Mengeneinheit für Mengeneinheit der Erzeugnisse erfassen lassen, würden sie am besten auf die Lagerentnahmemengen umgelegt werden. Damit durchbricht man zwar das Prinzip der Einzelerfassung, aber man erhält ein genaueres Ergebnis, als wenn man diese Schwundmengen einfach unter die Materialgemeinkosten subsumiert.

b) Man geht aus von der Rohstoffmenge, die in jede produzierte Mengeneinheit eines Produkts eingegangen ist. Zusätzlich bedürfen dann noch der Berücksichtigung: die Abfallmengen und Ausschussmengen sowie die Schwundmengen. Da sich diese nicht Mengeneinheit für Mengeneinheit der Erzeugnisse erfassen lassen, würden sie am besten ebenfalls als Verteilmengen behandelt werden.

Der Weg a) wird in der Literatur als **Fortschreibung** oder Skontration, der Weg b) als **Rückrechnung** oder retrograde Rechnung bezeichnet.

In der Literatur wird noch eine weitere Methode unterschieden und als Inventurmethode bezeichnet.[1] Dabei wird zur Bestimmung der verbrauchten Rohstoffmenge, analog zur Erfassung der von den Produkten produzierten und abgesetzten Mengeneinheiten (vgl. Abschnitt II.5.5.2.1.), vom Anfangsbestand eines Rohstoffes ausgegangen, der dann um die Zugänge während der Periode erhöht und um den Endbestand vermindert wird. Mit dieser Methode kann aber nur der Verbrauch eines Rohstoffes insgesamt und nicht pro Produkt ermittelt werden. Sie eignet sich somit allenfalls für produktuniverselle Rohstoffe.

4) Die ermittelten Rohstoffmengen bedürfen noch der Bewertung. Dazu könnten bei kurzer Zeitspanne zwischen Einkauf und Verwendung noch die Anschaffungskosten herangezogen werden. Bei längerer Zeitspanne müssten die gegenwärtigen Wiederbeschaffungskosten ermittelt werden, damit die Substanzerhaltung gewährleistet wird.

Die Anschaffungskosten setzen sich zusammen aus dem Anschaffungspreis und den Anschaffungsnebenkosten, die dem Rohstoff direkt zugeordnet werden können. Dies dürften vor allem Anschaffungsnebenkosten externer Art sein (z. B.

---

[1] Vgl. Götze, Uwe: Kostenrechnung und Kostenmanagement, S. 29 f.; Heinhold, Michael: Kosten- und Erfolgsrechnung in Fallbeispielen, S. 83 f.; Hummel, Siegfried/ Männel, Wolfgang: Kostenrechnung, Bd. 1, S. 144 f. (Autor: Hummel); Mayer, Elmar/ Liessmann, Konrad/ Mertens, Hans Werner: Kostenrechnung, S. 103 f.

II. Die produktbezogene und vollständig stückbezogene Kostenrechnung 81

Frachtgebühren, Versicherungsprämien). Die internen Anschaffungsnebenkosten (z. B. Abschreibungen des eigenen Fuhrparks, Löhne/Gehälter für das eigene Personal) müssten auf den Einkaufskostenstellen erfasst und von diesen aus weiter verrechnet werden.

Entsprechendes wie für die Anschaffungskosten gilt für die gegenwärtigen Wiederbeschaffungskosten.

5) Im Beispiel in Abbildung 26 betragen die Materialeinzelkosten für eine Mengeneinheit von Produkt X 4,00 €, diejenigen für eine Mengeneinheit von Produkt Y 4,50 €.

6) Die **Ermittlung der Fertigungslohnkosten** für eine Mengeneinheit eines Produkts ist einfach, wenn die Fertigungsarbeiter im Akkord entlohnt werden.[1] Denn der Akkordlohn ist ein Stücklohn oder ein Mengeneinheitslohn. Allerdings handelt es sich dabei nur um einen umgewandelten Zeitlohn.[2] Aber die Umwandlung von einer Größe pro Zeiteinheit in eine Größe pro Mengeneinheit musste hier bereits für Zwecke der Entlohnung vorgenommen werden; das Ergebnis kann für Zwecke der Kostenrechnung einfach übernommen werden.

Mit dem Akkordlohn ist jedoch nur der Grundstock der Fertigungslohnkosten für eine Mengeneinheit gegeben. Zusätzlich bedürfen der Berücksichtigung: die bezahlten Anwesenheitszeiten im Betrieb, die nicht durch Akkordarbeit ausgefüllt sind, sofern diese nicht schon über Verteilzeiten in den Akkordlohn einbezogen wurden, die bezahlten Abwesenheitszeiten (wie Urlaubszeiten, Krankheitszeiten), die sozialen Abgaben sowie die Vorkehrungen für Altersversorgung und Unterstützung.

7) Wenn die Fertigungsarbeiter nicht im Akkord entlohnt werden, wäre die Ermittlung der Fertigungslohnkosten für eine Mengeneinheit eines Produkts noch relativ einfach, solange jeder Fertigungsarbeiter jeweils nur ein Produkt bearbeiten würde (**produktspezifische Arbeitskräfte**). Man könnte dann die für jeden Fertigungsarbeiter in der Periode anfallenden Kosten durch die Zahl der Mengeneinheiten jedes Produkts dividieren. Damit erhielte man zwar nur die durchschnittlichen Fertigungslohnkosten einer Mengeneinheit eines Produkts, nicht die Einzelkosten im strengen Sinne, aber diese durchschnittlichen Kosten wären genau genug.

8) Sobald ein Fertigungsarbeiter mehrere Produkte bearbeitet (**produktuniverselle Arbeitskräfte**), muss festgestellt werden, wie lange er für jede produzierte Mengeneinheit gearbeitet hat. Diese Fertigungszeit wird in sog. Lohnscheinen festgehalten. Sie bedarf anschließend der Bewertung mit dem Fertigungslohnsatz pro Zeiteinheit. Zusätzlich müssen berücksichtigt werden: die bezahlten Anwesenheitszeiten im Betrieb (die nicht durch Fertigungsarbeit ausgefüllt ist), die bezahlten Abwesenheitszeiten, die sozialen Abgaben sowie die Vorkehrungen für

---

[1] Vgl. zur Erfassung der Arbeitseinzelkosten Müller-Kemler, Birgit: Behandlung des Arbeitsentgelts im betriebswirtschaftlichen Rechnungswesen, S. 213 ff.
[2] Vgl. Weber, Helmut Kurt: Industriebetriebslehre, S. 514.

82 Hauptteil

Altersversorgung und Unterstützung. Die genannten Nicht-Fertigungszeiten sollten als Verteilzeiten behandelt, die genannten Vergütungen umgelegt werden. Damit erhält man ein genaueres Ergebnis, als wenn man sie unter die Fertigungsgemeinkosten subsumiert.

9) Im Beispiel in Abbildung 26 betragen die Fertigungseinzelkosten für eine Mengeneinheit von Produkt X 1,50 € und 1 €, für eine Mengeneinheit von Produkt Y 1,20 € und 2,50 €.

5.5.2.4. Erfassung der Kostenbeträge der Gemeinkostenarten Kostenstelle für Kostenstelle

1) Parallel zur Erfassung der Einzelkosten Mengeneinheit für Mengeneinheit der Produkte müssen die Gemeinkosten Kostenstelle für Kostenstelle ermittelt werden. Wie dies zu geschehen hat, sei hier anhand einiger Fertigungsgemeinkosten gezeigt.

2) Bei Strom, der fremdbezogen wird, sollte der genaue Verbrauch jeder Kostenstelle mit Hilfe von Stromzählern festgestellt werden. Der Verbrauch aller Kostenstellen zusammen müsste mit dem Gesamtverbrauch des Betriebs übereinstimmen. Ist der Gesamtverbrauch höher, liegt es nahe, den Differenzverbrauch auf die Kostenstellen umzulegen, auf der Basis des mit Hilfe von Stromzählern festgestellten Verbrauchs. Die Bewertung des Stromverbrauchs jeder Kostenstelle lässt sich sinnvoll nur mit Hilfe des durchschnittlich vom Betrieb bezahlten Strompreises vornehmen.

3) Wenn der Verbrauch jeder Kostenstelle nicht durch Stromzähler festgestellt wird, könnte man den Gesamtverbrauch des Betriebs auf die Kostenstellen umlegen unter Zuhilfenahme sog. Schlüssel, z. B. nach der Leistungsaufnahme in kW der auf jeder Kostenstelle installierten Stromverbrauchsgeräte, nach der Flächen- oder Raumbeanspruchung jeder Kostenstelle. Anschließend müsste eine Bewertung des geschätzten Verbrauchs mit Hilfe des durchschnittlich bezahlten Strompreises erfolgen. Daher ist es in diesem Fall besser, gleich die Stromkosten des Betriebs auf die Kostenstellen unter Zuhilfenahme der genannten Schlüssel umzulegen.

4) Die durch Stromzähler ermittelten Stromkosten jeder Kostenstelle werden als **Kostenstelleneinzelkosten** bezeichnet, die durch Umlage der Gesamtkosten ermittelten Stromkosten jeder Kostenstelle als **Kostenstellengemeinkosten**.[1]

5) Wenn der Strom nicht fremdbezogen, sondern im eigenen Betrieb erzeugt wird, bedarf es einer Kostenstelle „Stromerzeugung", auf welcher die für die Stromerzeugung anfallenden Kosten zu erfassen und von welcher aus sie auf die anderen Kostenstellen zu verrechnen sind.

---
[1] Vgl. Hummel, Siegfried/ Männel, Wolfgang: Kostenrechnung, Bd. 1, S. 129 (Autor: Männel); Schweitzer, Marcell/ Küpper, Hans-Ulrich: Systeme der Kosten- und Erlösrechnung, S. 127.

6) Das Gleiche wie für Strom gilt für andere Betriebsstoffe, wie Wasser, Dampf, Gas, Heizöl, Kohle. Der Verbrauch sollte kostenstellenweise erfasst werden. Sofern dies technisch nicht möglich oder wirtschaftlich nicht vertretbar ist, muss der Gesamtverbrauch des Betriebs auf die Kostenstellen umgelegt werden.

7) Hilfslöhne und Gehälter sind ebenfalls kostenstellenweise zu ermitteln, indem jede Arbeitskraft einer Kostenstelle zugeordnet wird. Sobald eine Arbeitskraft für mehrere Kostenstellen tätig ist, muss festgestellt werden, wie lange sie für jede Kostenstelle tätig war. Diese Tätigkeitszeit wird in sog. Lohnscheinen festgehalten. Sie bedarf anschließend der Bewertung mit dem Lohnsatz bzw. Gehaltssatz pro Zeiteinheit.

8) Im Beispiel in Abbildung 25 wird angenommen, dass die Betriebsstoffe mit Ausnahme von Strom fremdbezogen wurden und der Verbrauch kostenstellenweise ermittelt wurde. Eine solche Ermittlung wurde auch bei den zusammengefassten Hilfslöhnen und Gehältern unterstellt.

5.5.2.5. Verrechnung der Gemeinkosten von Kostenstelle zu Kostenstelle

1) Die Kostenstelle für Kostenstelle ermittelten Gemeinkosten können von einem Teil der Kostenstellen direkt auf die Mengeneinheiten der Produkte verrechnet werden, von einem Teil der Kostenstellen jedoch nur indirekt, über andere Kostenstellen. Die erstgenannten Kostenstellen werden als **Endkostenstellen** bezeichnet, die zweit genannten Kostenstellen als **Vorkostenstellen**. Die Verrechnung der Kosten von den Endkostenstellen auf die Kostenträger soll im übernächsten Abschnitt behandelt werden, die Verrechnung der Kosten von den Vorkostenstellen auf die Endkostenstellen in diesem Abschnitt.

2) Innerhalb der Vorkostenstellen kann man, wie schon angedeutet, noch unterscheiden zwischen:

a) **Anfangskostenstellen**, d. h. Kostenstellen, die noch keine Kosten von anderen Kostenstellen zu übernehmen haben, deren Kosten primärer Art sind, und

b) **Zwischenkostenstellen**, d. h. Kostenstellen, die Kosten schon von anderen Kostenstellen zu übernehmen haben, deren **Kosten teils primärer, teils sekundärer Art**[1] sind.

3) Die Verrechnung der Kosten einer betrachteten Kostenstelle auf andere Kostenstellen sollte erfolgen nach dem Maß der Inanspruchnahme der betrachteten Kostenstelle durch die anderen Kostenstellen oder, anders ausgedrückt, nach der Höhe des Nutzens der betrachteten Kostenstelle für die anderen Kostenstellen. Dabei sind zwei Möglichkeiten zu unterscheiden:

---

[1] Vgl. zu den Begriffen primäre und sekundäre Kosten Hummel, Siegfried/ Männel, Wolfgang: Kostenrechnung, Bd. 1, S. 191 f. (Autor: Männel); Kloock, Josef/ Sieben, Günter/ Schildbach, Thomas: Kosten- und Leistungsrechnung, S. 62.

a) Die Inanspruchnahme der Nutzen abgebenden Kostenstelle durch die Nutzen empfangenden Kostenstellen wird genau gemessen. Die Kosten einer Kostenstelle Stromerzeugung z. B. werden auf die Strom beziehenden Kostenstellen nach Maßgabe des jeweils ermittelten Stromverbrauches verrechnet. Dies ist wünschenswert, jedoch nicht immer technisch möglich oder wirtschaftlich vertretbar.

b) Die Inanspruchnahme der Nutzen abgebenden Kostenstelle durch die Nutzen beziehenden Kostenstellen wird geschätzt. Die Kosten einer Kostenstelle Stromerzeugung z. B. werden auf die Strom beziehenden Kostenstellen umgelegt nach der Maßgabe der Kapazität der jeweils installierten Stromverbrauchsgeräte oder nach der jeweils beanspruchten Fläche oder gar mit Hilfe von Äquivalenzziffern.

Im Fall a) werden die sekundären Kosten der beziehenden Kostenstellen als **Kostenstelleneinzelkosten** bezeichnet, im Fall b) als **Kostenstellengemeinkosten**.

4) Im Beispiel in Abbildung 25 werden die Kosten der Kostenstelle "Stromerzeugung" nach einem Schlüssel umgelegt, ebenso wie die Kosten der Kostenstelle "Arbeitsvorbereitung".

5) In Literatur und Praxis ist im Zusammenhang mit der Verrechnung der Kosten von Kostenstelle zu Kostenstelle häufig von **innerbetrieblicher Leistungsverrechnung**[1] die Rede. Tatsächlich werden hierbei jedoch nicht Leistungen, sondern Kosten verrechnet. Es wird eine Kostenverrechnung nach Maßgabe von „Leistungen" vorgenommen. Allerdings wird der Begriff der Leistungen in diesem Zusammenhang anders als sonst in der Kostenrechnung üblich gebraucht, in der er den Gegenbegriff zu demjenigen der Kosten bildet. Deswegen wird hier vorgeschlagen, von innerbetrieblicher Kostenverrechnung nach Maßgabe der Nutzenabgabe zu sprechen.

6) Die Art der Verrechnung der Kosten von Kostenstelle zu Kostenstelle ist abhängig von der Art der Beziehungen zwischen den Kostenstellen, wie in den folgenden Unterabschnitten dargelegt wird.

5.5.2.5.1. Sukzessive Verrechnung

1) Solange Kostenstellen von anderen Kosten beansprucht werden, ohne dass sie selbst diese Kostenstellen in Anspruch nehmen, wenn also einseitige Beziehungen zwischen den Kostenstellen bestehen, ist die Verrechnung der Kosten einfach. Die Kosten können dann nacheinander, sukzessive von Kostenstelle zu Kostenstelle verrechnet werden. Man spricht vom **Stufenleiterverfahren** oder **Treppenverfahren**. Dieses Verfahren liegt auch der Verrechnung in Abbildung 25 zugrunde.

---

[1] Vgl. Brink, Hans-Josef: Kostenstellen und Kostenstellenrechnung, Sp. 2380; Mellerowicz, Konrad: Kosten und Kostenrechnung, Bd. 2.1, S. 480 f.; Kosiol, Erich: Verrechnung innerbetrieblicher Leistungen, S. 15 ff.; Wedell, Harald: Grundlagen des Rechnungswesens, Bd. 2, S. 174 ff.

II. Die produktbezogene und vollständig stückbezogene Kostenrechnung

2) Wenn wechselseitige Beziehungen bestehen und trotzdem beim Stufenleiterverfahren geblieben werden soll, muss zumindest versucht werden, die Fehler, die man dabei in Kauf nimmt, zu minimieren. Dies geschieht dadurch, dass man den Nutzenstrom, der von geringerer Bedeutung ist, vernachlässigt und die Kostenstellen in der Reihenfolge des Leistungsstroms, der von größerer Bedeutung ist, anordnet.

Im Beispiel in Abbildung 16 wird von zwei Vorkostenstellen und vier Endkostenstellen ausgegangen. Es wird angenommen, dass zwischen den Vorkostenstellen gegenseitige Beziehungen bestehen, zwischen den Vorkostenstellen und den Endkostenstellen einseitige Beziehungen.

Abbildung 16:
Ausgangsdaten für die Beispiele zur Verrechnung der Gemeinkosten von Kostenstellen mit gegenseitigen Beziehungen

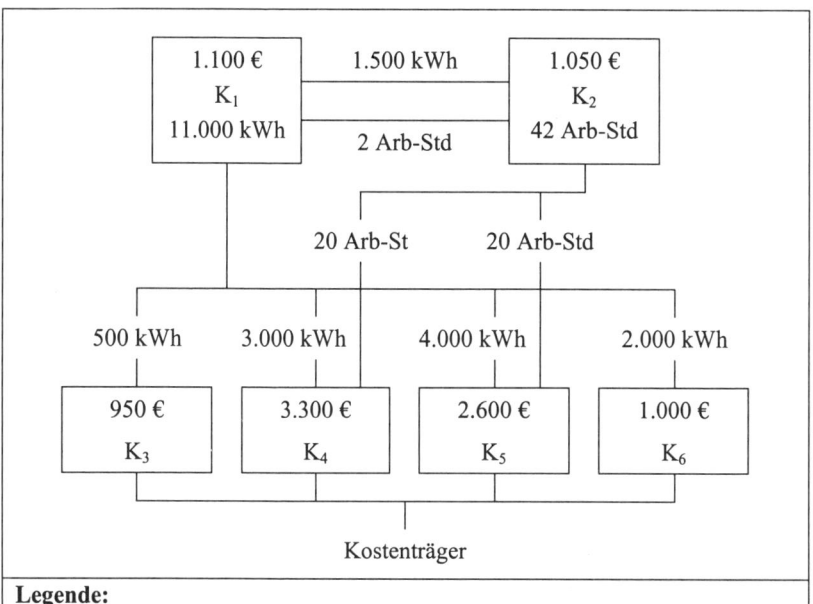

```
        1.100 €         1.500 kWh         1.050 €
         K₁          ─────────────          K₂
       11.000 kWh      2 Arb-Std         42 Arb-Std

                    20 Arb-St        20 Arb-Std

  500 kWh    3.000 kWh    4.000 kWh    2.000 kWh

   950 €      3.300 €      2.600 €      1.000 €
    K₃          K₄           K₅           K₆

                      Kostenträger
```

Legende:
K_1 = Vorkostenstelle 1: Eigene Stromerzeugung
K_2 = Vorkostenstelle 2: Arbeitsvorbereitung
K_3 = Endkostenstelle 1: Einkaufskostenstelle
K_4 = Endkostenstelle 2: Fertigungshauptkostenstelle 1
K_5 = Endkostenstelle 3: Fertigungshauptkostenstelle 2
K_6 = Endkostenstelle 4: Verwaltungs- und Vertriebskostenstelle

Der Vergleich der gegenseitigen Beziehungen zwischen den Vorkostenstellen zeigt, dass die Nutzenabgabe der Kostenstelle 1 an die Kostenstelle 2 von größerer Bedeutung ist als die Nutzenabgabe der Kostenstelle 2 an die Kostenstelle 1 und somit die Kostenstelle 1 vor der Kostenstelle 2 anzuordnen ist (vgl. Abbildung 17). Die Nutzenabgabe von der Kostenstelle 2 an die Kostenstelle 1 wird damit vernachlässigt. Die primären und sekundären Kosten der Kostenstelle 2 werden nur auf die Endkostenstellen verrechnet.

Abbildung 17:
Sukzessive Verrechnung der Kosten von Kostenstellen mit gegenseitigen Beziehungen

Reihenfolge der Kostenstellen:

$$K_1 \text{ an } K_2 = \frac{1.100}{11.000} * 1.500 = 150$$

$$K_2 \text{ an } K_1 = \frac{1.050}{42} * 2 = 50$$

→ Kostenstelle K_1 vor Kostenstelle K_2 anzuordnen

Bestimmung der zu verrechnenden Kosten pro Nutzeneinheit:

Kosten pro Nutzeneinheit von K_1: $\frac{1.100}{11.000} = 0,10$

Kosten pro Nutzeneinheit von K_2: $\frac{1.050 + 150}{42 - 2} = 30$

Verrechnung der Kosten der Vorkostenstellen auf die Endkostenstellen:

K_1	K_2	K_3	K_4	K_5	K_6
1.100	1.050	950	3.300	2.600	1.000
↓					
→	150	50	300	400	200
	1.200				
	↓				
	→		600	600	
		1.000	4.200	3.600	1.200

5.5.2.5.2. Simultane Verrechnung

1) Sobald Kostenstellen durch andere Kostenstellen beansprucht werden und gleichzeitig selbst diese Kostenstellen in Anspruch nehmen, also gegenseitige Beziehungen zwischen den Kostenstellen bestehen, ist die Verrechnung der Kosten schwierig. Die Kosten der einen Kostenstelle können dann nicht unabhängig von den Kosten der anderen Kostenstelle weiterverrechnet werden; sie müssen gleichzeitig, simultan auf die weiteren Kostenstellen verrechnet werden. Dazu kann man sich entweder des Gleichungsverfahrens, des Determinanten- bzw. Matrizenverfahrens oder iterativer Verfahren bedienen.

2) Der Erläuterung dieser Verfahren soll das gleiche Beispiel wie bei der sukzessiven Verrechnung zugrunde gelegt werden (vgl. die Ausgangsdaten in Abbildung 16).

3) Bei Anwendung des **Gleichungsverfahrens**[1] ist für jede Kostenstelle eine Kostengleichung aufzustellen (vgl. Abbildung 18).

Die Kostengleichung jeder Vorkostenstelle hat anzugeben: die auf der Kostenstelle angefallenen Kosten (= die primären Kosten der Kostenstelle) sowie die Inanspruchnahme der anderen Vorkostenstelle durch die jeweilige Kostenstelle. Sodann wird in die Kostengleichung der einen Vorkostenstelle die Kostengleichung der anderen Vorkostenstelle eingesetzt.

Die Kostengleichung jeder Endkostenstelle hat anzugeben: die auf der jeweiligen Kostenstelle angefallenen Kosten sowie die Inanspruchnahme der Vorkostenstellen durch die jeweilige Kostenstelle. Sodann werden in diese Gleichungen die vorher errechneten Kosten der Vorkostenstellen eingesetzt, womit man die gesamten Kosten jeder Endkostenstelle (die primären ebenso wie die sekundären Kosten) erhält.

Hierbei werden also die Kosten der beiden Vorkostenstellen gleichzeitig auf die vier Endkostenstellen verrechnet. Addiert man die endgültigen Kosten der Endkostenstellen, erhält man einen Betrag (hier von 10.000 €), der der Summe aus den primären Kosten der Endkostenstellen (7.850 €) und den primären Kosten der Vorkostenstellen (2.150 €) entspricht.

---

[1] Vgl. Schweitzer, Marcell/ Küpper, Hans-Ulrich: Systeme der Kostenrechnung, S. 137 ff.; Hummel, Siegfried/ Männel, Wolfgang: Kostenrechnung, Bd. 1, S. 230 ff. (Autor: Männel).

Abbildung 18:
Simultane Verrechnung der Kosten von Kostenstellen mit gegenseitigen
Beziehungen nach der üblichen einstufigen Vorgehensweise

Kostengleichungen:

$K_1 = 1.100 + + 2/42 \, K_2$

$K_2 = 1.050 + 1.500/11.000 \, K_1$

$K_3 = 950 + 500/11.000 \, K_1$

$K_4 = 3.300 + 3.000/11.000 \, K_1 + 20/42 \, K_2$

$K_5 = 2.600 + 4.000/11.000 \, K_1 + 20/42 \, K_2$

$K_6 = 1.000 + 2.000/11.000 \, K_1$

Bestimmung der Kosten der Vorkostenstellen:

Gleichung K_2 in Gleichung K_1 eingesetzt:

$K_1 = 1.100 + 2/42 * (1.050 + 1.500/11.000 \, K_1)$

$K_1 = 1.100 + 50 + 1/154 \, K_1$

$K_1 = 1.157{,}52$

Ergebnis für K_1 in Gleichung K_2 eingesetzt:

$K_2 = 1.050 + 1.500/11.000 * 1.157{,}52$

$K_2 = 1.207{,}84$

Summe weiter verrechneter Kosten $\quad K_1 + K_2 = 2.365{,}36$
\> Summe primärer Kosten $\quad\quad\quad\quad K_1 + K_2 = 2.150{,}00$

Bestimmung der Kosten der Endkostenstellen:

Einsetzen der Ergebnisse für K_1 und K_2 in die Gleichungen K_3 bis K_6:

$K_3 = 950 + 500/11.000 * 1.157{,}52$

$K_3 = 1.002{,}61$

$K_4 = 3.300 + 3.000/11.000 * 1.157{,}52 + 20/42 * 1.207{.}84$

$K_4 = 4.190{,}85$

$K_5 = 2.600 + 4.000/11.000 * 1.157{,}52 + 20/42 * 1.207{,}84$

$K_5 = 3.596{,}08$

$K_6 = 1.000 + 2.000/11.000 * 1.157{,}52$

$K_6 = 1.210{,}46$

Summe primärer und sekundärer Kosten $\quad K_3$ bis $K_6 = 10.000{,}00$
= Summe primärer Kosten $\quad\quad\quad\quad\quad\, K_1$ bis $K_6 = 10.000{,}00$

II. Die produktbezogene und vollständig stückbezogene Kostenrechnung 89

Wenn man allerdings die weiter verrechneten Kosten der Vorkostenstellen addiert, erhält man einen Betrag (hier von 2.365,36 €), der höher ist als die Summe der primären Kosten der Vorkostenstellen (2.150 €). Wegen dieser Aufblähung der Kosten der Vorkostenstellen bei Weiterverrechnung ist die übliche Vorgehensweise kritisiert und eine zweistufige Vorgehensweise[1] vorgeschlagen worden (vgl. Abbildung 19).

In der ersten Stufe werden die Kosten der Vorkostenstellen wie üblich ermittelt. Die Summe dieser Kosten ist höher als die Summe der primären Kosten.

In der zweiten Stufe erfolgt deshalb eine Anpassung. Die Kosten einer Vorkostenstelle werden dazu mit dem Anteil der Inanspruchnahme durch die Endkostenstellen an der gesamten Inanspruchnahme der jeweiligen Vorkostenstelle gewichtet. Dadurch erhält man niedrigere Kosten der Vorkostenstelle. Die Summe dieser Kosten der Vorkostenstellen entspricht der Summe der primären Kosten der genannten Kostenstellen. Die verringerten Kosten der Vorkostenstellen werden in die Gleichungen der Endkostenstellen eingesetzt, wobei auch hier eine Anpassung erfolgt, indem nur die Inanspruchnahme der Vorkostenstellen durch die Endkostenstellen berücksichtigt wird.

Diese zweistufige Vorgehensweise führt für die Endkostenstellen zu den gleichen Kostenbeträgen wie die übliche Vorgehensweise. Sie ist somit allenfalls dann erforderlich, wenn Verrechnungspreise für die Verrechnung der Nutzenströme zwischen Vorkostenstellen bestimmt werden sollen. Für eine Verrechnung der Kosten der Vorkostenstellen auf die Endkostenstellen ist das übliche Verfahren ausreichend.

4) Um eine Variante des Gleichungsverfahrens handelt es sich bei dem **Determinanten- oder Matrizenverfahren**.[2] Das Gleichungssystem wird dabei mit Hilfe der Matrizenrechnung gelöst. Die Kostengleichungen werden zunächst in die kanonische Form und aus dieser in die Matrizenform überführt (vgl. Abbildung 20). Man erhält auf diese Weise eine Kostenmatrix. Von dieser wird die Inverse gebildet. Die Multiplikation mit dem Primärkostenvektor ergibt die gesamten Kosten jeder Kostenstelle.

Die Beträge sind die gleichen wie bei Einsetzung der Kostengleichung der einen Kostenstelle in die Kostengleichung der anderen Kostenstelle. Das Determinanten- oder Matrizenverfahren führt also zum gleichen Ergebnis wie das Gleichungseinsetzungsverfahren. Es hat aber den Vorteil, dass es leichter mit Hilfe der elektronischen Datenverarbeitung durchgeführt und daher auch bei vielen sowie komplexen Kostengleichungen angewandt werden kann.

---

[1] Vgl. Kloock, Josef: Betriebliche Leistungsverrechnung auf der Basis von Gesamtkosten oder/und Endkosten der Kostenstellen, S. 455 ff.; Münstermann, Hans: Verrechnung innerbetrieblicher Leistungen mit Hilfe des Matrizenkalküls, S. 214 ff.; Schürhoff, Horst: Istkostenrechnung in Matrizendarstellung, S. 840 ff.; Schürhoff, Horst: Gegenseitig abrechnende Kostenstellen in der betrieblichen Kostenrechnung, S. 105 ff.; Stahlknecht, Peter: Istkostenrechnung in Matrizendarstellung, S. 127 ff.

[2] Vgl. Kosiol, Erich: Kosten- und Leistungsrechnung, S. 277 ff.; Schweitzer, Marcell/ Küpper, Hans-Ulrich: Systeme der Kostenrechnung, S. 165 ff.

Abbildung 19:
Simultane Verrechnung der Kosten von Kostenstellen mit gegenseitigen
Beziehungen nach einer zweistufigen Vorgehensweise

Vorkostenstellen:

1. Stufe: Ermittlung der Kosten

$K_1 = 1.100 + 2/42 * (1.050 + 1.500/11.000\ K_1)$

$K_1 = 1.100 + 50 + 1/154\ K_1$

$K_1 = 1.157,52$

$K_2 = 1.050 + 1.500/11.000 * 1.157,52$

$K_2 = 1.207,84$

Summe weiter verrechneter Kosten $\quad K_1 + K_2 = 2.365,36$
> Summe primärer Kosten $\quad K_1 + K_2 = 2.150,00$

2. Stufe: Anpassung der ermittelten Kosten

$K_{ia} = $ (1 - prozentualer Anteil der an Vorkostenstellen abgegebenen Leistungen an ihrer gesamten Leistung) $* K_i$

$K_{1a} = (1 - 1.500/11.000) * 1.157,52$

$K_{1a} = 999,68$

$K_{2a} = (1 - 2/42) * 1.207,84$

$K_{2a} = 1.150,32$

Summe der angepassten Kosten $\quad K_{1a} + K_{2a} = 2.150,00$
= Summe primärer Kosten $\quad K_1 + K_2 = 2.150,00$

Endkostenstellen:

Einsetzen der Ergebnisse für K_{1a} und K_{2a} in die Gleichungen K_3 bis K_6, bei denen die Inanspruchnahme angepasst wurde:

$K_3 = 950 + 500/9.500 * 999,68$

$K_3 = 1.002,61$

$K_4 = 3.300 + 3.000/9.500 * 999,68 + 20/40 * 1.150,32$

$K_4 = 4.190,85$

$K_5 = 2.600 + 4.000/9.500 * 999,68 + 20/40 * 1.150,32$

$K_5 = 3.596,08$

$K_6 = 1.000 + 2.000/9.500 * 999,68$

$K_6 = 1.210,46$

Summe primärer und sekundärer Kosten $\quad K_3$ bis $K_6 = 10.000,00$
= Summe primärer Kosten $\quad K_1$ bis $K_6 = 10.000,00$

II. Die produktbezogene und vollständig stückbezogene Kostenrechnung

Abbildung 20:
Simultane Verrechnung der Kosten von Kostenstellen mit gegenseitigen Beziehungen nach dem Matrizenverfahren

Kostengleichungen:

$K_1 = 1.100 + + 2/42\, K_2$
$K_2 = 1.050 + 1.500/11.000\, K_1$
$K_3 = 950 + 500/11.000\, K_1$
$K_4 = 3.300 + 3.000/11.000\, K_1 + 20/42\, K_2$
$K_5 = 2.600 + 4.000/11.000\, K_1 + 20/42\, K_2$
$K_6 = 1.000 + 2.000/11.000\, K_1$

Überführung in die kanonische Form:

$ 1\, K_1 - 2/42\, K_2 = 1.100$
$- 1.500/11.000\, K_1 + 1\, K_2 = 1.050$
$- 500/11.000\, K_1 + 1\, K_3 = 950$
$- 3.000/11.000\, K_1 - 20/42\, K_2 + 1\, K_4 = 3.300$
$- 4.000/11.000\, K_1 - 20/42\, K_2 + 1\, K_5 = 2.600$
$- 2.000/11.000\, K_1 + 1\, K_6 = 1.000$

Überführung in die Matrizenform:

Kostenmatrix   Primärkosten

$$\begin{pmatrix} 1 & -2/42 & 0 & 0 & 0 & 0 \\ -1.500/11.000 & 1 & 0 & 0 & 0 & 0 \\ -500/11.000 & 0 & 1 & 0 & 0 & 0 \\ -3.000/11.000 & -20/42 & 0 & 1 & 0 & 0 \\ -4.000/11.000 & -20/42 & 0 & 0 & 1 & 0 \\ -2.000/11.000 & 0 & 0 & 0 & 0 & 1 \end{pmatrix} * \begin{pmatrix} K_1 \\ K_2 \\ K_3 \\ K_4 \\ K_5 \\ K_6 \end{pmatrix} = \begin{pmatrix} 1.100 \\ 1.050 \\ 950 \\ 3.300 \\ 2.600 \\ 1.000 \end{pmatrix}$$

$$A * X = b$$

Lösung: (gesucht wird der Vektor X, wobei: $A^{-1} * b = X$)

Inverse (A^{-1})   Primärkosten   Kosten nach Verrechnung

$$\begin{pmatrix} 1{,}0065 & 0{,}0479 & 0 & 0 & 0 & 0 \\ 0{,}1373 & 1{,}0065 & 0 & 0 & 0 & 0 \\ 0{,}0458 & 0{,}0022 & 1 & 0 & 0 & 0 \\ 0{,}3399 & 0{,}4924 & 0 & 1 & 0 & 0 \\ 0{,}4314 & 0{,}4967 & 0 & 0 & 1 & 0 \\ 0{,}1830 & 0{,}0087 & 0 & 0 & 0 & 1 \end{pmatrix} * \begin{pmatrix} 1.100 \\ 1.050 \\ 950 \\ 3.300 \\ 2.600 \\ 1.000 \end{pmatrix} = \begin{pmatrix} 1.157{,}52 \\ 1.207{,}84 \\ 1.002{,}61 \\ 4.190{,}85 \\ 3.596{,}08 \\ 1.210{,}46 \end{pmatrix}$$

Vorkostenstellen:	
$K_1 = 1.157{,}52$	
$K_2 = 1.207{,}84$	
Summe weiter verrechneter Kosten	$K_1 + K_2 = 2.365{,}36$
> Summe primärer Kosten	$K_1 + K_2 = 2.150{,}00$
Endkostenstellen:	
$K_3 = 1.002{,}61$	
$K_4 = 4.190{,}85$	
$K_5 = 3.596{,}08$	
$K_6 = 1.210{,}46$	
Summe primärer und sekundärer Kosten	K_3 bis $K_6 = 10.000{,}00$
= Summe primärer Kosten	K_1 bis $K_6 = 10.000{,}00$

5) Da die simultane Lösung komplexerer Gleichungssysteme relativ aufwendig ist, werden in der Literatur **iterative Verfahren** vorgeschlagen, die eine Annäherung an die optimale Lösung des Gleichungssystems ermöglichen und dabei leichter zu programmieren sind.[1] Dabei wird eine beliebige Startlösung gewählt und diese in einem iterativen Prozess verbessert.

Bei der **Kreislaufverrechnung** (auch Methode des „unbeirrten Drauflosrechnens" oder Schaukelverfahren genannt) erfolgt zunächst eine Verteilung der primären Kosten der Kostenstelle 1 proportional zur Nutzenabgabe, womit ein vorläufiger Kostensatz für diese Kostenstelle ermittelt wird. Sodann werden die primären und die mit Hilfe des zuvor ermittelten vorläufigen Kostensatzes der Kostenstelle 1 bestimmten sekundären Kosten der Kostenstelle 2 nutzenproportional auf alle anderen Kostenstellen verteilt. Anschließend erfolgt wieder eine Verteilung der in der ersten Iteration verteilten Kosten auf die anderen Kostenstellen. Dieser Schritt wird so lange wiederholt, bis die gewünschte Genauigkeit erreicht ist (vgl. Abbildung 21).

Beim **Einzelschrittverfahren** wird eine beliebige Startlösung für den gesuchten Verrechnungspreis der Kostenstelle 1 gewählt. Beispielsweise könnte der Quotient aus primären Kosten und abgegebenen Leistungseinheiten oder ein Verrechnungspreis früherer Perioden zugrunde gelegt werden. Dieser Verrechnungspreis wird in die Gleichung der Kostenstelle 2 eingesetzt und für diese ebenfalls ein Verrechnungspreis ermittelt. Dieser kann nun in die Gleichung der Kostenstelle 1 eingesetzt werden. Die ermittelten Verrechnungspreise werden so lange in die Gleichungen eingesetzt und jeweils neue Verrechnungspreise bestimmt, bis die gewünschte Annäherung erreicht ist (vgl. Abbildung 22).

---

[1] Vgl. Götze, Uwe: Kostenrechnung und Kostenmanagement, S. 89 ff.; Heinhold, Michael: Kosten- und Erfolgsrechnung in Fallbeispielen, S. 218 ff.

II. Die produktbezogene und vollständig stückbezogene Kostenrechnung 93

Abbildung 21:
Simultane Verrechnung der Kosten von Kostenstellen mit gegenseitigen Beziehungen nach dem Kreislaufverfahren

KS_1	KS_2	KS_3	KS_4	KS_5	KS_6
1.100 ↓	1.050	950	3.300	2.600	1.000
→	150	50	300	400	200
	1.200 ↓				
57,14 ↓	↔		571,43	571,43	
→	7,79 ↓	2,60	15,58	20,78	10,39
0,37 ↓	↔		3,71	3,71	
→	0,05 ↓	0,02	0,10	0,13	0,07
0,002	↔		0,02	0,02	
		1.002,62	4.190,84	3.596,07	1.210,46

Abbildung 22:
Simultane Verrechnung der Kosten von Kostenstellen mit gegenseitigen Beziehungen nach dem Einzelschrittverfahren

Bestimmung der zu verrechnenden Kosten pro Nutzeneinheit für die Vorkostenstellen:

$$K_1 = \frac{1.100}{11.000} = 0,10$$

$$K_2 = \frac{1.050 + 1.500 * 0,10}{42} = 28,57143$$

$$K_1 = \frac{1.100 + 2 * 28,57143}{11.000} = 0,10519$$

$$K_2 = \frac{1.050 + 1.500 * 0,10519}{42} = 28,75696$$

$$K_1 = \frac{1.100 + 2 * 28,75696}{11.000} = 0,10523$$

$$K_2 = \frac{1.050 + 1.500 * 0,10523}{42} = 28,75821$$

Bestimmung der Kosten der Endkostenstellen:

$K_3 = 950 + 500 * 0{,}10523 = 1.002{,}61$

$K_4 = 3.300 + 3.000 * 0{,}10523 + 20 * 28{,}75821 = 4.190{,}85$

$K_5 = 2.600 + 4.000 * 0{,}10523 + 20 * 28{,}75821 = 3.596{,}08$

$K_6 = 1.000 + 2.000 * 0{,}10523 = 1.210{,}46$

5.5.2.6. Verrechnung der Gemeinkosten von den Kostenstellen auf die Mengeneinheiten der Produkte

1) Nach Verrechnung der Gemeinkosten der Vorkostenstellen auf die Endkostenstellen sind nunmehr diese sekundären Kosten zusammen mit den primären Gemeinkosten der Endkostenstellen auf die Mengeneinheiten der Produkte zu verrechnen. Darauf soll hier anhand der üblichen Endkostenstellen eingegangen werden.

2) Die Gemeinkosten der Einkaufskostenstelle (die sog. **Materialgemeinkosten**, besser die Beschaffungsgemeinkosten) könnten grundsätzlich wie folgt behandelt werden:

a) Sie werden auf die Mengeneinheiten der Produkte gleichmäßig verteilt, was jedoch bei der eingangs angenommenen Verschiedenartigkeit der Produkte ausscheidet.

b) Sie werden auf die Mengeneinheiten der Produkte nach Maßgabe der Rohstoffverbrauchsmenge für jede Mengeneinheit, des sog. spezifischen Verbrauchs, verrechnet, was bei starker Mengenabhängigkeit der Beschaffungskosten gerechtfertigt sein könnte, aber bei Verschiedenartigkeit der Rohstoffe ausscheidet.

c) Sie werden auf die Mengeneinheiten der Produkte nach Maßgabe des Rohstoffverbrauchswerts für jede Mengeneinheit, d. h. nach Maßgabe der Rohstoffkosten oder der Materialeinzelkosten, verrechnet. Dies ist bei starker Wertabhängigkeit der Beschaffungskosten gerechtfertigt, auch bei verschiedenartigen Rohstoffen möglich, bereitet relativ geringe Mühe, weil die Materialeinzelkosten schon ermittelt vorliegen (und ist deswegen üblich).

d) Sie werden auf die Mengeneinheiten der Produkte verteilt nach den zu ermittelnden Kosten der einzelnen Beschaffungsprozesse und der Zahl der jeweils erforderlichen Prozessmengen (vgl. Abschnitt VI.1.).

e) Sie werden nicht von einer, sondern von mehreren Kostenstellen aus auf die Mengeneinheiten der Produkte verteilt, was allerdings nur bei unterschiedlichen Verteilungsgrundlagen zu von c) abweichenden Ergebnissen führt, wenn es also möglich wäre, die Kosten einer Transport- und Lagerkostenstelle z. B. nach der Rohstoffverbrauchsmenge jeder Mengeneinheit umzulegen, die Kosten einer Einkaufskostenstelle nach dem Rohstoffwert jeder Mengeneinheit.

II. Die produktbezogene und vollständig stückbezogene Kostenrechnung 95

3) Von diesen Möglichkeiten ist die unter c) genannte die Übliche. Sie wird auch im Beispiel in den Abbildungen 25 und 26 angewandt. Es ergibt sich ein Zuschlagssatz von 8 %.

4) Die Verrechnung der **Fertigungsgemeinkosten** wird, anders als diejenige der Material- bzw. Beschaffungsgemeinkosten, von vornherein von mehreren Kostenstellen aus vorgenommen, von Fertigungshauptkostenstellen aus, die den Fertigungsstätten der entstehenden Produkte entsprechen. Dabei kommen ähnliche Möglichkeiten der Verrechnung, wie vorher diskutiert, in Betracht.

a) Üblich ist es, die Fertigungsgemeinkosten auf der Grundlage der Fertigungseinzelkosten, d. h. der Lohnkosten für die Fertigungsarbeiter, den Mengeneinheiten der Produkte zuzurechnen. Dabei handelt es sich aber um eine schmale Basis, die zu hohen und oft stark schwankenden Zuschlagssätzen führt.

Als Auswege bieten sich an: Man sucht nach einer anderen und breiteren Grundlage für die Verrechnung der Fertigungsgemeinkosten. Man nimmt eine differenzierte Verrechnung der Fertigungsgemeinkosten vor.[1]

b) Als andere Grundlage für die Verrechnung der Fertigungsgemeinkosten kommt statt der Fertigungslöhne als Ausdruck des menschlichen Arbeitseinsatzes ein Maß für den Einsatz der maschinellen Arbeit in Betracht, d. h. die Maschinenlaufzeiten oder die Maschinenabschreibungen. Die Maschinenlaufzeit, die sich nur bei Einsatz gleichartiger Maschinen eignet, müsste bei jeder Mengeneinheit der einzelnen Produkte ermittelt werden. Bei Einsatz unterschiedlicher Maschinen müssten die jeweiligen Maschinenlaufzeiten bewertet werden, auf jeden Fall mit Hilfe von Abschreibungssätzen pro Laufzeiteinheit, u. U. auch mit Zinssätzen pro Laufzeiteinheit.

Zu einer deutlich breiteren Grundlage für die Verrechnung der Fertigungsgemeinkosten käme man, wenn man zusätzlich zu den Fertigungseinzelkosten die Materialeinzelkosten berücksichtigte. Die Materialeinzelkosten liegen ohnehin ermittelt vor. Die Fertigungsgemeinkosten könnten also, ohne dass es weiterer Anstrengungen bedarf, auf der Grundlage der jeweiligen Summe aus Materialeinzelkosten und Fertigungseinzelkosten auf die Mengeneinheiten der Produkte verrechnet werden.

c) Statt einer einheitlichen Verrechnung der Fertigungsgemeinkosten kommt eine differenzierende Verrechnung nach Kostengüterarten in Betracht. So könnte man bestimmte Fertigungsgemeinkosten, wie die Hilfslöhne und Gehälter, nach Maßgabe der Fertigungslöhne auf die Mengeneinheiten der Produkte verrechnen, andere Fertigungsgemeinkosten, wie die Hilfsstoffe sowie u. U. die Betriebsstoffe nach Maßgabe der Rohstoffkosten, die verbleibenden Fertigungsgemeinkosten nach Maßgabe der Summe aus Fertigungslöhnen und Rohstoffkosten.

---

[1] Vgl. Eichmann, Andreas Alexander: Industrielle Fertigungskostenrechnung, S. 273 ff.

96 Hauptteil

5) In der Literatur wird von einer **Maschinenstundensatzrechnung**[1] gesprochen, wenn alle oder nur ein Teil der Fertigungsgemeinkosten nach der Maschinenlaufzeit verrechnet werden, der ggf. verbleibende Teil nach den Fertigungslohnkosten. Im Übrigen handelt es sich bei der Maschinenstundensatzrechnung nicht um eine Alternative zur Zuschlagskostenrechnung, wofür sie manchmal ausgegeben wird, sondern um eine Variante der Zuschlagskostenrechnung.

6) Im durchgängigen Beispiel in den Abbildungen 25 und 26 wird die Verrechnung der Fertigungsgemeinkosten wie üblich auf der Grundlage der Fertigungseinzelkosten vorgenommen. Für die Fertigungshauptkostenstelle A ergibt sich ein Zuschlagssatz von 100 %, für die Fertigungshauptkostenstelle B ein solcher von 80 %.

In einem isolierten Beispiel in Abbildung 23 wird die Verrechnung auf der Grundlage der Maschinenstunden vorgenommen, in einem leicht abgewandelten Beispiel in Abbildung 24 auf der Grundlage der mit Hilfe der Abschreibungen bewerteten Maschinenstunden. Im stärker abgewandelten Beispiel in Abbildung 25 sind die Fertigungsgemeinkosten in maschinenabhängige und andere aufgespalten. Die einen werden auf der Grundlage der Maschinenstunden, die anderen auf der Grundlage der Fertigungslöhne verrechnet.[2]

7) Die Verrechnung der **Vertriebsgemeinkosten** auf die Mengeneinheiten der Produkte wird nicht, wie sonst üblich, auf der Grundlage der entsprechenden Einzelkosten vorgenommen, weil die Vertriebseinzelkosten nicht als Zuschlagsbasis für geeignet gehalten werden, wegen ihrer geringen Höhe und der möglicherweise starken Schwankungen von Periode zu Periode.

Stattdessen werden als Zuschlagsgrundlage herangezogen volle bis zum Vertrieb angefallene Kosten, d. h. die Materialeinzelkosten, die Fertigungseinzelkosten und die Fertigungsgemeinkosten, die man unter dem Begriff der Herstellkosten zusammenfasst. Dieser Begriff ist missverständlich, da er leicht mit dem ähnlich lautenden Begriff der Herstellungskosten nach Handels- und Steuerrecht verwechselt werden kann, der anders als derjenige der Herstellkosten auch die Verwaltungskosten mit einbezieht.

Die Heranziehung der Herstellkosten als Zuschlagsgrundlage für die Vertriebskosten ist sachlich schwer zu rechtfertigen, da kaum ein Zusammenhang zwischen Herstellkosten und Vertriebskosten besteht. Sie stellt eine Verlegenheitslösung mangels besserer Alternativen dar.

---

[1] Vgl. Eisele, Wolfgang: Technik des betrieblichen Rechnungswesens, S. 732 ff.; Michel, Rudolf/ Torspecken, Hans-Dieter: Grundlagen der Kostenrechnung, Kostenrechnung I, S. 160 ff.

[2] Vgl. Schmidt, Heino/ Wenzel, Hans-Heinrich: Maschinenstundensatzrechnung als Alternative zur herkömmlichen Zuschlagskostenrechnung?, S. 147 ff.

II. Die produktbezogene und vollständig stückbezogene Kostenrechnung

Abbildung 23:
Beispiel für die Verrechnung der Fertigungsgemeinkosten
auf der Grundlage der Maschinenstunden

1) Kostenarten- und Kostenstellenrechnung:

	Fertigungsstufe 1 (Maschine A)	Fertigungsstufe 2 (Maschine B)
Fertigungsgemeinkosten [€/Periode]	4.200,--	3.600,--
Gesamte Maschinenlaufzeit [Std/Periode]	40	40
Fertigungsgemeinkosten pro Maschinenstunde [€/Std]	105	90
Maschinenlaufzeit für Produkt X [Std/Periode]	18	15
Fertigungsgemeinkosten von Produkt X [€]	1.890,--	1.350,--
Maschinenlaufzeit für Produkt Y [Std/Periode]	22	25
Fertigungsgemeinkosten von Produkt Y [€]	2.310,--	2.250,--

2) Kostenträgerrechnung:

	Produkt X		Produkt Y		Summe
Produktions- und Absatzmenge [ME]	2.000		1.000		
Kostenarten	pro ME [€]	insgesamt [€]	pro ME [€]	insgesamt [€]	[€]
Materialeinzelkosten [Ma-EK]	4,00	8.000,00	4,50	4.500,00	12.500
Materialgemeinkosten [8 % auf Ma-EK]	0,32	640,00	0,36	360,00	1.000
Materialkosten	4,32	8.640,00	4,86	4.860,00	13.500
Fertigungsstufe 1: Fertigungseinzelkosten	1,50	3.000,00	1,20	1.200,00	4.200
Fertigungsgemeinkosten	0,95	1.890,00	2,31	2.310,00	4.200

Fertigungsstufe 2:					
Fertigungseinzelkosten	1,00	2.000,00	2,50	2.500,000	4.500
Fertigungsgemeinkosten	0,67	1.350,00	2,25	2.250,00	3.600
Fertigungskosten	4,12	8.240,00	8,26	8.260,00	16.500
Herstellkosten [HK]	8,44	16.880,00	13,12	13.120,00	30.000
Verwaltungsgemeinkosten [2,5 % auf HK]	0,21	422,00	0,33	328,00	750
Vertriebsgemeinkosten [1,5 % auf HK]	0,13	253,20	0,20	196,80	450
Selbstkosten	8,78	17.555,20	13,65	13.644,80	31.200

Im Übrigen wird bei Verrechnung der Vertriebsgemeinkosten auf die Mengeneinheiten der Produkte differenziert zwischen produzierten und abgesetzten Mengeneinheiten. Die Vertriebsgemeinkosten werden nicht den Herstellkosten der produzierten Mengeneinheiten, sondern nur derjenigen der abgesetzten Mengeneinheiten zugeschlagen, in Anlehnung an das handels- und steuerrechtliche Verbot, die Vertriebskosten in die Bewertung von auf Lager liegenden fertigen Erzeugnissen einzubeziehen. Dies ist jedoch nicht gerechtfertigt, denn ein Teil der Vertriebskosten entsteht bereits vor dem Verkauf von Erzeugnissen, im Hinblick auf deren Verkauf. Daher sollten auch schon die produzierten Mengeneinheiten mit einem Teil der Vertriebsgemeinkosten (z. B. mit 50 %) belastet werden.

Welches sind überhaupt die Alternativen zur üblichen Verrechnung der Vertriebsgemeinkosten?

- Aufwertung der Vertriebseinzelkosten, indem man die für jede Mengeneinheit der einzelnen Produkte aufgewandte Arbeitszeit der Arbeitskräfte im Vertrieb versucht zu ermitteln oder zu schätzen und bewertet. Die sich ergebenden Vertriebseinzelkosten würden dann eine breitere Basis als die Vertriebseinzelkosten in der herkömmlichen Abgrenzung für die Verrechnung der Vertriebsgemeinkosten ergeben.

- Verteilung der Vertriebsgemeinkosten auf die Mengeneinheiten der Produkte mit Hilfe von Äquivalenzziffern, die die unterschiedlichen Absatzanstrengungen für die Produkte berücksichtigen, wie Werbeintensität, Erklärungsbedürftigkeit, Reparaturanfälligkeit.

- Verteilung der Vertriebsgemeinkosten nicht summarisch, sondern differenziert nach Kostengüterarten, z. B. der Kosten für eigene Arbeitskräfte nach einem anderen Schlüssel als derjenigen für fremde Dienstleistungen.

II. Die produktbezogene und vollständig stückbezogene Kostenrechnung

Abbildung 24:
Beispiel für die Verrechnung der maschinenabhängigen Fertigungsgemeinkosten auf der Grundlage der Maschinenstunden sowie für die Verrechnung der maschinenunabhängigen Fertigungsgemeinkosten auf der Grundlage der Fertigungseinzelkosten

1) Kostenarten- und Kostenstellenrechnung:

	Fertigungsstufe 1 (Maschine A)	*Fertigungsstufe 2 (Maschine B)*
Fertigungsgemeinkosten [€/Periode]	4.200,--	3.600,--
Maschinenabhängige Fertigungsgemeinkosten [€/Periode]	1.750,--	1.550,--
Gesamte Maschinenlaufzeit [Std/Periode]	40	40
Maschinenabh. Fertigungsgemeinkosten pro Maschinenstunde [€/Std]	43,75	38,75
Maschinenlaufzeit für Produkt X [Std/Periode]	18	15
Maschinenabh. Fertigungsgemeinkosten für Produkt X [€/Periode]	787,50	581,25
Maschinenlaufzeit für Produkt Y [Std/Periode]	22	25
Maschinenabh. Fertigungsgemeinkosten für Produkt Y [€/Periode]	962,50	968,75
Maschinenunabhängige Fertigungsgemeinkosten [€/Periode]	2.450,--	2.050,--
Fertigungseinzelkosten [€/Periode]	4.200,--	4.500,--
Zuschlagssatz für die maschinenunabhängigen Fertigungsgemeinkosten [in % der Fertigungseinzelkosten]	58,33	45,56
Fertigungseinzelkosten für Produkt X [€/Periode]	3.000,--	2.000,--
Maschinenunabh. Fertigungsgemeinkosten für Produkt X [€/Periode]	1.750,--	911,11
Fertigungseinzelkosten für Produkt Y [€/Periode]	1.200,--	2.500,--
Maschinenunabh. Fertigungsgemeinkosten für Produkt Y [€/Periode]	700,--	1.138,89

2) Kostenträgerrechnung:

Kostenarten	Produkt X pro ME [€]	Produkt X insgesamt [€]	Produkt Y pro ME [€]	Produkt Y insgesamt [€]	Summe [€]
Produktions- und Absatzmenge [ME]	2.000		1.000		
Materialeinzelkosten [Ma-EK]	4,00	8.000,00	4,50	4.500,00	12.500
Materialgemeinkosten [8 % auf Ma-EK]	0,32	640,00	0,36	360,00	1.000
Materialkosten	4,32	8.640,00	4,86	4.860,00	13.500
Fertigungseinzelkosten der Fertigungsstufe 1	1,50	3.000,00	1,20	1.200,00	4.200
Fertigungseinzelkosten der Fertigungsstufe 2	1,00	2.000,00	2,50	2.500,00	4.500
Maschinenabh. Fertigungsgemeinkosten					
Maschine A	0,39	787,50	0,96	962,50	1.750
Maschine B	0,29	581,25	0,97	968,75	1.550
Maschinenunabh. Fertigungsgemeinkosten					
Maschine A	0,87	1.750,00	0,70	700,00	2.450
Maschine B	0,46	911,11	1,14	1.138,89	2.050
Fertigungskosten	4,51	9.029,86	7,47	7.470,14	16.500
Herstellkosten [HK]	8,83	17.669,86	12,33	12.330,14	30.000
Verwaltungsgemeinkosten [2,5 % auf HK]	0,22	441,75	0,31	308,25	750
Vertriebsgemeinkosten [1,5 % auf HK]	0,13	265,05	0,18	184,95	450
Selbstkosten	9,18	18.376,66	12,82	12.823,34	31.200

- Verteilung der Vertriebsgemeinkosten nicht von einer umfassenden, sondern von mehreren enger abgegrenzten Kostenstellen aus, z. B. der Kosten einer Marktforschungsabteilung, derjenigen einer Werbeabteilung, derjenigen einer Lager- und Transportkosten jeweils nach einem andern Schlüssel.
- Verteilung der Vertriebsgemeinkosten auf die Mengeneinheiten der Produkte nach den zu ermittelnden Kosten der einzelnen Vertriebsprozesse und der Zahl der jeweils erforderlichen Prozessmengen (vgl. Abschnitt VI.1.).

II. Die produktbezogene und vollständig stückbezogene Kostenrechnung

Der gelegentlich in der Literatur vorgeschlagenen Alternative und auch von Unternehmen praktizierten Übung zu folgen und die Vertriebsgemeinkosten auf die Produkte nach deren Umsatzanteilen zu verteilen, wäre widersinnig, da damit bereits bestimmte Preise für die Produkte unterstellt werden. Die Kosten sollen aber im Hinblick auf mögliche Preise ermittelt werden.

8) Im Beispiel in den Abbildungen 25 und 26 wird die Verrechnung der Vertriebsgemeinkosten wie üblich auf der Grundlage der Herstellkosten vorgenommen. Es ergibt sich ein Zuschlagssatz von 1,5 %.

9) Bei den **Verwaltungsgemeinkosten** scheidet die übliche Verrechnung der Gemeinkosten auf Basis der Einzelkosten schon deswegen aus, weil anders als bei den Vertriebskosten gar keine Einzelkosten festgestellt werden können.

Üblich ist es, die Verwaltungsgemeinkosten auf Basis der Herstellkosten auf die Mengeneinheiten der Produkte zu verrechnen.

Als Alternativen kämen in Betracht:

- Verteilung mit Hilfe von Äquivalenzziffern, die die unterschiedliche Inanspruchnahme der Verwaltung durch die einzelnen Produkte berücksichtigen;

- Verteilung nicht summerisch, sondern differenziert nach Kostengüterarten, z. B. der Kosten der Gehälter nach einen anderen Schlüssel als der Kosten für Bürogeräte und Büromaterial;

- Verteilung nicht von einer umfassenden Kostenstelle, sondern von mehreren enger abgegrenzten Kostenstellen aus, z. B. Kosten der Personalabteilung, derjenigen der Organisationsabteilung, derjenigen der Revisionsabteilung jeweils nach einem anderen Schlüssel;

- Behandlung der Verwaltung nicht als End-, sondern als Anfangskostenstelle und Verrechnung der Verwaltungskosten nicht auf die Mengeneinheiten der Produkte, sondern auf die anderen Kostenstellen, sofern es gelingt, ein Maß für die jeweilige Beanspruchung der Verwaltung durch die anderen Kostenstellen zu finden.[1]

10) Im Beispiel in den Abbildungen 25 und 26 wird die Verrechnung der Verwaltungsgemeinkosten wie üblich auf der Grundlage der Herstellkosten vorgenommen. Es ergibt sich ein Zuschlagssatz von 2,5 %.

5.5.2.7. Addition der Einzelkosten und Gemeinkosten Mengeneinheit für Mengeneinheit der Produkte

1) Nach Verrechnung der Gemeinkosten auf die Mengeneinheiten der Produkte können nunmehr diese mit den Einzelkosten zusammengefasst werden. Man erhält die gesamten Kosten einer Mengeneinheit jedes Produkts, die als Selbstkosten bezeichnet werden.

---

[1] Vgl. Mittendorf, Christoph: Industrielle Verwaltungskostenrechnung, S. 148 ff.

Abbildung 25:
Beispiel für eine stark vereinfachte Kostenarten- und Kostenstellenrechnung (BAB) im Rahmen der Zuschlagskostenrechnung

Angaben in €	Kostenstellen Kostenarten	Zahlen der Buchhaltung	Eigene Stromerzeugung	Einkauf	Arbeitsvorbereit.	Fertigung Fert.-Stufe 1	Fertigung Fert.-Stufe 2	Verwaltung	Vertrieb
Einzelkosten	Fertigungsmaterial	12.500							
	Fertigungslöhne	8.700				4.200	4.500		
	Summe	21.200							
Gemeinkosten	Hilfsstoffe	500				300	200		
	Betriebsstoffe	1.500	200	200	100	300	600	75	25
	Hilfslöhne/Gehälter	4.400	300	550	650	1.500	1.000	200	200
	Abschreibungen	2.550	450	100	200	1.000	500	190	110
	Sonstige Kosten	1.050	150	100	100	200	300	135	65
	Summe	10.000	1.100	950	1.050	3.300	2.600	600	400
Kostenstellenverrechnung	Umlage eigene Stromerzeugung (Schlüssel: installierte kw)		→	50	150	300	400	150	50
	Summe		↑	1.000	1.200	3.600	3.000	750	450
	Umlage Arbeitsvorbereitung (Schlüssel: Stunden Fe-Arbeiter)				→	600	600	↑	↑
	Summe			1.000		4.200	3.600	750	450
Errechnung GK-Zuschläge	Zuschlagsgrundlagen			Fe-Mat. 12.500		Fe-Löhne 4.200	Fe-Löhne 4.500	Herstellk. 30.000	Herstellk. 30.000
	Zuschlagssätze			8 %		100 %	80 %	2,5 %	1,5 %

II. Die produktbezogene und vollständig stückbezogene Kostenrechnung

Abbildung 26:
Beispiel für eine Kostenträgerrechnung im Rahmen der Zuschlagskostenrechnung nach der üblichen Vorgehensweise

	Produkt X		Produkt Y		Summe
Produktions- und Absatzmenge [ME]	2.000		1.000		
Kostenarten	pro ME [€]	insgesamt [€]	pro ME [€]	insgesamt [€]	[€]
Materialeinzelkosten [Ma-EK]	4,00	8.000,00	4,50	4.500,00	12.500
Materialgemeinkosten [8 % auf Ma-EK]	0,32	640,00	0,36	360,00	1.000
Materialkosten	4,32	8.640,00	4,86	4.860,00	13.500
Fertigungsstufe 1:					
Fertigungseinzelkosten [Fe-EK]	1,50	3.000,00	1,20	1.200,00	4.200
Fertigungsgemeinkosten [100 % auf Fe-EK]	1,50	3.000,00	1,20	1.200,00	4.200
Fertigungsstufe 2:					
Fertigungseinzelkosten [Fe-EK]	1,00	2.000,00	2,50	2.500,00	4.500
Fertigungsgemeinkosten [80 % auf Fe-EK]	0,80	1.600,00	2,00	2.000,00	3.600
Fertigungskosten	4,80	9.600,00	6,90	6.900,00	16.500
Herstellkosten [HK]	9,12	18.240,00	11,76	11.760,00	30.000
Verwaltungsgemeinkosten [2,5 % auf HK]	0,23	456,00	0,29	294,00	750
Vertriebsgemeinkosten [1,5 % auf HK]	0,13	273,60	0,18	176,40	450
Selbstkosten	9,48	18.969,60	12,23	12.230,40	31.200

2) Im Beispiel in Abbildung 26 ergeben sich Selbstkosten für eine Mengeneinheit von Produkt X von 9,48 €, für eine Mengeneinheit von Produkt Y von 12,23 €.

5.6. Zwecke der Zuschlagskostenrechnung

1) Nachdem behandelt wurde, wie eine Zuschlagskostenrechnung grundsätzlich, sozusagen zweckfrei, durchzuführen ist, soll nun auf die Zwecke der produktbezogenen Kostenrechnung abgestellt (vgl. Abbildung 2) und gefragt werden, wie die Zuschlagskostenrechnung entsprechend dem jeweiligen Zweck auszugestalten ist.

2) Dabei seien zwei gegensätzliche ökonomische Fälle unterschieden:[1]

a) Der jeweils betrachtete Industriebetrieb produziert nur bei Vorliegen eines Auftrags, d. h. nach Abschluss eines Kaufvertrags oder eines Werkvertrags (sog. **Auftragsfertigung**).

b) Der jeweils betrachtete Industriebetrieb produziert in Erwartung von Aufträgen auf Lager und sucht dann nach Abnehmern (sog. **Lagerfertigung**).

3) Bei Entwicklung der Kostenrechnung stand der Fall der Auftragsfertigung im Vordergrund, der auch den Anfang der industriellen Entwicklung markiert. Dementsprechend soll mit ihm hier begonnen werden.

5.6.1. Kalkulation bei Auftragsfertigung

5.6.1.1. Vorkalkulation zur Bemessung der Preisforderung

1) Ein Industriebetrieb erhält eine invitatio ad offerendum, eine Anfrage, zu welchem Preis und zu welchen sonstigen Konditionen er bereit ist, eine Mengeneinheit eines bestimmten Erzeugnisses herzustellen.

2) Zur Beantwortung dieser Anfrage bedarf es einer Auftragsvorkalkulation. Dabei ist es üblich, wie folgt vorzugehen:

a) Man veranschlagt Materialeinzelkosten, indem man die voraussichtliche Verbrauchsmenge von Fertigungsmaterialien bzw. Rohstoffen für eine Mengeneinheit des betreffenden Erzeugnisses schätzt und mit den voraussichtlichen Preisen multipliziert.

b) Man fügt den Materialeinzelkosten Materialgemeinkosten hinzu in Höhe des bei einer vorausgegangenen Nachkalkulation ermittelten Zuschlagssatzes.

c) Man veranschlagt Fertigungseinzelkosten, indem man den voraussichtlichen Zeitbedarf der Fertigungsarbeiter für eine Mengeneinheit des betreffenden Erzeugnisses schätzt und mit dem voraussichtlichen Lohnsatz pro Zeiteinheit multipliziert.

---

[1] Vgl. Weber, Helmut Kurt: Industriebetriebslehre, S. 195 f.

II. Die produktbezogene und vollständig stückbezogene Kostenrechnung

d) Man fügt den Fertigungseinzelkosten Fertigungsgemeinkosten hinzu in Höhe des bei einer vorausgegangenen Nachkalkulation ermittelten Zuschlagssatzes.

e) Man veranschlagt etwaige Sondereinzelkosten der Fertigung.

f) Man fügt den bis dahin vorauskalkulierten Kosten (den vorauskalkulierten Herstellkosten) Vertriebsgemeinkosten hinzu in Höhe des bei einer vorausgegangenen Nachkalkulation ermittelten Zuschlagssatzes.

g) Man veranschlagt etwaige Sondereinzelkosten des Vertriebs.

h) Man fügt den vorauskalkulierten Herstellkosten Verwaltungsgemeinkosten in Höhe des bei einer vorausgegangenen Nachkalkulation ermittelten Zuschlagssatzes zu, womit man die sog. Selbstkosten erhält.

i) Man nimmt einen Gewinnaufschlag vor, der sich einerseits nach den Zielvorstellungen des anbietenden Betriebs bemisst, andererseits nach den Konkurrenz- und Nachfrageverhältnissen. Bei seiner Bemessung ist auch zu berücksichtigen, ob Zinsen auf Eigenkapital und andere Zusatzkosten als Opportunitätskosten bereits in die Selbstkosten einbezogen wurden oder nicht. Damit erhält man den gewünschten Preis, der noch um die Mehrwertsteuer zu erhöhen ist.

k) Dieser Preis stellt den Barverkaufspreis dar. Durch Hinzufügen eines Skontos ergibt sich der Kreditverkaufspreis.[1]

3) Vgl. Beispiel in Abbildung 27, das auf den Zuschlagssätzen von Abbildung 25 beruht.

4) Kritisch ist zu dieser Art der Auftragsvorkalkulation zu bemerken: Dadurch, dass man allein die Einzelkosten auftragsbezogen vorauskalkuliert und die Gemeinkosten einfach in Höhe des Zuschlagssatzes einer vorausgegangenen Nachkalkulation hinzufügt, unterstellt man ein gleich bleibendes Verhältnis zwischen Einzelkosten und Gemeinkosten.

Das bedeutet im Einzelnen die Unterstellung:

a) eines gleich bleibenden Preisverhältnisses;

b) eines gleich bleibenden Mengenverhältnisses

ba) eines gleich bleibenden Wirtschaftlichkeitsgrades;

bb) eines gleich bleibenden Beschäftigungsgrades.

5) Trifft die Annahme a) nicht zu, steigen z. B. die Preise der Einzelkostengüter in der kommenden Periode stärker als diejenigen der Gemeinkostengüter, wird ein zu hoher Gemeinkostenbetrag den Mengeneinheiten der Produkte zugeschlagen. Es ergibt sich eine sog. Kostenüberdeckung. Sollten umgekehrt die Preise der Gemeinkostengüter in der kommenden Periode stärker steigen als diejenigen der

---

[1] Vgl. Wundrack, Carsten: Berücksichtigung unterschiedlicher Zahlungskonditionen bei der Kalkulation von Angebotspreisen, S. 166 ff.

Einzelkostengüter, wird ein zu niedriger Gemeinkostenbetrag den Kostenträgern zugeschlagen. Es ergibt sich eine sog. Kostenunterdeckung.

6) Trifft die Annahme ba) nicht zu, wird z. B. beim Einsatz der Einzelkostengüter ein höherer Wirtschaftlichkeitsgrad erreicht als bisher bei demjenigen der Gemeinkostengüter, werden zu wenige Gemeinkosten auf die Mengeneinheiten der Produkte verrechnet (Kostenunterdeckung). Wird umgekehrt beim Einsatz der Gemeinkostengüter ein höherer Wirtschaftlichkeitsgrad erreicht als bisher bei demjenigen der Einzelkostengüter, werden zu viele Gemeinkosten auf die Mengeneinheiten der Produkte verrechnet (Kostenüberdeckung).

7) Trifft die Annahme bb) nicht zu, wird z. B. in der kommenden Periode ein niedrigerer Beschäftigungsgrad als in der abgelaufenen Periode erreicht, werden zu wenige Gemeinkosten auf die Mengeneinheiten der Produkte verrechnet (Kostenunterdeckung). Wird umgekehrt in der kommenden Periode ein höherer Beschäftigungsgrad als in der abgelaufenen Periode erreicht, werden zu viele Gemeinkosten auf die Mengeneinheiten der Produkte verrechnet (Kostenüberdeckung). Denn dabei bleibt jeweils unberücksichtigt, dass ein Teil der Gemeinkosten fixer Natur ist. Vgl. Zahlenbeispiel in Abbildung 28, das auf dem Betriebsabrechnungsbogen in Abbildung 25 und Abbildung 26 beruht.

8) Um die genannten Fehler bei der Auftragsvorkalkulation zu vermeiden, können folgende Wege eingeschlagen werden:

a) Man übernimmt nicht einfach die Gemeinkostenzuschläge der Vorperiode, sondern ermittelt den Durchschnitt aus mehreren Gemeinkostenzuschlägen vergangener Perioden und rechnet mit sog. normalisierten Gemeinkostenzuschlägen.

b) Man nimmt Nachrechnungen in noch kürzeren zeitlichen Abständen vor, damit sich die Zeitspanne zwischen der Ermittlung von Gemeinkostenzuschlägen und ihrer Verwendung für Zwecke der Vorkalkulation verringert und damit auch die Gefahr von Änderungen des Verhältnisses zwischen Einzelkosten und Gemeinkosten.

c) Man nimmt Anpassungen der Gemeinkostenzuschläge der Vorperiode im Hinblick auf etwaige Veränderungen des Verhältnisses zwischen Einzelkosten und Gemeinkosten vor und rechnet mit modifizierten Gemeinkostenzuschlägen.

d) Man versucht alle in der kommenden Periode anfallenden Kosten, die Gemeinkosten ebenso wie die Einzelkosten, zu schätzen und rechnet mit vorauskalkulierten Gemeinkostenzuschlägen.

II. Die produktbezogene und vollständig stückbezogene Kostenrechnung

Abbildung 27:
Beispiel einer Auftragsvorkalkulation zur Ermittlung des gewünschten Preises

1) Ermittlung der Selbstkosten von Produkt X:	[€/ME]
Materialeinzelkosten (Ma-EK)	4,20
Materialgemeinkosten (8 % auf Ma-EK)	0,34
Materialkosten	4,54
Fertigungseinzelkosten (Fe-EK) der Fertigungsstufe 1	1,75
Fertigungsgemeinkosten der Fertigungsstufe 1 (100 % auf Fe-EK)	1,75
Fertigungseinzelkosten (Fe-EK) der Fertigungsstufe 2	1,10
Fertigungsgemeinkosten der Fertigungsstufe 2 (80 % auf Fe-EK)	0,88
Fertigungskosten	5,48
Herstellkosten (HK)	10,02
Verwaltungsgemeinkosten (2,5 % auf HK)	0,25
Vertriebsgemeinkosten (1,5 % auf HK)	0,15
Selbstkosten	10,42
2) Ermittlung des Barverkaufspreises von Produkt X:	
Selbstkosten	10,42
+ Gewinnaufschlag (15 % auf die Selbstkosten)	1,56
= Barverkaufspreis (netto)	11,98
+ MwSt (16 % vom Barverkaufspreis)	1,92
= Barverkaufspreis (brutto)	13,90
3) Ermittlung des Zielverkaufspreises von Produkt X:	
Selbstkosten	10,42
+ Gewinnaufschlag (15 % auf die Selbstkosten)	1,56
= Barverkaufspreis (netto)	11,98
+ Skonto (3 % des Zielverkaufspreises)	0,37
= Zielverkaufspreis (netto)	12,35
+ MwSt (16 % vom Zielverkaufspreis)	1,98
= Zielverkaufspreis (brutto)	14,33

Abbildung 28:
Fehler bei Verwendung eines durch eine Nachkalkulation ermittelten globalen Gemeinkostenzuschlags bei Auftragsvorkalkulation

Ausbringungsmenge in der vergangenen Periode		2.000 ME
Materialeinzelkosten	4,00 €/ME	8.000,00 €
Materialgemeinkosten	0,32 €/ME	640,00 €
(davon variable MGK	0,19 €/ME	
fixe MGK	260,00 €/ZE	
gesamte Materialkosten		8.640,00 €
wenn Ausbringungsmenge in der laufenden Periode		1.000 ME
a) übliche Rechnung		
Materialeinzelkosten	4,00 €/ME	4.000,00 €
Materialgemeinkosten	0,32 €/ME	320,00 €
gesamte Materialkosten		4.320,00 €
b) richtige Rechnung		
Materialeinzelkosten (Ma-EK)	4,00 €/ME	4.000,00 €
variable Materialgemeinkosten	0,19 €/ME	190,00 €
fixe Materialgemeinkosten	260,00 €/ZE	260,00 €
gesamte Materialkosten		4.450,00 €
c) bei der üblichen Vorgehensweise **zu wenig** verrechnete Materialkosten		130,00 €
wenn Ausbringungsmenge in der laufenden Periode		3.000 ME
a) übliche Rechnung		
Materialeinzelkosten	4,00 €/ME	12.000,00 €
Materialgemeinkosten	0,32 €/ME	960,00 €
gesamte Materialkosten		12.960,00 €
b) richtige Rechnung		
Materialeinzelkosten	4,00 €/ME	12.000,00 €
variable Materialgemeinkosten	0,19 €/ME	570,00 €
fixe Materialgemeinkosten	260,00 €/ZE	260,00 €
gesamte Materialkosten		12.830,00 €
c) bei der üblichen Vorgehensweise **zu viel** verrechnete Materialkosten		130,00 €

II. Die produktbezogene und vollständig stückbezogene Kostenrechnung   109

5.6.1.2. Vorkalkulation für die Wahl zwischen Auftragsannahme und Auftragsablehnung

1) Ein Industriebetrieb mit Auftragsfertigung erhält die Anfrage, ob er zu einem bestimmten Preis bereit ist, eine Mengeneinheit eines bestimmten Erzeugnisses herzustellen. Zur Beantwortung dieser Anfrage bedarf es einer Auftragsvorkalkulation der gleichen Art, wie sie eben skizziert wurde.

2) Ergibt sich dabei, dass die Kosten zuzüglich eines Gewinnaufschlags niedriger oder genau so hoch sind wie der genannte Preis, wird der Betrieb die Anfrage positiv beantworten.

3) Ergibt sich dabei, dass die Kosten zuzüglich eines Gewinnaufschlags höher sind als der genannte Preis, wird der Betrieb zunächst versuchen, einen höheren Preis zu erreichen. Gelingt dies nicht, besteht der potentielle Auftraggeber auf dem von ihm genannten Preis, bleibt dem anbietenden Betrieb nur die Wahl zwischen Auftragsannahme und Auftragsablehnung. Vor diese Alternative gestellt, wird sich der Betrieb fragen, ob er auf seinen Gewinnaufschlag verzichten soll oder vielleicht sogar noch auf die Erstattung eines Teils seiner Kosten. Auf diese Frage soll jedoch erst bei Behandlung der Teilkostenrechnungssysteme eingegangen werden, vgl. Abschnitt III.3.4.1.

5.6.1.3. Vorkalkulation zur Vermeidung von Kostenüberschreitungen

Nachdem ein Betrieb einen Auftrag übernommen hat, liegt es nahe, dass er die vorauskalkulierten Kosten den mit der Auftragsausführung beauftragten Abteilungen und Stellen vorgibt, differenziert nach Einzel- und Gemeinkosten sowie nach Kostengüterarten. Unter Umständen wird er sogar niedrigere Kosten als vorauskalkuliert vorgeben, damit die vorauskalkulierten Kosten keinesfalls überschritten werden. Freilich müsste es sich dabei immer noch um realistischerweise einzuhaltende Kosten handeln.

Eine solche Vorgabe lohnt allerdings nur, wenn es sich um einen größeren Auftrag handelt. Andernfalls wird man sich darauf beschränken, den Abteilungen und Stellen Kosten periodenweise vorzugeben, vgl. Abschnitt II.5.6.2.3.

5.6.1.4. Nachkalkulation zur Ermittlung von etwaigen Kostenüberschreitungen sowie von Auftragsergebnissen

1) Nach Ausführung des übernommenen Auftrags sind die für den Auftrag tatsächlich angefallenen Kosten festzustellen (vgl. Abbildung 29) und den vorauskalkulierten Kosten gegenüberzustellen (vgl. Abbildung 30). Bei erheblichen Überschreitungen wäre nach den Gründen zu forschen. Unter Umständen müssten bestimmte Abteilungen oder Stellen zur Verantwortung gezogen werden, vgl. Abschnitt IV.

Abbildung 29:
Beispiel einer Auftragsnachkalkulation

Auftragsmenge von Produkt X [ME]		100
Kostenarten	pro ME [€/ME]	insgesamt [€]
Materialeinzelkosten (Ma-EK)	3,80	380,00
Materialgemeinkosten (8,5 % auf die Ma-EK)	0,32	32,30
Materialkosten	4,12	412,30
Fertigungsstufe 1:		
Fertigungseinzelkosten (Fe-EK)	2,00	200,00
Fertigungsgemeinkosten (90 % auf die Fe-EK)	1,80	180,00
Fertigungsstufe 2:		
Fertigungseinzelkosten (Fe-EK)	1,20	120,00
Fertigungsgemeinkosten (80 % auf die Fe-EK)	0,96	96,00
Fertigungskosten	5,96	596,00
Herstellkosten (HK)	10,08	1.008,30
Verwaltungsgemeinkosten (2,6 % auf HK)	0,26	26,22
Vertriebsgemeinkosten (1,7 % auf die HK)	0,17	17,14
Selbstkosten	10,51	1.051,66

Zudem würde die Überprüfung der Vorkalkulation durch eine Nachkalkulation zur größeren Genauigkeit künftiger Vorkalkulationen beitragen.

2) Die für den Auftrag tatsächlich angefallenen Kosten können ferner dem durch den Auftrag erzielten Erlös gegenübergestellt werden, woraus sich der Auftragsgewinn oder -verlust ergibt (vgl. Abbildung 31).

5.6.1.5. Nachkalkulation zur Preisfindung

1) Sollte zwischen dem anbietenden Industriebetrieb und dem Auftraggeber bei Vertragsabschluss ausnahmsweise kein Festpreis vereinbart worden sein, sondern stattdessen die Erstattung der anfallenden Kosten sowie eines Gewinnaufschlags, bedarf es einer Nachkalkulation zum Zwecke der Preisfindung. Ein solcher Fall liegt z. B. vor, wenn ein öffentlicher Auftraggeber einen Auftrag freihändig zum Selbstkostenerstattungspreis vergeben hat, vgl. Abschnitt 3. des einführenden Teils.

II. Die produktbezogene und vollständig stückbezogene Kostenrechnung

Abbildung 30:
Beispiel einer Auftragsnachkalkulation
zur Ermittlung von etwaigen Kostenüberschreitungen

Kostenarten	Vor-kalkulation (vgl. Abb. 27)	Nach-kalkulation (vgl. Abb. 29)	Kostenüber-schreitungen (+), Kostenunter-schreitungen (-)
	[€/ME]		
Materialeinzelkosten	4,20	3,80	- 0,40
Materialgemeinkosten	0,34	0,32	- 0,02
Materialkosten	4,54	4,12	- 0,42
Fertigungsstufe 1:			
Fertigungseinzelkosten	1,75	2,00	+ 0,25
Fertigungsgemeinkosten	1,75	1,80	+ 0,05
Fertigungsstufe 2:			
Fertigungseinzelkosten	1,10	1,20	+ 0,10
Fertigungsgemeinkosten	0,88	0,96	+ 0,08
Fertigungskosten	5,48	5,96	+ 0,48
Herstellkosten (HK)	10,02	10,08	+ 0,06
Verwaltungsgemeinkosten	0,25	0,26	+ 0,01
Vertriebsgemeinkosten	0,15	0,17	+ 0,02
Selbstkosten	10,42	10,51	+ 0,09

Abbildung 31:
Beispiel einer Auftragsnachkalkulation zur Ermittlung des Auftragsergebnisses

Zielverkaufspreis netto (vgl. Abb. 27)		12,35 €/ME	
* Absatzmenge (vgl. Abb. 29)		2.000 ME	
= Umsatzerlöse durch den Auftrag			24.700,00 €
- Selbstkosten des Auftrags			
Selbstkosten je Stück (vgl. Abb. 29)	10,51 €/ME		
+ 3 % Skonto von 12,25 €/ME	0,37 €/ME		
	10,88 €/ME		
* Absatzmenge (vgl. Abb. 30)		2.000 ME	21.760,00 €
= **Auftragsergebnis**			2.940,00 €

2) Bei einer Nachkalkulation zum Zwecke der Preisfindung ist grundsätzlich ebenso wie bei einer Vorkalkulation vorzugehen, vgl. Abschnitt II.5.6.1.1. Statt der voraussichtlich anfallenden Kosten sind nun jedoch die tatsächlichen angefallenen Kosten anzusetzen, was einfacher ist (vgl. Abbildung 32). Zudem ist mit einer solchen Kalkulation nicht mehr ein Kalkulationsrisiko verbunden.

Abbildung 32:
Beispiel einer Auftragsnachkalkulation zur Preisfindung

1) Ermittlung des Barverkaufspreises:

	Produkt X [€/ME]	Produkt Y [€/ME]
Selbstkosten (vgl. Abbildung 29)	10,51	12,74
+ Gewinnaufschlag (15 % auf die Selbstkosten)	1,58	1,91
= Barverkaufspreis (netto)	12,09	14,65
+ MwSt (16 % vom Barverkaufspreis)	1,93	2,34
= Barverkaufspreis (brutto)	14,02	16,99

2) Ermittlung des Zielverkaufspreises:

	Produkt X [€/ME]	Produkt Y [€/ME]
Selbstkosten (vgl. Abbildung 29)	10,51	12,74
+ Gewinnaufschlag (15 % auf die Selbstkosten)	1,58	1,91
= Barverkaufspreis (netto)	12,09	14,65
+ Skonto (3 % des Zielverkaufspreises)	0,37	0,45
= Zielverkaufspreis (netto)	12,46	15,10
+ MwSt (16 % vom Zielverkaufspreis)	1,99	2,42
= Zielverkaufspreis (brutto)	14,45	17,52

5.6.1.6. Nachkalkulation zur Bewertung von fertigen und unfertigen Erzeugnissen

1) Wenn der Industriebetrieb die Ausführung des übernommenen Auftrags am Ende des Geschäftsjahrs noch nicht abgeschlossen oder das auftragsgemäß erstellte Erzeugnis noch nicht ausgeliefert hat, muss er eine Zwischen- oder Nachkalkulation aus handels- und steuerrechtlichen Gründen vornehmen.

II. Die produktbezogene und vollständig stückbezogene Kostenrechnung 113

2) Wie bei einer solchen Kalkulation zum Zwecke der Bewertung vorzugehen ist, wird im Zusammenhang mit der Lagerfertigung behandelt, vgl. Abschnitt II.5.6.2.6.

5.6.2. Kalkulation bei Lagerfertigung

5.6.2.1. Vorkalkulation zur Bemessung der Preisforderung

1) Wenn ein Industriebetrieb, anders als bisher angenommen, auf Lager, genauer in Erwartung von Aufträgen, produziert, muss er die von seinen Erzeugnissen zu produzierenden Mengen für eine bestimmte Zeit im Voraus festlegen.

2) Dazu ist die von einem Erzeugnis absetzbare Menge zu schätzen, die im Allgemeinen vom Preis des Erzeugnisses abhängt. Es bedarf daher der Aufstellung einer Preisabsatzfunktion mit Hilfe der Marktforschung.

Ergibt sich dabei, dass der Preis für den Betrieb kein Datum, sondern Aktionsparameter ist, muss auch der gewünschte Preis für die bestimmte Zeit im Voraus festgelegt werden, neben der zu produzierenden Menge.

3) Dazu ist der aus der Preisabsatzfunktion abgeleiteten Umsatzfunktion die Kostenfunktion gegenüberzustellen. Zur Aufstellung der Kostenfunktion sind unterschiedlichen Produktions- und Absatzmengen die jeweils voraussichtlich entstehenden Kosten zuzuordnen.

4) Die hierfür erforderliche Kostenrechnung ist noch relativ einfach, wenn, wie meistens in der Literatur unterstellt, ein Einproduktbetrieb vorliegt. In diesem Fall sind zunächst diejenigen Kosten zu veranschlagen, die in Abhängigkeit von der Kapazität, aber unabhängig von der Beschäftigung entstehen, die sog. beschäftigungsfixen Kosten.

Diese fixen Kosten stehen bei existierendem Betrieb aufgrund von in Vorperioden getroffenen Entscheidungen über Grundstücke, Gebäude, Maschinen, Arbeitskräfte weitgehend fest, jedenfalls hinsichtlich ihres Mengengerüsts, wohingegen ihre Preiskomponente u. U. noch der Anpassung bedarf.

Bei einem im Aufbau befindlichen Betrieb stellen diese beschäftigungsfixen Kosten noch erwartete Größen dar, sowohl hinsichtlich ihres Mengengerüsts als auch hinsichtlich ihrer Preiskomponente.

Dann sind diejenigen Kosten zu veranschlagen, die in Abhängigkeit von der Beschäftigung, aufgrund von noch zu treffenden Entscheidungen über Roh-, Hilfs- und Betriebsstoffe voraussichtlich entstehen.

5) Im Mehrproduktbetrieb könnte man versuchen, ähnlich wie im Einproduktbetrieb vorzugehen. Dazu müsste man zunächst alle für die Produkte gemeinsam anfallenden Kosten auf die Produkte verteilen. Dann wären die Produkt für Produkt entstehenden Kosten zu veranschlagen. Oder man versucht, ähnlich wie bei der Vorkalkulation für Auftragsfertigung dargestellt vorzugehen.

a) Man veranschlagt jeweils für ein Produkt die Materialeinzelkosten, indem man die voraussichtliche Verbrauchsmenge von Fertigungsmaterialien für eine Mengeneinheit des Produkts schätzt und mit den voraussichtlichen Preisen multipliziert.

b) Man fügt den Materialeinzelkosten die geschätzten Materialgemeinkosten mit Hilfe eines Zuschlagssatzes hinzu. Mit dem gewählten Zuschlagssatz ist allerdings bereits die Unterstellung einer bestimmten Beschäftigung verbunden.

c) Man veranschlagt die Fertigungseinzelkosten, indem man den voraussichtlichen Zeitbedarf der Fertigungsarbeiter für eine Mengeneinheit des Produkts schätzt und mit dem voraussichtlichen Lohnsatz pro Zeiteinheit multipliziert.

d) Man fügt den Fertigungseinzelkosten die geschätzten Fertigungsgemeinkosten mit Hilfe eines Zuschlagssatzes hinzu, für den ebenfalls die oben erwähnte Unterstellung gilt.

e) Man fügt den soweit veranschlagten Herstellkosten die Vertriebsgemeinkosten sowie die Verwaltungsgemeinkosten mit Hilfe von Zuschlagssätzen hinzu.

f) Durch Addition der genannten Kosten erhält man die gesamten Kosten pro Mengeneinheit, die mit der schon vorher unterstellten wahrscheinlichen Produktions- und Absatzmenge zu multiplizieren sind.

Anschließend sind andere wahrscheinliche Produktions- und Absatzmengen zu unterstellen, so dass man annähernd eine Kostenfunktion erhält.

6) Stellt man die gefundene Kostenfunktion der Umsatzfunktion gegenüber, erhält man die Gewinnfunktion. Diese zeigt das vermutliche Gewinnmaximum (mit der gewinnmaximalen Produktions- und Absatzmenge sowie dem gewinnmaximalen Preis) und die vermutlichen Gewinnschwellen.

7) In dem stark vereinfachten Beispiel[1] in Abbildung 33 wird davon ausgegangen, dass der Betrieb ein Produkt X anbietet, Angebotsmonopolist ist und sich einer polypolistischen Nachfrage gegenübersieht. Es wird unterstellt, dass für Produkt X die Fixkosten 16 € pro Periode betragen und die variablen Kosten bei linearem Verlauf 1 € pro Mengeneinheit.

Aus der Gewinnfunktion ergibt sich die gewinnmaximale Produktions- und Absatzmenge (im Beispielsfall 9 ME), der gewinnmaximale Preis (5,50 € pro ME), das Gewinnmaximum sowie die Gewinnschwelle.

8) Zeigt sich nach einiger Zeit, dass sich die den getroffenen Entscheidungen über Produktionsmengen und Preise zugrunde liegenden Erwartungen nicht erfüllen, bedürfen die Entscheidungen der Revision.

---

[1] Vgl. auch Weber, Helmut Kurt: Industriebetriebslehre, S. 200.

II. Die produktbezogene und vollständig stückbezogene Kostenrechnung 115

Abbildung 33:
Algebraische Ermittlung der gewinnmaximalen Produktmenge, des gewinnmaximalen Produktpreises sowie des Gewinnmaximums und der Gewinnschwelle für das Produkt X eines Angebotsmonopolisten bei polypolistischer Nachfrage

allgemein	Beispiel
$P(m) = a + b * m$	$P(m) = 10 - 0{,}5 * m$
$U(m) = a * m + b * m^2$	$U(m) = 10 * m - 0{,}5 * m^2$
$K(m) = K_f + k_v * m$	$K(m) = 16 + 1 * m$
$G(m) = b * m^2 + (a - k_v) * m - K_f$	$G(m) = -0{,}5 * m^2 + 9 * m - 16$
Ermittlung der gewinnmaximalen Menge für Produkt X:	
$G'(m_g) = 2b * m_g + (a - k_v) = 0$	$G'(m_g) = -1 * m_g + 9 = 0$
$m_g = \dfrac{k_v - a}{2b}$	$m_g = 9$
Ermittlung des gewinnmaximalen Preises für Produkt X:	
$P(m_g) = a + b * \dfrac{(k_v - a)}{2b}$	$P(m_g) = 10 - 0{,}5 * 9$
$= 0{,}5 * (a + k_v) = p_g$	$= 5{,}5 = p_g$
Ermittlung des Gewinnmaximums für Produkt X:	
$G(m_g) =$	
$b * \dfrac{(k_v - a)^2}{4b^2} + (a - k_v) * \dfrac{(k_v - a)}{2b} - K_f$	$G(m_g) = -0{,}5 * 9^2 + 9 * 9 - 16$
$= \dfrac{k_v - a}{2b}$	$G(m_g) = 24{,}5$
Ermittlung der Gewinnschwelle für Produkt X:	
$G(m_s) = b * m_s^2 + (a - k_v) * m_s - K_f = 0$	$G(m_s) = -0{,}5 * m_s^2 + 9 * m_s - 16 = 0$
$= m_s^2 + \dfrac{(a - k_v)}{b} * m_s - \dfrac{K_f}{b}$	$= m_s^2 - 18 * m_s + 32$
$m_{s1} = -\dfrac{a - k_v}{2b} + \sqrt{\dfrac{(a - k_v)^2}{4b^2} + \dfrac{K_f}{b}}$	$m_{s1} = 9 + \sqrt{9^2 - 32} = 16$
$m_{s2} = \dfrac{a - k_v}{2b} - \sqrt{\dfrac{(a - k_v)^2}{4b^2} + \dfrac{K_f}{b}}$	$m_{s2} = 9 - \sqrt{9^2 - 32} = 2$

Legende:

P(m)	= Preisabsatzfunktion
U(m)	= Umsatzfunktion
K(m)	= Kostenfunktion
G(m)	= Gewinnfunktion
m	= Produktmenge
m_g	= gewinnmaximale Produktmenge
m_s	= Gewinnschwellen-Produktmenge
p_g	= gewinnmaximaler Produktpreis
a	= gegebener Produktpreis
b	= Steigerungsfaktor des Preises, wobei b < 0
K_f	= fixe Gemeinkosten in €/Periode
k_v	= Einzelkosten und variable Gemeinkosten in €/Stück

Sollte sich z. B. nach Herstellung einer Teilmenge eines Erzeugnisses herausstellen, dass diese zum gewünschten Preis nicht absetzbar ist, muss anders als vorher kalkuliert werden. Die bereits für die Herstellung sowie im Hinblick auf den Verkauf der Teilmenge angefallenen Kosten sind irrelevant geworden. Relevant sind nunmehr allein die Kosten, die noch erforderlich sind, um die hergestellte Menge zu verkaufen bzw. um sie einer anderen Verwendung zuzuführen.

Solange die für den Verkauf noch anfallenden Kosten (wie Verpackungskosten, Versandkosten) niedriger sind als der erzielbare Preis, würde sich der Verkauf lohnen. Allerdings könnte der Verkauf zu extrem niedrigen Preisen den Absatz der noch herzustellenden Menge gefährden.

Sobald die für den Verkauf noch anfallenden Kosten höher sind als der erzielbare Preis, sind andere Verwendungen der hergestellten Menge in Betracht zu ziehen, wie Weiterverarbeitung im eigenen Betrieb, im Extremfall Verschrottung. Die bei einer Verschrottung anfallenden Kosten würden bei einem Verkauf vermieden werden. Sie stellen Opportunitätserlöse[1] dar und müssen für die Entscheidung über Verkauf oder Nichtverkauf dem Verkaufspreis hinzugezählt werden. Der Summe aus Beiden sind die bei Verkauf noch anfallenden Kosten gegenüberzustellen. Liegen die Verkaufskosten darunter, würde der Verkauf lohnen. Allerdings könnte dadurch der Absatz der noch herzustellenden Menge gefährdet werden. Liegen die Verkaufskosten darüber, bleibt nur die Verschrottung. Vgl. auch das Zahlenbeispiel in Abbildung 34.

---

[1] Vgl. Männel, Wolfgang: Möglichkeiten und Grenzen des Rechnens mit Opportunitätserlösen, S. 201 ff.

Abbildung 34:
Beispiele für die Entscheidung zwischen Verkauf und Verschrottung eines Bestands an fertigen Erzeugnissen

1. Beispiel:	
erzielbarer Verkaufspreis	0,70 €
- entstandene Kosten	1,10 €
= Ergebnis	- 0,40 €
da dieses negativ, kein Verkauf?	
statt der schon entstandenen Kosten Berücksichtigung nur der bei Verkauf noch anfallenden Kosten	0,60 €
= Ergebnis	+ 0,10 €
da dieses positiv, Verkauf!	
2. Beispiel:	
erzielbarer Verkaufspreis	0,50 €
- bei Verkauf noch anfallende Kosten	0,65 €
= Ergebnis	- 0,15 €
da dieses negativ, kein Verkauf, sondern Verschrottung?	
aber Berücksichtigung auch der Verschrottungskosten	0,25 €
= Ergebnis	- 0,25 €
da dieses noch ungünstiger als bei Verkauf, keine Verschrottung, sondern Verkauf!	
(alternative Rechnung siehe Beispiel 3 mit anderen Zahlen)	
3. Beispiel:	
erzielbarer Verkaufspreis	0,30 €
+ bei Verkauf entfallende Kosten der Verschrottung (Opportunitätserlöse)	0,25 €
= gesamte Erlöse	0,55 €
- bei Verkauf noch anfallende Kosten	0,60 €
= Ergebnis	- 0,05 €
da dieses negativ, kein Verkauf, sondern Verschrottung!	

5.6.2.2. Vorkalkulation für die Wahl zwischen Herstellung und Nicht-Herstellung

1) Wenn für einen Industriebetrieb mit Lagerfertigung der Preis eines Erzeugnisses kein Aktionsparameter ist, wie im vorhergehenden Abschnitt angenommen, sondern Datum, hat er zu entscheiden, ob er zu dem von ihm hinzunehmenden Preis das Erzeugnis überhaupt produzieren und anbieten soll.

Die Preisabsatzfunktion für das Erzeugnis verläuft parallel zur Abzisse, die daraus abgeleitete Umsatzkurve linear. Ihr ist die Kostenkurve gegenüberzustellen. Dazu bedarf es einer Kostenrechnung wie sie im vorhergehenden Abschnitt skizziert wurde.

Überschreiten die Umsatzerlöse die Kosten, lohnt es sich, das betreffende Erzeugnis zu produzieren und anzubieten. Überschreiten umgekehrt die Kosten die Umsatzerlöse, wird der Betrieb zunächst prüfen, ob die angesetzten Kosten reduziert werden können. Erscheint dies nicht aussichtsreich, wird der Betrieb vielleicht überlegen, ob das betreffende Erzeugnis trotz Unterdeckung der ihm zugerechneten Kosten wegen etwaiger Verbundenheit mit den anderen Erzeugnissen hergestellt werden soll. Vgl. Abschnitt III.3.4.3.

2) Im stark vereinfachten Beispiel in Abbildung 35 wird angenommen, dass für ein Produkt X die Fixkosten 16 € pro Periode betragen, die variablen Kosten bei linearem Verlauf 1 € pro Mengeneinheit.

5.6.2.3. Vorkalkulation zur Vermeidung von Kostenüberschreitungen

Nachdem ein Betrieb die Entscheidung über die zu produzierenden und abzusetzenden Mengen seiner Erzeugnisse bei wählbaren Preisen bzw. die Entscheidung über Angebot oder Nichtangebot bei gegebenen Preisen getroffen hat, wird er die den genannten Entscheidungen zugrunde liegenden Kosten den einzelnen Abteilungen und Stellen für die kommende Periode vorgeben, damit Kostenüberschreitungen vermieden werden.

5.6.2.4. Nachkalkulation zur Ermittlung von etwaigen Kostenüberschreitungen sowie von Produktergebnissen

1) Nach Ablauf einer Periode sind die tatsächlich angefallenen Kosten Produkt für Produkt feststellen und den vorauskalkulierten Kosten gegenüberzustellen. Überschreitungen sollten analysiert werden und Veranlassung zu Kosten senkenden Maßnahmen geben. Vgl. Abschnitt IV.

2) Die in der abgelaufenen Periode tatsächlich angefallenen Kosten können ferner Produkt für Produkt den erzielten Erlösen gegenübergestellt werden, woraus sich die Produktgewinne oder Produktverluste ergeben.

II. Die produktbezogene und vollständig stückbezogene Kostenrechnung

Abbildung 35:
Algebraische Ermittlung der gewinnmaximalen Produktmenge sowie des Gewinnmaximums und der Gewinnschwelle für das Produkt X eines Angebotspolypolisten bei polypolistischer Nachfrage auf vollkommenem Markt (sog. Mengenanpasser)

Allgemein	Beispiel
$P(m) = a$	$P(m) = 2{,}60$
$U(m) = a * m$	$U(m) = 2{,}60 * m$
$K(m) = K_f + k_v * m$	$K(m) = 16 + 1 * m$
$G(m) = (a - k_v) * m - K_f$	$G(m) = 1{,}60 * m - 16$
Ermittlung der gewinnmaximalen Menge für Produkt X:	
$G'(m_g) = (a-k_v) = 0$	$G'(m_g) = 1{,}60 = 0$
Die gewinnmaximale Menge liegt an der Kapazitätsgrenze, hier bei m = 20 angenommen, d. h. $m_g = 20$.	
Ermittlung des Gewinnmaximums für Produkt X:	
$G(m_g) = (a - k_v) m_g - K_f$	$G(m_g) = 1{,}60 * 20 - 16 = 16$
Ermittlung der Gewinnschwelle für Produkt X:	
$G(m_s) = (a - k_v) * m_s - K_f = 0$	$G(m_s) = 1{,}60 * m_s - 16 = 0$
$m_s = \dfrac{K_f}{a - k_v}$	$m_s = 10$
Legende:	
$P(m)$ = Preisabsatzfunktion	
$U(m)$ = Umsatzfunktion	
$K(m)$ = Kostenfunktion	
$G(m)$ = Gewinnfunktion	
m = Produktmenge	
m_g = gewinnmaximale Produktmenge	
ms = Gewinnschwellen-Produktmenge	
a = gegebener Produktpreis	
K_f = fixe Gemeinkosten in €/Periode	
k_v = Einzelkosten und variable Gemeinkosten in €/Stück	

In der Literatur wird eine solche Rechnung als Kostenträgerzeitrechnung bezeichnet.[1] Diese Bezeichnung ist allerdings missverständlich, denn jede Rechnung ist zeitbezogen. Sie bezieht sich entweder auf einen Zeitpunkt oder auf einen Zeit-

---

[1] Vgl. Kosiol, Erich: Kosten- und Leistungsrechnung, S. 283; Wedell, Harald: Grundlagen des Rechnungswesen, Bd. 2, S. 23 (Fußnote 1).

raum. Der Kosten- und Erlösrechnung ist als Bewegungsrechnung ein Zeitraumbezug eigen. Man spricht daher besser von einer Produktergebnisrechnung.

3) Die Produktergebnisrechnung vermag der Festlegung von Prioritäten unter den Produkten zu dienen, z. B. der Entscheidung, für welches Produkt verstärkt geworben werden soll, für welches Produkt investiert werden soll, etc.

4) Die Produktergebnisrechnung ist schließlich mit der bereits behandelten Betriebsergebnisrechnung zu verknüpfen.

5.6.2.5. Nachkalkulation zur Preisfindung

Sollte ausnahmsweise ein Industriebetrieb mit Lagerfertigung nicht bereits vor Beginn der Produktion den Preis für das jeweilige Erzeugnis festgelegt haben, muss dies nach Abschluss der Produktion geschehen. Es bedürfte dazu einer Nachkalkulation von ähnlicher Art wie in Abschnitt II.5.6.1.5.

5.6.2.6. Nachkalkulation zur Bewertung von fertigen und unfertigen Erzeugnissen

1) Bei einem Industriebetrieb mit Lagerfertigung ist die Wahrscheinlichkeit eines Bestands an fertigen und unfertigen Erzeugnissen am Ende des Geschäftsjahrs hoch. Er muss eine Zwischen- oder Nachkalkulation aus handels- und steuerrechtlichen Gründen vornehmen.

2) Die fertigen und unfertigen Erzeugnisse sind in der Handelsbilanz ebenso wie in der Steuerbilanz mit ihren Herstellungskosten zu bewerten, es sei denn, dass ihnen am Bilanzstichtag ein niedrigerer Wert beizulegen ist.

3) Zur Ermittlung der Herstellungskosten bedarf es einer Kostenrechnung, bei mehreren verschiedenartigen Erzeugnissen, die nicht völlig getrennt voneinander hergestellt werden, einer Zuschlagskostenrechnung. Allerdings dürfen die nach dem Kalkulationsschema ermittelten Selbstkosten nicht einfach als Herstellungskosten in die Bilanz übernommen werden, was das einfachste wäre. Der Gesetzgeber sieht eine von den Selbstkosten abweichende Abgrenzung der bilanziellen Herstellungskosten vor.

So werden in § 255 HGB die Herstellungskosten definiert als Aufwendungen, "die durch den Verbrauch von Gütern und die Inanspruchnahme von Diensten für die Herstellung eines Vermögensgegenstands, seine Erweiterung oder für eine über seinen ursprünglichen Zustand hinausgehende wesentliche Verbesserung entstehen".

4) Aus dieser Definition der Herstellungskosten als Aufwendungen ergeben sich u. a. folgende Konsequenzen für die Ermittlung der Herstellungskosten aus den Selbstkosten:

II. Die produktbezogene und vollständig stückbezogene Kostenrechnung

a) Sind die Materialkosten auf der Grundlage eines zu höheren Tageswerten angesetzten Materialbestands ermittelt worden, müssen die höheren Tageswerte durch Anschaffungswerte ersetzt und auf dieser Grundlage die Materialaufwendungen ermittelt werden;

b) Sind die kalkulatorischen Abschreibungen anders als die bilanziellen bemessen worden, muss man für den Zweck der Bestandsbewertung zu den bilanziellen Abschreibungen zurückkehren.

c) Sind bei der Berechnung der Selbstkosten kalkulatorische Wagnisse angesetzt worden, denen keine Aufwendungen, z. B. für entstandene Schäden, entsprechen, müssten diese wieder eliminiert werden. Dagegen dürften Aufwendungen für entstandene Schäden berücksichtigt werden, sofern diese Aufwendungen nach § 255 Abs. 2 HGB notwendig, angemessen und durch die Fertigung veranlasst sind sowie auf den Zeitraum der Herstellung entfallen.

d) Sind kalkulatorische Zinsen angesetzt worden, müssen die Zinsen auf Eigenkapital wieder eliminiert werden, da sie keine Aufwendungen darstellen. Dagegen dürfen nach § 255 Abs. 3 HGB Zinsen auf solches Fremdkapital einbezogen werden, das zur Finanzierung der Herstellung eines Vermögensgegenstands verwendet wird, soweit sie auf den Zeitraum der Herstellung entfallen.

e) Ist bei einem Einzelunternehmen oder einer Personengesellschaft ein kalkulatorischer Unternehmerlohn in die Kosten einbezogen worden, muss dieser wieder eliminiert werden.

5) Die Summe der Selbstkosten muss noch um die Vertriebskosten gekürzt werden, da diese nach § 255 Abs. 2 HGB keinesfalls als Herstellungskosten angesetzt werden dürfen.

Dieses Verbot des Ansatzes von Vertriebskosten ist unseres Erachtens nicht gerechtfertigt, sofern Vertriebskosten z. B. für Marktforschung, Werbung, Kundenbesuche schon entstanden sind. Denn die genannten Kosten sollen ebenso zum Wert eines Erzeugnisses beitragen wie andere Kosten. Diese Absicht mag zwar nicht immer erreicht werden. Deswegen bedürfen die Herstellungskosten der Überprüfung durch den Verkaufspreis. Aber solange der Verkaufspreis höher ist, sollten auch die bereits entstandenen Vertriebskosten zur Bewertung herangezogen werden dürfen.

6) Nach der vorgeschriebenen Kürzung um die Vertriebskosten verbleiben folgende Selbstkosten, die die Obergrenze der Herstellungskosten nach § 255 Abs. 2 HGB bilden:

a) die Materialeinzelkosten;

b) die Materialgemeinkosten (soweit notwendig und angemessen sowie auf den Zeitraum der Herstellung entfallend);

c) die Fertigungseinzelkosten;

d) die Fertigungsgemeinkosten (soweit notwendig und angemessen sowie auf den Zeitraum der Herstellung entfallend, einschließlich des Wertverzehrs des Anlagevermögens, soweit durch die Fertigung veranlasst);

e) die Sondereinzelkosten der Fertigung;

f) die Verwaltungsgemeinkosten (soweit auf den Zeitraum der Herstellung entfallend, einschließlich der Aufwendungen für soziale Einrichtungen des Betriebs, für freiwillige soziale Leistungen und für betriebliche Altersversorgung).

Vgl. Zahlenbeispiel in Abbildung 36, dem der Einfachheit halber der Betriebsabrechnungsbogen in Abbildung 25 zugrunde gelegt wurde.

Abbildung 36:
Beispiel einer Nachkalkulation zur Bewertung eines Bestands an fertigen Erzeugnissen

	Produkt X		Produkt Y		Summe
Produktionsmenge [ME]	2.000		1.000		
Absatzmenge [ME]	1.500		500		
Kostenarten	pro ME [€]	insgesamt [€]	pro ME [€]	insgesamt [€]	[€]
Materialeinzelkosten [Ma-EK]	4,00	8.000,00	4,50	4.500,00	12.500
Materialgemeinkosten [8 % auf Ma-EK]	0,32	640,00	0,36	360,00	1.000
Materialkosten	4,32	8.640,00	4,86	4.860,00	13.500
Fertigungsstufe 1:					
Fertigungseinzelkosten [Fe-EK]	1,50	3.000,00	1,20	1.200,00	4.200
Fertigungsgemeinkosten [100 % auf Fe-EK]	1,50	3.000,00	1,20	1.200,00	4.200
Fertigungsstufe 2:					
Fertigungseinzelkosten [Fe-EK]	1,00	2.000,00	2,50	2.500,00	4.500
Fertigungsgemeinkosten [80 % auf Fe-EK]	0,80	1.600,00	2,00	2.000,00	3.600
Fertigungskosten	4,80	9.600,00	6,90	6.900,00	16.500
Herstellkosten [HK]	9,12	18.240,00	11,76	11.760,00	30.000
Verwaltungsgemeinkosten [Vw-GK] [2,5 % auf HK]	0,23	456,00	0,29	294,00	750
HK und Vw-GK der produzierten ME	9,35	18.696,00	12,05	12.054,00	30.750

HK und Vw-GK der abgesetzten ME	9,35	14.022,00	12,05	6.027,00	20.049
Vertriebsgemeinkosten [450/20.049 = 2,24 % auf HK und Vw-GK der abgesetzten ME]	0,21	314,72	0,27	135,28	450
Selbstkosten der abgesetzten ME	9,56	14.336,72	12,32	6.162,28	20.499
HK und Vw-GK der produzierten und noch nicht abgesetzten ME	9,35	4.674,00	12,05	6.027,00	10.701
Kosten der produzierten und abgesetzten sowie der produzierten und noch nicht abgesetzten ME		19.010,72		12.189,28	31.200

7) Die Untergrenze der Herstellungskosten nach § 255 Abs. 2 bilden:

a) die Materialeinzelkosten;

b) die Fertigungseinzelkosten.

Abweichend davon sind nach Steuerrecht neben den genannten Kosten auch die Materialgemeinkosten und Fertigungsgemeinkosten in die Untergrenze einzubeziehen.

8) Dazwischen liegen eine Reihe weiterer Möglichkeiten der Abgrenzung der Herstellungskosten, z. B.:

a) Ansatz der Einzelkosten sowie der variablen Material-, Fertigungs- und Verwaltungsgemeinkosten (einschließlich der Aufwendungen für soziale Einrichtungen des Betriebs, für freiwillige soziale Leistungen und für betriebliche Altersversorgung);

b) Ansatz der Einzelkosten sowie der variablen Material-, Fertigungs- und Verwaltungsgemeinkosten (ausschließlich der oben genannten Aufwendungen);

c) Ansatz der Einzelkosten sowie der variablen Material- und Fertigungsgemeinkosten, ausschließlich der variablen Verwaltungsgemeinkosten.

9) Damit sind aber die Möglichkeiten der Abgrenzung der Herstellungskosten noch nicht erschöpft. Es besteht also ein großer Spielraum bei der Bewertung der fertigen und unfertigen Erzeugnisse in der Handelsbilanz, der die Vergleichbarkeit der Bilanzen stark beeinträchtigt.[1]

---

[1] Vgl. Weber, Helmut Kurt/ Rogler, Silvia: Betriebswirtschaftliches Rechnungswesen, Bd. 1, S. 157 ff.

10) Welche dieser Möglichkeiten betriebswirtschaftlich sinnvoll sind, soll hier erst bei Behandlung der Teilkostenrechnungssysteme diskutiert werden, vgl. Abschnitt III.3.5.

6. Kostenrechnung bei Produktion mehrerer zwangsläufig zusammen anfallender Produkte (Kuppelproduktionskostenrechnung)

1) Wenn sich in einem Industriebetrieb bei Verarbeitung eines Rohstoffs ungewollt mehrere Produkte ergeben, liegt eine sog. Kuppelproduktion[1] vor, eine zwangsläufige Verbundenheit der Produkte, im Unterschied zur frei gewählten Verbundenheit, wie sie in den vorher gehenden Abschnitten unterstellt wurde.

2) Haben sich bei Einsatz eines Rohstoffs mehrere Produkte ergeben, kann nicht festgestellt werden, welche Rohstoffmenge für die Produktion einer Mengeneinheit des Produktes X verbraucht wurde, welche für die Produktion einer Mengeneinheit des Produktes Y. Es kann auch nicht festgestellt werden, wie lange eine Arbeitskraft für eine Mengeneinheit des Produktes X gearbeitet hat, wie lange für eine Mengeneinheit des Produktes Y. Die Ermittlung von Materialeinzelkosten und Fertigungseinzelkosten ist unmöglich.

Die Materialkosten haben Gemeinkostencharakter, ebenso wie Fertigungskosten bis zum Abschluss des Kuppelproduktionsprozesses, bis zum sog. split-off-point. Erst die danach entstehenden Fertigungskosten können auf die einzelnen Produkte verrechnet werden, z. B. wie bei der Zuschlagskostenrechnung üblich.

3) Wie sollen nun die gemeinsamen Rohstoffkosten und die Kosten des Kuppelproduktionsprozesses behandelt werden? Eine Verteilung auf die einzelnen Produkte ist wünschenswert. Hierfür kommen folgende Möglichkeiten in Betracht (vgl. die Zahlenbeispiele in den Abbildungen 37 bis 42).[2]

a) gleichmäßige Verteilung auf die Produkte (was allenfalls bei gleichem Mengenanfall der Produkte gerechtfertigt wäre);

b) Verteilung auf die Produkte entsprechend den jeweiligen Produktmengen (was aber nur sinnvoll wäre, wenn sich ein einheitlicher und aussagefähiger Maßstab für die Produktmengen finden ließe);

c) Verteilung auf die Produkte entsprechend den ihnen eigenen naturwissenschaftlich-technischen Merkmalen, z. B. auf die Produkte einer Erdölraffinerie nach dem Heizwert, auf die Produkte einer Molkerei nach dem Nährwert (was

---

[1] Vgl. Riebel, Paul: Die Kuppelproduktion, S. 12; Riebel, Paul: Kuppelproduktion, Sp. 992 ff.

[2] Vgl. Eisele, Wolfgang: Technik des betrieblichen Rechnungswesens, S. 733 ff.; Mellerowicz, Konrad: Kosten und Kostenrechnung, Bd. 2.2, S. 259 ff.; Tillmann, Karl-Heinz: Die Bewertung von marktpreislosen Kuppelprodukten in der Kostenrechnung der chemischen Industrie, S. 156 ff.

II. Die produktbezogene und vollständig stückbezogene Kostenrechnung

aber nur sinnvoll ist, wenn die Produkte gleichen oder ähnlichen Verwendungszwecken dienen);

d) Verteilung auf die Produkte entsprechend ihren Verkaufspreisen bzw. Verkaufserlösen (solche „Kosten" können aber allenfalls für die Bewertung der Bestände von Kuppelprodukten in der Handels- und Steuerbilanz herangezogen werden, nicht jedoch für preispolitische Entscheidungen);

e) Verminderung der Kosten um die Preise bzw. Erlöse von Nebenprodukten und Belastung der Hauptprodukte mit den verbleibenden Kosten (= sog. Restwertmethode);

f) Verteilung auf die Produkte entsprechend den Grenzkosten, die sich bei Veränderungen des Mengenverhältnisses der Produkte ergeben, sofern also keine starre, sondern eine elastische Kuppelproduktion vorliegt (dabei können sich aber, je nach Mengenverhältnis, von welchem ausgegangen wird, recht unterschiedliche Kosten ergeben);

g) Verteilung der Kosten der Kuppelproduktion auf die Produkte entsprechend den Kosten, die nach dem Kuppelproduktionsprozess für die einzelnen Produkte entstehen.

4) Keine der genannten Möglichkeiten befriedigt. Alle stellen nur Auswege dar angesichts der Unlösbarkeit des Kernproblems: der Nichtfeststellbarkeit der Kosten der einzelnen Produkte.

Abbildung 37:
Beispiel für die gleichmäßige Verteilung der Kosten der Kuppelproduktion auf die Produkte

1) Ausgangsdaten:			
Kuppelprodukte	*A*	*B*	*C*
Gesamte Kosten [€]	46.500		
2) **Ermittlung der anteiligen Kosten pro Produkt:**			
Produkte	*Kosten pro Produkt [€]*	*anteilige Kosten [€]*	
A	$\dfrac{46.500}{3}$ $= 15.500$	15.500	
B		15.500	
C		15.500	
Summe		46.500	

Abbildung 38:
Beispiel für die Verteilung der Kosten der Kuppelproduktion auf die Produkte entsprechend den Produktmengen

1) Ausgangsdaten:

Kuppelprodukte	A	B	C
Produktmengen [t]	1.000	200	300
Gesamte Kosten [€]	46.500		

2) Ermittlung der anteiligen Kosten pro Produkt:

Produkte	Menge [t]	Kosten pro ME	anteilige Kosten [€]
A	1.000	$\frac{46.500\ €}{1.500\ t}$ = 31 €/t	31.000
B	200		6.200
C	300		9.300
Summe	1.500		46.500

Abbildung 39:
Beispiel für die Verteilung der Kosten der Kuppelproduktion auf die Produkte entsprechend naturwissenschaftlich-technischen Merkmalen

1) Ausgangsdaten:

Kuppelprodukte	A	B	C
Produktmengen [t]	1.000	200	300
Heizwerte [kJ/t]	120.000	100.000	50.000
Gesamte Kosten [€]	46.500		

2) Ermittlung der anteiligen Kosten pro Produkt:

Produkte	techn. Werte (1)	Menge [t] (2)	Recheneinheiten [RE] (1*2=3)	Kosten pro RE (4)	anteilige Kosten [€] (3*4=5)
A	12	1.000	12.000	$\frac{46.500\ €}{15.500\ RE}$ = 3 €/RE	36.000
B	10	200	2.000		6.000
C	5	300	1.500		4.500
Summe			15.500		46.500

II. Die produktbezogene und vollständig stückbezogene Kostenrechnung 127

Abbildung 40:
Beispiel für die Verteilung der Kosten der Kuppelproduktion auf die Produkte entsprechend den Verkaufserlösen

1) Ausgangsdaten:

Kuppelprodukte	A	B	C
Produktmengen [t]	1.000	200	300
Verkaufspreise [€/t]	80	55	30
Gesamte Kosten [€]	46.500		

2) Ermittlung der anteiligen Kosten pro Produkt:

Pro-dukte	Preis [€/t] (1)	Menge [t] (2)	Erlöse [€] (1*2=3)	Verhältnis-zahl [VZ] (3/1.000=4)	Kosten pro VZ (5)	anteilige Kosten [€] (4*5=6)
A	80	1.000	80.000	80	46.500 € / 100 = 465 €/VZ	37.200
B	55	200	11.000	11		5.115
C	30	300	9.000	9		4.185
Summe			100.000	100		46.500

Abbildung 41:
Beispiel für die Behandlung der Kosten der Kuppelproduktion nach der sog. Restwertmethode

1) Ausgangsdaten:

Kuppelprodukte	A (Hauptprodukt)	B (Nebenprodukt)	C (Nebenprodukt)
Produktmengen [t]	1.000	200	300
Verkaufspreise [€/t]	80	55	30
Gesamte Kosten [€]	46.500		

2) Ermittlung der Kosten des Hauptprodukts:

Gesamtkosten [€]	46.500
- Erlöse des Nebenproduktes B [€]	11.000
- Erlöse des Nebenproduktes C [€]	9.000
= Kosten des Hauptproduktes A [€]	26.500

128   Hauptteil

Abbildung 42:
Beispiel für die Verteilung der Kosten der Kuppelproduktion entsprechend Grenzkosten

1) Ausgangsdaten:		
Kuppelprodukte	P1	P2
Mengenverhältnis I [t]	500	400
Gesamte Kosten [€]	49.000,--	
Mengenverhältnis II [t]	400	500
Gesamte Kosten [€]	50,000,--	

2) Ermittlung der Grenzkosten:

K_I	$500\,k_{P1}$	+	$400\,k_{P2}$	=	49.000,--
K_{II}	$400\,k_{P1}$	+	$500\,k_{P2}$	=	50.000,--
	$100\,k_{P1}$	+	$(-100)\,k_{P2}$	=	-1.000,--
	ΔK_{P1}	+	ΔK_{P2}	=	ΔK (Grenzkosten)

3) Ermittlung der Kosten pro Mengeneinheit:

$100\,k_{P1}$	+	$(-100)\,k_{P2}$	=	-1.000,--
k_{P1}	+	10,--	=	k_{P2}
$500\,k_{P1}$	+	$400\,k_{P2}$	=	49.000,--
$500\,k_{P1}$	+	$400 * (k_{P1} + 10,--)$	=	49.000,--
$900\,k_{P1}$	+	4.000	=	49.000,--
k_{P1}			=	50,--
		k_{P2}	=	50,-- + 10,--
		k_{P2}	=	60,--

4) Ermittlung der anteiligen Kosten pro Produkt in Abhängigkeit vom Mengenverhältnis:

K_{P1I} =	$500 * k_{P1}$	K_{P2I} =	$400 * k_{P2}$
	$500 * 50,-- = 25.000,--$		$400 * 60,-- = 24.000,--$
K_{P1II} =	$400 * k_{P1}$	K_{P2II} =	$500 * k_{P2}$
	$400 * 50,-- = 20.000,--$		$500 * 60,-- = 30.000,--$

Legende:
K_j = Kostenfunktion für das Mengenverhältnis j (j = I, II)
k_i = Kosten pro Mengeneinheit für das Produkt i (i = P1, P2)
K_{ij} = gesamte Kosten des Produktes i für das Mengenverhältnis j
ΔK_{Pi} = Änderung der mit konstanten Stückkosten bewerteten Produktionsmenge von Produkt i

III. Die produktbezogene und teilweise stückbezogene Kostenrechnung (Teilkostenrechnung)

1) Die im vorhergehenden Abschnitt behandelten klassischen Kostenrechnungssysteme, bei denen alle Kosten des Wirtschaftsbetriebs auf die Mengeneinheiten der Produkte verrechnet werden, stießen nach einiger Zeit zunehmend auf Kritik. Aus dieser Kritik heraus sind neue Kostenrechnungssysteme entwickelt worden, bei denen nur ein Teil der Kosten des Wirtschaftsbetriebs auf die Mengeneinheiten der Produkte verrechnet wird. Sie fasst man daher unter dem Begriff der Teilkostenrechnung zusammen, während man die klassischen Kostenrechnungssysteme unter dem Begriff der Vollkostenrechnung subsumiert.[1]

2) Die Vollkostenrechnung und die Teilkostenrechnung bilden also Gegensätze. Um aber etwaigen Missverständnissen vorzubeugen, sei gleich gesagt: Mit Teilkostenrechnung ist nicht gemeint, dass nur ein Teil der Kosten durch die Kostenrechnung erfasst werden soll; damit ist auch nicht gemeint, dass nur ein Teil der Kosten durch den Preis gedeckt werden soll, wenngleich dies im einen oder anderen Fall für vertretbar gehalten wird. Mit Teilkostenrechnung ist stattdessen gemeint, dass nur ein Teil der Kosten auf die Kostenträger, d. h. auf die Mengeneinheiten der Produkte, verrechnet wird. Insofern wäre es genauer, von Teilkostenträgerrechnung im Gegensatz zur Vollkostenträgerrechnung zu sprechen oder von einer produkt- und teilweise stückbezogenen Kostenrechnung im Gegensatz zu einer produkt- und vollständig stückbezogenen Kostenrechnung. Vgl. auch Abbildung 43.

1. Kritik der Teilkostenrechnung an der Vollkostenrechnung

1) Die in der Literatur vorgetragene Kritik an der Vollkostenrechnung richtet sich:

    a) zum großen Teil gegen die Verrechnung der fixen Gemeinkosten auf die Kostenträger;

    b) zum geringeren Teil gegen die Verrechnung der fixen ebenso wie der variablen Gemeinkosten auf die Kostenträger.

2) Diese Kritik stützt sich jeweils:

    a) auf den unterschiedlichen **Charakter** der Kosten;

    b) auf die **Prinzipien** der Kostenrechnung;

    c) auf die mit der Kostenrechnung verfolgten **Zwecke**.

---

[1] Vgl. Hoitsch, Hans-Jörg: Vollkostenrechnung / Teilkostenrechnung, Sp. 2099 ff.

Abbildung 43:
Gegenüberstellung von Vollkostenrechnung und Teilkostenrechnung

	Vollkostenrechnung	Teilkostenrechnung
Kostenartenrechnung	die Kosten werden Kostengüterart für Kostengüterart erfasst und bei Anwendung der Zuschlagskostenrechnung nach Einzelkosten und Gemeinkosten getrennt	die Einzelkosten werden als variable Kosten behandelt die Gemeinkosten nach variablen und fixen Kosten getrennt
Kostenstellenrechnung	die Gemeinkosten werden auf jeden Fall Kostenstelle für Kostenstelle erfasst (ausgenommen bei Riebel)	
Kostenträgerrechnung	die Einzelkosten werden direkt, die Gemeinkosten indirekt auf die Mengeneinheiten der Produkte verrechnet	die Einzelkosten werden direkt, die variablen Gemeinkosten indirekt auf die Mengeneinheiten der Produkte verrechnet (bei Riebel nur die Einzelkosten)
Einbeziehung der Preise bzw. Erlöse	die Einzelkosten und die anteiligen Gemeinkosten einer Mengeneinheit werden dem Preis der Mengeneinheit gegenübergestellt zur Ermittlung des Stückgewinns bzw. Stückverlusts	die Einzelkosten und die anteiligen variablen Gemeinkosten (bei Riebel nur die Einzelkosten) werden dem Preis der Mengeneinheit gegenübergestellt zur Ermittlung des Deckungsbeitrags der Mengeneinheit
Betriebsergebnisrechnung	die Stückgewinne bzw. Stückverluste multipliziert mit den Mengeneinheiten der Produkte werden addiert zur Ermittlung des Betriebsgewinns bzw. Betriebsverlusts	der Summe der Deckungsbeiträge der Mengeneinheiten bzw. Produkte werden die fixen Gemeinkosten gegenübergestellt zur Ermittlung des Betriebsgewinns bzw. Betriebsverlusts

1.1. Missachtung des unterschiedlichen Charakters der Kosten

1) Die in der Vollkostenrechnung vorgenommene Verrechnung der Fixkosten auf die Kostenträger wird kritisiert, weil die Fixkosten einen anderen Kostencharakter hätten als die variablen Kosten.[1]

2) Die **variablen Kosten** (gemeint sind damit die beschäftigungsabhängigen Kosten) seien Stück- oder Mengenkosten, die in € pro Stück oder in € pro ME anfielen. Daher sei es gerechtfertigt, sie den Mengeneinheiten der Produkte zuzuordnen.

Die **Fixkosten** (gemeint sind damit die beschäftigungsunabhängigen Kosten) seien dagegen Zeit- oder Periodenkosten, die in € pro Periode anfielen. Sie hätten eine andere mathematische Dimension als die variablen Kosten. Daher sei es nicht gerechtfertigt, sie auf die Mengeneinheiten der Produkte zu verrechnen. Geschähe dies dennoch, würde es sich um eine künstliche Proportionalisierung handeln.

3) Zu diesem Einwand gegen die Vollkostenrechnung soll hier gleich Stellung genommen werden, ebenso wie zu den folgenden Einwendungen, obwohl dies im jetzigen Stadium, d. h. vor der abschließenden Darstellung der Teilkostenrechnung, verfrüht erscheinen mag. Aber ein anderes Vorgehen würde zu häufigen Wiederholungen führen.

4) Grundsätzlich ist zur Charakterisierung bestimmter Kosten als Zeitkosten zu sagen, dass alle Kosten Bewegungsgrößen darstellen und damit zeitraumbezogen sind. Zudem sind Kosten nie von der reinen Zeit, sondern von Vorgängen in der Zeit, von der erfüllten Zeit abhängig.

5) Sieht man davon ab, bleibt zu fragen: Inwiefern sollen **fixe Kosten als Zeitkosten** nicht auf die Mengeneinheiten der Produkte verrechnet werden können? Angenommen sei, es wurde ein auf ein Monat befristeter Arbeitsvertrag abgeschlossen, ein Gebäude für ein Jahr gemietet und die Miete im Voraus bezahlt, eine Maschine mit voraussichtlich fünfjähriger Nutzungsdauer angeschafft. Es liegen also fixe Kosten oder, wenn man so will, Zeitkosten vor, allerdings für Zeiträume unterschiedlicher Länge.

Will man die Fixkosten z. B. eines Monats ermitteln, dann dividiert man die einjährigen Fixkosten durch die Zahl der Monate, die mehrjährigen Fixkosten durch die Zahl der Jahre und die sich ergebenden Jahresfixkosten wiederum durch die Zahl der Monate. Man rechnet die Fixkosten der genannten Zeiträume unterschiedlicher Länge auf gleich lange Zeiträume um. Das führt dazu, dass sich die Fixkosten eines Monats aus solch heterogenen Kosten zusammensetzen, wie:

- Kosten, die für diesen einen Monat, aber nicht darüber hinaus fix sind;
- einem auf den einzelnen Monat entfallenden Teil von Kosten, die für mehrere Monate fix sind;

---

[1] Vgl. Mellerowicz, Konrad: Neuzeitliche Kalkulationsverfahren, S. 16.

- einem auf den einzelnen Monat entfallenden Teil von Kosten, die für ein Jahr, aber nicht darüber hinaus fix sind;
- einem auf den einzelnen Monat entfallenden Teil von Kosten, die für mehrere Jahre fix sind.

In Erkenntnis dieser Problematik schlägt z. B. Riebel vor, die Fixkosten differenziert entsprechend ihrer Fristigkeit zu behandeln.[1] Das würde allerdings bedeuten, dass man nicht mehr Monat für Monat einen Gewinn oder Verlust ausweisen kann, sondern nur noch einen Deckungsbeitrag, d. h. einen Beitrag zur Deckung von Kosten, die über den Monat hinaus fix sind, sowie zur Erzielung eines Gewinns. Entsprechendes wie für die monatlichen Rechnungen würde für die jährlichen Rechnungen gelten.

Es ließe sich kaum mehr eine Rechnung abschließen, was zwar gedanklich konsequent wäre, aber nicht den Bedürfnissen der Praxis entspricht. Daher ist es vertretbar, Kosten, die für längere Zeitabschnitte fix sind, auf kürzere Zeitabschnitte umzulegen. Wenn jedoch schon Fixkosten auf Zeitabschnitte umgelegt werden, dann besteht nur noch ein unerheblicher Unterschied zur Verrechnung von Fixkosten auf die in den jeweiligen Zeitabschnitten produzierten Mengeneinheiten.

6) Zudem ist zu fragen, inwiefern sollen **variable Kosten Mengenkosten** sein? Als bestes Beispiel für variable Kosten seien Rohstoffkosten gewählt. Rohstoffkosten sind jedoch keineswegs von vornherein Mengenkosten, sondern werden dazu erst durch Umrechnung. Rohstoffe werden selten Mengeneinheit für Mengeneinheit der Produkte eingekauft, so dass sich ein Lagerschwund ergeben kann, der der Verrechnung auf die produzierten Mengeneinheiten bedarf. Rohstoffe werden auch nicht immer Mengeneinheit für Mengeneinheit der Produkte eingesetzt und verbraucht. Stets ergeben sich Abfälle. Gelegentlich kommt es zu Fehlproduktionen, so dass es einer Verrechnung auf die gelungenen Mengeneinheiten bedarf.

Zwischen den sog. Mengenkosten und den sog. Zeitkosten besteht also kein wesentlicher, sondern nur ein gradueller Unterschied.

7) Während von den meisten Vertretern der Teilkostenrechnung nur die Verrechnung der Fixkosten auf die Mengeneinheiten kritisiert wird, wegen Missachtung des Kostencharakters der Fixkosten, geht Riebel noch einen Schritt weiter.[2] Er lehnt die Verrechnung jeglicher Gemeinkosten, der fixen ebenso wie der variablen Gemeinkosten, auf die Mengeneinheiten ab, mit einer ähnlichen Begründung: die Gemeinkosten hätten einen anderen Kostencharakter als die Einzelkosten, da sie für mehrere Mengeneinheiten der Erzeugnisse gemeinsam anfielen. Aber selbst Rohstoffkosten, das beste Beispiel nicht nur für variable Kosten, sondern auch für Einzelkosten, entstehen nicht, wie die vorhergehende Diskussion gezeigt hat, Mengeneinheit für Mengeneinheit. Zwischen Einzelkosten und Gemeinkosten besteht ebenfalls nur ein gradueller Unterschied.

---

[1] Vgl. Riebel, Paul: Einzelkosten- und Deckungsbeitragsrechnung, S. 25, S. 366 f.
[2] Vgl. Riebel, Paul: Einzelkosten- und Deckungsbeitragsrechnung, S. 35 f.

1.2. Verstoß gegen das Verursachungsprinzip

1) Die in der Vollkostenrechnung vorgenommene Verrechnung der Fixkosten auf die Kostenträger wird auch deswegen kritisiert, weil sie dem Verursachungsprinzip[1] widerspreche.

2) Die variablen Kosten würden von der Beschäftigung, von der laufenden Produktion verursacht.[2] Sie könnten daher entsprechend dem Verursachungsprinzip auf die Beschäftigungseinheiten, auf die produzierten Mengeneinheiten verrechnet werden.

Die fixen Kosten würden dagegen nicht von der Beschäftigung, von der laufenden Produktion verursacht; sie gingen auf Investitionsentscheidungen, auf langfristige Entscheidungen der Betriebs- und Geschäftsleitung zurück. Daher könnten sie nicht entsprechend dem Verursachungsprinzip auf die Beschäftigungseinheiten, auf die produzierten Mengeneinheiten verrechnet werden. Geschähe dies dennoch, sei es willkürlich.

3) Um dieses Argument beurteilen zu können, müsste man wissen, was unter dem Verursachungs- oder Kausalitätsprinzip in der Literatur zur Teilkostenrechnung verstanden wird. Dies lässt sich jedoch nicht mit der gewünschten Deutlichkeit feststellen.

4) **Kausalität** im naturwissenschaftlichen Sinne bedeutet zweierlei: zeitliche Folge und zwangsläufige Verknüpfung zwischen zwei Phänomenen, die als Ursache und Wirkung bezeichnet werden. Die Ursache führt stets zur gleichen Wirkung. Der Wirkung liegt stets die gleiche Ursache zugrunde.[3]

5) Fragt man nun, ob eine zwangsläufige Verknüpfung zwischen der Produktion (Ursache) und den Fixkosten (Wirkung) besteht, dann ist dies zu verneinen. Denn auch ohne Produktion fallen Fixkosten an. Insoweit ist den Vertretern der Teilkostenrechnung zuzustimmen.

Fragt man allerdings weiter, ob eine zwangsläufige Verknüpfung zwischen der Produktion (Ursache) und den variablen Kosten (Wirkung) besteht, dann ist dies ebenfalls zu verneinen.[4] Zwar erfasst man Kosten für Rohstoffe normalerweise, wenn die Rohstoffe verbraucht und zu Bestandteilen der Produkte werden, aber Kosten für Rohstoffe muss man auch dann ansetzen, wenn die Produktion miss-

---

[1] Zu diesem und zu anderen Kostenrechnungsprinzipien vgl. Franz, Klaus-Peter: Kostenverursachung und Kostenzurechnung, Sp. 2418 ff.; Schneider, Dieter: Kostentheorie und verursachungsgemäße Kostenrechnung, S. 677 ff.; Schweitzer, Marcell: Prinzipien der Kostenrechnung, S. 482 ff.

[2] Vgl. Plaut, Hans-Georg: Die Grenz-Plankostenrechnung, S. 403 f.; Mellerowicz, Konrad: Neuzeitliche Kalkulationsverfahren, S. 16; Kilger, Wolfgang/ Pampel, Jochen/ Vikas, Kurt: Flexible Plankostenrechnung und Deckungsbeitragsrechnung, S. 57.

[3] Vgl. Ehrt, Robert: Die Zurechenbarkeit von Kosten auf Leistungen auf der Grundlage kausaler und finaler Beziehungen, S. 17 f.; Riebel, Paul: Die Fragwürdigkeit des Verursachungsprinzips im Rechnungswesen, S. 53.

[4] Vgl. Weber, Helmut Kurt: Einzel- und Gemeinkosten sowie variable und fixe Kosten, S. 59 ff.

lingt, wenn sich ein Ausschuss ergibt, wenn ein Schwund oder Verderb eintritt. Ein solcher Verzehr darf nicht einfach den fixen Kosten zugeschlagen oder gar als neutraler Aufwand behandelt werden. Insoweit kann den Vertretern der Teilkostenrechnung nicht zugestimmt werden.

Es besteht also keine **zwangsläufige Verknüpfung** zwischen Produktion und Kosten, weder zwischen Produktion und fixen Kosten noch zwischen Produktion und variablen Kosten. Zwar kann nicht produziert werden, ohne dass Kosten anfallen; aber Kosten entstehen auch, wenn die gewünschte Produktion nicht zustande kommt.

6) Da es sein könnte, dass das Kausalitätsprinzip in der Literatur zur Teilkostenrechnung nicht im naturwissenschaftlichen, sondern in einem weniger strengen Sinne aufgefasst wird, sei auch auf diese Möglichkeit eingegangen.

Zumindest müsste unter Kausalität die **zeitliche Folge** von zwei als Ursache und Wirkung bezeichneten Phänomenen verstanden werden. Der Ursache folgt die Wirkung, der Wirkung geht die Ursache voraus, ohne dass jedoch eine zwangsläufige Verknüpfung vorliegt.

Fragt man nun, ob eine zeitliche Folge zwischen der Produktion (Ursache) und den Fixkosten (Wirkung) besteht, dann ist dies zu verneinen. Denn Gebäude mussten längst vor der Produktion errichtet, Maschinen längst vor der Produktion angeschafft worden sein. Insofern wäre den Vertretern der Teilkostenrechnung wiederum zuzustimmen.

Fragt man allerdings weiter, ob eine zeitliche Folge zwischen der Produktion (Ursache) und den variablen Kosten (Wirkung) besteht, dann ist dies ebenfalls zu verneinen.[1] Denn auch Rohstoffe mussten bereits vor Aufnahme der Produktion beschafft worden sein. Mit der Beschaffung der Rohstoffe werden Kosten begründet, auch wenn solche Kosten normalerweise erst im Zeitpunkt des Produktionseinsatzes und des Verbrauchs ausgewiesen werden. Ausnahmsweise müssen Kosten für Rohstoffe auch angesetzt werden, wenn die Produktion mangels Aufträgen unterbleibt und der Vorrat wertlos wird. Freilich könnte man argumentieren, dass in diesem Fall außerplanmäßige Abschreibungen vorzunehmen seien, da alles Außerplanmäßige der Kostenrechnung fernzuhalten sei, dass es sich also gar nicht um Kosten, sondern nur um Aufwendungen handle. Damit würde man sich jedoch selbst täuschen.[2]

Es besteht also keine zeitliche Folge zwischen Produktion und Kosten, weder zwischen Produktion und fixen Kosten noch zwischen Produktion und variablen Kosten. Nicht die Produktion geht den Kosten, sondern die Kosten gehen der Produktion voraus.

7) Da zwischen der Produktion und den Kosten weder ein kausales Verhältnis im naturwissenschaftlichen Sinne noch ein kausales Verhältnis in einem weniger strengen Sinne besteht, zielt der Einwand ins Leere, dass die Verrechnung der

---

[1] Vgl. Weber, Helmut Kurt: Einzel- und Gemeinkosten sowie variable und fixe Kosten, S. 62 f.
[2] Vgl. Weber, Helmut Kurt: Latente und realisierte Kosten, S. 55 f.

III. Die produktbezogene und teilweise stückbezogene Kostenrechnung

Fixkosten auf die produzierten Mengeneinheiten dem Kausalitätsprinzip widerspreche. Statt von einem kausalen Verhältnis zwischen Produktion und Kosten ist von einem **finalen Verhältnis** zwischen Kosten und Produktion auszugehen. Es liegt ein Mittel-Zweck-Zusammenhang vor,[1] und zwar in dem Sinne, dass die Kosten das Mittel sind, um den Zweck der Produktion zu erreichen. Dies gilt für die variablen Kosten ebenso wie für die fixen Kosten. Daher ist es gerechtfertigt, sowohl die variablen Kosten als auch die fixen Kosten auf die produzierten Mengeneinheiten zu verrechnen. Die Verrechnung der Fixkosten ist nicht willkürlich, sie entspricht einem Prinzip, und zwar dem Finalitätsprinzip.

8) Während von den meisten Vertretern der Teilkostenrechnung die Verrechnung der Fixkosten auf die Mengeneinheiten kritisiert wird, wegen Verstoßes gegen das Verursachungs- oder Kausalitätsprinzip, lehnt Riebel die Verrechnung jeglicher Gemeinkosten auf die Mengeneinheiten ab, unter Berufung auf das **Identitätsprinzip**.[2]

Darunter versteht er die Entsprechung von verzehrten Kostengütern und entstandenen Leistungsgütern, die jeweils Wirkungen ein und desselben Produktionsprozesses sind. Nach diesem Prinzip seien nur solche entstandenen Leistungsgüter und solche verzehrten Kostengüter einander eindeutig zwingend zurechenbar, die gekoppelte Wirkungen ein und desselben Kausalprozesses darstellen. Dies träfe für Einzelkosten und Kostenträger, nicht jedoch für Gemeinkosten und Kostenträger zu.

9) Als weitere Kostenrechnungsprinzipien werden in der Literatur genannt: das Durchschnittsprinzip, das Proportionalitätsprinzip sowie das Kostentragfähigkeitsprinzip.[3]

10) Mit dem **Durchschnittsprinzip** ist gemeint, dass eine Kostensumme durch die Zahl der Mengeneinheiten eines Produkts, ggf. durch die Zahl der Produkte, dividiert wird. Mit dem **Proportionalitätsprinzip** ist gemeint, dass eine Kostensumme nach Maßgabe bestimmter Schlüssel auf die Kostenträger verteilt wird. Im einen Fall liegt eine einfache Durchschnittsbildung vor, im anderen Fall eine gewogene.

Schon Rummel stellte einander gegenüber: die Verrechnung der proportionalen Kosten nach inneren Gesetzmäßigkeiten, nach Maßgrößen der Verursachung, nach dem Gesetz der Proportionalität einerseits und die Verrechnung der festen Kosten nach reinen Bezugsgrößen, auf dem Wege der Durchschnittsbildung, mit Hilfe der reinen Statistik andererseits.[4] Koch sieht im Durchschnittsprinzip sogar

---

[1] Vgl. Lehmann, Max Rudolf: Industriekalkulation, S. 168 f.
[2] Vgl. Riebel, Paul: Einzelkosten- und Deckungsbeitragsrechnung, S. 75 ff.
[3] Vgl. Heinhold, Michael: Kosten- und Erfolgsrechnung in Fallbeispielen, S. 265 ff.; Hummel, Siegfried/ Männel, Wolfgang: Kostenrechnung 2, S. 36 f. (Autor: Männel)
[4] Vgl. Rummel, Kurt: Einheitliche Kostenrechnung auf der Grundlage einer vorausgesetzten Proportionalität der Kosten zu betrieblichen Größen, S. 120 f.

das Grundprinzip der Kostenrechnung.[1] Heinen bezeichnet das Durchschnittsprinzip als das zweite Fundamentalprinzip der Kostenrechnung, neben dem Verursachungs- oder Proportionalitätsprinzip als dem ersten Fundamentalprinzip.[2]

11) Unseres Erachtens sind das Durchschnittsprinzip und das Proportionalitätsprinzip nicht dem Verursachungsprinzip, sondern dem Prinzip der **Einzelerfassung** gegenüberzustellen.

Unter dem Prinzip der Einzelerfassung ist zu verstehen, dass die Kosten Kostenträger für Kostenträger (Produkt für Produkt, Mengeneinheit für Mengeneinheit) erfasst werden. Die Einzelerfassung ist genauer als die Durchschnittsbildung, allerdings mit einem höheren Aufwand verbunden und nicht immer nützlicher.

Im Fall der Einprodukt- und Mehrstückfertigung z. B. wäre die Einzelerfassung der Kosten durchaus möglich. Allerdings würde sie wenig nützen; denn selbst wenn sich unterschiedliche Kosten für die einzelnen Stücke ergeben sollten, könnte man daraus kaum Konsequenzen ziehen. Daher wird in diesem Fall das reine Prinzip der Durchschnittsbildung in Form der Divisionskostenrechnung angewandt. Im Fall der Fertigung mehrerer ähnlicher Produkte wird das Prinzip der Durchschnittsbildung modifiziert in Form der Äquivalenzziffernkostenrechnung angewandt. Im Fall der Fertigung mehrerer verschiedenartiger Produkte wird eine sog. Zuschlagskostenrechnung durchgeführt. Das bedeutet: Anwendung des Prinzips der Einzelerfassung in Kombination mit dem Durchschnitts- und dem Proportionalitätsprinzip.

12) In ähnlicher Weise wie hier zwischen Einzelerfassung und Durchschnittsbildung wird von Menrad zwischen Abbildungsverfahren und Verteilungsverfahren unterschieden.[3]

Die Abbildungsverfahren beziehen sich auf Einzelkosten. Hierbei findet nach Menrad eine "isomorphe Abbildung" des leistungsverbundenen Güterverbrauchs statt. Damit ist eine Zurechnung gemäß nachweisbaren, eindeutigen, quantitativen Zusammenhängen zwischen Kosten und Leistungen gemeint. Solche Zusammenhänge sind nach Menrad nachweisbar, wenn die Menge des leistungsverbundenen Güterverbrauchs eindeutig erfasst und der Wert je Verbrauchsmengeneinheit zweifelsfrei festgestellt werden kann. Die genaue Erfassung der Menge bedinge Homogenität des Gutes bezüglich der Einheiten des verwendeten Maßstabs. Sie verlange ferner beliebige Teilbarkeit des betreffenden Gutes oder den Verbrauch von einer beliebigen Zahl jeweils ganzer Stücke. Die Bewertung der Mengen werde bei solchen Gütern meist anhand von Preisen erfolgen können, die am Markt bezahlt werden oder bezahlt wurden. Schwierigkeiten entstünden jedoch, wenn sich das Entgelt, von dem der Wertansatz hergeleitet wird, nicht proportio-

---

[1] Vgl. Koch, Helmut: Die Ermittlung der Durchschnittskosten als Grundprinzip der Kostenrechnung, S. 303 ff.

[2] Vgl. Heinen, Edmund: Reformbedürftige Zuschlagskalkulation, S. 4.

[3] Vgl. Menrad, Siegfried: Die Problematik der Kostenzurechnung, S. 488 ff.; Menrad, Siegfried: Rechnungswesen, S. 62 ff.

III. Die produktbezogene und teilweise stückbezogene Kostenrechnung

nal zur Gütermenge ändere, wenn z. B. ein pauschales Entgelt oder ein Mengenrabatt vereinbart worden sei.

Die Verteilungsverfahren beziehen sich auf Gemeinkosten. Eine isomorphe Abbildung des leistungsverbundenen Güterverbrauchs scheidet hier nach Menrad aus. Wenn eine Verteilung der Kosten für erforderlich gehalten werde, erfolge sie proportional zu Hilfsgrößen, die für die jeweiligen Bezugsgrößen durch Messung, Zählung oder Errechnung festgestellt oder aufgrund bestimmter Annahmen festgelegt würden. Bei diesen Hilfsgrößen handle es sich um Abschreibungssätze u. ä. zur Errechnung von Zeitraumgemeinkosten, um Verteilungs- oder Umlageschlüssel für die Errechnung von Gemeinkosten für Produktionsphasen, um Äquivalenzziffern und Zuschlagsgrundlagen zur Kalkulation von Trägergemeinkosten. Menrad nennt sie zusammenfassend Schlüssel. Im Übrigen handle es sich hierbei nicht mehr um Kostenermittlung, sondern um Kostenauswertung.

Aus diesen Ausführungen ergibt sich allerdings, dass nur ein kleiner Teil der Kosten nach den Abbildungsverfahren den Kostenträgern zugerechnet werden kann und dass für den überwiegenden Teil der Kosten allenfalls die Verteilungsverfahren bleiben, wenn sie überhaupt den Kostenträgern zugerechnet werden sollen.

13) Mit dem **Kostentragfähigkeitsprinzip**[1] ist gemeint, dass die Kosten auf die Kostenträger entsprechend deren Tragfähigkeit verrechnet werden, d. h. dass diejenigen Kostenträger am stärksten mit Kosten belastet werden, die die Kosten am leichtesten tragen können.

Ein Vorgehen nach diesem Prinzip wird in der Literatur zur Teilkostenrechnung vorgeschlagen, wenn ausnahmsweise die Fixkosten bzw. die Gemeinkosten auf die Kostenträger verrechnet werden sollen. Den Maßstab für die Tragfähigkeit hätten in diesem Fall die Bruttogewinne bzw. die Deckungsbeiträge zu bilden. Unseres Erachtens könnten nach diesem Prinzip ebenso gut die variablen Kosten auf die Kostenträger verrechnet werden. Den Maßstab für die Tragfähigkeit müssten in diesem Fall die Preise bzw. Erlöse bilden. Dies geschieht zum Teil auch, wenn Kuppelproduktion vorliegt.

Berücksichtigt man allerdings die Preise oder die Deckungsbeiträge bereits bei der Verrechnung der Kosten auf die Kostenträger, vermischt man Kosten und Preise. Die ermittelten Größen haben nicht mehr eindeutig Kostencharakter. Es liegt keine reine Kostenrechnung vor und es wäre widersinnig, eine solche Rechnung anschließend noch für preispolitische Zwecke einsetzen zu wollen. Daher kann das Kostentragfähigkeitsprinzip nur bedingt als ein Kostenrechnungsprinzip anerkannt werden.

---

[1] Vgl. Heinhold, Michael: Kosten- und Erfolgsrechnung in Fallbeispielen, S. 266; Hummel, Siegfried/ Männel, Wolfgang: Kostenrechnung 2, S. 37 (Autor: Männel).

1.3. Fehlentscheidungen

1) Die in der Vollkostenrechnung vorgenommene Verrechnung der Fixkosten auf die Kostenträger wird weiterhin kritisiert, weil sie zu Fehlentscheidungen führe.[1]

2) Als typische Fehlentscheidungen aufgrund von Vollkostenrechnungen werden genannt:

   a) Ablehnung eines Verlustauftrags,
   b) Nichtbelieferung eines Verlustkunden,
   c) Nichtbelieferung eines Verlustabsatzgebietes,
   d) Eliminierung eines Verlustprodukts,
   e) Einstellung einer Verlustproduktion,
   f) marktkonträre Preisstellung.

3) Als Beispiel einer Fehlentscheidung über einen Auftrag führt Mellerowicz an:[2] Ein unterbeschäftigter Betrieb erhält die Anfrage, ob er einen Auftrag über die Produktion von 100 ME eines Produkts zum Preis von 1,00 €/ME zu übernehmen bereit ist. Bei einer Vorkalkulation ergeben sich Vollkosten in Höhe von 1,10 €/ME. Der Auftrag wird abgelehnt. Eine Teilkostenrechnung zeigt jedoch, dass die proportionalen/variablen Kosten 0,90 €/ME betragen. Bei Übernahme des Auftrags würde also noch mit 0,10 €/ME zur Deckung der ohnehin anfallenden Fixkosten beigetragen werden. Daher sei es falsch, den Auftrag abzulehnen.

Kritisch ist zu diesem Beispiel von Mellerowicz zu sagen, dass hierbei von einem einzelnen Auftrag ausgegangen wird. Ferner wird unterstellt, dass der Preis gegeben ist, also vom produzierenden Betrieb nicht beeinflusst werden kann. Schließlich wird Unterbeschäftigung des produzierenden Betriebs angenommen. Ob einer unter solchen Umständen geeigneten Kostenrechnung Allgemeingültigkeit zuerkannt werden kann, ist jedoch zweifelhaft.

4) Entsprechend wie von Mellerowicz bezüglich eines Verlustauftrags wird in der Literatur zur Teilkostenrechnung bezüglich eines Verlustkunden, eines Verlustabsatzgebietes, eines Verlustprodukts und einer Verlustproduktion argumentiert.

5) Als Beispiel einer falschen Preisstellung führt Riebel an:[3] Ein Monopolist ist von rückläufiger Konjunktur und Unterbeschäftigung betroffen. Da er sich einer Vollkostenrechnung bedient, entfällt ein höherer Betrag an Fixkosten auf eine

---

[1] Vgl. Plaut, Hans-Georg: Die Grenz-Plankostenrechnung, S. 347 ff.; Plaut, Hans-Georg: Die Grenz-Plankostenrechnung, S. 25 ff.; Plaut, Hans-Georg: Unternehmenssteuerung mit Hilfe der Voll- oder Grenzplankostenrechnung, S. 460 ff.; Kilger, Wolfgang/ Pampel, Jochen/ Vikas, Kurt: Flexible Plankostenrechnung und Deckungsbeitragsrechnung, S. 59 f.

[2] Vgl. Mellerowicz, Konrad: Neuzeitliche Kalkulationsverfahren, S. 75.

[3] Vgl. Riebel, Paul: Einzelkosten- und Deckungsbeitragsrechnung. S. 211 f.

Mengeneinheit als bisher. Er fordert deswegen höhere Preise, als sie der Markt zu geben bereit ist. Dadurch gehen die Nachfrage nach seinen Produkten und seine Beschäftigung noch mehr zurück. Bei der Art seiner Kostenrechnung entfällt nunmehr ein noch höherer Betrag an Fixkosten auf eine Mengeneinheit. Er erhöht wiederum die Preise. Fährt er auf diese Weise fort, kann er sich aus dem Markt kalkulieren. Wenn sich umgekehrt ein Monopolist einer zunehmenden Konjunktur und Beschäftigung gegenüber sieht, entfällt bei einer Vollkostenrechnung ein niedrigerer Betrag an Fixkosten auf eine Mengeneinheit als bisher. Er verlangt deswegen niedrigere Preise, als sie der Markt zu geben bereit ist und als sie zur Kompensation der Gewinnausfälle der vorhergehenden Konjunktur- und Beschäftigungsphase erforderlich sind.

Kritisch ist zu diesem Beispiel zu sagen, dass hierbei jeweils eine rein kostenorientierte Preispolitik unterstellt wird, eine Preispolitik, die die Nachfrageverhältnisse außer Acht lässt. Insofern wird mit diesem Beispiel mehr auf die Gefahren einer bestimmten Art der Preispolitik als auf die Gefahren einer bestimmten Art der Kostenrechnung aufmerksam gemacht.

1.4. Fehlbewertungen

1) Die in der Vollkostenrechnung vorgenommene Verrechnung der Fixkosten auf die Kostenträger wird schließlich kritisiert, weil sie zu Fehlbewertungen der Bestände an fertigen und unfertigen Erzeugnissen sowie der selbst erstellten Sachanlagen in der Handels- und Steuerbilanz führe.[1]

2) Die Bewertung mit vollen Kosten würde dem Verursachungsprinzip und damit dem Prinzip der Bilanzwahrheit sowie dem Realisationsprinzip widersprechen. Zudem vermeide man bei Bewertung mit variablen Kosten die Aktivierung von Kosten der Unterbeschäftigung und erreiche man ein erfolgsneutrales Verhalten von Bestandsänderungen.

3) Ohne auf diese Argumente jetzt schon einzugehen, sei hier grundsätzlich festgestellt, dass die für den Zweck der Bewertung von Vermögensgegenständen ermittelten Kosten in jedem Fall der Überprüfung durch Stichtagswerte, d. h. durch Veräußerungswerte, bedürfen. Sind die Stichtagswerte niedriger als die Kosten, müssen die Stichtagswerte angesetzt werden. Damit wird eine Überbewertung vermieden und den Bilanzierungsprinzipien genüge getan.

---

[1] Vgl. Albach, Horst: Bewertungsprobleme des Jahresabschlusses nach dem Aktiengesetz 1965, in: BB 1966, S. 377 ff.; Layer, Manfred: Die Herstellkosten der Deckungsbeitragsrechnung und ihre Verwendbarkeit in Handelsbilanz und Steuerbilanz für die Bewertung unfertiger und fertiger Erzeugnisse, S. 131 ff.; Mellerowicz, Konrad: Neuzeitliche Kalkulationsverfahren, S. 127 f., S. 205 f.

2. Überblick über die Systeme der Teilkostenrechnung

1) Wie sich schon aus der Art der an der Vollkostenrechnung geübten Kritik erkennen lässt, werden zwei grundsätzlich verschiedene Teilkostenrechnungssysteme vorgeschlagen:

a) eine Teilkostenrechnung, bei welcher nur die variablen Kosten auf die Mengeneinheiten der Produkte verrechnet werden und

b) eine Teilkostenrechnung, bei welcher nur die Einzelkosten auf die Mengeneinheiten der Produkte verrechnet werden.

2) Innerhalb der Teilkostenrechnung auf der Grundlage der variablen Kosten werden wiederum zwei Systeme vertreten:

a) eine Teilkostenrechnung, bei welcher die nicht auf die Mengeneinheiten der Produkte verrechneten Fixkosten global, als Block behandelt werden;

b) eine Teilkostenrechnung, bei welcher die nicht auf die Mengeneinheiten der Produkte verrechneten Fixkosten differenziert behandelt und Schicht für Schicht, Stufe für Stufe verrechnet werden.

3) Innerhalb der Teilkostenrechnung auf der Grundlage der Einzelkosten sind ähnliche Systeme denkbar:

a) eine Teilkostenrechnung, bei welcher die nicht auf die Mengeneinheiten der Produkte verrechneten Gemeinkosten global, als Block behandelt werden;

b) eine Teilkostenrechnung, bei welcher die nicht auf die Mengeneinheiten der Produkte verrechneten Gemeinkosten differenziert behandelt und auf verschiedene Objekte bezogen werden.

4) Insgesamt sind also vier Teilkostenrechnungssysteme zu unterscheiden. Vgl. auch Abbildung 44.

5) Von diesen Systemen ist das unter 2 a) Genannte weitgehend in der angloamerikanischen Literatur entwickelt worden. Es wird in der britischen Literatur als Marginal Costing, im amerikanischen Schrifttum als Direct Costing bezeichnet.[1] Im deutschen Sprachraum ist zum Teil ebenfalls von Direct Costing die Rede. Zum Teil wird die wörtliche Übersetzung "Direktkostenrechnung" gebraucht, die missverständlich ist, denn mit direkt zurechenbaren Kosten sind sonst in der deutschen Literatur Einzelkosten gemeint, mit nicht direkt zurechenbaren Kosten Gemeinkosten. Besser wäre die Bezeichnung der Variabelkostenrechnung. Auch Bezeichnungen wie "Proportionalkostenrechnung" und "Grenzkostenrechnung" wurden vorgeschlagen. Hier soll der amerikanische Begriff des Direct Costing verwendet werden. Das unter 2 b) genannte Kostenrechnungssystem ist von Agthe und Mellerowicz als stufenweise Fixkostendeckungsrechnung be-

---

[1] Vgl. Lawrence, Frederick Charles/ Humphreys, Edward Newland: Marginal Costing; Heine, Peter: Direct Costing, eine angloamerikanische Teilkostenrechnung, S. 515 ff.

III. Die produktbezogene und teilweise stückbezogene Kostenrechnung 141

zeichnet worden.[1] Das unter 3 a) genannte Kostenrechnungssystem wird in der Literatur nicht vertreten. Das unter 3 b) genannte Kostenrechnungssystem ist von Riebel entwickelt und als Einzelkosten- und Deckungsbeitragsrechnung bezeichnet worden.[2]

6) Die drei in der Literatur vertretenen Teilkostenrechnungssysteme sollen nun im Folgenden in ihren Grundzügen dargestellt und beurteilt werden.

Abbildung 44:
Überblick über die Systeme der Teilkostenrechnung

1. Teilkostenrechnung auf der Grundlage von variablen Kosten   1.1. mit globaler Fixkostenbehandlung   (= einfaches Direct Costing)   1.2. mit differenzierender Fixkostenbehandlung   (= stufenweise Fixkostendeckungsrechnung)
2. Teilkostenrechnung auf der Grundlage von Einzelkosten   2.1. mit globaler Gemeinkostenbehandlung   2.2. mit differenzierender Gemeinkostenbehandlung   (= Riebel'sche Einzelkosten- und Deckungsbeitragsrechnung)

3. Das Direct Costing

3.1. Rechenschema des Direct Costing

1) Um gleich eine Vorstellung vom Wesentlichen zu geben, wollen wir die grundsätzliche Vorgehensweise, das Rechenschema des jeweiligen Teilkostenrechnungssystems darstellen, bevor wir auf Detailfragen eingehen.

---

[1] Vgl. Agthe, Klaus: Stufenweise Fixkostendeckung im System des Direct Costing, S. 404 ff.; Mellerowicz, Konrad: Kosten und Kostenrechnung, Bd. 2.2, S. 176 f.

[2] Vgl. Riebel, Paul: Einzelkosten- und Deckungsbeitragsrechnung, S. 36 f.

2) Für das Direct Costing[1] ist das umgekehrte Vorgehen wie bei einer Vollkostenrechnung typisch: **eine retrograde statt einer progressiven Kalkulation**. Das heißt, dass man vom Preis pro Mengeneinheit bzw. von den gesamten Erlösen des Produkts ausgeht und davon die Kosten subtrahiert.

3) Zunächst werden die **variablen Kosten** pro Mengeneinheit bzw. die gesamten variablen Kosten des Produkts subtrahiert: entweder in einem Betrag oder in mehreren Beträgen, differenziert nach Materialkosten, Fertigungskosten, Vertriebskosten.

Werden die variablen Kosten in einem Betrag abgezogen, erhält man einen Saldo, der gelegentlich als Nettoerlös oder Bruttogewinn, häufig als **Deckungsbeitrag** bezeichnet wird. Mit Deckungsbeitrag ist der Beitrag zur Deckung der Fixkosten sowie zur Erzielung eines Gewinns gemeint. Besser wäre es, von einem Überschuss über die variablen Kosten zu sprechen.

Werden die variablen Kosten in mehreren Beträgen abgesetzt, erhält man mehrere Salden: einen Deckungsbeitrag 1, einen Deckungsbeitrag 2 etc.

4) Anschließend werden die **Fixkosten** subtrahiert, bei einem Einproduktbetrieb vom Deckungsbeitrag des Produkts, bei einem Mehrproduktbetrieb von der Summe der Deckungsbeiträge der einzelnen Produkte. Als Differenz erhält man den Gewinn (der im Unterschied zum vorher erwähnten Bruttogewinn auch als Nettogewinn bezeichnet wird) oder den Verlust. Stattdessen ließe sich auch vom positiven oder negativen Betriebsergebnis sprechen.

5) Zu dieser Vorgehensweise vgl. die Zahlenbeispiele in den Abbildungen 45 und 46.

Um die Unterschiede zur Vollkostenrechnung zu verdeutlichen, werden auch für diese entsprechende Beispiele gebracht. Vgl. Abbildungen 47 und 48.

6) Die Vorgehensweise des Direct Costing versucht man auch algebraisch durch eine Gleichung zu veranschaulichen, die als Grundgleichung des Direct Costing bezeichnet wird (vgl. Abbildung 49).

Um wiederum die Unterschiede zur Vollkostenrechnung deutlich zu machen, sollen auch für diese entsprechende Gleichungen gebracht werden (vgl. Abbildungen 50 und 51).

---

[1] Vgl. Hahn, Dietger: Direct Costing und die Aufgaben der Kostenrechnung, Teil 1, S. 221 ff. und Teil 2, S. 8 ff.; Hummel, Siegfried/ Männel, Wolfgang: Kostenrechnung, Bd. 2, S. 39 ff. (Autor: Männel); Kilger, Wolfgang/ Pampel, Jochen/ Vikas, Kurt: Flexible Plankostenrechnung und Deckungsbeitragsrechnung, S. 63 ff.; Moews, Dieter: Zur Aussagefähigkeit neuerer Kostenrechnungsverfahren; Weber, Karl: Direct Costing, S. 479 ff.

III. Die produktbezogene und teilweise stückbezogene Kostenrechnung 143

Abbildung 45:
Beispiel einer Produkt- und Betriebsergebnisrechnung nach dem Direct Costing, summarisches Vorgehen

	Produkte				
	A	B	C	D	gesamt
Preis	5,00	2,00	8,00	1,00	
- variable Kosten/ME	2,40	1,55	3,20	0,60	
= Deckungsbeitrag/ME	2,60	0,45	4,80	0,40	
* Absatzmenge bzw. Produktionsmenge	10.000	20.000	5.000	30.000	
= Deckungsbeitrag/Produkt	26.000	9.000	24.000	12.000	71.000
- fixe Kosten					62.000
= Gewinn					9.000

Abbildung 46:
Beispiel einer Produkt- und Betriebsergebnisrechnung nach dem Direct Costing, differenziertes Vorgehen in Umkehrung des Kalkulationsschemas

	Produkte				
	A	B	C	D	gesamt
Preis	5,00	2,00	8,00	1,00	
- variable Vertriebskosten/ME	0,05	0,10	0,30	0,06	
= Deckungsbeitrag 1 / ME	4,95	1,90	7,70	0,94	
- variable Fertigungskosten/ME	0,85	0,75	1,10	0,23	
= Deckungsbeitrag 2 / ME	4,10	1,15	6,60	0,71	
- variable Materialkosten/ME	1,50	0,70	1,80	0,31	
= Deckungsbeitrag 3 / ME	2,60	0,45	4,80	0,40	
* Absatzmenge bzw. Produktionsmenge	10.000	20.000	5.000	30.000	
= Deckungsbeitrag/Produkt	26.000	9.000	24.000	12.000	71.000
- fixe Kosten					62.000
= Gewinn					9.000

Abbildung 47:
Beispiel einer Produkt- und Betriebsergebnisrechnung nach der globalen Vollkostenrechnung

	Produkte				
	A	B	C	D	gesamt
Preis	5,00	2,00	8,00	1,00	
- Kosten/ME	4,90	2,25	6,00	0,90	
= Gewinn bzw. Verlust/ME	0,10	- 0,25	2,00	0,10	
* Absatzmenge bzw. Produktionsmenge	10.000	20.000	5.000	30.000	
= Gewinn bzw. Verlust/ Produkt und insgesamt	1.000	- 5.000	10.000	3.000	9.000

Abbildung 48:
Beispiel einer Produkt- und Betriebsergebnisrechnung entsprechend einer nach variablen und fixen Kosten differenzierenden Vollkostenrechnung

	Produkte				
	A	B	C	D	gesamt
Preis	5,00	2,00	8,00	1,00	
- Kosten/ME	4,90	2,25	6,00	0,90	
davon variable Kosten	2,40	1,55	3,20	0,60	
davon fixe Kosten	2,50	0,70	2,80	0,30	
= Gewinn bzw. Verlust/ME	0,10	- 0,25	2,00	0,10	
* Absatzmenge bzw. Produktionsmenge	10.000	20.000	5.000	30.000	
= Gewinn bzw. Verlust/ Produkt und insgesamt	1.000	- 5.000	10.000	3.000	9.000

Abbildung 49:
Algebraische Gewinnermittlung nach dem Direct Costing

---

1. im Einproduktbetrieb:

(sog. Grundgleichung des Direct Costing)

$$\begin{aligned} G &= p * m - k_v * m - K_f \\ &= (p - k_v) * m - K_f \\ &= d * m - K_f \end{aligned}$$

2. im Mehrproduktbetrieb:

$$\begin{aligned} G &= p_A * m_A - k_{vA} * m_A + p_B * m_B - k_{vB} * m_B - K_f \\ &= (p_A - k_{vA}) * m_A + (p_B - k_{vB}) * m_B - K_f \\ &= d_A * m_A + d_B * m_B - K_f \end{aligned}$$

Legende:
G = Gewinn [€/Periode]
p = Preis [€/ME]
m = Produktions- und Absatzenge [ME]
k_v = variable Kosten [€/ME]
K_f = fixe Kosten [€/Periode]
d = Deckungsbeitrag [€/ME]
i = Produkt A, B

Abbildung 50:
Algebraische Gewinnermittlung nach der globalen Vollkostenrechnung im Mehrproduktbetrieb

---

$$G = p_A * m_A - k_A * m_A + p_B * m_B - k_B * m_B$$

wobei:
$$k_A = k_{vA} + \frac{K_{faA}}{m_A}$$

$$k_B = k_{vB} + \frac{K_{faB}}{m_B}$$

Legende:
G = Gewinn [€/Periode]
p_i = Preis von Produkt i [€/ME]
m_i = Produktions- und Absatzenge von Produkt i [ME]
k_i = Selbstkosten von Produkt i [€/ME]
k_{vi} = variable Kosten von Produkt i [€/ME]
K_{fai} = anteilige Fixkosten von Produkt i [€/ME]
i = Produkt A, B

Abbildung 51:
Algebraische Gewinnermittlung entsprechend einer nach variablen und fixen Kosten differenzierenden Vollkostenrechnung im Mehrproduktbetrieb

$$G = p_A * m_A - k_{vA} - \frac{K_{faA}}{m_A} + p_B - k_{vB} * m_B - \frac{K_{faB}}{m_B}$$

Legende:
G = Gewinn [€/Periode]
p_i = Preis von Produkt i [€/ME]
m_i = Produktions- und Absatzenge von Produkt i [ME]
k_{vi} = variable Kosten von Produkt i [€/ME]
K_{fai} = anteilige Fixkosten von Produkt i [€/ME]
i = Produkt A, B

3.2. Unterscheidung zwischen variablen und fixen Kosten

1) Die spezifische Voraussetzung für die Durchführung einer Kostenrechnung nach dem Direct Costing stellt die Einteilung in variable und fixe Kosten dar, die im Rahmen der üblichen Vollkostenrechnung unterbleibt. Daher ist zu fragen, was soll unter variablen bzw. fixen Kosten verstanden werden, welche Kostenarten sollen als variabel bzw. fix eingestuft werden?[1]

2) Die variablen Kosten könnte man generell erklären als veränderliche, von Periode zu Periode in unterschiedlicher Höhe anfallende Kosten, die fixen Kosten als feststehende, unveränderliche, stets in gleicher Höhe anfallende Kosten. Aber diese Erklärung hat nur einen geringen Wert; sie bedarf der Präzisierung dadurch, dass die Einteilung in variable und fixe Kosten auf ein bestimmtes Kriterium bezogen wird.

3) Das im Rahmen des Direct Costing übliche Kriterium für die Einteilung in variable und fixe Kosten bildet die Beschäftigung. Mit den variablen Kosten sind also die von der Beschäftigung abhängigen Kosten, mit den fixen Kosten die von der Beschäftigung unabhängigen Kosten gemeint.[2]

Da hierbei auf das Verhalten der Kosten bei Beschäftigungsänderungen abgestellt wird, wollen wir von Verhaltenskostenarten sprechen, im Unterschied zu den Kostengüterarten sowie zu den Verrechnungskostenarten der Zuschlagskosten-

---

[1] Vgl. Hummel, Siegfried: Fixe und variable Kosten - Zwei häufig mißverstandene Grundbegriffe der Kostenrechnung, S. 63 ff.; Kürpick, Heinrich: Die Lehre von den fixen Kosten; Munzel, Gerhard: Die fixen Kosten in der Kostenträgerrechnung, S. 58 f.; Schäfer, Erich: Vom Wesen fixer Kosten, S. 187 ff.; Weber, Helmut Kurt: Einzel- und Gemeinkosten sowie variable und fixe Kosten, S. 53 ff.; Weber, Jürgen: Variable und fixe Kosten, S. 393 ff.

[2] Vgl. Hummel, Siegfried/ Männel, Wolfgang: Kostenrechnung, Bd. 1, S. 51 (Autor: Hummel).

rechnung, den Einzelkosten und Gemeinkosten. Die genannten Verhaltenskostenarten werden im Rahmen des Direct Costing zu Verrechnungskostenarten.

4) Was soll nun wieder unter der Beschäftigung verstanden, wie soll sie gemessen werden? Mit der **Beschäftigung** ist im Allgemeinen die Ausnutzung oder Auslastung der Kapazität gemeint, mit der **Kapazität** die Leistungsfähigkeit, das Leistungsvermögen, das Leistungspotential des Betriebs.[1]

5) Beschäftigung und Kapazität sind also mit Hilfe der gleichen Größe zu messen. Grundsätzlich kommen dafür in Betracht:[2]

a) input-Größen, Einsatzgrößen, produktionsfaktorbezogene Größen, wie
- Verbrauch von Roh-, Hilfs- und Betriebsstoffen der Menge nach,
- Verbrauch von Roh-, Hilfs- und Betriebsstoffen dem Werte nach,
- Zahl der Maschinen,
- Wert der Maschinen,
- Maschinenstunden,
- Abschreibungen von Maschinen,
- Zahl der Beschäftigten,
- Beschäftigtenstunden,
- Löhne und Gehälter;

b) output-Größen, Ausbringungsgrößen, produktbezogene Größen, wie
- Produktionsmenge,
- Bruttoproduktionswert,
- Nettoproduktionswert,
- Wertschöpfung,
- Absatzmenge,
- Umsatzerlöse.

6) Welche der genannten Maßgrößen soll im vorliegenden Zusammenhang gewählt werden?

Da im Rahmen des Direct Costing die beschäftigungsvariablen Kosten auf die Mengeneinheiten der Produkte verrechnet werden, würde die Beschäftigung am besten anhand der jeweiligen Produktmengen gemessen werden. Aber dies ist selbst im Einproduktbetrieb nur dann ohne weiteres möglich, wenn die Produktionsmenge und die Absatzmenge der jeweiligen Periode übereinstimmen (andernfalls bedarf es zweier Beschäftigungsmaßstäbe: der Produktionsmen-

---

[1] Vgl. Betge, Peter: Kapazität und Beschäftigung, Sp. 852 ff.; Weber, Helmut Kurt: Industriebetriebslehre, S. 169 ff.

[2] Vgl. Kern, Werner: Die Messung industrieller Fertigungskapazitäten und ihrer Ausnutzung, S. 156 f.; Weber, Helmut Kurt: Industriebetriebslehre, S. 169 ff.

ge für die variablen Herstellkosten bzw. Produktionskosten, der Absatzmenge für die variablen Vertriebskosten) sowie wenn der Produktionsanteil am Produkt in der jeweiligen Periode unverändert bleibt.

Im Mehrproduktbetrieb können die Produktmengen nur herangezogen werden, wenn die zusätzliche Bedingung eines gleich bleibenden Mengenverhältnisses zwischen den Produkten erfüllt ist. Andernfalls müssten die Produktmengen bewertet werden. Dafür kommen entweder Kosten oder Preise in Betracht. Würde man die Produktmengen mit Hilfe von Preisen bewerten, wäre eine solche Kostenrechnung für preispolitische Zwecke nicht mehr brauchbar.

Zur Bewertung der Produktmengen mit Hilfe von Kosten kommen entweder Vollkosten oder Teilkosten in Betracht. Die Vollkosten schließen die fixen Kosten, d. h. die beschäftigungsunabhängigen, Kosten ein; sie sind also zur Gewinnung eines Beschäftigungsmaßstabs nicht geeignet. Teilkosten im Sinne der variablen Kosten erhält man erst, wenn man einen Beschäftigungsmaßstab gefunden hat. Man könnte allenfalls Kosten, die eindeutig variabel sind, wie Materialeinzelkosten und Fertigungseinzelkosten, zur Messung der Beschäftigungsabhängigkeit der entsprechenden Gemeinkosten heranziehen.

Andernfalls bleibt nur noch, solche Einsatzgrößen wie Maschinenstunden oder Beschäftigtenstunden zur Messung der Beschäftigungsabhängigkeit jeweils von bestimmten Kosten, wie der Betriebsstoffkosten, der Hilfslöhne und Gehälter heranzuziehen. Verwendet man allerdings mehrere, noch dazu recht verschiedenartige Beschäftigungsmaßstäbe, entstehen Zweifel, ob die Beschäftigungsabhängigkeit der Kosten jeweils noch das Gleiche bedeutet.

7) Was die Abhängigkeit der Kostenbeträge einzelner Kostengüterarten von der Beschäftigung angeht, so werden in der allgemeinen betriebswirtschaftlichen Literatur eine Reihe von Fällen unterschieden:[1]

a) bei zunehmender Beschäftigung nehmen die Kosten der Gesamtbeschäftigung bei einer Kostengüterart proportional zur Beschäftigung zu, was konstante Kosten pro Beschäftigungseinheit bedeutet;

b) bei zunehmender Beschäftigung nehmen die Kosten der Gesamtbeschäftigung überproportional zu, was leicht progressiv steigende Kosten pro Beschäftigungseinheit bedeutet;

c) bei zunehmender Beschäftigung nehmen die Kosten der Gesamtbeschäftigung unterproportional zu, was leicht degressiv fallende Kosten pro Beschäftigungseinheit bedeutet;

d) bei geringen Beschäftigungszunahmen bleiben die Kosten der Gesamtbeschäftigung unverändert, bei größeren Beschäftigungszunahmen steigen sie ruckartig an (= sprungfixe, stufenfixe, intervallfixe Kosten), was gebrochen degressive Kosten pro Beschäftigungseinheit bedeutet;

---

[1] Vgl. Kosiol, Erich: Kosten- und Leistungsrechnung, S. 31 ff.; Mellerowicz, Konrad: Kosten und Kostenrechnung, Bd. 1, S. 285 f.; Schäfer, Erich: Die Unternehmung, S. 175 f.; Schmalenbach, Eugen: Kostenrechnung und Preispolitik, S. 47 ff.

III. Die produktbezogene und teilweise stückbezogene Kostenrechnung   149

e) bei Beschäftigungszunahmen bleiben die Kosten der Gesamtbeschäftigung unverändert (= absolut fixe Kosten), was stark degressive Kosten pro Beschäftigungseinheit bedeutet.

8) Inwieweit diese Fälle realistisch sind, muss hier dahingestellt bleiben. Alle ließen sich in der laufend durchgeführten Kostenrechnung ohnehin nicht berücksichtigen, ein Teil müsste Sonderrechnungen vorbehalten bleiben.

Das Direct Costing unterscheidet nur die Fälle a) und f), d. h. proportionale Veränderlichkeit der Kosten bei Beschäftigungsänderungen und Unveränderlichkeit der Kosten bei Beschäftigungsänderungen. Im Fall a) wird aber nicht von proportionalen, sondern ungenau von variablen Kosten gesprochen, im Fall f) von fixen Kosten.

9) Welche Kostenarten sind nun als variabel, welche als fix einzustufen? Bei Anwendung des Direct Costing im deutschsprachigen Raum wird auf die Kostenkategorien der Zuschlagskostenrechnung Bezug genommen.

Die Einzelkosten werden durchweg als variabel angesehen, so die Materialeinzelkosten und die Fertigungseinzelkosten. Manche Gemeinkosten werden ebenfalls als variabel eingestuft, so die Hilfsstoffkosten. Viele Gemeinkosten werden als fix eingestuft, so unter den Fertigungsgemeinkosten die Abschreibungen, die Mieten und Pachten, die Gehälter.

Eine Reihe von Gemeinkosten gelten als gemischte Kostenarten, die teils fix, teils variabel seien, so unter den Fertigungsgemeinkosten die Betriebsstoffkosten und die Hilfslöhne. Diese gemischten Kostenarten bedürfen der Aufspaltung, der Auflösung in ihre fixen und variablen Bestandteile. Dafür sind in der Betriebswirtschaftslehre unabhängig vom Direct Costing mehrere Verfahren[1] vorgeschlagen worden, die hier jeweils anhand eines Beispiels kurz dargestellt seien.

Kostenauflösung mit Hilfe des proportionalen Satzes von Schmalenbach

Für die gemischte Kostengüterart "Betriebsstoffe" wurden in der Vergangenheit zwei unterschiedliche Kostenbeträge (3.000 und 2.200 €) für zwei unterschiedliche Beschäftigungsgrade (1.000 Maschinenstunden = 100 % und 600 Maschinenstunden = 60 %) ermittelt. Die Veränderung der Kostenbeträge (800 €) wird durch die Veränderung der Beschäftigungsgrade (400 Maschinenstunden bzw. 40 %) dividiert, was den sog. proportionalen Satz von Schmalenbach[2] ergibt (2 € pro Maschinenstunde bzw. 2 € pro Beschäftigungsgrad). Dieser wird mit einem der beiden Beschäftigungsgrade multipliziert (hier mit 1.000 Maschinenstunden bzw. 100 %), was die proportionalen Kosten bei dieser Beschäftigung ergibt (2.000 €). Stellt man diese den gesamten Kosten bei der gewählten Beschäftigung gegenüber (3.000 €), erhält man als Differenz die Fixkosten (hier von 1.000 €). Vgl. Abbildung 52.

---

[1] Vgl. Kilger, Wolfgang/ Pampel, Jochen/ Vikas, Kurt: Flexible Plankostenrechnung und Deckungsbeitragsrechnung, S. 273 ff.; Schmalenbach, Eugen: Kostenrechnung und Preispolitik, S. 77 ff.

[2] Vgl. Schmalenbach, Eugen: Kostenrechnung und Preispolitik, S. 77 ff.

Kritisch ist zu dieser Methode zu sagen, dass sie sich nur auf zwei Beobachtungswerte stützt und daher Zufälligkeiten stark unterliegt. Im Übrigen unterstellt sie wie das Direct Costing einen linearen Kostenverlauf.

Abbildung 52:
Kostenauflösung mit Hilfe des proportionalen Satzes von Schmalenbach

1. Ausgangsdaten:

Monat	Beschäftigung in Maschinenstunden	Beschäftigungsgrad in %	Betriebsstoffkosten in €
Juli	1.000	100	3.000
September	600	60	2.200

2. Berechnung des proportionalen Satzes:

$$\frac{3.000 - 2.200}{1.000 - 600} = \frac{800}{400} = 2,00 \text{ €/Maschinenstunde}$$

3. Berechnung der proportionalen (variablen) Kosten:

1.000 Maschinenstunden * 2,00 €/Maschinenstunde = 2.000,00 € (Juli)
600 Maschinenstunden * 2,00 €/Maschinenstunde = 1.200,00 € (September)

4. Berechnung der fixen Kosten:

3.000,00 € - 2.000,00 € = 1.000,00 € (Juli)
2.200,00 € - 1.200,00 € = 1.000,00 € (September)

Kostenauflösung mit Hilfe der High Point-Low Point-Methode

Für die gleiche gemischte Kostenart "Betriebsstoffe" wurde in der Vergangenheit eine Reihe von unterschiedlichen Kostenbeträgen bei unterschiedlichen Beschäftigungsgraden ermittelt. Aus diesen wählt man die beiden extremen Größenpaare aus und verfährt im Übrigen so wie nach dem Vorschlag von Schmalenbach. Vgl. Abbildung 53.

Kritisch ist zu dieser Methode zu sagen, dass sie lediglich zwei Beobachtungswerte auswählt und damit das zur Verfügung stehende Zahlenmaterial nur ungenügend ausnutzt.

Kritisch ist zu dieser Methode zu sagen, dass sie sich nur auf zwei Beobachtungswerte stützt und daher Zufälligkeiten stark unterliegt. Im Übrigen unterstellt sie wie das Direct Costing einen linearen Kostenverlauf.

Kritisch ist zu dieser Methode zu sagen, dass sie sich nur auf zwei Beobachtungswerte stützt und daher Zufälligkeiten stark unterliegt. Im Übrigen unterstellt sie wie das Direct Costing einen linearen Kostenverlauf.

Abbildung 53:
Kostenauflösung mit Hilfe der High Point-Low Point-Methode

1. Ausgangsdaten:

Monat	Beschäftigung in Maschinenstunden	Beschäftigungsgrad in %	Betriebsstoffkosten in €
Juli	1.000	100	3.000
August	400	40	1.200
September	600	60	2.200
Oktober	800	80	2.500
November	500	50	1.400
Dezember	200	20	1.000

2. Berechnung der variablen Kosten:

$$k_v = \frac{K_h - K_l}{m_h - m_l} = \frac{3.000 - 1.000}{1.000 - 200} = \frac{2.000}{800} = 2{,}50 \text{ €/Maschinenstunde}$$

3. Berechnung der fixen Kosten:

$$K_f = K_h - (k_v * m_h) = 3.000 - (2{,}50 * 1.000) = 500 \text{ €/Periode}$$

Legende:
k_v = variable Kosten [€/ME]
K_f = fixe Kosten [€/Periode]
K_h = höchste Gesamtkosten [€/Periode]
K_l = niedrigste Gesamtkosten [€/Periode]
m_h = höchste Beschäftigung [Std/Periode]
m_l = niedrigste Beschäftigung [Std/Periode]

Kostenauflösung mit Hilfe des Streupunktdiagramms

Es wurden die gleichen Kostenbeträge und Beschäftigungsgrade in der Vergangenheit ermittelt, wie vorher angegeben. Diese Werte werden in ein Koordinatenkreuz mit der Ordinate für die Kosten und der Abszisse für die Beschäftigung eingetragen. Durch die sich ergebende Punkteschar versucht man, eine Gerade in der Weise zu ziehen, dass die Abstände von den einzelnen Punkten möglichst gering bleiben, womit man einen linearen Kostenverlauf unterstellt. Der Schnittpunkt dieser sog. Ausgleichsgeraden mit der Ordinate gibt die Höhe der Fixkosten an (hier ca. 250 €). Die variablen Kosten bei einer bestimmten Beschäftigung (z. B. bei 500 Stunden) erhält man, indem man von den Kosten bei dieser Beschäftigung (hier 1.400 €) die Fixkosten (hier 250 €) abzieht (also 1.150 €). Die variablen Kosten pro Mengeneinheit entsprechen der Steigung der Geraden. Vgl. Abbildung 54.

Kritisch ist zu dieser Methode zu sagen, dass sie zwar alle Beobachtungswerte berücksichtigt, aber diese nur ungenau verwertet.

Abbildung 54:
Kostenauflösung mit Hilfe des Streupunktdiagramms

1. Ausgangsdaten:

Monat	Beschäftigung in Maschinenstunden	Beschäftigungsgrad in %	Betriebsstoffkosten in €
Juli	1.000	100	3.000
August	400	40	1.200
September	600	60	2.200
Oktober	800	80	2.500
November	500	50	1.400
Dezember	200	20	1.000

2. Graphische Darstellung der Kostenfunktion:

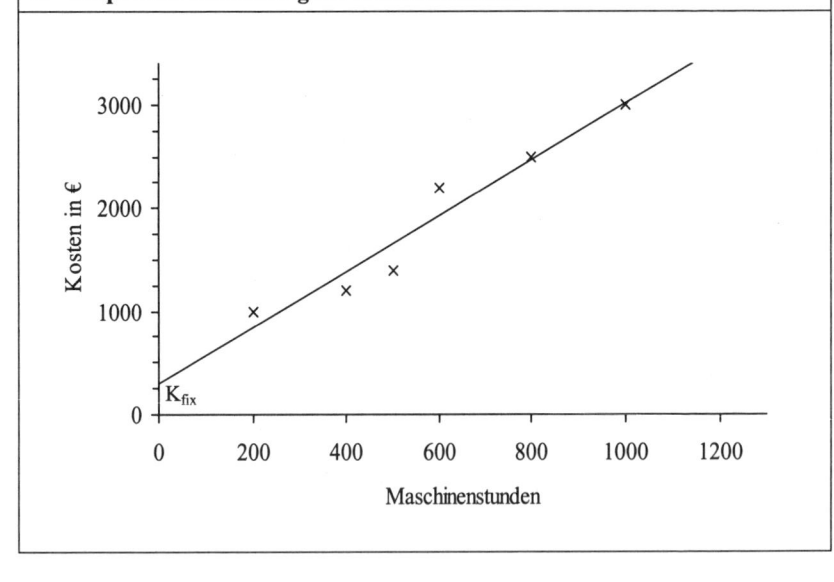

Kostenauflösung mit Hilfe der Korrelationsrechnung

Es wurden die gleichen Kostenbeträge und Beschäftigungsgrade in der Vergangenheit ermittelt, wie vorher angegeben. Da im Direct Costing ein linearer Kostenverlauf unterstellt wird, geht man von der Formel für den linearen Trend aus. Für diesen gelten nach der Methode der kleinsten Quadrate zwei Formeln, in die man die beobachteten Werte einsetzt. Durch Auflösung der beiden Gleichungen erhält man die Fixkosten (hier von 300 €) sowie die variablen Kosten pro Mengeneinheit (hier von 2,71 €). Vgl. Abbildung 55.

Zu dieser Methode ist zu sagen, dass sie das genaueste Ergebnis anhand des zur Verfügung stehenden Zahlenmaterials liefert. Es verbleiben jedoch etwaige Einwendungen gegen das Zahlenmaterial als solches, z. B. dass unter Umständen nicht genügend viele Beobachtungswerte zur Verfügung stehen, dass die Beobachtungswerte nicht zeitlich breit genug gestreut sind, dass die ermittelten Kostenbeträge den Beschäftigungsspielraum zwischen 0 % und 100 % nur ungenügend abdecken, dass die ermittelten Kostenbeträge nicht nur von Änderungen der Beschäftigung, sondern auch von Änderungen anderer Faktoren beeinflusst sind.

Buchtechnische oder planmäßige Kostenauflösung

Hierbei wird nicht die Kostenstruktur der Vergangenheit auf die Zukunft übertragen. Stattdessen sollen technisch-wirtschaftliche Analysen vorgenommen, d. h. bei der hier ausgewählten Kostenart "Betriebsstoffe" der Mindestverbrauch der Anlagen und der Verbrauch bei normaler Auslastung erforscht werden. Schmalenbach bezeichnet dieses Vorgehen als buchtechnische Kostenauflösung, Kilger als planmäßige Kostenauflösung.[1]

Kritisch ist dazu allerdings zu sagen, dass man auch bei technisch-wirtschaftlichen Analysen nicht ohne Erfahrungswerte auskommt. Daher empfiehlt es sich, diese Methode mit einer der vergangenheitsorientierten Methoden, am besten mit der Korrelationsrechnung, zu kombinieren.

3.3. Durchführung des Direct Costing

1) Nachdem das Rechenschema des Direct Costing sowie die Abgrenzung der variablen und fixen Kosten bereits dargestellt wurden, braucht zur Durchführung des Direct Costing nicht mehr viel gesagt zu werden.

2) Wenn solche Produktions- und Absatzverhältnisse vorliegen, dass eine Divisionskostenrechnung ausreicht, wird nicht die Summe aller Kosten, sondern nur die Summe der variablen Kosten durch die Mengeneinheiten dividiert. Die Fixkosten werden als Block behandelt.

---

[1] Vgl. Kilger, Wolfgang/ Pampel, Jochen/ Vikas, Kurt: Flexible Plankostenrechnung und Deckungsbeitragsrechnung, S. 275; Schmalenbach, Eugen: Kostenrechnung und Preispolitik, S. 84 i. V. m. S. 77.

Abbildung 55:
Kostenauflösung mit Hilfe der Korrelationsrechnung

1. Ausgangsdaten:

Monat	Beschäftigung in Maschinenstunden	Beschäftigungsgrad in %	Betriebsstoffkosten in €
Juli	1.000	100	3.000
August	400	40	1.200
September	600	60	2.200
Oktober	800	80	2.500
November	500	50	1.400
Dezember	200	20	1.000

2. Erstellung der Arbeitstabelle:

Unter der Annahme eines linearen Kostenverlaufs gilt:

$$K = K_f + k_v * m$$

Nach der Methode der kleinsten Quadrate gelten folgende Bestimmungsgleichungen:

$$K_f = \frac{\sum m_i^2 * \sum K_i - \sum m_i * \sum m_i K_i}{n * \sum m_i^2 - (\sum m_i)^2}$$

$$k_v = \frac{n * \sum m_i K_i - \sum K_i * \sum m_i}{n * \sum m_i^2 - (\sum m_i)^2}$$

i = 1 ... n	m_i	K_i	$m_i * K_i$	m_i^2
1	1.000	3.000	3.000.000	1.000.000
2	400	1.200	480.000	160.000
3	600	2.200	1.320.000	360.000
4	800	2.500	2.000.000	640.000
5	500	1.400	700.000	250.000
6	200	1.000	200.000	40.000
Σ $(\Sigma)^2$	3.500 12.250.000	11.300	7.700.000	2.450.000

3. Berechnung der fixen Kosten:

$$K_f = \frac{2.450.000 * 11.300 - 3.500 * 7.700.000}{6 * 2.450.000 - 12.250.000} = \frac{735.000.000}{2.450.000} = 300 \text{ €/Periode}$$

III. Die produktbezogene und teilweise stückbezogene Kostenrechnung 155

4. **Berechnung der variablen Kosten:**

$$k_v = \frac{6*7.700.000 - 11.300*3.500}{6*2.450.000 - 12.250.000} = \frac{6.650.000}{2.450.000} = 2,71 \text{ €/ME}$$

5. **Kostengleichung:**

K = 300,00 + 2,71 * m

Legende:
K   = Gesamtkosten [€/Periode]
K_f = fixe Kosten [€/Periode]
k_v = variable Kosten [€/ME]
m   = Beschäftigung [Std/Periode]
n   = Zahl der Beobachtungswerte

3) Wenn die Produktions- und Absatzverhältnisse noch eine Äquivalenzziffernkostenrechnung gestatten, werden Äquivalenzziffern allein für die variablen Kosten festgelegt.

4) Wenn die Produktions- und Absatzverhältnisse eine Zuschlagskostenrechnung erfordern, wird, wie im Rahmen der Zuschlagskostenrechnung üblich, nach Einzel- und Gemeinkosten unterschieden sowie zusätzlich nach variablen und fixen Gemeinkosten. Die Einzelkosten werden den Mengeneinheiten der Produkte direkt zugerechnet. Die variablen Gemeinkosten werden auf die Mengeneinheiten der Produkte indirekt, über Kostenstellen, verrechnet. Die fixen Gemeinkosten fasst man zu einem Block zusammen und übernimmt sie in die Betriebsergebnisrechnung.

3.4. Aussagewert des Direct Costing für unternehmerische Entscheidungen

1) Als Beispiele für Fehlentscheidungen aufgrund einer Vollkostenrechnung werden in der Literatur zur Teilkostenrechnung immer wieder genannt: Ablehnung eines Verlustauftrags, Ausschluss eines Verlustkunden, einer Verlustkundengruppe, eines Verlustabsatzgebiets von der weiteren Belieferung, Eliminierung eines Verlustprodukts aus dem Programm, Einstellung einer Verlustproduktion.[1] Vgl. auch Abbildung 58 und Abbildung 59.

2) Auf die genannten Fälle soll nun der Reihe nach eingegangen werden.

---

[1] Vgl. Krauss, Axel: Die Anwendung der Teilkostenrechnung für unternehmerische Entscheidungen, S. 131 f.; Layer, Manfred: Möglichkeiten und Grenzen der Anwendbarkeit der Deckungsbeitragsrechnung im Rechnungswesen der Unternehmung, S. 58 f.; Mellerowicz, Konrad: Neuzeitliche Kalkulationsverfahren, S. 75; Plaut, Hans-Georg: Die Grenz-Plankostenrechnung, S. 406.

3.4.1. Ablehnung oder Annahme eines Verlustauftrags

1) Es sei wie in dem bereits zitierten Beispiel von Mellerowicz[1] davon ausgegangen, dass ein Betrieb in Unterbeschäftigung eine Anfrage erhält, ob er einen einzelnen Auftrag zu einem bestimmten Preis übernehmen wolle.

Es ist eine Auftragsvorkalkulation vorzunehmen. Bei einer traditionellen Kostenrechnung werden die vollen Kosten des Auftrags ermittelt und dem Preis gegenübergestellt. Sind die Kosten höher, liegt ein Verlustauftrag vor. Der Auftrag wird infolge dessen abgelehnt.

Dabei handelt es sich jedoch um eine typische Fehlentscheidung aufgrund einer Vollkostenrechnung. Denn unberücksichtigt bleibt, dass ein Teil der Kosten, nämlich die Fixkosten, unabhängig von der Auftragsannahme oder Auftragsablehnung anfallen. Daher bedarf es einer Teilkostenrechnung. Allein die variablen Kosten sind zu ermitteln; sie bilden die **Preisuntergrenze**.[2] Sind die variablen Kosten niedriger als der Preis, wird immer noch ein positiver Deckungsbeitrag erzielt. Der Auftrag ist anzunehmen.

2) Zuzugeben ist, dass sich eine Vollkostenrechnung üblicher Art unter den genannten Umständen nicht als Entscheidungsgrundlage eignet. Anderes gilt jedoch für eine Vollkostenrechnung, die nach variablen und fixen Kosten differenziert, so dass bei Bedarf von einer Verrechnung der fixen Kosten auf die Mengeneinheiten der Produkte abgesehen werden kann.

Allerdings ist unseres Erachtens auch eine Teilkostenrechnung üblicher Art im vorliegenden Fall nicht die geeignete Entscheidungsgrundlage. Denn dem Preis dürfen nicht die variablen Kosten im Sinne der beschäftigungsabhängigen Kosten gegenübergestellt werden. Vielmehr müssen variable Kosten im Sinne von auftragsabhängigen Kosten ermittelt werden. Darunter sind diejenigen Kosten zu verstehen, die allein durch Annahme des Auftrags entstehen.[3] Sind diese niedriger als der Preis, ist es unter den genannten Umständen richtig, den Auftrag anzunehmen.[4]

3) Wie unterscheiden sich nun die auftragsabhängigen Kosten von den beschäftigungsabhängigen Kosten im üblichen Sinne?

Als beschäftigungsabhängige Kosten gelten z. B. die Materialeinzelkosten oder, anders ausgedrückt, die Kosten für das Fertigungsmaterial bzw. für die Rohstoffe.

---

[1] Vgl. Mellerowicz, Konrad: Neuzeitliche Kalkulationsverfahren, S. 75.
[2] Zum Problem der Preisuntergrenze vgl. Deppe, Hans-Dieter: "Selbstkosten" - eine betriebswirtschaftlich gerechtfertigte Preisuntergrenze?, S. 85 ff.; Langen, Heinz: Dynamische Preisuntergrenze, S. 649 ff.; Raffée, Hans: Kurzfristige Preisuntergrenze als betriebswirtschaftliches Problem; Reichmann, Thomas: Kosten und Preisgrenzen, S. 15 f.; Zentes, Joachim: Preisgrenzen, Sp. 1489 ff.
[3] Vgl. Wundrack, Carsten: Industrielle Vertriebskostenrechnung, S. 309.
[4] Vgl. Weber, Helmut Kurt: Einzel- und Gemeinkosten sowie variable und fixe Kosten, S. 67 f.

III. Die produktbezogene und teilweise stückbezogene Kostenrechnung 157

Aber sind sie nun auch auftragsabhängig, d. h. entstehen sie im vorliegenden Fall nur bei Annahme des Auftrags?[1] Angenommen, der Betrieb habe eine größere Menge des Rohstoffs für eine längere Zeit im Voraus eingekauft. Dazu könnte er mehr oder weniger gezwungen gewesen sein, weil er naturnahe Rohstoffe verarbeitet, die nur in einer bestimmten Jahreszeit anfallen. Dazu könnte er sich auch freiwillig entschlossen haben, weil er die optimale Bestellmenge errechnet hat und dabei zum Ergebnis gekommen ist, dass einige wenige Großeinkäufe günstiger als viele kleinere Einkäufe sind. Angenommen sei weiterhin, dass die eingekaufte Rohstoffmenge nicht in der erwarteten Weise verarbeitet werden konnte, weil Aufträge für das Erzeugnis nur schleppend eingegangen sind.

Wenn in dieser Situation der Betrieb die Anfrage erhält, ob er bereit sei, einen Auftrag zu einem bestimmten Preis zu übernehmen, ist es zweifelhaft, ob die Rohstoffkosten als variable Kosten anzusetzen sind. Da der Einkauf bereits vollzogen ist, hat der Betrieb entweder schon Auszahlungen getätigt oder solche noch zu leisten. Auf jeden Fall liegen Ausgaben im Sinne der hier verwendeten Terminologie vor. Man könnte sagen, dass es sich dabei schon um latente Kosten handelt.[2] Sie werden später zu realisierten oder effektiven Kosten, es sei denn, die vorhandene Rohstoffmenge könnte wieder verkauft werden. Die latenten Kosten würden dann entfallen.

Scheidet ein Wiederverkauf aus, werden die latenten Kosten unweigerlich zu realisierten oder effektiven Kosten, fraglich ist nur zu welchem Zeitpunkt und auf welche Weise, durch Einsatz der Rohstoffmenge in der Produktion oder durch Wertloswerden und Behandlung als Abfall.

Fraglich ist auch, ob diese Rohstoffkosten dem in Frage stehenden Auftrag anzulasten sind. Kann die vorhandene Rohstoffmenge innerhalb der Haltbarkeit für andere Aufträge eingesetzt werden, sind die Rohstoffkosten dem betrachteten Auftrag anzulasten, als auftragsvariabel zu behandeln.

Scheidet diese Möglichkeit der anderweitigen Verwendung aus, würde die vorhandene Rohstoffmenge wertlos werden, müsste abgeschrieben und als Abfall entsorgt werden. Die Rohstoffkosten sind unter diesen Umständen dem betrachteten Auftrag nicht anzulasten, als auftragsfix anzusehen.

Man könnte sogar sagen, dass diejenigen Kosten in die Betrachtung einbezogen werden müssten, die bei Behandlung der Rohstoffe als Abfall entstehen würden und bei Annahme des Auftrags entfallen. Sie wären entweder als ersparte Kosten von den vorauskalkulierten Auftragskosten abzuziehen oder als Opportunitätserlöse dem Auftragserlös hinzuzuzählen.

---

[1] Vgl. Weber, Helmut Kurt: Einzel- und Gemeinkosten sowie variable und fixe Kosten, S. 70 ff.
[2] Vgl. Weber, Helmut Kurt: Latente und realisierte Kosten, S. 56 f.

Abbildung 56:
Rohstoffkosten als variable oder fixe Kosten in Abhängigkeit von Gegebenheiten und Erwartungen

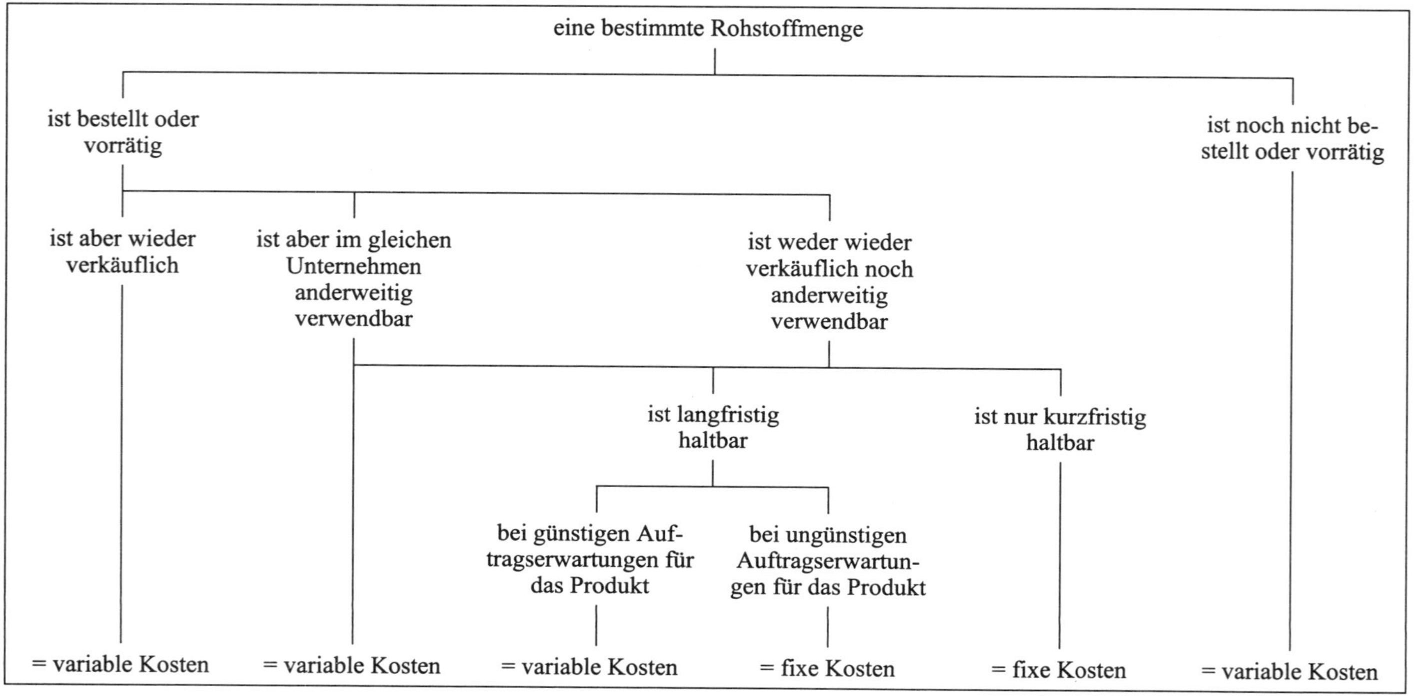

eine bestimmte Rohstoffmenge

- ist bestellt oder vorrätig = variable Kosten
- ist aber wieder verkäuflich
  - ist aber im gleichen Unternehmen anderweitig verwendbar = variable Kosten
  - ist weder wieder verkäuflich noch anderweitig verwendbar
    - ist langfristig haltbar
      - bei günstigen Auftragserwartungen für das Produkt = variable Kosten
      - bei ungünstigen Auftragserwartungen für das Produkt = fixe Kosten
    - ist nur kurzfristig haltbar = fixe Kosten
- ist noch nicht bestellt oder vorrätig = variable Kosten

III. Die produktbezogene und teilweise stückbezogene Kostenrechnung   159

Abbildung 57:
Abschreibungskosten (Abnutzungskosten) als variable oder fixe Kosten in Abhängigkeit von Gegebenheiten und Erwartungen

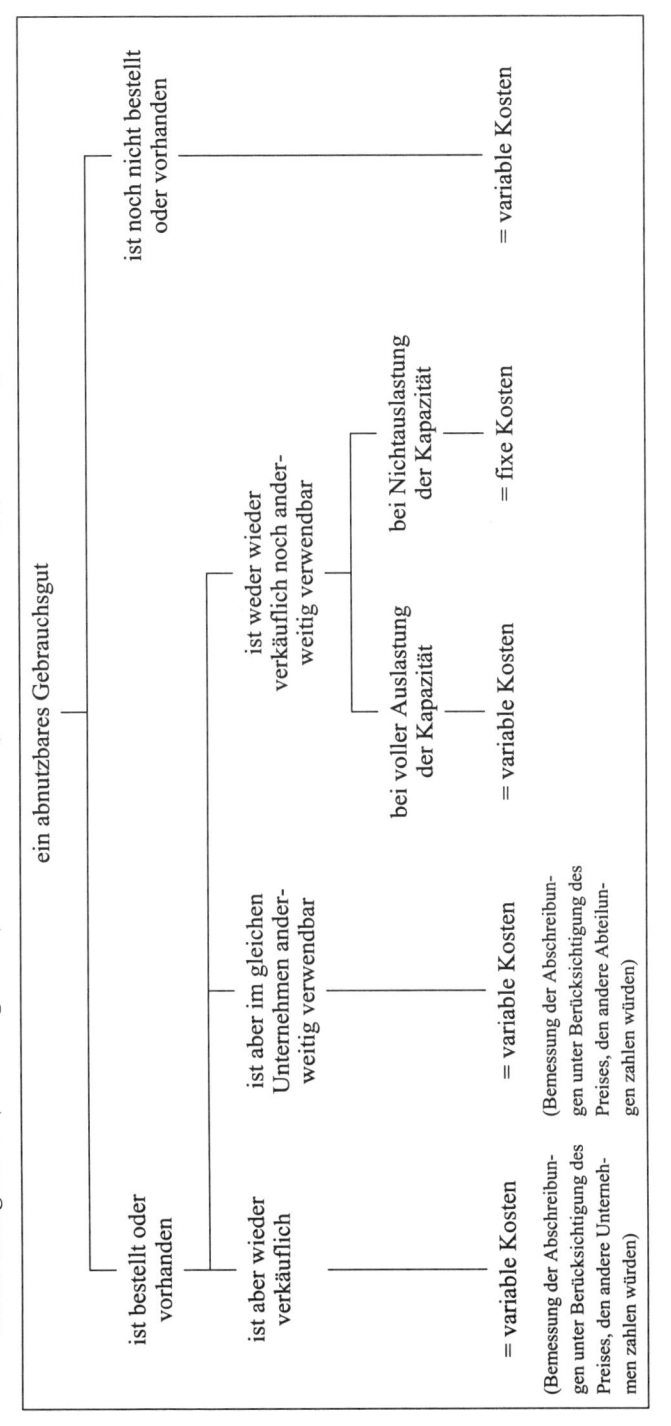

```
                              ein abnutzbares Gebrauchsgut
                                          │
          ┌───────────────────────────────┼───────────────────────────────┐
   ist bestellt oder                                              ist noch nicht bestellt
      vorhanden                                                      oder vorhanden
          │                                                                  │
   ┌──────┴──────┐                                                           │
ist aber wieder   ist aber im gleichen                                       │
 verkäuflich      Unternehmen ander-                                         │
                  weitig verwendbar                                          │
      │                   │                                                  │
      │                   │              ist weder wieder                    │
      │                   │         verkäuflich noch ander-                  │
      │                   │              weitig verwendbar                   │
      │                   │                       │                          │
      │                   │            ┌──────────┴──────────┐               │
      │                   │      bei voller Auslastung   bei Nichtauslastung │
      │                   │         der Kapazität         der Kapazität     │
      │                   │                │                    │            │
 = variable Kosten  = variable Kosten  = variable Kosten   = fixe Kosten  = variable Kosten

(Bemessung der Abschreibun-   (Bemessung der Abschreibun-
gen unter Berücksichtigung des  gen unter Berücksichtigung des
Preises, den andere Unterneh-   Preises, den andere Abteilun-
men zahlen würden)              gen zahlen würden)
```

Wenn, anders als eingangs angenommen, die für den Auftrag benötigte Rohstoffmenge noch nicht vorrätig und noch nicht bestellt ist, dann allein stellen die Kosten für diese Menge auftragsabhängige, auftragsvariable Kosten dar, ohne dass es auf weitere Umstände ankommt. Vgl. auch das Schema in Abbildung 56.

Ebenso wie die Rohstoffkosten sind auch andere Kosten, die als variabel, als beschäftigungsabhängig gelten, unter Umständen auftragsfix, so die Fertigungseinzelkosten bzw. die Fertigungslöhne, die Hilfsstoffkosten und Teile der Betriebsstoffkosten. Umgekehrt sind Kosten, die als fix, als beschäftigungsvariabel gelten, unter Umständen auftragsvariabel, so die Gehälter und die Abschreibungen.[1] Vgl. für die Abschreibungen das Schema in Abbildung 57.

4) Die eingangs genannten Umstände sind allerdings recht spezieller Art: Der Betrieb befindet sich in einer Phase der Unterbeschäftigung. Der Preis ist für ihn ein Datum. Er erhält eine Anfrage über einen einzelnen Auftrag, der von anderen Aufträgen isoliert ist. Fraglich ist, ob eine unter solchen Umständen geeignete Kostenrechnung generell empfohlen werden kann.

a) Wenn sich der Betrieb **nicht in einer Phase der Unterbeschäftigung**, sondern in einer solchen der Normalbeschäftigung oder gar der Überbeschäftigung befindet, besteht für ihn kein Anlass, sich nur mit einer teilweisen Deckung seiner Fixkosten zufrieden zu geben. Der Betrieb wird zumindest wissen wollen, welcher Betrag an Fixkosten auf den Auftrag bei Anwendung eines plausiblen Verrechnungsverfahrens entfällt. Das bedeutet, dass neben den variablen Kosten des Auftrags auch die vollen Kosten zu ermitteln sind.

b) Wenn der **Preis nicht ein Datum**, sondern beeinflussbar ist, gilt das Gleiche wie eben ausgeführt. Der Betrieb wird für Verhandlungen über den Preis wissen wollen, welcher Betrag an Fixkosten auf den Auftrag entfällt. Das bedeutet wiederum, dass neben den variablen Kosten des Auftrags auch die vollen Kosten zu ermitteln sind.

c) Wenn der Betrieb **nicht eine, sondern gleichzeitig mehrere Anfragen** erhält, gilt wiederum das Gleiche, wie vorher ausgeführt. Der Betrieb kann sich nicht bei allen Aufträgen mit einer teilweisen Deckung seiner Fixkosten zufrieden geben. Daher sind auf jeden Fall die vollen Kosten der einzelnen Aufträge zu ermitteln, u. U. daneben die variablen Kosten des einen oder anderen Auftrags.

d) Wenn es sich **nicht um einen isolierten Auftrag** handelt, muss der Betrieb die Auswirkungen eines Preiszugeständnisses auf Teilkostenbasis bedenken. Erhält der Betrieb vom gleichen Kunden in naher Zukunft eine weitere Anfrage bezüglich der Lieferung des gleichen oder eines ähnlichen Produkts, wird er kaum einen erheblich höheren Preis, wie er sich dann bei einer Preisstellung auf Vollkostenbasis ergäbe, durchsetzen können. Wird das Preiszugeständnis auf Teilkostenbasis gegenüber dem einen Kunden auch anderen Kunden bekannt, werden sie dieses auch für sich beanspruchen. Solche etwaigen Auswirkungen zu bedenken, mag nicht Aufgabe der Kostenrechnung sein, sondern der Verkaufsabteilung oder

---

[1] Vgl. auch Weber, Helmut Kurt, Latente und realisierte Kosten, S. 56 ff.

III. Die produktbezogene und teilweise stückbezogene Kostenrechnung 161

gar der Unternehmensleitung überlassen bleiben. Aber gleichgültig, welche Abteilung oder Stelle die Entscheidung über Auftragsannahme oder Auftragsablehnung trifft; sie muss sich der Tragweite ihrer Entscheidung bewusst sein. Dazu gehört die Kenntnis des Fixkostenbetrags, der einem Auftrag normalerweise zugerechnet wird, auch wenn dann entschieden werden sollte, auf eine Abgeltung desselben durch den Preis unter den besonderen Umständen zu verzichten.

3.4.2. Nichtbelieferung oder weitere Belieferung eines Verlustkunden

1) Angenommen sei, dass ein Betrieb seine Geschäftsbeziehungen mit seinen Kunden analysiert. Bei einer traditionellen Kostenrechnung ermittelt er die vollen Kosten der Belieferung jedes Kunden und stellt diese den jeweils erzielten Erlösen gegenüber. Sind bei einem Kunden die Kosten höher als die Erlöse, handelt es sich um einen Verlustkunden. Ergibt eine zukunftsbezogene Betrachtung das gleiche Bild, wird dieser Kunde von der weiteren Belieferung ausgeschlossen.

Dabei handelt es sich jedoch ebenfalls um eine typische Fehlentscheidung aufgrund einer Vollkostenrechnung. Denn übersehen wird, dass ein Teil der diesem Kunden zugerechneten Kosten, nämlich die Fixkosten, trotz seines Ausschlusses von der Belieferung weiterhin anfallen. Daher bedarf es einer Teilkostenrechnung. Allein die variablen Kosten sind zu ermitteln und den Erlösen gegenüberzustellen. Sind die variablen Kosten niedriger, trägt der Kunde immer noch zur Deckung der Fixkosten bei. Der Kunde ist vorläufig weiterhin zu beliefern.

2) Einzuräumen ist wiederum die mangelnde Eignung der üblichen Vollkostenrechnung als Entscheidungsgrundlage im vorliegenden Fall. Anderes gilt jedoch für eine differenzierende Vollkostenrechnung.

Aber weder bei einer solchen Vollkostenrechnung noch bei einer Teilkostenrechnung dürfen die variablen Kosten im üblichen Sinne abgegrenzt werden. Statt der beschäftigungsabhängigen Kosten muss man versuchen, die kundenabhängigen Kosten zu ermitteln, d. h. diejenigen Kosten, die allein durch Belieferung des jeweiligen Kunden entstehen, bzw. diejenigen Kosten, die wegen Ausschlusses des Kunden von der weiteren Belieferung sofort wegfallen. Ist der Erlös höher, ist es richtig, den Kunden vorläufig weiterhin zu beliefern.

Darauf darf man sich allerdings nicht beschränken. Man muss auch versuchen, diejenigen Kosten zu ermitteln, die bei einem etwaigen Ausschluss des Kunden von der weiteren Belieferung nach und nach wegfallen bzw. nicht anfallen werden.[1] Ist der erwartete Erlös niedriger, sollte schon jetzt beschlossen werden, den Kunden nach Ablauf einer bestimmten Frist von der weiteren Belieferung auszuschließen. Etwas anderes gilt, wenn es sich z. B. um einen Prestigekunden handelt, mit dessen Belieferung eine hohe Werbewirkung verbunden ist. Dann müssten die daraus resultierenden Effekte den Erlösen, die der Betrieb gegenüber dem Kunden erzielt, hinzugezählt werden.

---

[1] Vgl. Wundrack, Carsten: Industrielle Vertriebskostenrechnung, S. 307 f.

3) Auch der vorliegende Fall ist ein recht spezieller Fall: Der Erlös ist ein Datum. Es handelt sich um einen einzelnen, einen isolierten Kunden. Es geht um den Ausschluss eines Kunden aus dem Kundenkreis.

a) Wenn der Preis nicht ein Datum oder Erwartungsparameter, sondern Aktionsparameter ist, wird der Betrieb wissen wollen, welcher Betrag an Fixkosten auf den Kunden bei Anwendung eines plausiblen Verrechnungsverfahrens entfällt.

b) Wenn es sich nicht um einen von allen anderen Kunden isolierten Kunden handelt, muss der Betrieb die Auswirkungen der Belieferung des einen Kunden auf Teilkostenbasis auf alle anderen Kunden bedenken. Wird sie den anderen Kunden bekannt, werden sie eine solche Belieferung auch für sich beanspruchen. Dies gilt vor allem, wenn es sich jeweils um das gleiche Produkt handelt. Solche Auswirkungen zu bedenken, mag wiederum nicht als Aufgabe der Kostenrechnung angesehen werden, sondern der Verkaufsabteilung überlassen bleiben. Aber gleichgültig, welche Stelle die Entscheidung über die weitere Belieferung oder die Nichtbelieferung des Kunden trifft; sie muss sich der Tragweite ihrer Entscheidung bewusst sein. Dazu gehört die Kenntnis der vollen Kosten.

c) Wenn es nicht um den Ausschluss eines Kunden aus dem Kundenkreis, sondern um die Aufnahme eines neuen Kunden geht, wird der Betrieb zu Recht erwarten, dass der erzielbare Erlös auch einen auf den Kunden entfallenden Fixkostenbetrag deckt.

4) Entsprechendes, wie hier für einen Verlustkunden ausgeführt, gilt für eine Verlustabnehmergruppe sowie für ein Verlustabsatzgebiet.

3.4.3. Eliminierung oder Beibehaltung eines Verlustprodukts

1) Ein Betrieb analysiert sein Produktions- und Absatzprogramm. Bei einer traditionellen Kostenrechnung ermittelt er die vollen Kosten der einzelnen Produkte und stellt diese den jeweils erzielten Erlösen gegenüber. Sind bei einem Produkt die Kosten höher, handelt es sich um ein Verlustprodukt (vgl. Produkt B in Abbildung 47). Ergibt eine zukunftsbezogene Betrachtung das gleiche Bild, wird das Verlustprodukt aus dem Programm eliminiert.

Dabei handelt es sich wieder um eine typische Fehlentscheidung aufgrund einer Vollkostenrechnung. Denn es wird nicht beachtet, dass ein Teil der dem Verlustprodukt zugerechneten Kosten, nämlich die Fixkosten, trotz seiner Eliminierung aus dem Programm weiterhin anfallen. Statt einer Vollkostenrechnung bedarf es einer Teilkostenrechnung. Es sind allein die variablen Kosten den Erlösen gegenüberzustellen (vgl. Abbildung 45). Es dürfen aber nicht die variablen Kosten im üblichen Sinne herangezogen werden, sondern es sind allein die von dem betreffenden Produkt abhängigen Kosten den Erlösen gegenüberzustellen. Erweist sich dabei, dass das Verlustprodukt noch einen positiven Deckungsbeitrag erzielt, ist es vorläufig weiterhin im Programm zu belassen.

2) Einzugestehen ist auch in diesem Fall die mangelnde Eignung der üblichen Vollkostenrechnung als Entscheidungsgrundlage. Anderes gilt jedoch für eine differenzierende Vollkostenrechnung. Auch diese zeigt, ob ein Verlustprodukt wenigstens noch einen positiven Deckungsbeitrag erzielt (vgl. Abbildung 48).

Allerdings dürfen weder bei einer solch differenzierenden Vollkostenrechnung noch bei einer Teilkostenrechnung die variablen Kosten im üblichen Sinne abgegrenzt werden. Statt der beschäftigungsabhängigen Kosten muss man versuchen, diejenigen Kosten zu ermitteln, die allein durch das jeweilige Produkt entstehen, bzw. diejenigen Kosten, die wegen Eliminierung des Produkts sofort wegfallen.[1] Ist der Erlös höher, ist es richtig, das Produkt vorläufig im Programm zu belassen.

Darüber hinaus muss man versuchen, diejenigen Kosten zu ermitteln, die bei einer etwaigen Eliminierung des Produkts nach und nach wegfallen bzw. nicht anfallen werden. Ist der erwartete Erlös niedriger, sollte schon jetzt beschlossen werden, das Produkt nach Ablauf einer bestimmten Frist aus dem Programm zu nehmen.

Etwas anderes gilt, wenn das Produkt mit einem weiteren Produkt absatzwirtschaftlich eng verbunden ist, wenn es sich z. B. um eines von mehreren Komplementärprodukten handelt. Dann müssten die Erlöse dieses Produkts zusammen mit den Erlösen der weiteren Produkte gesehen werden. Es lägen Gemeinerlöse im Sinne Riebels vor.[2]

3) Der vorliegende Fall ist wiederum ein spezieller Fall: Der Erlös ist ein Datum. Es handelt sich um eines von mehreren Produkten. Es geht um die Eliminierung des Produkts aus dem Programm. Unter anderen Umständen ist die Kenntnis der vollen Kosten des Produkts von Bedeutung. So wird man ein Produkt nur dann in das Programm aufnehmen, wenn die Erlöse des Produkts voraussichtlich auch die auf das Produkt entfallenden Fixkosten decken.

3.4.4. Einstellung oder Weiterführung einer Verlustproduktion

1) Ein Betrieb führt eine Betriebsergebnisrechnung für eine abgelaufene Periode durch. Bei einer traditionellen Kostenrechnung stellt er die vollen Kosten den Erlösen gegenüber. Sind die Kosten höher, liegt eine Verlustproduktion vor. Führt eine zukunftsbezogene Betrachtung zum gleichen Ergebnis, wird die Produktion eingestellt.

Dabei handelt es sich um eine übereilte, möglicherweise falsche Entscheidung aufgrund einer Vollkostenrechnung. Denn sie lässt unberücksichtigt, dass die fixen Kosten trotz Einstellung der Produktion weiterhin anfallen. Statt einer Vollkostenrechnung bedarf es einer Teilkostenrechnung. Es sind allein die variablen Kosten den Erlösen gegenüberzustellen. Ergibt sich dabei ein positiver Deckungsbeitrag, ist die Produktion weiterzuführen.

---

[1] Vgl. Wundrack, Carsten: Industrielle Vertriebskostenrechnung, S. 299 ff.
[2] Vgl. Riebel, Paul: Einzelkosten- und Deckungsbeitragsrechnung, S. 763.

2) Zuzugeben ist wiederum, dass sich die übliche Vollkostenrechnung nicht als Entscheidungsgrundlage eignet. Anderes gilt jedoch für eine differenzierende Vollkostenrechnung.

Allerdings ist auch eine übliche Teilkostenrechnung nicht die geeignete Entscheidungsgrundlage. Denn den Erlösen dürfen nicht die beschäftigungsabhängigen Kosten gegenübergestellt werden. Vielmehr müssen diejenigen Kosten ermittelt werden, die durch die Einstellung der Produktion sofort wegfallen bzw. nicht anfallen. Sind die Erlöse höher, ist es richtig, die Produktion vorläufig weiterzuführen.

Darüber hinaus müssen diejenigen Kosten ermittelt werden, die bei einer etwaigen Einstellung der Produktion nach und nach wegfallen werden. Sind die erwarteten Erlöse niedriger, sollte schon jetzt beschlossen werden, die Produktion nach Ablauf einer bestimmten Frist einzustellen. Etwas anderes gilt, wenn der Betrieb zu einem Mehrbetriebsunternehmen oder zu einem Konzern gehört und im Rahmen eines solchen Verbundes unentbehrlich ist.

3) Auch hierbei handelt es sich um eine besondere Entscheidungssituation: Die Erlöse sind gegeben. Es geht um die Einstellung der Produktion. Zur Aufnahme der Produktion wird man sich nur entschließen, wenn auch die Deckung aller entstehenden Fixkosten sowie ein Gewinn zu erwarten sind.

3.4.5. Entscheidungen gegenteiliger Art

1) Welche Kostenrechnung soll durchgeführt werden, wenn Entscheidungen gegenteiliger Art zu den hier behandelten, zu treffen sind (vgl. Abbildung 58) und wenn Entscheidungen unter anderen Umständen als bisher unterstellt zu treffen sind, d. h. bei Normal-, Vollbeschäftigung, bei veränderlichen Kapazitäten oder auf lange Sicht, bei beeinflussbaren Preisen (vgl. Abbildung 59)?

2) Dem Fall der Vollbeschäftigung wird in der Literatur zur Teilkostenrechnung nur geringe Aufmerksamkeit gewidmet. Wenn eine Teilkostenrechnung deswegen empfohlen wird, damit ein Betrieb bei Unterbeschäftigung nicht auf einer Deckung seiner vollen Kosten besteht, müsste bei Vollbeschäftigung konsequenterweise zu einer Vollkostenrechnung geraten werden. Denn nun liegt für den Betrieb kein Anlass mehr vor, sich mit einer teilweisen Deckung seiner Kosten zufrieden zu geben.

III. Die produktbezogene und teilweise stückbezogene Kostenrechnung

Abbildung 58:
Eignung der Vollkostenrechnung und Teilkostenrechnung
je nach Art der Entscheidung

Art der Entscheidung	Entscheidungsgrundlage
1) auftragsbezogen: Ablehnung oder Annahme eines einzelnen Auftrags	Teilkostenrechnung
2) kundenbezogen: a) Ausschluss eines Kunden von der weiteren Belieferung oder vorläufige weitere Belieferung	Teilkostenrechnung
b) Ausschluss eines Kunden von der weiteren Belieferung nach Ablauf einer bestimmten Zeit oder weitere Belieferung	Vollkostenrechnung
c) Aufnahme eines potentiellen Abnehmers in den Kundenkreis	Vollkostenrechnung
3) produktbezogen: a) Eliminierung eines Produkts aus dem Programm oder vorläufige Beibehaltung des Produkts	Teilkostenrechnung
b) Eliminierung eines Produkts aus dem Programm nach Ablauf einer bestimmten Zeit oder Beibehaltung des Produkts	Vollkostenrechnung
c) Aufnahme oder Nichtaufnahme eines Produkts in das Programm	Vollkostenrechnung oder Investitionsrechnung
4) betriebsbezogen: a) Einstellung oder vorläufige Weiterführung der Produktion	Teilkostenrechnung
b) Einstellung der Produktion nach Ablauf einer bestimmten Zeit oder Weiterführung der Produktion	Vollkostenrechnung
c) Aufnahme oder Nichtaufnahme der Produktion	Vollkostenrechnung oder Investitionsrechnung

Abbildung 59:
Eignung der Vollkostenrechnung und Teilkostenrechnung
je nach Entscheidungssituation

Entscheidungssituation	Entscheidungsgrundlage
1) Grad der Beschäftigung:	
a) Unterbeschäftigung	Teilkostenrechnung
b) Vollbeschäftigung	Vollkostenrechnung
2) Veränderlichkeit der Kapazität:	
a) gegebene Kapazität	Teilkostenrechnung
b) veränderliche Kapazität	Vollkostenrechnung oder Investitionsrechnung
3) Zeithorizont:	
a) kurze Sicht	Teilkostenrechnung
b) lange Sicht	Vollkostenrechnung oder Investitionsrechnung
4) Tragweite der Entscheidung:	
a) isolierte Entscheidung	Teilkostenrechnung
b) interdependente Entscheidung	Vollkostenrechnung
5) Beeinflussbarkeit des Preises:	
a) gegebener Preis	Teilkostenrechnung
b) beeinflussbarer Preis	Vollkostenrechnung

3) Für den Fall, dass Entscheidungen bei veränderlichen Kapazitäten oder Entscheidungen auf lange Sicht zu treffen sind, wird von den Vertretern des Direct Costing statt einer Kostenrechnung die Investitionsrechnung empfohlen.[1] Die Kostenrechnung sei eine laufende Rechnung, eine Rechnung auf kurze Sicht, anders als die Investitionsrechnung.

Damit wird aber unseres Erachtens ein Problem nur von einem Rechnungszweig auf einen anderen verschoben. Wenn man eine Investitionsrechnung auf der Grundlage von Kosten und Leistungen durchführen will, ist man mit dem gleichen Problem konfrontiert wie bei einer laufenden Kostenrechnung, nämlich Verrechnung oder Nichtverrechnung der Fixkosten auf die Mengeneinheiten der Produkte. Wenn man eine Investitionsrechnung auf der Grundlage von Einzahlungen und Auszahlungen durchführen will, muss man die Einmalauszahlungen und die feststehenden laufenden Auszahlungen zumindest den Produkten zurech-

---

[1] Vgl. Kilger, Wolfgang/ Pampel, Jochen/ Vikas, Kurt: Flexible Plankostenrechnung und Deckungsbeitragsrechnung, S. 107.

III. Die produktbezogene und teilweise stückbezogene Kostenrechnung 167

nen. Dabei handelt es sich aber um ein ähnliches Problem wie bei der Verrechnung der Fixkosten auf die Produkte.

4) Der Fall der nicht gegebenen Preise wird in der Literatur zur Teilkostenrechnung als Ausnahme abgetan. Für die meisten Unternehmen sei der Verkaufspreis ein Datum.

Aber hierbei missachtet man unseres Erachtens die Erkenntnisse der einschlägigen speziellen Betriebswirtschaftslehre sowie diejenigen der einschlägigen speziellen Volkswirtschaftslehre, der Markt- und Preistheorie. Der Preis ist nur für den sog. Mengenanpasser ein Datum, d. h. für den Angebotspolypolisten auf einem vollkommen Markt. Dabei handelt es sich jedoch um einen Grenzfall. Schon der Angebotspolypolist auf einem unvollkommenen Markt verfügt nach Gutenberg über einen kleinen monopolistischen Bereich, über eine kleine preispolitische Autonomiezone.[1] Erst recht ist der Oligopolist in der Lage, eine eigene Preispolitik zu betreiben.

5) Für den nach Auffassung der Vertreter der Teilkostenrechnung seltenen Fall, dass der Preis nicht gegeben sei, wird in der Literatur zur Teilkostenrechnung eine Reihe von Auswegen vorgeschlagen.

a) Es wird auf die Marktforschung verwiesen, die den Preis zu ermitteln habe.[2]

Mit Hilfe der Marktforschung kann man jedoch nur die im Markt erzielbaren Preise und die zugehörigen Absatzmengen feststellen, d. h. eine Preisabsatzfunktion und eine Umsatzfunktion aufstellen. Aber im Anschluss daran muss man entscheiden, zu welchem Preis welche Menge produziert und verkauft werden soll. Dazu bedarf es der Aufstellung einer Kostenfunktion, die die Kosten sowie die zugehörigen Produktionsmengen angibt. Dabei können die Fixkosten im Einproduktbetrieb noch als Block behandelt werden. Im Mehrproduktbetrieb müssen die Fixkosten jedoch zumindest auf die einzelnen Produkte verteilt werden. Erst dadurch, dass man der Preisabsatzfunktion bzw. der Umsatzfunktion die Kostenfunktion gegenüberstellt, erhält man Produkt für Produkt den vermutlich gewinnmaximalen Preis und die vermutlich gewinnmaximale Menge.

Zudem ist die Aufstellung einer Preisabsatzfunktion durch die Marktforschung mühevoller als diejenige einer Kostenfunktion durch die Kostenrechnungsabteilung in Zusammenwirken mit der Beschaffungsabteilung und der Produktionsabteilung. Eine Preisabsatzfunktion erstreckt sich im Idealfall zwischen zwei Extremen: von einem Höchstpreis mit einer Absatzmenge von 0 bis zu einer Sättigungsmenge mit einem Preis von 0. Über einen solch weiten Bereich Aussagen machen zu wollen, ist jedoch schwierig und nicht unbedingt nötig. Denn realistisch ist nur ein Bereich, der mit einem Preis beginnt, der zumindest die vollen Kosten deckt. Daher wird man besser mit der Aufstellung einer Kostenfunktion beginnen und erst im Anschluss daran für einen relevanten Bereich eine Preisabsatzfunktion aufzustellen versuchen.

---
[1] Vgl. Gutenberg, Erich: Grundlagen der Betriebswirtschaftslehre, Bd. 2, S. 238 f.
[2] Vgl. Riebel, Paul: Einzelkosten- und Deckungsbeitragsrechnung, S. 205 f.

b) Es wird auf die Verkaufsabteilung verwiesen, die allein für die Preisstellung zuständig sei.[1] Die Kostenrechnungsabteilung habe der Verkaufsabteilung mitzuteilen: die variablen Kosten pro Mengeneinheit und die Fixkosten der Periode. Die Aufteilung des Fixkostenblocks sei der Verkaufsabteilung überlassen. Sie könne z. B. im ersten Teil des Jahres eine stärkere Fixkostendeckung anstreben als im zweiten Teil des Jahres, bei einem bestimmten Teil der Produkte eine stärkere als bei dem verbleibenden Teil der Produkte, bei einem bestimmten Teil der Kunden eine stärkere als bei dem verbleibenden Teil der Kunden.

Unseres Erachtens wird damit jedoch nur ein Problem von einer Abteilung auf eine andere verschoben. Die Verkaufsabteilung ist nun mit dem gleichen Problem konfrontiert wie vorher die Kostenrechnungsabteilung: Verrechnung oder Nichtverrechnung der Fixkosten. Die Lösungsmöglichkeiten sind ebenfalls die Gleichen: Im Einproduktbetrieb können die Fixkosten gleichmäßig auf die Mengeneinheiten des einzigen Produkts verteilt werden; ein anderes Verfahren wäre willkürlich. Im Mehrproduktbetrieb müssten die Fixkosten zunächst auf die Produkte verteilt werden, u. U. nach dem Wert der Produkte, gemessen an den isoliert feststellbaren Kosten. Dann könnten die Fixkosten eines Produkts wiederum gleichmäßig auf die Mengeneinheiten verteilt werden.

c) Es wird auf die Möglichkeit verwiesen, mit Bruttogewinnzuschlägen oder Solldeckungsbeiträgen zu kalkulieren,[2] wenn man sich schon nicht auf die variablen Kosten pro Mengeneinheit beschränken wolle.

Offen bleibt jedoch die Ermittlung solcher Bruttogewinnzuschläge oder Solldeckungsbeiträge. Unseres Erachtens kommen dafür genau die gleichen Methoden wie bei der Fixkostenverrechnung in Betracht: gleichmäßige Verteilung der Produktfixkosten auf die Mengeneinheiten eines Produkts, Verteilung der Unternehmensfixkosten auf die Produkte, u. U. nach den isoliert feststellbaren Produktkosten. Eine andere Ermittlung wäre willkürlicher als eine Fixkostenverrechnung.

6) Diese Diskussion ergibt unseres Erachtens, dass in der Literatur zum Direct Costing keine befriedigenden Alternativen zur Verrechnung der Fixkosten auf die Kostenträger vorgeschlagen werden.

---

[1] Vgl. Riebel, Paul: Einzelkosten- und Deckungsbeitragsrechnung, S. 237 f.
[2] Vgl. Kilger, Wolfgang/ Pampel, Jochen/ Vikas, Kurt: Flexible Plankostenrechnung und Deckungsbeitragsrechnung, S. 606 ff.; Riebel, Paul: Einzelkosten- und Deckungsbeitragsrechnung, S. 54 f.

III. Die produktbezogene und teilweise stückbezogene Kostenrechnung   169

3.4.6. Festlegung von Prioritäten unter den Produkten (Engpassanalyse)

1) Große Bedeutung wird in der Literatur zur Teilkostenrechnung zwei Instrumenten zugemessen, die deswegen hier gesondert behandelt werden sollen: der Engpassanalyse und der Gewinnschwellenanalyse.

2) Wenn bei Produktion mehrerer Produkte ein Engpass[1] auftritt, so dass nicht von allen Produkten die jeweils gewünschte Menge hergestellt werden kann, bedarf es einer Auswahl der Produkte, einer Festlegung von Prioritäten unter den Produkten.

3) Die Gründe für das Auftreten eines Engpasses können verschiedener Art sein: Lücke in der Versorgung mit Rohstoffen, Mangel an entsprechend qualifizierten Arbeitskräften, unterdimensionierte Produktionsanlage. Hier soll der letzt genannte Grund angenommen werden.

Wenn die verschiedenen Produkte auf einer solchen Produktionsanlage gleichzeitig hergestellt werden, also **Simultanfertigung** vorliegt, ist die Kapazität des Engpasses und seine Inanspruchnahme in Längen-, Flächen- oder Volumeneinheiten zu messen, wenn sie nacheinander hergestellt werden, also **Sukzessivfertigung** vorliegt, in Zeiteinheiten. Hier soll die letzt genannte Art der Fertigung angenommen werden.

4) Im Beispiel in Abbildung 60 wird von drei Produkten A, B, C ausgegangen und zunächst unterstellt, dass der Fixkosten verursachende **Engpass durch jeweils eine Mengeneinheit der drei Produkte gleich lang beansprucht** wird.

Nach dem **Direct Costing** sind für die drei Produkte die variablen Kosten pro Mengeneinheit zu ermitteln und vom erwarteten Preis pro Mengeneinheit zu subtrahieren, womit man die jeweiligen Deckungsbeiträge erhält. Deren Höhe bestimmt die Rangfolge der Produkte, hier A, C, B. Entsprechend dieser Rangfolge ist die Engpasskapazität auf die nachgefragten Produkte zu verteilen. Im vorliegenden Fall ergibt sich, dass die Nachfrage nach Produkt A vollständig befriedigt werden kann, diejenige nach Produkt C nur teilweise und diejenige nach Produkt B überhaupt nicht. Zieht man von der Summe der Deckungsbeiträge der Produkte die fixen Kosten, d. h. diejenigen des Engpasses, ab, erhält man den Gewinn der jeweiligen Produktrangfolge.

Würde sich bei einer Vollkostenrechnung eine andere Rangfolge, ein anderer Gewinn ergeben?

Bei einer **globalen Vollkostenrechnung** werden variable und fixe Kosten gleich behandelt, im Allgemeinen nach Maßgabe der Einzelkosten auf die Mengeneinheiten der Produkte umgelegt. Daher ist es nicht einmal möglich, einen De-

---

[1] Zur Engpassanalyse vgl. Götze, Uwe: Kostenrechnung und Kostenmanagement, S. 174 ff.; Krauss, Axel: Die Anwendung der Teilkostenrechnung für unternehmerische Entscheidungen, S. 210 f.; Ossadnik, Wolfgang: Controlling, S. 204 ff.; Riebel, Paul: Einzelkosten- und Deckungsbeitragsrechnung, S. 296 f.

ckungsbeitrag über die variablen Kosten zu errechnen, abgesehen von der Frage, wie die Fixkosten auf die Mengeneinheiten der Produkte zu verteilen wären.

Diese Frage wird akut bei einer **differenzierenden Vollkostenrechnung**. Nachdem den Preisen die variablen Kosten gegenübergestellt und ein Deckungsbeitrag ermittelt wurde, ist zu fragen, wie die Fixkosten behandelt werden sollen. Es drängt sich die Möglichkeit auf, in Analogie zum Vorgehen bei Verrechnung der Gemeinkosten, die fixen Kosten nach Maßgabe der variablen Kosten auf die Mengeneinheiten der Produkte umzulegen und auf diese Weise zu Stückgewinnen bzw. Stückverlusten zu kommen. Dabei würde sich jedoch zwangsläufig die gleiche Produktrangfolge ergeben wie beim Vorgehen nach dem Direct Costing. Der zusätzliche Rechenaufwand lohnt also nicht.

Des Weiteren könnte überlegt werden, die fixen Kosten des Engpasses in der betrachteten Periode (z. B. in einem Monat) in Fixkosten kürzerer Zeitabschnitte (z. B. in Fixkosten pro Stunde oder Fixkosten pro Minute) umzurechnen und entsprechend der zeitlichen Inanspruchnahme des Engpasses auf die Mengeneinheiten der Produkte umzulegen. Dies ist im Beispiel in Abbildung 60 geschehen. Man erhält dann Stückgewinne bzw. Stückverluste für die einzelnen Produkte, nach deren Höhe sich die gleiche Produktrangfolge ergibt wie beim Vorgehen nach dem Direct Costing. Der zusätzliche Rechenaufwand lohnt sich wiederum nicht. Man kann es gleich beim Direct Costing belassen.

5) Anders als bisher sei nunmehr unterstellt, dass der gegebene **Engpass durch jeweils eine Mengeneinheit der drei Produkte unterschiedlich lang beansprucht** wird. Vgl. das Beispiel in Abbildung 61.

Nach dem Direct Costing sind zunächst die Deckungsbeiträge zu ermitteln. Diese bedürfen dann jedoch unter Berücksichtigung der jeweils unterschiedlichen Engpassinanspruchnahme der Umwandlung in engpassbezogene oder sog. spezifische Deckungsbeiträge. Deren Höhe bestimmt nunmehr die Rangfolge der Produkte, hier C, A, B. Verfährt man wie vorher dargestellt, ergibt sich, dass die erwartete Nachfrage nach Produkt C vollständig befriedigt werde kann, diejenige nach Produkt A nur teilweise und diejenige nach Produkt B überhaupt nicht.

6) Wenn eine Situation wie im Beispiel in Abbildung 61 vorliegt und vor der endgültigen Verteilung der Engpasskapazität auf die Produkte noch eine Anfrage über die Produktion eines weiteren Produkts eingeht, kann erneut eine solche Rechnung, wie gezeigt, durchgeführt werden. Stattdessen kann aber auch die Erlösuntergrenze des neuen Produkts unter Berücksichtigung des engpassspezifischen Deckungsbeitrags eines zu verdrängenden Produkts errechnet werden, der den Opportunitätskosten[1] gleichkommt (vgl. Abbildung 62). Liegt die Erlösuntergrenze über dem möglichen Erlös bzw. die Preisuntergrenze über dem möglichen Preis, wie im gewählten Beispiel, ist die Anfrage abschlägig zu beantworten.

---

[1] Zum Begriff der Opportunitätskosten vgl. Coenenberg, Adolf Gerhard: Kostenrechnung und Kostenanalyse, S. 294; Kern, Werner: Kalkulation mit Opportunitätskosten, S. 133 ff.; Kilger, Wolfgang/ Pampel, Jochen/ Vikas, Kurt: Flexible Plankostenrechnung und Deckungsbeitragsrechnung, S. 600 f.

Abbildung 60:
Engpassanalyse bei gleicher Inspruchnahme eines Engpasses durch eine Mengeneinheit der Produkte

1) Ausgangsdaten:

Produkte	A	B	C
Nachfragemenge	400 ME	500 ME	1.000 ME
Verkaufspreis pro ME	4,00 €	2,00 €	3,00 €
Variable Kosten pro ME	2,00 €	1,40 €	2,00 €
Deckungsbeitrag pro ME	2,00 €	0,60 €	1,00 €
Rangfolge	1	3	2
Inanspruchnahme des Engpasses durch eine ME des Produkts	60 Min/ME	60 Min/ME	60 Min/ME
Kapazität des Engpasses	500 Maschinenstunden		
Fixkosten pro Periode	400 €		
Fixkosten pro Stunde	0,80 €	0,80 €	0,80 €
Fixkosten pro ME	0,80 €	0,80 €	0,80 €
Gesamte Kosten pro ME	2,80 €	2,20 €	2,80 €
Stückgewinn/-verlust	1,20 €	- 0,20 €	0,20 €
Rangfolge	1	3	2

2) Verteilung der Engpasskapazität:

Rangfolge der Produkte	Nachfragemenge [ME]	Inanspruchnahme des Engpasses [Std/ME]	Produktionsmenge [ME]	Ausgenutzte Kapazität des Engpasses [Std]	Zur Verfügung stehende Kapazität des Engpasses [Std]
Produkt A	400	1	400	400	500 - 400
Produkt C	1.000	1	100	100	100 - 100
Produkt B	500	1	-	-	0 -

3) Auswirkungen auf Deckungsbeiträge und Gewinn:

Produkte	A	B	C	Summe
Produktionsmenge	400 ME	-	100 ME	
Deckungsbeitrag pro ME	2,00 €	0,60 €	1,00 €	
Deckungsbeitrag der Produkte	800 €	-	100 €	900 €
- fixe Kosten				400 €
= Gewinn				500 €

7) Wenn bei der Produktion mehrerer Produkte nicht nur ein, sondern mehrere Engpässe auftreten, reicht die Ermittlung spezifischer Deckungsbeiträge nicht aus. Die Verteilung der Engpasskapazität auf die einzelnen Produkte ist mit Hilfe der linearen Programmierung vorzunehmen, wenn lineare Umsatz- und Kostenverläufe angenommen werden können.[1] Dies wird im Beispiel in Abbildung 63 gezeigt. Es ergibt sich, dass die Nachfrage nach Produkt A ganz befriedigt werden kann, diejenige nach Produkt C etwa zu einem Drittel, diejenige nach Produkt B nur zu einem noch geringeren Teil.

Sofern nicht-lineare Umsatz- und Kostenverläufe angenommen werden müssen, ist die Verteilung der Engpasskapazitäten mit Hilfe der Lagrange-Funktion vorzunehmen.[2]

8) Zu den bei der Engpassanalyse zu berücksichtigenden Größen ist zu sagen:

a) Bei den angegebenen Produktmengen kann es sich nicht um die akkumulierten Mengen einzelner Aufträge handeln. Denn wenn man Aufträge bereits angenommen hat, ist man verpflichtet, sie auch auszuführen. Eine Engpassanalyse zu diesem Zeitpunkt käme also zu spät. Es könnte sich allenfalls um Mengen aufgrund eingegangener Anfragen handeln, die man zusammenkommen ließ, um erst nach einer Bedenkzeit über Abgabe oder Nichtabgabe eines Angebots zu entscheiden. Will man solche Wartezeiten für Interessenten vermeiden, muss man versuchen, die nachgefragten Mengen für eine bestimmte Zeit im Voraus (z. B. eine Woche oder einen Monat) zu schätzen.

b) Bei den angegebenen Preisen kann es sich dementsprechend nicht um bereits vereinbarte Preise, sondern nur um erwartete Preise handeln.

9) Zur Verwendung der Ergebnisse der Engpassanalyse ist einschränkend zu sagen:

---

[1] Vgl. Bär, Wolfrath: Produktionsplanung und Auftragsbearbeitung im Industriebetrieb, S. 113 f.; Bloech, Jürgen: Lineare Optimierung für Wirtschaftswissenschaftler, S. 17 f.; Hax, Herbert: Lineare Planungsrechnung und Simplex-Methode als Instrumente betriebswirtschaftlicher Planung, S. 578 ff.
[2] Vgl. dazu Götze, Uwe: Kostenrechnung und Kostenmanagement, S. 178 ff.

III. Die produktbezogene und teilweise stückbezogene Kostenrechnung

Ergibt sich, wie in unseren Beispielen in Abbildung 60 und Abbildung 61, dass die Nachfrage nach einem Produkt (nämlich diejenige nach Produkt B) überhaupt nicht berücksichtigt werden sollte, sind die langfristigen Auswirkungen zu bedenken. Bei Ablehnung aller Anfragen, die ein solches Produkt betreffen, muss man befürchten, später überhaupt keine entsprechenden Anfragen mehr zu bekommen. Kommt man zu diesem Ergebnis, bedarf die kurzfristige Engpassanalyse einer Ergänzung durch eine langfristige Betrachtung.

Abbildung 61:
Engpassanalyse bei unterschiedlicher Inanspruchnahme eines Engpasses durch eine Mengeneinheit der Produkte

1) Ausgangsdaten:			
Produkte	A	B	C
Nachfragemenge	400 ME	500 ME	1.000 ME
Verkaufspreis pro ME	4,00 €	2,00 €	3,00 €
Variable Kosten pro ME	2,00 €	1,40 €	2,00 €
Deckungsbeitrag pro ME	2,00 €	0,60 €	1,00 €
Rangfolge	1	3	2
Inanspruchnahme des Engpasses durch eine ME des Produkts	60 Min/ME = 1 Std	20 Min/ME = 1/3 Std	15 Min/ME = 1/4 Std
Spezifischer Deckungsbeitrag	2,00 €/Std	1,80 €/Std	4,00 €/Std
Rangfolge	2	3	1
Kapazität des Engpasses	500 Maschinenstunden		
Fixkosten pro Periode	400 €		
Fixkosten pro Stunde	0,80 €		
Fixkosten pro ME	0,80 €	0,27 €	0,20 €
Gesamte Kosten pro ME	2,80 €	1,67 €	2,20 €
Stückgewinn/-verlust	1,20 €	0,33 €	0,80 €
Rangfolge	1	3	2
Spezifischer Stückgewinn	1,20 €	1,00 €	3,20 €
Rangfolge	2	3	1

2) Verteilung der Engpasskapazität:

Rangfolge der Produkte	Nachfragemenge [ME]	Inanspruchnahme des Engpasses [Std/ME]	Produktionsmenge [ME]	Ausgenutzte Kapazität des Engpasses [Std]	Zur Verfügung stehende Kapazität des Engpasses [Std]
Produkt C	1.000	1/4	1.000	250	500 - 250
Produkt A	400	1	250	250	250 - 250
Produkt B	500	1/3	-	-	0 -

3) Auswirkungen auf Deckungsbeiträge und Gewinn:

Produkte	A	B	C	Summe
Produktionsmenge	250 ME	-	1.000 ME	
Deckungsbeitrag pro ME	2,00 €	0,60 €	1,00 €	
Deckungsbeitrag der Produkte	500 €	-	1.000 €	1.500 €
- fixe Kosten				400 €
= Gewinn				1.100 €

Abbildung 62:
Bestimmung der Preisuntergrenze für ein zusätzliches Produkt bei Verdrängung eines anderen Produkts

1) Ausgangsdaten für das Zusatzprodukt D:	
Nachfragemenge	100 ME
Verkaufspreis pro ME	5,00 €
Variable Kosten pro ME	2,00 €
Deckungsbeitrag pro ME	3,00 €
Inanspruchnahme des Engpasses	2 Std/ME
Möglicher Erlös	500,00 €
2) Rechnung:	
Variable Kosten von Produkt D (2,00 € * 100 ME)	200,00 €

+ Deckungsbeitrag des zu verdrängenden Produktes A
   (Engpassbeanspruchung durch Produkt D von 200 Std
   * spezifischer Deckungsbeitrag von Produkt A von 2,00 €)
	400,00 €

= **Erlösuntergrenze**	600,00 €

III. Die produktbezogene und teilweise stückbezogene Kostenrechnung

Abbildung 63:
Engpassanalyse bei unterschiedlicher Inanspruchnahme von zwei Engpässen durch eine Mengeneinheit der Produkte

1) Ausgangsdaten:

Produkte	A	B	C
Nachfragemenge	400 ME	500 ME	1.000 ME
Verkaufspreis pro ME	4,00 €	2,00 €	3,00 €
Variable Kosten pro ME	2,00 €	1,40 €	2,00 €
Deckungsbeitrag pro ME	2,00 €	0,60 €	1,00 €
Inanspruchnahme des 1. Engpasses durch eine ME des Produkts	60 Min/ME = 1 Std	20 Min/ME = 1/3 Std	15 Min/ME = 1/4 Std
Kapazität des 1. Engpasses	500 Maschinenstunden		
Inanspruchnahme des 2. Engpasses durch eine ME des Produkts	40 Min/ME = 2/3 Std	20 Min/ME = 1/3 Std	60 Min/ME = 1 Std
Kapazität des 2. Engpasses	600 Maschinenstunden		
Fixkosten pro Periode	400 € + 300 € = 700 €		

2) Verteilung der Engpasskapazität mit Hilfe eines LP-Programms:

a) Zielfunktion:

max. DB = $2 * X_A + 0{,}6 * X_B + 1 * X_C$

b) Nebenbedingungen:

$$1\, X_A + 1/3\, X_B + 1/4\, X_C \leq 500$$
$$2/3\, X_A + 1/3\, X_B + 1\, X_C \leq 600$$
$$1\, X_A \leq 400$$
$$1/3\, X_B \leq 500$$
$$1\, X_C \leq 1.000$$

c) Ausgangstableau:

	X_A	X_B	X_C	Y_1	Y_2	Y_3	Y_4	Y_5	
Y_1	1	1/3	1/4	1	0	0	0	0	500
Y_2	2/3	1/3	1	0	1	0	0	0	600
Y_3	(1)	0	0	0	0	1	0	0	400
Y_4	0	1	0	0	0	0	1	0	500
Y_5	0	0	1	0	0	0	0	1	1.000
	−2	−3/5	−1	0	0	0	0	0	

d) Erstes Zwischentableau:

	X_A	X_B	X_C	Y_1	Y_2	Y_3	Y_4	Y_5	
Y_1	0	1/3	1/4	1	0	-1	0	0	100
Y_2	0	1/3	(1)	0	1	-2/3	0	0	1.000/3
X_A	1	0	0	0	0	1	0	0	400
Y_4	0	1	0	0	0	0	1	0	500
Y_5	0	0	1	0	0	0	0	1	1.000
	0	-3/5	-1	0	0	0	0	0	800

e) Zweites Zwischentableau:

	X_A	X_B	X_C	Y_1	Y_2	Y_3	Y_4	Y_5	
Y_1	1	(1/4)	0	1	-1/4	-5/6	0	0	50/3
X_C	0	1/3	1	0	1	-2/3	0	0	1.000/3
X_A	1	0	0	0	0	1	0	0	400
Y_4	0	1	0	0	0	0	1	0	500
Y_5	0	-1/3	0	0	-1	2/3	0	1	2.000/3
	0	-4/15	0	0	1	4/3	0	0	3.400/3

f) Endtableau:

	X_A	X_B	X_C	Y_1	Y_2	Y_3	Y_4	Y_5	
X_B	0	1	0	4	-1	-10/3	0	0	200/3
X_C	0	0	1	-4/3	4/3	4/9	0	0	2.800/9
X_A	1	0	0	0	0	1	0	0	400
Y_4	0	0	0	-4	1	10/3	1	0	1.300/3
Y_5	0	0	0	4/3	-4/3	-4/9	0	1	6.200/9
	0	0	0	16/15	11/15	4/9	0	0	10.360/9

g) Lösung:

X_A = 400 ME
X_B = 200/3 ME = 66,67 ME
X_C = 2.800/9 ME = 311,14 ME
Summe der Deckungsbeiträge = 10.360/9 € = 1.151,11 €

Produkt A:	400 ME * 2,00 €	=	800,00 €
Produkt B:	66,67 ME * 0,60 €	=	40,00 €
Produkt C:	311,11 ME * 1,00 €	=	311,11 €
Summe der Deckungsbeiträge			1.151,11 €

Legende:
DB = Deckungsbeitrag
X_i = ME des Produkts i
Y_j = Schlupfvariable der Nebenbedingung j

3.4.7. Gewinnschwellenanalyse

1) Statt von der Gewinnschwelle wird auch vom break even point, vom Deckungspunkt oder vom toten Punkt gesprochen.[1] Es ist damit generell das Umsatzvolumen gemeint, bei welchem die Deckung der vollen Kosten erreicht wird, ab welchem Gewinn erzielt wird oder, in der Sprache des Direct Costing, das Deckungsbeitragsvolumen oder Bruttogewinnvolumen, bei welchem die Deckung der fixen Kosten erreicht wird, ab welchem ein Nettogewinn erzielt wird.

2) Im **Einproduktbetrieb** lässt sich auch formulieren: die Gewinnschwelle ist die Produktions- und Absatzmenge, bei welcher die Deckung der vollen Kosten durch die Umsatzerlöse erreicht wird oder, in der Sprache des Direct Costing, bei welcher die fixen Kosten durch die Deckungsbeiträge gedeckt werden.

Die Ermittlung der Gewinnschwelle ist einfach, wenn, wie in Abbildung 64 und Abbildung 65 angenommen, die Umsatzerlöse und die Kosten mit der Produktions- und Absatzmenge linear zunehmen.

Abbildung 64:
Algebraische Ermittlung der Gewinnschwelle nach dem Direct Costing
im Einproduktbetrieb

1. allgemein:
$G(m_s) = p * m_s - k_v * m_s - K_f = 0$
$ = (p - k_v) * m_s - K_f = 0$
$ = d * m_s - K_f = 0$
$ m_s = \dfrac{K_f}{d}$
$U(m_s) = p * m_s$
2. Beispiel:
(zugrunde liegende Daten vgl. Abbildung 35)
$G(m_s) = 2{,}60 * m_s - 1 * m_s - 16 = 0$
$ = 1{,}60 * m_s - 16 = 0$
$\phantom{G(m_s) = 1{,}60 * m_s} m_s = \dfrac{16}{1{,}60} = 10$
$U(m_s) = 2{,}60 * 10 = 26$

---

[1] Zur Gewinnschwellenanalyse vgl. Krauss, Axel: Die Anwendung der Teilkostenrechnung für unternehmerische Entscheidungen, S. 96 f.; Lorson, Peter: Break-Even-Analyse, Sp. 207 ff.; Schär, Johann Friedrich: Allgemeine Handelsbetriebslehre, S. 169 f. (Berechnung des toten Punktes); Schweitzer, Marcell/ Troßmann, Ernst: Break-Even-Analysen; Tucker, Spencer A.: Break-even Analyse.

Legende:
p = Stückpreis [€/ME]
m_s = Produktmenge an der Gewinnschwelle [ME/Periode]
k_v = variable Stückkosten [€/ME]
K_f = Fixkosten [€/Periode]
d = Deckungsbeitrag [€/ME]
G = Gewinn [€/Periode]
U = Umsatz [€/Periode]

Abbildung 65:
Grafische Ermittlung der Gewinnschwelle nach dem Direct Costing im Einproduktbetrieb

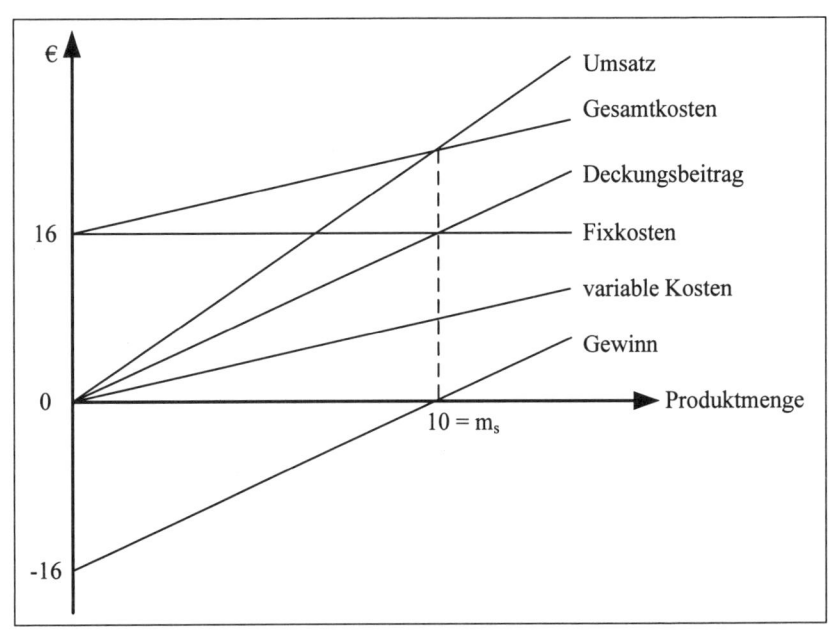

3) Im **Mehrproduktbetrieb** müsste man formulieren: die Gewinnschwelle ist die Kombination der Produktions- und Absatzmengen der Produkte, bei welcher die Deckung der vollen Kosten durch die Umsatzerlöse erreicht wird oder, in der Sprache des Direct Costing, bei welcher die fixen Kosten durch die Deckungsbeiträge gedeckt werden. Aber wie ist die Kombination zu ermitteln?

III. Die produktbezogene und teilweise stückbezogene Kostenrechnung

4) Diese Frage lässt sich eindeutig beantworten:

a) wenn die Produkte in einer **festliegenden Reihenfolge** hergestellt und abgesetzt werden, z. B. weil ihnen ein bestimmter Saisonverlauf eigen ist (vgl. Abbildung 66);

b) wenn die Produkte in einem **feststehenden Verhältnis** zueinander hergestellt und abgesetzt werden, sei es aus beschaffungs-, produktions- und/oder absatzwirtschaftlichen Gründen (vgl. Abbildung 67).

5) Sind diese Voraussetzungen nicht gegeben, bedarf es:

a) der Festlegung einer bestimmten Reihenfolge oder

b) der Annahme eines bestimmten Mengenverhältnisses.

6) Wenn man möglichst schnell die Gewinnschwelle erreichen will, um das Risiko zu minimieren, müsste man eine **Reihenfolge nach der Produktionsdauer** wählen und die Produkte mit der kürzesten Produktionsdauer zuerst zur Deckung heranziehen.

7) Anderenfalls kommen grundsätzlich folgende Möglichkeiten zur Festlegung der **Reihenfolge** in Betracht:

a) Man geht **nach der Höhe der Stückdeckungsbeiträge** der einzelnen Produkte vor. Das Produkt mit dem höchsten Stückdeckungsbeitrag wird zuerst zur Deckung der Fixkosten herangezogen.

b) Man geht **nach der Höhe der Produktdeckungsbeiträge** vor. Das Produkt mit dem höchsten Produktdeckungsbeitrag wird zuerst zur Deckung der Fixkosten herangezogen.

c) Man geht **nach dem Verhältnis der Stückdeckungsbeiträge zu den Preisen** vor. Das Produkt mit dem günstigsten Verhältnis wird zuerst zur Deckung der Fixkosten herangezogen.

d) Man geht **nach dem Verhältnis des Produktdeckungsbeitrags zu den Umsatzerlösen** vor. Das Produkt mit dem in dieser Hinsicht günstigsten Verhältnis wird zuerst zur Deckung der Fixkosten herangezogen.

8) Die Ergebnisse sind recht unterschiedlich (vgl. Abbildung 68). Im Fall a) ergibt sich ein Gewinnschwellenumsatz von 137.500 €, in den anderen Fällen jeweils ein solcher von 124.000 €. Den gleichen Gewinnschwellenumsätzen in den Fällen b) und c) entsprechen unterschiedliche Mengenkombinationen. In den Fällen c) und d) ergibt sich stets das gleiche Ergebnis. Ein Weg, der den anderen vorzuziehen ist, lässt sich nicht bestimmen.

Abbildung 66:
Algebraische Ermittlung der Gewinnschwelle nach dem Direct Costing im Mehrproduktbetrieb mit festliegender Reihenfolge zwischen den Produkten

1. **allgemein:**

$$G(m_{sA}, m_{sB}) = p_A * m_{sA} - k_{vA} * m_{sA} + p_B * m_{sB} - k_{vB} * m_{sB} - K_f = 0$$
$$= (p_A - k_{vA}) * m_{sA} + (p_B - k_{vB}) * m_{sB} - K_f = 0$$
$$= d_A * m_{sA} + d_B * m_{sB} = K_f$$

$$U(m_{sA}, m_{sB}) = p_A * m_{sA} + p_B * m_{sB}$$

2. **Beispiel:**

Produkt	A	B	C	D
Preis [€/ME]	5,00	2,00	8,00	1,00
Variable Kosten pro ME [€/ME]	2,50	1,50	3,20	0,60
Absatzmenge bzw. Produktionsmenge [ME]	10.000	20.000	5.000	30.000
Fixe Kosten [€/Periode]	62.000			

Angenommen wird, dass die Produkte in der Reihenfolge D, C, B, A hergestellt und abgesetzt werden müssen, z. B. weil ihnen ein bestimmter Saisonverlauf eigen ist.

K_f = 62.000
- $d_D * m_{sD} = 0{,}40 * 30.000$ = - 12.000 $m_{sD} = 30.000$; U_{sD} = 30.000
  50.000
- $d_C * m_{sC} = 4{,}80 * 5.000$ = - 24.000 m_{sC} = 5.000; U_{sC} = 40.000
  26.000
- $d_B * m_{sB} = 0{,}50 * 20.000$ = - 10.000 $m_{sB} = 20.000$; U_{sB} = 40.000
  16.000
- $d_A * m_{sA} = 2{,}50 * 6.400$ = - 16.000 m_{sA} = 6.400; U_{sA} = 32.000
  0   142.000

Legende:
p_i = Stückpreis von Produkt i [€/ME]
m_{si} = Produktmenge an der Gewinnschwelle von Produkt i [ME/Periode]
k_{vi} = variable Stückkosten von Produkt i [€/ME]
K_f = Fixkosten [€/Periode]
d_i = Stückdeckungsbeitrag von Produkt i [€/ME]
G = Gewinn [€/Periode]
U = Umsatz [€/Periode]
i = A, B, C, D

III. Die produktbezogene und teilweise stückbezogene Kostenrechnung 181

Abbildung 67:
Algebraische Ermittlung der Gewinnschwelle nach dem Direct Costing
im Mehrproduktbetrieb mit feststehendem Verhältnis zwischen den Produkten

1. **allgemein:** $m_B = a * m_A$

$$\begin{aligned} G(m_{sA}, m_{sB}) &= p_A * m_{sA} - k_{vA} * m_{sA} + p_B * m_{sB} - k_{vB} * m_{sB} - K_f &= 0 \\ &= (p_A - k_{vA}) * m_{sA} + (p_B - k_{vB}) * m_{sB} - K_f &= 0 \\ &= d_A * m_{sA} + d_B * m_{sB} &= K_f \\ &= d_A * m_{sA} + d_B * (a * m_{sA}) &= K_f \\ &= (d_A + a * d_B) * m_{sA} &= K_f \\ &\qquad m_{sA} &= \frac{K_f}{d_A + a * d_B} \end{aligned}$$

$U(m_{sA}, m_{sB}) = p_A * m_{sA} + p_B * m_{sB}$

2. **Beispiel:** $m_B = 2 * m_A$

$$\begin{aligned} G(m_{sA}, m_{sB}) &= 6 * m_{sA} - 2 * m_{sA} + 7 * m_{sB} - 4 * m_{sB} - 200 &= 0 \\ &= 4 * m_{sA} + 3 * m_{sB} - 200 &= 0 \\ &= 4 * m_{sA} + 3 * (2 * m_{sA}) &= 200 \\ &\qquad m_{sA} &= \frac{200}{10} = 20 \\ &\qquad m_{sB} &= 2 * 20 = 40 \end{aligned}$$

$U(m_{sA}, m_{sB}) = 6 * 20 + 7 * 40 = 400$

Legende:
p_i = Stückpreis von Produkt i [€/ME]
m_{si} = Produktmenge an der Gewinnschwelle von Produkt i [ME/Periode]
k_{vi} = variable Stückkosten von Produkt i [€/ME]
K_f = Fixkosten [€/Periode]
d_i = Stückdeckungsbeitrag von Produkt i [€/ME]
a = Parameter für das feststehende Verhältnis zwischen den Produkten
G = Gewinn [€/Periode]
U = Umsatz [€/Periode]
i = A, B

Abbildung 68:
Algebraische Ermittlung der Gewinnschwelle nach dem Direct Costing im Mehrproduktbetrieb bei Annahme bestimmter Reihenfolgen zwischen den Produkten

1. **allgemein:**

$G(m_{sA}, m_{sB}) = p_A * m_{sA} - k_{vA} * m_{sA} + p_B * m_{sB} - k_{vB} * m_{sB} - K_f = 0$

$\phantom{G(m_{sA}, m_{sB})} = (p_A - k_{vA}) * m_{sA} + (p_B - k_{vB}) * m_{sB} - K_f = 0$

$\phantom{G(m_{sA}, m_{sB})} = d_A * m_{sA} + d_B * m_{sB} = K_f$

Annahmen über die Reihenfolge der Produktion der Produkte:
a) in Höhe der Stückdeckungsbeiträge (d) oder
b) in Höhe der Produktdeckungsbeiträge (D) oder
c) in Höhe der Verhältnisse der Stückdeckungsbeiträge
   zu den Produktpreisen (d/p)
d) in Höhe der Verhältnisse der Produktdeckungsbeiträge
   zu den Umsatzerlösen (D/U)

$U(m_{sA}, m_{sB}) = p_A * m_{sA} + p_B * m_{sB}$

2. **Beispiel:**

Produkt	A	B	C	D
Preis [€/ME]	5,00	2,00	8,00	1,00
Variable Kosten pro ME [€/ME]	2,50	1,50	3,20	0,60
Absatzmenge bzw. Produktionsmenge [ME]	10.000	20.000	5.000	30.000
Fixe Kosten [€/Periode]	62.000			

a) *Produktion in der Reihenfolge der Stückdeckungsbeiträge:*

$d_A = 2,50 \rightarrow$ Rang 2 $m_A \leq 10.000$
$d_B = 0,50 \rightarrow$ Rang 3 $m_A \leq 20.000$
$d_C = 4,80 \rightarrow$ Rang 1 $m_A \leq 5.000$
$d_D = 0,40 \rightarrow$ Rang 4 $m_A \leq 30.000$

$K_f = 62.000$
$- d_C * m_{sC} = 4,80 * 5.000 = \underline{- 24.000}$ $m_{sC} = 5.000; U_{sC} = 40.000$
$\phantom{- d_C * m_{sC} = 4,80 * 5.000 = } 38.000$
$- d_A * m_{sA} = 2,50 * 10.000 = \underline{- 25.000}$ $m_{sA} = 10.000; U_{sA} = 50.000$
$\phantom{- d_A * m_{sA} = 2,50 * 10.000 = } 13.000$
$- d_B * m_{sB} = 0,50 * 20.000 = \underline{- 10.000}$ $m_{sB} = 20.000; U_{sB} = 40.000$
$\phantom{- d_B * m_{sB} = 0,50 * 20.000 = } 3.000$
$- d_D * m_{sD} = 0,40 * 7.500 = \underline{- 3.000}$ $m_{sD} = 7.500; U_{sD} = \underline{7.500}$
$\phantom{- d_D * m_{sD} = 0,40 * 7.500 = xxxxx} 0$ 137.500

III. Die produktbezogene und teilweise stückbezogene Kostenrechnung 183

b) *Produktion in der Reihenfolge der Produktdeckungsbeiträge:*

$D_A = 25.000 \rightarrow$ Rang 1 $m_A \leq 10.000$
$D_B = 10.000 \rightarrow$ Rang 4 $m_A \leq 20.000$
$D_C = 24.000 \rightarrow$ Rang 2 $m_A \leq 5.000$
$D_D = 12.000 \rightarrow$ Rang 3 $m_A \leq 30.000$

K_f =   62.000
$- d_A * m_{sA} = 2{,}50 * 10.000 = \underline{-\ 25.000}$ $m_{sA} = 10.000;\ U_{sA} = 50.000$
                                     37.000
$- d_C * m_{sC} = 4{,}80 * 5.000 = \underline{-\ 24.000}$ $m_{sC} = 5.000;\ U_{sC} = 40.000$
                                     13.000
$- d_D * m_{sD} = 0{,}40 * 30.000 = \underline{-\ 12.000}$ $m_{sD} = 30.000;\ U_{sD} = 30.000$
                                     1.000
$- d_B * m_{sB} = 0{,}50 * 2.000 = \underline{-\ 1.000}$ $m_{sB} = 2.000;\ U_{sB} = \underline{\ \ \ 4.000}$
                                        0   124.000

c) *Produktion in der Reihenfolge der Verhältnisse der Stückdeckungsbeiträge zu den Produktpreisen:*

$d_A/p_A = 0{,}50 \rightarrow$ Rang 2 $m_A \leq 10.000$
$d_B/p_B = 0{,}25 \rightarrow$ Rang 4 $m_A \leq 20.000$
$d_C/p_C = 0{,}60 \rightarrow$ Rang 1 $m_A \leq 5.000$
$d_D/p_D = 0{,}40 \rightarrow$ Rang 3 $m_A \leq 30.000$

K_f =   62.000
$- d_C * m_{sC} = 4{,}80 * 5.000 = \underline{-\ 24.000}$ $m_{sC} = 5.000;\ U_{sC} = 40.000$
                                     38.000
$- d_A * m_{sA} = 2{,}50 * 10.000 = \underline{-\ 25.000}$ $m_{sA} = 10.000;\ U_{sA} = 50.000$
                                     13.000
$- d_D * m_{sD} = 0{,}40 * 30.000 = \underline{-\ 12.000}$ $m_{sD} = 30.000;\ U_{sD} = 30.000$
                                     1.000
$- d_B * m_{sB} = 0{,}50 * 2.000 = \underline{-\ 1.000}$ $m_{sB} = 2.000;\ U_{sB} = \underline{\ \ \ 4.000}$
                                        0   124.000

d) *Produktion in der Reihenfolge der Verhältnisse der Produktdeckungsbeiträge zu den Umsatzerlösen:*

$D_A/U_A = 0{,}50 \rightarrow$ Rang 2 $m_A \leq 10.000$
$D_B/U_B = 0{,}25 \rightarrow$ Rang 4 $m_A \leq 20.000$
$D_C/U_C = 0{,}60 \rightarrow$ Rang 1 $m_A \leq 5.000$
$D_D/U_D = 0{,}40 \rightarrow$ Rang 3 $m_A \leq 30.000$

184 Hauptteil

$$
\begin{aligned}
K_f &= 62.000 \\
- d_C * m_{sC} = 4,80 * 5.000 &= -24.000 \quad m_{sC} = 5.000;\ U_{sC} = 40.000 \\
& 38.000 \\
- d_A * m_{sA} = 2,50 * 10.000 &= -25.000 \quad m_{sA} = 10.000;\ U_{sA} = 50.000 \\
& 13.000 \\
- d_D * m_{sD} = 0,40 * 30.000 &= -12.000 \quad m_{sD} = 30.000;\ U_{sD} = 30.000 \\
& 1.000 \\
- d_B * m_{sB} = 0,50 * 2.000 &= -\ 1.000 \quad m_{sB} = 2.000;\ U_{sB} = \underline{\ 4.000} \\
& 0 124.000
\end{aligned}
$$

3. Vergleich der Ergebnisse:

Kriterium für die Bestimmung der Reihenfolge	Gewinn-schwellenmenge		Gewinn-schwellenumsatz	
Stückdeckungsbeitrag	$m_{sC}=$	5.000	$U_{sC}=$	40.000
	$m_{sA}=$	10.000	$U_{sA}=$	50.000
	$m_{sB}=$	20.000	$U_{sB}=$	40.000
	$m_{sD}=$	7.500	$U_{sD}=$	<u>7.500</u>
			$U_s=$	137.500
Produktdeckungsbeitrag	$m_{sA}=$	10.000	$U_{sA}=$	50.000
	$m_{sC}=$	5.000	$U_{sC}=$	40.000
	$m_{sD}=$	30.000	$U_{sD}=$	30.000
	$m_{sB}=$	2.000	$U_{sB}=$	<u>4.000</u>
			$U_s=$	124.000
Verhältnis von Stückdeckungsbeitrag zu Produktpreis	$m_{sC}=$	5.000	$U_{sC}=$	40.000
	$m_{sA}=$	10.000	$U_{sA}=$	50.000
	$m_{sD}=$	30.000	$U_{sD}=$	30.000
	$m_{sB}=$	2.000	$U_{sB}=$	<u>4.000</u>
			$U_s=$	124.000
Verhältnis von Produktdeckungsbeitrag zu Umsatzerlösen	$m_{sC}=$	5.000	$U_{sC}=$	40.000
	$m_{sA}=$	10.000	$U_{sA}=$	50.000
	$m_{sD}=$	30.000	$U_{sD}=$	30.000
	$m_{sB}=$	2.000	$U_{sB}=$	<u>4.000</u>
			$U_s=$	124.000

Legende:
p_i = Stückpreis von Produkt i [€/ME]
m_{si} = Produktmenge an der Gewinnschwelle von Produkt i [ME/Periode]
k_{vi} = variable Stückkosten von Produkt i [€/ME]
K_f = Fixkosten [€/Periode]
d_i = Stückdeckungsbeitrag von Produkt i [€/ME]
D_i = Produktdeckungsbeitrag von Produkt i [€/Periode]
G = Gewinn [€/Periode]
U_{si} = Umsatzerlös an der Gewinnschwelle von Produkt i [€/Periode]
i = A, B, C, D

9) Angesichts dieser Schwierigkeiten wird in der Literatur oft vorgeschlagen, auch wenn die Produkte nicht in einem bestimmten Verhältnis zueinander hergestellt und abgesetzt werden müssen, doch eine **bestimmte Absatzmengenkombination** (sog. sales mix) **anzunehmen** und auf der Basis dieser Absatzmengen Äquivalenzziffern festzulegen.[1] Es lässt sich dann ein Gewinnschwellenumsatz (kritischer Umsatz) ermitteln. Wird dieser in Prozent des Gesamtumsatzes ausgedrückt, ergibt sich ein Prozentsatz, der auf die jeweiligen Mengen angewendet werden kann (vgl. Abbildung 69).

Abbildung 69:
Algebraische Ermittlung der Gewinnschwelle nach dem Direct Costing im Mehrproduktbetrieb bei Annahme einer bestimmten Absatzmengenkombination

1. **allgemein:**

$G(m_{sA}, m_{sB}) = p_A * m_{sA} - k_{vA} * m_{sA} + p_B * m_{sB} - k_{vB} * m_{sB} - K_f = 0$

$U(m_{sA}, m_{sB}) = p_A * m_{sA} + p_B * m_{sB}$

Ermittlung von Äquivalenzziffern auf Basis der Produktions- bzw. Absatzmengen: $m_A : m_B$

a) *Ermittlung der gewinnmaximalen Produktions- und Absatzmengen mit Hilfe der kritischen Absatzmenge:*

$$\text{kritische Absatzmenge} = m_s = \frac{K_f}{\sum d * m}$$

$m_{sA} = m_A * m_s$
$m_{sB} = m_B * m_s$

b) *Ermittlung der gewinnmaximalen Produktions- und Absatzmengen mit Hilfe des kritischen Umsatzes:*

$$\text{kritischer Umsatz} = U_s = \frac{K_f}{\frac{\sum d * m}{\sum p * m}}$$

$m_{sA} = \frac{\text{kritischer Umsatz}}{\text{Gesamtumsatz}} * m_A$

$m_{sB} = \frac{\text{kritischer Umsatz}}{\text{Gesamtumsatz}} * m_B$

---

[1] Vgl. Götze, Uwe: Kostenrechnung und Kostenmanagement, S. 188 ff.; Michel, Rudolf/ Torspecken, Hans-Dieter/ Jandt, Jürgen: Neuere Formen der Kostenrechnung mit Prozeßkostenrechnung, S. 199 f.

2. Beispiel:

Produkt	A	B	C	D
Preis [€/ME]	5,00	2,00	8,00	1,00
Variable Kosten pro ME [€/ME]	2,50	1,50	3,20	0,60
Absatzmenge bzw. Produktionsmenge [ME]	10.000	20.000	5.000	30.000
Fixe Kosten [€/Periode]	62.000			
Aus Absatzmengen abgeleitete Äquivalenzziffern	1	2	0,5	3

a) *Ermittlung der gewinnmaximalen Produktions- und Absatzmengen mit Hilfe der kritischen Absatzmenge:*

$$\text{kritische Absatzmenge} = \frac{62.000}{2{,}50*1 + 0{,}50*2 + 4{,}80*0{,}5 + 0{,}40*3} \approx 8{,}732$$

$m_{sA} = 1 * 8{,}732 = 8{,}732$
$m_{sB} = 2 * 8{,}732 = 17{,}465$
$m_{sC} = 0{,}5 * 8{,}732 = 4{,}366$
$m_{sD} = 3 * 8{,}732 = 26{,}197$

b) *Ermittlung der gewinnmaximalen Produktions- und Absatzmengen mit Hilfe des kritischen Umsatzes:*

$$\text{kritischer Umsatz} = \frac{62.000}{\frac{2{,}50*1 + 0{,}50*2 + 4{,}80*0{,}5 + 0{,}40*3}{5*1 + 2*2 + 8*0{,}5 + 1*3}} \approx 139{,}718$$

Der kritische Umsatz entspricht 87,32 % des Gesamtumsatzes.

$m_{sA} = 0{,}8732 * 10.000 = 8{,}732$
$m_{sB} = 0{,}8732 * 20.000 = 17{,}465$
$m_{sC} = 0{,}8732 * 5.000 = 4{,}366$
$m_{sD} = 0{,}8732 * 30.000 = 26{,}197$

Legende:
p_i = Stückpreis von Produkt i [€/ME]
m_{si} = Produktmenge an der Gewinnschwelle von Produkt i [ME/Periode]
k_{vi} = variable Stückkosten von Produkt i [€/ME]
K_f = Fixkosten [€/Periode]
d_i = Stückdeckungsbeitrag von Produkt i [€/ME]
i = A, B, C, D
G = Gewinn [€/Periode]
U = Umsatz [€/Periode]

10) Das genannte Reihenfolgeproblem könnte man dadurch zu umgehen versuchen, dass man die Fixkosten den einzelnen Produkten zuordnet. Dies widerspräche aber der Idee des Direct Costing. Zudem würde man dann mehrere Produktgewinnschwellen, nicht jedoch eine Gewinnschwelle für den gesamten Betrieb erhalten.

11) Aufgrund einer Gewinnschwellenanalyse allein Entscheidungen treffen zu wollen, wäre nicht sinnvoll. Denn die Gewinnschwelle selbst stellt noch kein erstrebenswertes Ziel dar. Sie bedarf der Ergänzung durch eine Gewinnmaximumanalyse.

Angestrebt wird der gewinnmaximale Preis (sofern sich dieser mit der Menge ändert) sowie die gewinnmaximale Produktions- und Absatzmenge. Nur dann, wenn zwischen Produkten zu wählen ist, die jeweils zum gleichen Gewinnmaximum führen, wird die Gewinnschwelle entscheidungsrelevant. Denn in diesem Fall sollte dasjenige Produkt gewählt werden, welches am frühesten seine Gewinnschwelle erreicht. Wenn umgekehrt zwischen Produkten zu wählen ist, die die gleichen Gewinnschwellen, aber unterschiedliche Gewinnmaxima aufweisen, ist das Produkt mit dem höchsten Gewinnmaximum vorzuziehen.

12) Die Gewinnschwellenanalyse wird im Rahmen des Direct Costing vor allem deswegen empfohlen, damit folgende Fragen leichter beantwortet werden können: Welche Auswirkungen hat eine Änderung des Preises, der Absatzmenge, der variablen Kosten, der fixen Kosten auf die Gewinnschwelle? Um welchen Betrag müsste bei einer Zunahme der variablen Kosten (z. B. infolge einer Rohstoffpreissteigerung, einer Lohntarifanhebung) oder bei einer Zunahme der fixen Kosten der Preis erhöht werden, damit die Gewinnschwelle die Gleiche bleibt? Aber diese Fragen lassen sich noch besser im Zusammenhang mit einer Gewinnmaximumanalyse beantworten.

13) In der Literatur wird vorgeschlagen, zur besseren Interpretation der ermittelten Gewinnschwelle, d. h. insbesondere zur Beurteilung des Risikos, verschiedene Kennzahlen zu ermitteln, z. B. den sog. Sicherheitsabstand, den Sicherheitskoeffizienten, die Break-Even-Punkt-Erreichung sowie die Gewinnreagibilität.

Der **Sicherheitsabstand** ist die Differenz zwischen der geplanten oder tatsächlichen Absatzmenge und der kritischen Absatzmenge.[1] Wird unterstellt, dass die geplante oder tatsächliche Absatzmenge über der kritischen Absatzmenge liegt, verdeutlicht der Sicherheitsabstand das Risiko, das mit einem Absatzmengenrückgang verbunden ist. Durch die Verwendung von Mengengrößen ist diese Kennzahl nur im Einproduktbetrieb anwendbar.

Anderes gilt für den **Sicherheitskoeffizienten**, bei dem der Saldo aus geplantem oder tatsächlichem Gesamtumsatz und Break-Even-Umsatz auf den geplanten oder tatsächlichen Gesamtumsatz bezogen wird. Er gibt an, wie viel Prozent der geplante oder tatsächliche Umsatz sinken kann, bevor die Gewinnschwelle bzw.

---

[1] Vgl. Küting, Karlheinz/ Weber, Claus-Peter: Die Bilanzanalyse, S. 329.

die Verlustzone erreicht wird.[1] Damit ist eine Aussage darüber möglich, mit welcher Sicherheit ein Gewinn erwartet werden kann.

Die **Break-Even-Punkt-Erreichung** ist definiert als Relation zwischen dem kumulierten Ist-Absatz und dem kritischen Absatz.[2] Diese Kennzahl ermöglicht eine laufende Kontrolle des Absatzes. Ihr Nachteil liegt wie bei der Sicherheitsspanne darin, dass Mengengrößen verwendet werden.

Die **Gewinnreagibilität** als Relation zwischen der Summe der Deckungsbeiträge und dem Gewinn gibt an, um wie viel Prozent sich das Ergebnis verändert, wenn das Absatzvolumen um 1 % steigt oder sinkt.[3] Niedrige positive Werte bedeuten ein geringes leistungswirtschaftliches Risiko, da in diesem Fall die Fixkosten gering sind.

3.5. Aussagewert des Direct Costing für die Bestandsbewertung

1) Als Argumente gegen die Bewertung der Bestände an fertigen und unfertigen Erzeugnissen sowie der selbst erstellten Sachanlagen in der Handels- und Steuerbilanz mit Vollkosten werden in der Literatur immer wieder angeführt: Verstoß gegen das Verursachungsprinzip sowie damit gegen das Prinzip der Bilanzwahrheit und das Realisationsprinzip, unzulässige Aktivierung von Kosten der Unterbeschäftigung, kein Erreichen eines erfolgsneutralen Verhaltens von Bestandsänderungen.[4]

2) Auf diese Argumente soll nun im Einzelnen eingegangen werden, wenngleich in anderer Reihenfolge.[5]

3.5.1. Erfolgsneutralität der Bestandsänderungen

1) Um etwaigen Missverständnissen vorzubeugen, sei gesagt, dass mit Erfolgsneutralität der Bestandsänderungen nicht Erfolgsunwirksamkeit gemeint ist. Denn die Bewertung eines Bestands an fertigen und unfertigen Erzeugnissen sowie an selbst erstellten Sachanlagen in der Bilanz wirkt sich auch auf die Gewinn- und Verlustrechnung aus, direkt bei einer Gewinn- und Verlustrechnung nach dem

---

[1] Vgl. Ewert, Ralf/ Wagenhofer, Alfred: Interne Unternehmensrechung, S. 202 ff.; Fischer, Thomas M.: Kosten-Controlling, S. 215; Küting, Karlheinz/ Weber, Claus-Peter: Die Bilanzanalyse, S. 333; Mayer, Elmar/ Liessmann, Konrad/ Mertens, Hans Werner: Kostenrechnung, S. 202.

[2] Vgl. Küting, Karlheinz/ Weber, Claus-Peter: Die Bilanzanalyse, S. 333; Reichmann, Thomas: Controlling mit Kennzahlen und Managementberichten, S. 160 f.

[3] Vgl. Küting, Karlheinz/ Weber, Claus-Peter: Die Bilanzanalyse, S. 333.

[4] Vgl. Layer, Manfred: Die Herstellkosten der Deckungsbeitragsrechnung und ihre Verwendbarkeit in Handelsbilanz und Steuerbilanz für die Bewertung unfertiger und fertiger Erzeugnisse, S. 131 ff.; Mellerowicz, Konrad: Neuzeitliche Kalkulationsverfahren, S. 127 f., S. 205 f.

[5] Vgl. Weber, Helmut Kurt: Einzel- und Gemeinkosten sowie variable und fixe Kosten, S. 90 ff.

III. Die produktbezogene und teilweise stückbezogene Kostenrechnung

Gesamtkostenverfahren, indirekt bei einer Gewinn- und Verlustrechnung nach dem Umsatzkostenverfahren.

2) Mit Erfolgsneutralität der Bestandsänderungen ist offenbar gemeint, dass Bestandsänderungen nicht die Höhe des Erfolgs, des Gewinns oder des Verlusts beeinflussen sollen, dass sich trotz Bestandsänderungen stets der gleiche Gewinn oder Verlust ergeben soll.

3) Dieser erstrebte Effekt werde nicht bei einer Bewertung mit Vollkosten, sondern nur bei einer solchen mit Teilkosten erreicht. Unseres Erachtens führt jedoch auch eine Bewertung mit Teilkosten nicht unter allen Umständen zum gewünschten Ergebnis.

4) Wenn in einer Periode 1 nur auf Lager produziert und nichts verkauft wird, ergibt eine Bewertung mit variablen Kosten sogar einen Verlust, während eine Bewertung mit Vollkosten zu einer ausgeglichenen Gewinn- und Verlustrechnung führt, sieht man von Vertriebskosten ab (vgl. Zahlenbeispiel in Abbildung 70).

Wenn in einer Periode 2 nur vom Lager verkauft und nichts produziert wird, ergibt sich bei Bewertung des Bestands in der Vorperiode mit variablen Kosten jetzt ein Gewinn, bei Bewertung des Bestands in der Vorperiode mit Vollkosten jetzt ein Verlust (vgl. Abbildung 70).

In den beiden aufeinander folgenden Perioden wird also trotz einer Bewertung mit variablen Kosten keine Erfolgsneutralität der Bestandsänderungen erreicht, freilich unter außergewöhnlichen Umständen.

5) Wenn in zwei aufeinander folgenden Perioden die Produktionsmenge gleich bleibt, die Absatzmenge zunächst niedriger, dann höher als die Produktionsmenge ist, führt dies weder bei Bewertung des Bestands am Ende der ersten Periode mit variablen Kosten noch bei Bewertung des Bestands mit Vollkosten jeweils zum gleichen Ergebnis (vgl. Zahlenbeispiel in Abbildung 71).

Wenn dagegen umgekehrt in zwei aufeinander folgenden Perioden die Absatzmenge gleich bleibt, die Produktionsmenge zunächst höher, dann niedriger als die Absatzmenge ist, führt dies bei Bewertung des Bestands am Ende der ersten Periode mit variablen Kosten jeweils zum gleichen Ergebnis, bei Bewertung des Bestands mit Vollkosten jeweils zu unterschiedlichen Ergebnissen (vgl. Abbildung 72). Allein im letztgenannten Fall wird also durch Bewertung mit variablen Kosten eine Erfolgsneutralität der Bestandsänderungen erreicht. Im Übrigen würde man statt von Erfolgsneutralität besser von Umsatzproportionalität oder Absatzmengenproportionalität sprechen. Vgl. auch die algebraische Darstellung der Gewinngleichungen in den Abbildungen 73-75.[1]

---

[1] Vgl. auch die algebraische Darstellung von Hummel, Siegfried: Die Auswirkungen von Lagerbestandsveränderungen auf den Periodenerfolg, ein Vergleich der Erfolgskonzeptionen von Vollkostenrechnung und Direct Costing, S. 155 ff. sowie die schematische Darstellung der Zusammenhänge bei Schweitzer, Marcell/ Küpper, Hans-Ulrich: Systeme der Kosten- und Erlösrechnung, S. 192 und S. 456.

Abbildung 70:
Beispiel für die Bewertung des Fertigerzeugnisbestands mit Vollkosten und Teilkosten, wenn in Periode 1 nur Produktion auf Lager und in Periode 2 nur Absatz vom Lager

p = Preis	=	2,00 €/ME
k_v = variable Kosten	=	1,00 €/ME
K_f = fixe Kosten	=	75,00 €/Periode

Periode 1: Lageranfangsbestand = 0 ME
Produktionsmenge = 100 ME
Absatzmenge = 0 ME
Lagerendbestand = 100 ME

GuV Vollkostenrechnung

K	175,00	Lagerzugang	175,00
Summe	175,00	Summe	175,00

Gewinn = 0

GuV Teilkostenrechnung

K_f	75,00	Lagerzugang	100,00
K_v	100,00		
Summe	175,00	Summe	100,00

Verlust = 75,00

Periode 2: Lageranfangsbestand = 100 ME
Produktionsmenge = 0 ME
Absatzmenge = 100 ME
Lagerendbestand = 0 ME

GuV Vollkostenrechnung

K	75,00	Umsatz	200,00
Lagerabgang	175,00		
Summe	250,00	Summe	200,00

Verlust = 50

GuV Teilkostenrechnung

K_f	75,00	Umsatz	200,00
Lagerabgang	100,00		
Summe	175,00	Summe	200,00

Gewinn = 25,00

6) Zu fragen bleibt, ob eine solche Erfolgsneutralität bzw. Umsatzproportionalität überhaupt erstrebt werden soll. Ein Prinzip der Bilanzierung oder der Kostenrechnung stellt sie nicht dar, so dass sie nicht per se beachtenswert ist.

Zugunsten der Erfolgsneutralität wird in der Literatur zur Teilkostenrechnung nur angeführt: leichtere Ermittelbarkeit und leichtere Interpretierbarkeit des Erfolgs einer Periode. Tatsächlich ist der Erfolg einer Periode bei Bewertung des Bestands mit variablen Kosten leichter zu ermitteln als bei Bewertung mit Vollkosten. Aber die Einfachheit der Rechnung stellt noch keinen ausreichenden Grund für die Wahl einer bestimmten Methode dar. Tatsächlich ist auch der Erfolg einer Periode bei Bewertung des Bestands mit variablen Kosten leichter zu interpretieren als bei Bewertung mit Vollkosten. Aber auch dabei handelt es sich noch nicht um eine hinreichende Begründung.

III. Die produktbezogene und teilweise stückbezogene Kostenrechnung

Abbildung 71:
Beispiel für die Bewertung des Fertigerzeugnisbestands mit Vollkosten und Teilkosten, wenn in Periode 1 und 2 konstante Produktionsmenge, aber unterschiedliche Absatzmengen

p = Preis	=	2,00 €/ME
k_v = variable Kosten	=	1,00 €/ME
K_f = fixe Kosten	=	75,00 €/Periode

Periode 1: Lageranfangsbestand = 0 ME
Produktionsmenge = 100 ME
Absatzmenge = 50 ME
Lagerendbestand = 50 ME

GuV Vollkostenrechnung

K	175,00	Umsatz	100,00
		Lager-	
		zugang	87,50
Summe	175,00	Summe	187,50

Gewinn = 12,50

GuV Teilkostenrechnung

K_f	75,00	Umsatz	100,00
K_v	100,00	Lager-	
		zugang	50,00
Summe	175,00	Summe	150,00

Verlust = 25,00

Periode 2: Lageranfangsbestand = 50 ME
Produktionsmenge = 100 ME
Absatzmenge = 150 ME
Lagerendbestand = 0 ME

GuV Vollkostenrechnung

K	175,00	Umsatz	300,00
Lager-			
abgang	87,50		
Summe	262,50	Summe	300,00

Gewinn = 37,50

GuV Teilkostenrechnung

K_f	75,00	Umsatz	300,00
K_v	100,00		
Lager-			
abgang	50,00		
Summe	225,00	Summe	300,00

Gewinn = 75,00

Im Übrigen ist die Vereinfachung unerheblich. So wird gesagt, dass man bei Bewertung mit variablen Kosten von einem Rückgang des Gewinns in einer Periode gegenüber der Vorperiode auf einen Umsatzrückgang schließen könne. Aber dies trifft nur zu, solange die Preise, die variablen Kosten und die fixen Kosten gleich geblieben sind. Sobald sich die genannten Größen verändert haben, ist dieser Rückschluss nicht mehr möglich. Demgegenüber fällt nicht mehr ins Gewicht, dass man, um den Rückgang des Gewinns interpretieren zu können, bei Bewertung mit Vollkosten auch noch die Produktionsmenge kennen muss.

Abbildung 72:
Beispiel für die Bewertung des Fertigerzeugnisbestands mit Vollkosten und Teilkosten, wenn in Periode 1 und 2 unterschiedliche Produktionsmengen, aber konstante Absatzmenge

p = Preis	=	2,00 €/ME	
k_v = variable Kosten	=	1,00 €/ME	
K_f = fixe Kosten	=	75,00 €/Periode	

Periode 1: Lageranfangsbestand = 0 ME
Produktionsmenge = 150 ME
Absatzmenge = 100 ME
Lagerendbestand = 50 ME

GuV Vollkostenrechnung

K	225,00	Umsatz	200,00
		Lagerzugang	75,00
Summe	225,00	Summe	275,00

Gewinn = 50,00

GuV Teilkostenrechnung

K_f	75,00	Umsatz	200,00
K_v	150,00	Lagerzugang	50,00
Summe	225,00	Summe	250,00

Gewinn = 25,00

Periode 2: Lageranfangsbestand = 50 ME
Produktionsmenge = 50 ME
Absatzmenge = 100 ME
Lagerendbestand = 0 ME

GuV Vollkostenrechnung

K	125,00	Umsatz	200,00
Lagerabgang	75,00		
Summe	200,00	Summe	200,00

Gewinn = 0

GuV Teilkostenrechnung

K_f	75,00	Umsatz	200,00
K_v	50,00		
Lagerabgang	50,00		
Summe	175,00	Summe	200,00

Gewinn = 25,00

Die entscheidende Frage bleibt, wie die produzierten, aber noch nicht abgesetzten Mengeneinheiten zu bewerten sind. Dieser kann nicht dadurch ausgewichen werden, dass man sich in Nebensächlichkeiten flüchtet.

Die entscheidende Frage bleibt, wie die produzierten, aber noch nicht abgesetzten Mengeneinheiten zu bewerten sind. Dieser kann nicht dadurch ausgewichen werden, dass man sich in Nebensächlichkeiten flüchtet.

III. Die produktbezogene und teilweise stückbezogene Kostenrechnung 193

Abbildung 73:
Gewinngleichung bei Bewertung des Fertigerzeugnisbestands mit Vollkosten

Voraussetzungen:
- Einproduktbetrieb
- Fertigerzeugnisbestand am Jahresende,
  kein Fertigerzeugnisbestand am Jahresanfang
- kein Bestand eines unfertigen Erzeugnisses am Jahresanfang und Jahresende
- keine selbst erstellten Sachanlagen
- Aufwendungen und Erträge allein durch Herstellung und Verkauf des einen Produkts
- Identität von Aufwendungen und Kosten sowie von Erträgen und Leistungen
- keine Vertriebskosten

$G =$ Erträge $-$ Aufwendungen

$G = m_a * p + m_l * k \quad - m_p * k$

$ = m_a * p + m_p * k \quad - m_a * k \quad - m_p * (k_v + \dfrac{K_f}{m_p})$

$ = m_a * p + m_p * k_v + m_p * \dfrac{K_f}{m_p} - m_a * k_v - m_a * \dfrac{K_f}{m_p} - m_p * k_v - m_p * \dfrac{K_f}{m_p}$

$ = m_a * p + m_p * k_v + K_f \quad - m_a * k_v - m_a * \dfrac{K_f}{m_p} - m_p * k_v - K_f$

$ = m_a * p \quad\quad\quad\quad\quad - m_a * k_v - m_a * \dfrac{K_f}{m_p}$

$ = m_a * (p - k_v - \dfrac{K_f}{m_p})$

Legende:
G = Gewinn der Periode
p = Preis pro ME
k = volle Kosten pro ME
k_v = variable Kosten pro ME
K_f = fixe Kosten der Periode
m_p = Produktionsmenge
m_a = Absatzmenge
m_l = Lagerzugangsmenge

Abbildung 74:
Gewinngleichung bei Bewertung des Fertigerzeugnisbestands mit Teilkosten
(mit variablen Kosten)

Voraussetzungen: - Einproduktbetrieb - Fertigerzeugnisbestand am Jahresende,   kein Fertigerzeugnisbestand am Jahresanfang - kein Bestand eines unfertigen Erzeugnisses am Jahresanfang und Jahresende - keine selbst erstellten Sachanlagen - Aufwendungen und Erträge allein durch Herstellung und Verkauf des einen Produkts - Identität von Aufwendungen und Kosten sowie von Erträgen und Leistungen - keine Vertriebskosten

$$G = \text{Erträge} - \text{Aufwendungen}$$
$$G = m_a * p + m_l * k_v - m_p * k_v - K_f$$
$$ = m_a * p + m_p * k_v - m_a * k_v - m_p * k_v - K_f$$
$$ = m_a * p - m_a * k_v - K_f$$
$$ = m_a * d - K_f$$

Legende:
G = Gewinn der Periode
p = Preis pro ME
k_v = variable Kosten pro ME
K_f = fixe Kosten der Periode
m_p = Produktionsmenge
m_a = Absatzmenge
m_l = Lagerzugangsmenge
d = Deckungsbeitrag pro ME

3.5.2. Beachtung des Verursachungsprinzips sowie des Prinzips der Bilanzwahrheit

1) In der Bewertung des Bestands mit Vollkosten einschließlich der Fixkosten wird in der Literatur zur Teilkostenrechnung ein Verstoß gegen das Verursachungsprinzip sowie gegen das Prinzip der Bilanzwahrheit gesehen. Tatsächlich besteht kein kausales Verhältnis zwischen den produzierten Mengeneinheiten und den fixen Kosten; ein solches liegt aber auch nicht zwischen den produzierten Mengeneinheiten und den variablen Kosten vor.

III. Die produktbezogene und teilweise stückbezogene Kostenrechnung 195

Abbildung 75:
Vergleich der Gewinngleichungen bei Bewertung des Fertigerzeugnisbestands mit Vollkosten und mit Teilkosten (mit variablen Kosten)

Unterschied = Gewinn nach Vollkosten   - Gewinn nach Teilkosten
$\qquad = (m_a * p - m_a * k_v - m_a * \dfrac{K_f}{m_p}) - (m_a * p - m_a * k_v - K_f)$
$\qquad = \qquad\qquad\quad - m_a * \dfrac{K_f}{m_p} \qquad\qquad\qquad + K_f$
$\qquad = K_f * (1 - \dfrac{m_a}{m_p})$
Legende: p = Preis pro ME k_v = variable Kosten pro ME K_f = fixe Kosten der Periode m_p = Produktionsmenge m_a = Absatzmenge

2) Im Übrigen handelt es sich beim Kausalitätsprinzip nicht um das maßgebliche Kostenrechnungsprinzip (vgl. Abschnitt III.1.2.), ebenso wenig wie beim Prinzip der Bilanzwahrheit um das maßgebliche Bilanzierungsprinzip.[1]

Das maßgebliche Kostenrechnungsprinzip stellt das Finalitätsprinzip dar. Ein finaler Zusammenhang, ein Mittel-Zweck-Zusammenhang besteht jedoch sowohl zwischen den variablen Kosten und den produzierten Mengeneinheiten als auch zwischen den fixen Kosten und den produzierten Mengeneinheiten.

Das maßgebliche Bilanzierungsprinzip stellt nach HGB dasjenige der Vorsicht dar. Diesem wird jedoch bereits durch die Bewertungsvorschriften des HGB entsprochen. Erzeugnisse sind in der Handels- und Steuerbilanz zum Stichtagswert anzusetzen, sofern dieser vorübergehend oder dauerhaft die Herstellungskosten unterschreitet; selbst erstellte Sachanlagen sind zum Stichtagswert anzusetzen, sofern dieser dauerhaft die Herstellungskosten unterschreitet.

3.5.3. Beachtung des Realisationsprinzips

1) In der Bewertung des Bestands mit Vollkosten wird in der Literatur zur Teilkostenrechnung ein Verstoß gegen das Realisationsprinzip gesehen.

---

[1] Vgl. Weber, Helmut Kurt/ Rogler, Silvia: Betriebswirtschaftliches Rechnungswesen, Bd. 1, S. 58 f.

2) Das Realisationsprinzip als Bilanzierungsprinzip verbietet den Ausweis noch nicht realisierter Gewinne, während sein Gegenstück, das Prinzip der Verlustantizipation, den Ausweis drohender Verluste gebietet.[1] Unterstellt man den üblichen Begriff des Gewinns (= Differenz zwischen Ertrag und Aufwand bzw. zwischen Erlös und Kosten), dann stellt die Bewertung des Bestands mit Vollkosten keinesfalls einen Verstoß gegen das Realisationsprinzip dar.

Erst bei Unterstellung eines anderen Begriffs des Gewinns (= Differenz zwischen Erlös und variablen Kosten), wie es in der Literatur zur Teilkostenrechnung geschieht, würde die Bewertung des Bestands auch mit den fixen Kosten gegen das Realisationsprinzip verstoßen. Aber dabei handelt es sich um eine Bruttogewinn- oder Deckungsbeitragsgröße und nicht um die übliche Nettogewinngröße, nicht um den Gewinn im bilanziellen Sinne, den das Realisationsprinzip als Bilanzierungsprinzip meint.

3) Unter Berufung auf das Realisationsprinzip wird in der Literatur zur Teilkostenrechnung auch wie folgt argumentiert: Bei Bewertung der Erzeugnisse mit Vollkosten werden Fixkosten der abgelaufenen Periode auf die nächste Periode überwälzt. Sie seien jedoch von der sie verursachenden Periode oder von der Periode, in welcher sie anfallen, zu tragen.

Aber dabei wird unseres Erachtens übersehen, dass die Fixkosten einer Periode recht unterschiedlich zusammengesetzt sind: zum Teil bestehen sie aus Kosten, die genau für diese Periode fix sind (periodenisolierte Fixkosten); zum Teil aus Kosten, die für mehrere Perioden fix sind und die der jeweiligen Periode anteilig zugerechnet werden (periodenverkettete Fixkosten). Wenn jedoch Fixkosten auf mehrere Perioden verteilt werden, fällt demgegenüber die partielle Überwälzung von der abgelaufenen Periode auf die nächste Periode nicht ins Gewicht.

Zudem wird bei dieser Argumentation bezüglich der Fixkosten der abgelaufenen Periode unterstellt, dass die variablen Kosten der abgelaufenen Periode mit den Erzeugnissen auf die nächste Periode überwälzt werden dürfen. Diese Unterstellung ist aber nur sinnvoll, wenn davon ausgegangen wird, dass die variablen Kosten beim Verkauf der Erzeugnisse durch den Preis gedeckt werden, dass die variablen Kosten beim Verkauf der Erzeugnisse die Preisuntergrenze bilden. Diese Annahme ist jedoch unzutreffend. Denn beim Verkauf von Erzeugnissen aus dem Lager liegt die Preisuntergrenze nicht mehr bei den Kosten, die noch zum Zeitpunkt der Herstellung variabel waren, sondern im Allgemeinen erheblich darunter, nämlich bei den Kosten, die allein durch den Verkauf entstehen würden (vgl. auch Abschnitt II.5.6.2.1.). Daher lässt sich auch nicht mit diesem Argument die Bewertung mit variablen Kosten rechtfertigen und die Bewertung mit Vollkosten ablehnen.

---

[1] Vgl. Weber, Helmut Kurt/ Rogler, Silvia: Betriebswirtschaftliches Rechnungswesen, Bd. 1, S. 59 f.

III. Die produktbezogene und teilweise stückbezogene Kostenrechnung 197

3.5.4. Behandlung der Kosten der Unterbeschäftigung

1) Die Bewertung des Bestands mit Vollkosten wird in der Literatur zur Teilkostenrechnung abgelehnt, weil auf diese Weise Kosten einer Unterbeschäftigung aktiviert werden würden.

2) Dabei handelt es sich unseres Erachtens jedoch um ein zeitbedingtes, temporäres Argument. Konsequenterweise müsste dann wenigstens bei Vollbeschäftigung die Bewertung mit Vollkosten akzeptiert werden.

3.5.5. Abschließende Stellungnahme

1) Als Ergebnis der Diskussion ist festzuhalten: keines der Argumente gegen die Bestandsbewertung mit Vollkosten und für die Bestandsbewertung allein mit variablen Kosten hat sich als stichhaltig erwiesen.

2) Eine Produktion ist ohne Kosten nicht möglich. Ein Betrieb muss sowohl fixe als auch variable Kosten auf sich nehmen, um produzieren zu können. Insofern ist es gerechtfertigt, beide Arten von Kosten zur Bewertung der produzierten Mengeneinheiten heranzuziehen.

Allerdings sind nicht die Kosten für den Wert der produzierten Mengeneinheiten maßgebend, sondern allein die Verkaufspreise. Der Ansatz von Verkaufspreisen würde jedoch dem Prinzip der Gewinnrealisation und damit dem Vorsichtsprinzip widersprechen. Daher ist der Ansatz von Kosten vorgeschrieben, solange sie unter dem Stichtagswert, d. h. unter einem vom Verkaufspreis abgeleiteten Wert, liegen.

Die anzusetzenden Kosten bedürfen also der Überprüfung durch den Verkaufspreis. Dabei können sich die Kosten, die fixen ebenso wie die variablen, als überhöht erweisen. Liegen sie über dem Stichtagswert, d. h. über dem vom Verkaufspreis abgeleiteten Wert, ist der Stichtagswert anzusetzen.

4. Die stufenweise Fixkostendeckungsrechnung

4.1. Kritik am Direct Costing

1) Die stufenweise Fixkostendeckungsrechnung[1] ist aus der Kritik speziell am Direct Costing entstanden. Sie stimmt zwar mit dem Direct Costing überein in der Kritik an der Vollkostenrechnung, d. h. an der Verrechnung der Fixkosten auf die

---

[1] Vgl. Agthe, Klaus: Stufenweise Fixkostendeckung im System des Direct Costing, S. 404 ff.; Agthe, Klaus: Zur stufenweisen Fixkostendeckung, S. 742 ff.; Mellerowicz, Konrad: Kosten und Kostenrechnung, Bd. 2.2, S. 176 f; Mellerowicz, Konrad: Neuzeitliche Kalkulationsverfahren, S. 169 f.

Mengeneinheiten der Produkte. Aber sie wendet sich auch gegen das Direct Costing, weil es nun in das andere Extrem verfalle und die Fixkosten nur noch als Block behandle.

2) Unter Bezugnahme auf den Kostencharakter wird im Rahmen der stufenweisen Fixkostendeckungsrechnung argumentiert: Die Fixkosten seien zwar keine Kosten der Mengeneinheiten der Produkte, wohl aber zum Teil Kosten der Produkte und der Produktgruppen.

3) Unter Bezugnahme auf das Verursachungsprinzip wird argumentiert: Die Fixkosten würden zwar nicht von den Mengeneinheiten der Produkte verursacht, wohl aber zum Teil von den Produkten und Produktgruppen, den Stellen und Abteilungen. Insoweit seien sie den jeweils genannten Bezugsobjekten zurechenbar.

4) Unter Hinweis auf die Zwecke der Kostenrechnung wird argumentiert, dass nicht nur die Vollkostenrechnung, sondern auch das Direct Costing zu Fehlentscheidungen verleite. So kann nach Agthe die mechanische Anwendung der Teilkostenkalkulation unter Umständen dazu führen, dass sich ein Unternehmen während Zeiten der Unterbeschäftigung die Preise verdirbt und außerdem weniger günstige und aussichtsreiche Erzeugnisse fördert, wodurch möglicherweise Teile der Kapazität zu Beginn eines Wirtschaftsaufschwungs schon mit schlechten Aufträgen weitgehend ausgelastet sind und nicht mehr für die Fertigung rentabler Erzeugnisse zur Verfügung stehen.

Agthe bringt dafür ein Beispiel, das seiner großen Anschaulichkeit wegen hier wiedergegeben sei:[1] "Der Bäcker Weiss und der Bäcker Schwarz führen Geschäfte in derselben Straße. Weiss hat sich auf Brot spezialisiert und Schwarz auf Kuchen. Beide sind unterbeschäftigt.

Daraufhin überlegt sich Weiss, dass er ja, nachdem seine Brote fertig gebacken sind, mit dem warmen Ofen auch noch Kuchen backen könnte. Dafür würden ihm nur zusätzliche Materialkosten entstehen (seinen Arbeitsaufwand berücksichtigt er bei dieser Rechnung gar nicht erst) und es wäre dadurch möglich, den Kuchen wesentlich billiger anzubieten als der Bäcker Schwarz. Er tut das dann auch. Die Folge davon ist, dass Weiss den größten Teil der Kunden von dem Bäcker Schwarz abzieht. Nach und nach nimmt die Herstellung von Kuchen - ursprünglich nur als Füllartikel gedacht - den größten Teil seiner Kapazität in Anspruch.

Daraufhin überlegt sich der Bäcker Schwarz umgekehrt, dass er ja nach der Herstellung von Kuchen mit seinem noch warmen Ofen auch Brot herstellen könnte, das praktisch zu einem Preis, der knapp über den Materialkosten liegt, angeboten werden könnte. Es vollzieht sich der umgekehrte Vorgang. Schwarz zieht nach und nach sämtliche Brotkunden des Weiss an sich.

Die Folge davon ist, dass nach einiger Zeit der ursprüngliche Brotspezialist zum größten Teil nur noch Kuchen verkauft und der Kuchenspezialist nur noch Brot, aber zu Preisen, die auf der Basis der Grenzkosten kalkuliert wurden und dadurch

---

[1] Agthe, Klaus: Zur stufenweisen Fixkostendeckung, S. 747 f.

die anfallenden Fixkosten nicht mehr decken; die ursprüngliche Basis der Fixkostendeckung - bei Weiss der Brotabsatz und bei Schwarz der Kuchenabsatz - ist verschwunden. Wollten beide Bäcker, nachdem sie das erkannt haben, nun wieder auf ihr ursprüngliches Produktprogramm zu den ursprünglichen Preisen zurückkehren, so würden sie wahrscheinlich eine große Anzahl ihrer Kunden, die sich an die Möglichkeit des billigen Kuchen- bzw. Broteinkaufs gewöhnt haben, verlieren. Außerdem brauchten sie wahrscheinlich auch zusätzliche Kapazitäten, für deren Aufbau sich u. U. durch ihre Teilkostenkalkulation nicht die notwendigen Mittel ansammeln lassen."

Kritisch sei zu diesem Beispiel allerdings gleich angemerkt: Es unterstellt, dass der Bäcker Weiss ebenso wie der Bäcker Schwarz eine rein kostenorientierte Preispolitik betreiben sowie dass sie ihre Erzeugnisse gegenüber allen ihren Kunden zum Teilkostenpreis anbieten.

4.2. Rechenschema der stufenweisen Fixkostendeckungsrechnung

1) Für die stufenweise Fixkostendeckungsrechnung ist, wie für das Direct Costing, eine retrograde Kalkulation typisch, d. h. dass vom Preis pro Mengeneinheit bzw. von den Erlösen eines Produkts ausgegangen wird.

Zunächst werden, wie beim Direct Costing, die variablen Kosten abgezogen: entweder in einem Betrag oder in mehreren Beträgen, differenziert nach Materialkosten, Fertigungskosten, Vertriebskosten. Die verbleibende Differenz wird im Allgemeinen einfach Deckungsbeitrag 1 genannt. Genauer wäre es, vom Überschuss über die variablen Kosten zu sprechen.

Dann werden, anders als beim Direct Costing, die Produktfixkosten subtrahiert. Bei der Differenz (Deckungsbeitrag 2 genannt) handelt es sich um den Überschuss über die variablen und die fixen Produktkosten.

Entsprechend wird bei den anderen Produkten verfahren. Im Anschluss addiert man die Überschüsse über die Produktkosten zusammengehöriger Produkte und subtrahiert davon die Produktgruppenfixkosten. Als Differenz erhält man einen Deckungsbeitrag 3, genauer: den Überschuss über die Produktgruppenkosten. Von der Summe dieser Überschüsse werden schließlich die Unternehmensfixkosten abgezogen, was den Gewinn bzw. Verlust ergibt. Vgl. auch das Zahlenbeispiel in Abbildung 76 sowie die algebraische Darstellung in Abbildung 77.

2) Da bei der stufenweisen Fixkostendeckungsrechnung der skizzierten Art den Überschüssen über die variablen Kosten zunächst die produktfixen Kosten gegenübergestellt werden, dann den Überschüssen über die variablen und fixen Produktkosten die Produktgruppenfixkosten, wäre es treffender, von einer produktweisen bzw. produktgruppenweisen Fixkostendeckungsrechnung zu sprechen statt von einer stufenweisen Fixkostendeckungsrechnung.

Abbildung 76:
Beispiel einer Produkt- und Betriebsergebnisrechnung
nach der stufenweisen Fixkostendeckungsrechnung

		Produkte				
		A	B	C	D	gesamt
	Preis	5,00	2,00	8,00	1,00	
-	variable Kosten/ME	2,40	1,55	3,20	0,60	
=	Deckungsbeitrag/ME	2,60	0,45	4,80	0,40	
*	Absatzmenge bzw. Produktionsmenge	10.000	20.000	5.000	30.000	
=	Deckungsbeitrag/Produkt 1	26.000	9.000	24.000	12.000	71.000
-	Produktfixkosten	13.000	11.500	4.000	3.000	31.500
=	Deckungsbeitrag/Produkt 2	13.000	-2.500	20.000	9.000	39.500
-	Produktgruppenfixkosten	4.000		6.000		10.000
=	Deckungsbeitrag/ Produktgruppe	6.500		23.000		29.500
-	Unternehmensfixkosten					20.500
=	Gewinn					9.000

Abbildung 77:
Algebraische Gewinnermittlung nach der
stufenweisen Fixkostendeckungsrechnung

$$G = p_A * m_A - k_{vA} * m_A - K_{fA} + p_B * m_B - k_{vB} * m_B - K_{fB} - K_{fU}$$
$$= (p_A - k_{vA}) * m_A - K_{fA} + (p_B - k_{vB}) * m_B - K_{fB} - K_{fU}$$
$$= d_A * m_A - K_{fA} + d * m_B - K_{fB} - K_{fU}$$

Legende:
G = Gewinn [€/Periode]
p_i = Preis von Produkt i [€/ME]
m_i = Produktions- und Absatzenge von Produkt i [ME]
k_{vi} = variable Kosten von Produkt i [€/ME]
K_{fi} = fixe Kosten von Produkt i [€/Periode]
K_{fU}= sonstige Fixkosten [€/Periode]
d_i = Deckungsbeitrag [€/ME]
i = Produkt A, B

Im Unterschied zur produktweisen bzw. produktgruppenweisen Fixkostendeckungsrechnung könnte das Direct Costing nunmehr als eine betriebs- oder unternehmensbezogene Fixkostendeckungsrechnung charakterisiert werden und die Vollkostenrechnung bei einem ausnahmsweise retrograden Vorgehen als eine stückweise Fixkostendeckungsrechnung.

3) Agthe weicht bei seiner Darstellung der stufenweisen Fixkostendeckungsrechnung vom eben skizzierten idealtypischen Vorgehen ab (vgl. sein in Abbildung 78 wieder gegebenes Zahlenbeispiel).

Nachdem er von der Summe der Erzeugnisdeckungsbeiträge zusammengehöriger Erzeugnisse die Erzeugnisgruppenfixkosten subtrahiert hat, zieht er vom Erzeugnisgruppendeckungsbeitrag Bereichsfixkosten ab, die sich aber auf die gleiche Erzeugnisgruppe wie die vorhergehenden Erzeugnisgruppenfixkosten beziehen. Auch seine Bereichsfixkosten stellen demnach Erzeugnisgruppenfixkosten dar. Entsprechendes gilt für die von ihm erwähnten, aber nicht in das Zahlenbeispiel aufgenommenen Kostenstellenfixkosten. Sinnvoll wäre es daher, statt der Bereichsfixkosten und der Kostenstellenfixkosten Erzeugnisgruppenfixkosten kleinerer und größerer Erzeugnisgruppen zu unterscheiden.

4) Auch Mellerowicz weicht bei seiner Darstellung der stufenweisen Fixkostendeckungsrechnung vom vorher skizzierten idealtypischen Vorgehen ab (vgl. sein in Abbildung 79 wiedergegebenes Zahlenbeispiel).

Er fügt in seinem Zahlenbeispiel zwischen die Erzeugnisgruppenfixkosten und die Bereichsfixkosten noch die Kostenstellenfixkosten ein. Die Kostenstellenfixkosten beziehen sich aber ebenso auf Erzeugnisgruppen wie die vorangehenden Erzeugnisgruppenfixkosten und wie die nachfolgenden Bereichsfixkosten.

4.3. Bildung von Fixkostenstufen

1) Die Besonderheit der stufenweisen Fixkostendeckungsrechnung im Vergleich zum Direct Costing besteht in der Abstufung, in der Schichtung der Fixkosten. Daher ist zu fragen, wie diese vorgenommen wird.

2) Wie erwähnt, unterscheiden Agthe und Mellerowicz fünf Schichten von Fixkosten, die von ihnen wie folgt erklärt werden:[1]

a) **Erzeugnisfixkosten** sind Kosten, die durch die Entwicklung, Produktion oder den Vertrieb eines bestimmten Erzeugnisses verursacht werden und demnach diesem Erzeugnis direkt zugerechnet werden können, allerdings nicht einer Erzeugniseinheit, sondern nur der während einer Periode hergestellten Gesamtstückzahl des betreffenden Erzeugnisses, z. B. Patentkosten sowie Kosten für Spezialwerkzeuge, die nur für ein bestimmtes Erzeugnis entstehen.

---

[1] Vgl. Agthe, Klaus: Stufenweise Fixkostendeckung im System des Direct Costing, S. 407 f.; Mellerowicz, Konrad: Kosten und Kostenrechnung, Bd. 2.2, S. 176 f.

Abbildung 78:
Beispiel einer Produkt- und Betriebsergebnisrechnung
bei stufenweiser Fixkostendeckungsrechnung nach Agthe

Kostenträgergruppe	I		II		
Kostenträger	A	B	C	D	gesamt
Stückzahl	10.000	20.000	5.000	30.000	
* Preis/Einheit	5,00	2,00	8,00	1,00	
= Bruttoerlöse	50.000	40.000	40.000	30.000	160.000
- Direkte Vertriebskosten	1.000	500	1.500	800	3.800
= Nettoerlös	49.000	39.500	38.500	29.200	156.200
Direkte Erzeugniskosten/Einheit	3,00	1,50	3,00	0,50	
- Direkte Erzeugniskosten gesamt	30.000	30.000	15.000	15.000	90.000
= Erzeugnisdeckungsbeitrag	19.000	9.500	23.500	14.200	66.200
in % des Nettoerlöses	39 %	24 %	61 %	49 %	42 %
- Erzeugnisfixkosten	5.000	-	10.000	8.000	23.000
= Restdeckungsbeitrag	14.000	9.500	13.500	6.200	43.200
	23.500		19.700		
- Erzeugnisgruppenfixkosten	5.000		8.000		13.000
= Restdeckungsbeitrag	18.500		11.700		30.200
- Bereichsfixkosten	3.100		7.000		10.100
= Restdeckungsbeitrag	15.400		4.700		20.100
- Unternehmungsfixkosten					10.000
= Nettoerfolg					10.100

Quelle: Agthe, Klaus: Stufenweise Fixkostendeckungsrechnung im System des Direct Costing, S. 409 und 410

Abbildung 79:
Beispiel einer Produkt- und Betriebsergebnisrechnung
bei stufenweiser Fixkostendeckungsrechnung nach Mellerowicz

Bereich	I				II	
Kostenträgergruppe	1		2		3 - 5	
Kostenträger	A	B	C	D	E - J	gesamt
Bruttoerlös	62.200	72.900	98.400	74.500	398.700	706.700
- Vertriebseinzelkosten	1.800	2.200	3.700	1.600	11.200	20.500
= Nettoerlös	60.400	70.700	94.700	72.900	387.500	686.200
- direkte Erzeugniskosten	42.700	48.100	47.200	28.600	238.400	405.000
= Deckungsbeitrag I	17.700	22.600	47.500	44.300	149.100	281.200
(in % des Nettoerlöses)	(29,3)	(32,0)	(50,2)	(60,8)	(38,5)	(41,0)
- Erzeugnisfixkosten	-	1.500	-	18.600	38.700	58.800
(in % von DB I)		(6,6)		(42,0)	(25,9)	(20,9)
= Deckungsbeitrag II	17.700	21.100	47.500	25.700	110.400	222.400
	38.800		73.200			
- Erzeugnisgruppenfixkosten	22.100		52.700		81.800	156.600
(in % von DB II)	(57,0)		(72,0)		(74,1)	(70,4)
= Deckungsbeitrag III	16.700		20.500		28.600	65.800
- Kostenstellenfixkosten	4.500		5.700		9.300	19.500
(in % von DB III)	(26,9)		(27,8)		(32,5)	(29,6)
= Deckungsbeitrag IV	12.200		14.800		19.300	46.300
			27.000			
- Bereichsfixkosten			17.200		16.900	34.100
(in % von DB IV)			(63,7)		(87,6)	(73,7)
= Deckungsbeitrag V			9.800		2.400	12.200
- Unternehmensfixkosten						10.100
(in % von DB V)						(82,8)
= Periodenergebnis						2.100

Quelle: Mellerowicz, Konrad: Kosten und Kostenrechnung, Bd. 2.2, S. 181

b) **Erzeugnisgruppenfixkosten** sind Kosten, die zwar nicht einem einzelnen Erzeugnis, wohl aber einer Erzeugnisgruppe direkt zugerechnet werden können,

z. B. Beratungskosten, Patentkosten sowie Kosten bestimmter Maschinen und Gebäude, die nur durch bestimmte Erzeugnisgruppen benutzt werden.

c) **Kostenstellenfixkosten** sind Kosten, die nicht mehr für ein bestimmtes Erzeugnis oder eine bestimmte Erzeugnisgruppe anfallen, wohl aber für eine bestimmte Kostenstelle und daher dieser auch direkt zugerechnet werden können, z. B. Meisterlöhne, Raumkosten und Reinigungskosten für eine bestimmte Kostenstelle.

d) **Bereichsfixkosten** sind Kosten, die nur dem Bereich direkt zugerechnet werden können, aber nicht den ihn durchlaufenden Erzeugnissen oder Erzeugnisgruppen, z. B. Abteilungs-, Werksdirektorkosten, Zwischenlagerkosten, Fixkosten bestimmter Verwaltungsabteilungen.

e) **Unternehmensfixkosten** sind Kosten, die nur der Unternehmung zugerechnet werden können, obwohl sie auf einzelnen Kostenstellen anfallen, z. B. Gebäudekosten, soweit nicht bereits verrechnet, Kosten der Unternehmensleitung, Kosten der Betriebsüberwachung.

3) Diese Kategorien von Fixkosten reduzieren sich allerdings bei genauerer Betrachtung. Denn die Kostenstellenfixkosten beziehen sich ebenso auf Erzeugnisgruppen wie die Erzeugnisgruppenfixkosten. Entsprechendes gilt für die Bereichsfixkosten. Daher stellen die Kostenstellenfixkosten und die Bereichsfixkosten ebenfalls Erzeugnisgruppenfixkosten dar. Man kommt also grundsätzlich mit einer Dreiteilung in Erzeugnisfixkosten, Erzeugnisgruppenfixkosten und Unternehmensfixkosten aus. Bei großer Zahl von Erzeugnissen können allerdings Fixkosten engerer und weiterer Erzeugnisgruppen unterschieden werden.

4) Zusätzlich zu dieser Differenzierung der Fixkosten nach Schichten wird von Agthe und Mellerowicz eine solche nach der Ausgabenwirksamkeit (= Auszahlungswirksamkeit im Sinne der hier verwendeten Terminologie) bzw. nach der **Liquiditätswirksamkeit** vorgeschlagen.[1] So könnte man entweder auf jeder Stufe zunächst die liquiditätswirksamen, dann die nicht-liquiditätswirksamen Fixkosten absetzen oder man könnte zunächst die liquiditätswirksamen Fixkosten, dann die nicht-liquiditätswirksamen Fixkosten Stufe um Stufe absetzen.

Als Beispiel für liquiditätswirksame Fixkosten werden Gehälter sowie Mieten und Pachten genannt, als Beispiel für nicht-liquiditätswirksame Fixkosten Abschreibungen. Dabei handelt es sich allerdings um grobe Vereinfachungen. Die Abschreibungen einer Periode z. B. sind zwar nicht mit Auszahlungen derselben Periode identisch, aber ihnen sind entweder Auszahlungen vorangegangen oder ihnen folgen Auszahlungen nach. Daher müsste man genauer wie folgt unterscheiden:

    a) Kosten der Periode, die schon in Vorperioden liquiditätswirksam waren,

    b) Kosten der Periode, die erst in Nachperioden liquiditätswirksam werden,

---

[1] Vgl. Agthe, Klaus: Stufenweise Fixkostendeckung im System des Direct Costing, S. 410 f.; Mellerowicz, Konrad: Kosten und Kostenrechnung, Bd. 2.2, S. 177.

III. Die produktbezogene und teilweise stückbezogene Kostenrechnung 205

c) Kosten der Periode, die in der gleichen Periode liquiditätswirksam sind.

Die variablen Kosten werden bei diesem Vorgehen von Agthe und Mellerowicz als auszahlungswirksam unterstellt, die Umsatzerlöse als einzahlungswirksam, was jedoch nicht unbedingt zutreffen muss. Denn den Kosten für Rohstoffe können schon Auszahlungen für Rohstoffe in Vorperioden vorausgegangen sein, den Umsatzerlösen folgen u. U. erst Einzahlungen in Nachperioden.[1]

4.4. Durchführung der stufenweisen Fixkostendeckungsrechnung

1) Für die Durchführung der stufenweisen Fixkostendeckungsrechnung gilt weitgehend das Gleiche wie für diejenige des Direct Costing (vgl. Abschnitt III.3.3.).

2) Wenn die Produktions- und Absatzverhältnisse eine Zuschlagskostenrechnung erfordern, wird nach Einzelkosten, variablen Gemeinkosten und fixen Gemeinkosten unterschieden. Die Einzelkosten werden den Mengeneinheiten der Produkte direkt zugerechnet. Die variablen Gemeinkosten werden auf die Mengeneinheiten der Produkte indirekt über Kostenstellen verrechnet. Die fixen Gemeinkosten versucht man, anders als beim Direct Costing, soweit wie möglich einzelnen Produkten und Gruppen zusammengehöriger Produkte zuzuordnen. Das bedeutet, dass auch fixe Gemeinkosten in die Kostenstellenrechnung einbezogen werden müssen. Nur die verbleibenden fixen Gemeinkosten werden als Unternehmensfixkosten en bloc behandelt.

4.5. Aussagewert der stufenweisen Fixkostendeckungsrechnung

1) Der stufenweisen Fixkostendeckungsrechnung wird von Agthe ein höherer Aussagewert als dem Direct Costing zuerkannt und anhand des in Abbildung 78 wiedergegebenen Zahlenbeispiels wie folgt demonstriert:[2]

Von den vier Produkten A, B, C und D erscheinen bei Anwendung des Direct Costing die Produkte C und D wegen ihres hohen Deckungsbeitrags in Prozent des Nettoerlöses (von 61 % bzw. von 49 %) am günstigsten und am stärksten förderungswürdig. Bei Anwendung der stufenweisen Fixkostendeckungsrechnung zeigt sich jedoch, dass gerade diese Erzeugnisse wegen ihrer hohen Erzeugnisfixkosten am ungünstigsten zu beurteilen und am geringsten zu fördern sind.

---

[1] Vgl. auch Wille, Friedrich: Direktkostenrechnung mit stufenweiser Fixkostendeckung, S. 740 f.
[2] Vgl. Agthe, Klaus: Stufenweise Fixkostendeckung im System des Direct Costing, S. 410.

2) Kritisch ist zu diesem Beispiel zunächst zu sagen, dass der von Agthe dem Direct Costing unterstellte Maßstab (Deckungsbeitrag über die variablen Kosten in Prozent des Nettoerlöses) ohnehin wenig aussagefähig ist. Denn die von ihm als Deckungsbeitrag schlechthin bezeichnete Größe stellt bereits den zweiten Deckungsbeitrag in seinem Kalkulationsschema dar. Den ersten Deckungsbeitrag bildet die von ihm als Nettoerlös bezeichnete Größe. Der Maßstab "Deckungsbeitrag in Prozent des Nettoerlöses" bedeutet also, dass der zweite Deckungsbeitrag in Prozent des ersten Deckungsbeitrags ausgedrückt wird, was wenig sinnvoll ist.

Will man dem Direct Costing gerecht werden, muss man unterstellen, dass es als Maßstab zur Beurteilung der Produkte den Deckungsbeitrag über alle variablen Kosten verwendet. Dieser könnte allenfalls in Prozent der Bruttoerlöse oder Umsatzerlöse ausgedrückt werden. Dabei würde es sich um eine der Umsatzrentabilität vergleichbare Größe handeln. Bei der Umsatzrentabilität wird der Gewinn als Differenz zwischen den Umsatzerlösen und den Vollkosten in Prozent der Umsatzerlöse ausgedrückt. Die Umsatzrentabilität stellt also einen Maßstab dar, wie er für eine Vollkostenrechnung typisch ist. Statt von der Umsatzrentabilität würde man aber besser, um Verwechslungen mit den anders gearteten Kapitalrentabilitäten zu vermeiden, von der Umsatzgewinnrate sprechen. Dementsprechend könnte man den Deckungsbeitrag in Prozent der Umsatzerlöse als Umsatzdeckungsbeitragsrate bezeichnen.

Gegenüber dem Deckungsbeitrag in Prozent der Umsatzerlöse, also gegenüber dem relativen Deckungsbeitrag, ist unseres Erachtens jedoch der absolute Deckungsbeitrag als Maßstab zur Beurteilung der Produkte vorzuziehen. Ebenso wie gegenüber dem Gewinn in Prozent der Umsatzerlöse, also gegenüber dem relativen Gewinn, dem absoluten Gewinn der Vorzug gebührt. Denn in erster Linie interessiert die Höhe des Gewinns bzw. des Deckungsbeitrags, der durch ein Produkt erzielt wird. In zweiter Linie interessiert der Gewinn bzw. Deckungsbeitrag in Prozent des eingesetzten Kapitals, das Mittel zum Zweck, Mittel zur Erreichung eines Gewinns bzw. Deckungsbeitrags ist. Anderes gilt dagegen für den Gewinn bzw. Deckungsbeitrag in Prozent des Umsatzerlöses. Denn die Umsatzerlöse sind nicht Mittel zum Zweck, nicht Mittel zur Erreichung eines Gewinns bzw. Deckungsbeitrags. Es liegt keine finale Beziehung vor, ebenso wenig wie eine kausale. Die Beziehung ist rein statistischer Art.

3) Dann ist zu dem Beispiel von Agthe zu sagen, dass der von ihm im Rahmen der stufenweisen Fixkostendeckungsrechnung ermittelte Maßstab "Deckungsbeitrag über die variablen und die produktfixen Kosten" zwar zur Beurteilung der Produkte auf lange Sicht geeignet ist, dass aber zur Beurteilung der Produkte auf kurze Sicht nur der Maßstab des Direct Costing "Deckungsbeitrag über die variablen Kosten" oder der ihm entsprechende Maßstab einer differenzierenden Vollkostenrechnung in Betracht kommt.

4) Schließlich bleibt zu sagen, dass von solchen Beurteilungen der Produkte, d. h. von Beurteilungen aufgrund von Nachrechnungen, nur bedingt auf die Förderungswürdigkeit der Produkte geschlossen werden kann. Wenn die Förderung z. B. darin bestehen sollte, dass für das günstigste Produkt verstärkt geworben

III. Die produktbezogene und teilweise stückbezogene Kostenrechnung 207

wird, würde als Folge davon vielleicht die Absatzmenge zunehmen. Aber auch die Kosten, zumindest diejenigen für die Werbemaßnahmen, würden steigen. Nach Durchführung der Werbemaßnahmen könnte also das ursprünglich günstigste Produkt bei einem Vergleich mit anderen Produkten ungünstig abschneiden. Daher bedarf es einer Vorrechnung, damit über die Förderung einzelner Produkte entschieden werden kann. Im Übrigen könnte ebenso gut überlegt werden, für das ungünstigste Produkt am stärksten zu werben. Aber wiederum bedarf es einer Vorrechnung als Grundlage für die endgültige Entscheidung. Generell wird man also danach streben, die für Werbemaßnahmen zur Verfügung stehenden Mittel für diejenigen Produkte zu verwenden, bei denen sich Werbemaßnahmen am meisten lohnen. Dies sind aber nicht notwendigerweise die gleichen Produkte, die bei solchen Produktbeurteilungen am günstigsten abschneiden.

5) Die stufenweise Fixkostendeckungsrechnung soll nach Agthe nicht nur der Beurteilung der einzelnen Produkte und der Auswahl der zu fördernden Produkte dienen, sondern auch anderen Zwecken:[1]

a) einerseits Entscheidungen über die Verursachung neuer Fixkosten, wie Neuinvestitionen im Anlage- und Umlaufvermögen, Einstellungen von Gehaltsempfängern, Eingehen von Verbindlichkeiten, die erhöhte Zins- und Tilgungsverpflichtungen nach sich ziehen;

b) andererseits Entscheidungen über den Abbau bestehender Fixkosten, wie Verkauf, Vermietung oder Verpachtung von Anlagegegenständen, Einschränkungen der Lagerhaltung, Entlassung von Arbeitskräften, Stilllegung von Anlagen.

6) Unseres Erachtens entspricht es dem Charakter der stufenweisen Fixkostendeckungsrechnung als einer produktweisen Fixkostendeckungsrechnung, vor allem für Entscheidungen über die Aufnahme neuer Produkte sowie für Entscheidungen über die Eliminierung von Produkten herangezogen zu werden.

Soll ein neues Produkt in das Programm aufgenommen werden, ist von ihm zu erwarten, dass es nicht nur seine variablen Kosten, sondern zumindest auch die ihm direkt zurechenbaren Fixkosten deckt. Das Direct Costing reicht also in diesem Fall nicht aus. Besser geeignet ist eine stufenweise Fixkostendeckungsrechnung. Allerdings kommt auch eine entsprechend differenzierte Vollkostenrechnung in Betracht.

Steht zur Diskussion, ob ein Verlustprodukt eliminiert oder vorläufig beibehalten werden soll, kommt es allein auf die Deckung der variablen Kosten an. Das Direct Costing reicht aus.[2] Steht zur Diskussion, ob ein vorläufig beizubehaltendes Verlustprodukt auch auf lange Sicht beibehalten werden soll, sind zumindest die dem Produkt direkt zurechenbaren Fixkosten in das Kalkül einzubeziehen. Das Direct Costing reicht nicht aus. Besser geeignet ist eine stufenweise Fixkostendeckungsrechnung. Aber auch eine entsprechend differenzierte Vollkostenrechnung kommt in Betracht.

---

[1] Vgl. Agthe, Klaus: Stufenweise Fixkostendeckung im System des Direct Costing, S. 413 f.
[2] Ebenso Wille, Friedrich: Direktkostenrechnung mit stufenweiser Fixkostendeckung, S. 738 f.

4.6. Modifikation der stufenweisen Fixkostendeckungsrechnung

1) Mellerowicz hat das ursprünglich von ihm mit vertretene Konzept der stufenweisen Fixkostendeckungsrechnung im Laufe der Zeit stark modifiziert und eine Variante einer Kostenrechnung entwickelt, welche er als mehrstufige Deckungsbeitragsrechnung bezeichnet und wie folgt kennzeichnet:[1]

a) Es handelt sich um ein System der Verbindung der Deckungsbeitragsrechnung mit einer Vollkostenrechnung.

b) Es handelt sich um eine mehrstufige Deckungsbeitragsrechnung.

c) Es werden die Fixkosten der einzelnen Stufen im Verhältnis der Deckungsbeiträge, u. U. aber auch in Prozenten der variablen Kosten verrechnet.

d) Es werden auch die Unternehmensfixkosten erfasst und verrechnet.

e) Es wird sowohl in retrograder als auch in progressiver Form kalkuliert.

2) Abgesehen davon, dass Mellerowicz für das gemeinte Kostenrechnungssystem besser eine andere Bezeichnung gewählt hätte, bleibt inhaltlich zu sagen: Eine Kostenrechnung, die sowohl eine Deckungsbeitragsrechnung und damit eine Teilkostenrechnung als auch eine Vollkostenrechnung ist, kann man sich kaum vorstellen. Entweder werden alle Kosten auf die Mengeneinheiten der Produkte verrechnet, dann handelt es sich um eine Vollkostenrechnung. Oder eine solche Verrechnung unterbleibt. Dann handelt es sich um eine Teilkostenrechnung.

3) Für sein gemischtes Kostenrechnungssystem bringt Mellerowicz die in den Abbildungen 80 und 81 wiedergegebenen Beispiele.

4) Bei dem in Abbildung 80 wiedergegebenen Beispiel handelt es sich um eine retrograde Kalkulation für eine Mengeneinheit des Produkts A aus Abbildung 79. Ausgegangen wird also vom Preis. Von diesem werden zunächst alle Einzelkosten (gemeint sind wohl alle variablen Kosten) subtrahiert, woraus sich ein Deckungsbeitrag I ergibt. Von diesem wären normalerweise die Erzeugnisfixkosten abzuziehen, wodurch man den Deckungsbeitrag II erhielte. Für Produkt A liegen jedoch ausnahmsweise keine Erzeugnisfixkosten vor. Der Deckungsbeitrag I ist daher mit dem Deckungsbeitrag II identisch.

Vom Deckungsbeitrag II wird ein auf eine Mengeneinheit des Produkts A entfallender Teil der Erzeugnisgruppenfixkosten subtrahiert, der sich nach dem Anteil der Erzeugnisgruppenfixkosten für Produkt A und B am Deckungsbeitrag II von Produkt A und B bemisst (57 % im Beispiel, vgl. Abbildung 79); insoweit wird also nach dem Prinzip der Tragfähigkeit vorgegangen.

Es ergibt sich ein Deckungsbeitrag III, von welchem ein auf eine Mengeneinheit des Produkts A entfallender Teil der Stellenfixkosten subtrahiert wird, der sich nach dem Anteil der Stellenfixkosten für Produkt A und B am Deckungsbeitrag III der genannten Produkte bemisst (26,9 % im Beispiel, vgl. Abbildung 79).

---

[1] Vgl. Mellerowicz, Konrad: Kosten und Kostenrechnung, Bd. 2.2, S. 176.

Dabei liegen den Stellenfixkosten die gleichen Erzeugnisgruppen zugrunde wie den vorher subtrahierten Erzeugnisgruppenfixkosten. Daher ist es unseres Erachtens nicht gerechtfertigt, beide Arten von Fixkosten getrennt zu behandeln.

Es ergibt sich ein Deckungsbeitrag IV, von welchem ein auf eine Mengeneinheit des Produkts A entfallender Teil der Bereichsfixkosten subtrahiert wird, der sich nach dem Anteil der Bereichsfixkosten für die Produkte A, B, C und D an der Summe der Deckungsbeiträge der genannten Produkte bemisst.

Man erhält den Deckungsbeitrag V als letzten Deckungsbeitrag, von welchem schließlich ein auf eine Mengeneinheit des Produkts A entfallender Teil der Unternehmensfixkosten subtrahiert wird, der sich nach dem Anteil der Unternehmensfixkosten an der Summe der Deckungsbeiträge IV der beiden Bereiche bemisst. Es verbleibt das Nettoergebnis.

Abbildung 80:
Beispiel für eine retrograde Kalkulation
bei mehrstufiger Deckungsbeitragsrechnung nach Mellerowicz

Kostenträger A (vgl. Abbildung 79)	[€/ME]
Preis	62,20
- Einzelkosten	44,50
= Deckungsbeitrag I	17,70
- Erzeugnisfixkosten (= 0 % von DB I)	-
= Deckungsbeitrag II	17,70
- Gruppenfixkosten (= 57,0 % von DB II)	10,09
= Deckungsbeitrag III	7,61
- Stellenfixkosten (= 26,9 % von DB III)	2,05
= Deckungsbeitrag IV	5,56
- Bereichsfixkosten (= 63,7 % von DB IV)	3,55
= Deckungsbeitrag V	2,01
- Unternehmensfixkosten (= 82,8 % von DB V)	1,66
= Nettoergebnis	0,35

Quelle: Mellerowicz, Konrad: Kosten und Kostenrechnung, Bd. 2.2, S. 185

In diesem Beispiel werden also die Fixkosten restlos auf die Mengeneinheiten der Produkte verrechnet. Insofern handelt es sich um eine Vollkostenrechnung. Allerdings wird nicht wie bei der herkömmlichen Vollkostenrechnung gefragt, in welchem Maße die Mengeneinheiten der Produkte die den Fixkosten zugrunde liegenden Produktionsfaktoren in Anspruch nehmen. Stattdessen wird nach der Tragfähigkeit vorgegangen. Dabei handelt es sich aber, wie wir weiter vorne gesehen haben, nur bedingt um ein für die Kostenrechnung geeignetes Prinzip.

Die nach diesem Prinzip ermittelten Größen haben nicht mehr reinen Kostencharakter, sie stellen aus Kosten und Preisen gemischte Größen dar.

Abbildung 81:
Beispiel für eine progressive Kalkulation
bei mehrstufiger Deckungsbeitragsrechnung nach Mellerowicz

Kostenträger A (vgl. Abbildung 80)	[€/ME]
Einzelkosten	44,50
+ Erzeugnisfixkosten (= 0 % von Einzelkosten)	-
	44,50
+ Gruppenfixkosten (= 22,7 % von Einzelkosten)	10,09
	54,59
+ Stellenfixkosten (= 4,5 % von Einzelkosten)	2,05
	56,64
+ Bereichsfixkosten (= 7,9 % von Einzelkosten)	3,55
	60,19
+ Unternehmensfixkosten (= 3,7 % von Einzelkosten)	1,66
	61,85
+ Gewinn	0,35
= Preis	62,20

Quelle: Mellerowicz, Konrad: Kosten und Kostenrechnung, Bd. 2.2, S. 186

5) Bei dem in Abbildung 81 wiedergegebenen Beispiel handelt es sich um eine progressive Kalkulation für eine Mengeneinheit des Produkts A aus Abbildung 79.

Ausgegangen wird von den Einzelkosten (gemeint sind wohl auch hier die variablen Kosten). Sie wären normalerweise um Teile der Erzeugnisfixkosten zu ergänzen. Erzeugnisfixkosten liegen jedoch für Produkt A nicht vor.

Hinzugefügt werden Teile der Erzeugnisgruppenfixkosten, die in Prozent der Einzelkosten angegeben werden. Dieser Prozentsatz wird aber errechnet anhand der retrograden Kalkulation, d. h. er bemisst sich nach dem Anteil der Erzeugnisgruppenfixkosten von Produkt A und B an den Deckungsbeiträgen der Produkte A und B.

Hinzugefügt werden ferner Teile der Stellenfixkosten und der Bereichsfixkosten sowie schließlich Teile der Unternehmensfixkosten. Auch diese werden jeweils in Prozent der Einzelkosten ausgedrückt; aber nicht die Einzelkosten bilden, wie es den Anschein hat, die Bezugsgrundlage für die Verrechnung der Fixkosten, sondern die Anteile der Fixkosten an den Deckungsbeiträgen.

III. Die produktbezogene und teilweise stückbezogene Kostenrechnung 211

Eine solche progressive Kalkulation setzt also eine retrograde Kalkulation voraus. Wenn aber schon eine retrograde Kalkulation vorgenommen wurde, wird eine progressive Kalkulation überflüssig.

6) Abschließend ist zu der von Mellerowicz vorgenommenen Modifikation einer stufenweisen Fixkostendeckungsrechnung zu sagen: Es handelt sich dabei um eine gemischte Rechnung. Die Einzelkosten bzw. die variablen Kosten werden Mengeneinheit für Mengeneinheit erfasst bzw. verursachungsgerecht den Mengeneinheiten zugerechnet. Die Fixkosten werden dagegen nach der Tragfähigkeit, gemessen jeweils an den Deckungsbeiträgen der Produkte, auf die Mengeneinheiten der Produkte verteilt. Es werden also Kosten und an Preisen orientierte Größen miteinander vermischt. Eine solche Rechnung stellt keine reine Kostenrechnung mehr dar. Sie vermag daher auch nicht den wichtigsten Zweck der Kostenrechnung zu erfüllen, nämlich preispolitischen Entscheidungen zu dienen.

5. Die Einzelkosten- und Deckungsbeitragsrechnung

5.1. Kritik an der Verrechnung der Gemeinkosten

1) Die Einzelkosten- und Deckungsbeitragsrechnung stimmt mit dem Direct Costing und der stufenweisen Fixkostendeckungsrechnung in der Kritik an der Verrechnung der fixen Gemeinkosten im Rahmen der Vollkostenrechnung überein. Sie geht aber in ihrer Kritik darüber hinaus und wendet sich auch gegen die Verrechnung der variablen Gemeinkosten, wie sie im Rahmen der Vollkostenrechnung, des Direct Costing und der stufenweisen Fixkostendeckungsrechnung vorgenommen wird. Sie lehnt also jegliche Verrechnung von Gemeinkosten, seien es fixe, seien es variable, auf die Mengeneinheiten der Produkte ab.

2) Unter Bezugnahme auf den Kostencharakter argumentiert Riebel[1]: Die Gemeinkosten fielen nicht Mengeneinheit für Mengeneinheit an und könnten daher auch nicht den einzelnen Mengeneinheiten zugerechnet werden.

3) Was die Kostenrechnungsprinzipien angeht, so hat sich Riebel bei seiner Ablehnung der Verrechnung der variablen und fixen Gemeinkosten früher ebenfalls, wie die Vertreter des Direct Costing, auf das Verursachungsprinzip berufen. In seinen späteren Untersuchungen kommt er zum Ergebnis, dass das Kausalprinzip als Kostenrechnungsprinzip ganz ausscheide, ebenso wie das Finalprinzip. Stattdessen sei das **Identitätsprinzip** maßgebend.[2] Nach diesem Prinzip kommt es darauf an, dass die verzehrten Kostengüter und die entstandenen Leistungsgüter gekoppelte Wirkungen ein und desselben Kausalprozesses, d. h. der gleichen, der identischen Entscheidung sind. Ein solcher Zusammenhang gelte für die Ein-

---

[1] Vgl. Riebel, Paul: Einzelkosten- und Deckungsbeitragsrechnung, S. 35 f.
[2] Vgl. Riebel, Paul: Einzelkosten- und Deckungsbeitragsrechnung, S. 75 f.

zelkosten und die Mengeneinheiten der Produkte, nicht jedoch für die Gemeinkosten und die Mengeneinheiten der Produkte. Daher seien zwar die Einzelkosten den Mengeneinheiten der Produkte zurechenbar, nicht jedoch die Gemeinkosten.

4) Was die Zwecke der Kostenrechnung angeht, so hat Riebel früher argumentiert, dass die Verrechnung der Gemeinkosten zu Fehlentscheidungen sowie zu Fehlbewertungen führe. Später hat er das Argument der falschen Bewertung infolge der Gemeinkostenverrechnung fallen lassen.[1]

Welche Fehlentscheidungen sich aufgrund der Verrechnung der fixen Gemeinkosten ergeben können, hat Riebel anhand der weiter vorne wiedergegebenen Beispiele anschaulich demonstriert (vgl. Abschnitt III.1.3.).

Fehlentscheidungen aufgrund der Verrechnung der variablen Gemeinkosten ergeben sich nach Riebel dadurch, dass die festzulegenden Gemeinkostenzuschläge oft bereits preispolitische, programmpolitische und beschäftigungspolitische Wirkungen entfalten, deren man sich bei der Wahl der Gemeinkostenzuschläge noch nicht bewusst ist.[2] So werden z. B. als Zuschlagsgrundlage für die Fertigungsgemeinkosten häufig die Fertigungslöhne benutzt. Dies bedeute aber, dass die arbeitsintensiven Produkte besonders stark mit Gemeinkosten belastet werden. Dadurch werden sie mit einem vergleichsweise höheren Preis angeboten als die anlagenintensiven Produkte. Als Folge davon dürfte ihr Anteil zurückgehen, der Anteil der anlagenintensiven Produkte steigen.

5.2. Rechenschema der Einzelkosten- und Deckungsbeitragsrechnung

1) Für die Einzelkosten- und Deckungsbeitragsrechnung ist, wie für alle Teilkostenrechnungssysteme, eine retrograde Kalkulation typisch.

2) Dem Wesen der Einzelkostenrechnung entspricht es, Mengeneinheit für Mengeneinheit jedes Produkts zu betrachten. Vom Preis pro Mengeneinheit sind die Einzelkosten abzuziehen. Der Saldo wird ebenso wie beim Direct Costing als Deckungsbeitrag bezeichnet. Gemeint ist aber hiermit, anders als beim Direct Costing, der Beitrag zur Deckung der Gemeinkosten sowie zur Erzielung eines Gewinns. Besser wäre es, von einem Überschuss über die Einzelkosten zu sprechen.

3) Im Allgemeinen wird jedoch Produkt für Produkt betrachtet und von den Erlösen eines Produkts die Summe der Einzelkosten abgezogen. Der Saldo stellt den Beitrag des Produkts zur Deckung der Gemeinkosten sowie zur Erzielung eines Gewinns dar. Anschließend könnten von der Summe der Deckungsbeiträge aller Produkte (genauer: von den Überschüssen über die Einzelkosten bei allen

---

[1] Vgl. Riebel, Paul: Einzelkosten- und Deckungsbeitragsrechnung, S. 56 f.

[2] Vgl. Riebel, Paul: Einzelkosten- und Deckungsbeitragsrechnung, S. 229.

III. Die produktbezogene und teilweise stückbezogene Kostenrechnung

Produkten) die Gemeinkosten en bloc abgesetzt werden. Als Differenz erhielte man den Gewinn oder Verlust bzw. das positive oder negative Betriebsergebnis (vgl. das Zahlenbeispiel in den Abbildungen 82 und 83 sowie die entsprechende algebraische Darstellung in Abbildung 84). Dieses Vorgehen entspräche einer globalen Gemeinkostendeckungsrechnung, wie sie in der Literatur nicht vertreten wird.

Um die Unterschiede zur Vollkostenrechnung zu verdeutlichen, wird auch für diese ein entsprechendes Zahlenbeispiel sowie eine entsprechende algebraische Darstellung gebracht (vgl. Abbildungen 85 und 86).

4) Bei einer stufenweisen Gemeinkostendeckungsrechnung könnten von der Summe der Deckungsbeiträge einer Produktgruppe (genauer: von der Summe der Überschüsse über die Einzelkosten bei einer Produktgruppe) die variablen Gemeinkosten dieser Produktgruppe im üblichen Sinne subtrahiert werden. Es ergäbe sich der Überschuss über die variablen Kosten einer Produktgruppe.

Abbildung 82:
Beispiel einer Produkt- und Betriebsergebnisrechnung
nach der Einzelkostenrechnung und globalen Gemeinkostendeckungsrechnung,
summarisches Vorgehen

		Produkte				
		A	B	C	D	gesamt
	Preis	5,00	2,00	8,00	1,00	
-	Einzelkosten	1,00	1,40	1,20	0,20	
=	Deckungsbeitrag/ME	4,00	0,60	6,80	0,80	
*	Absatzmenge bzw. Produktionsmenge	10.000	20.000	5.000	30.000	
=	Deckungsbeitrag/Produkt	40.000	12.000	34.000	24.000	110.000
-	Gemeinkosten					101.000
=	Gewinn					9.000

Abbildung 83:
Beispiel einer Produkt- und Betriebsergebnisrechnung
nach der Einzelkostenrechnung und globalen Gemeinkostendeckungsrechnung,
differenziertes Vorgehen in Umkehrung des Kalkulationsschemas

		Produkte				
		A	B	C	D	gesamt
	Preis	5,00	2,00	8,00	1,00	
-	Vertriebseinzelkosten	0,05	0,02	0,12	0,01	
=	Deckungsbeitrag 1 / ME	4,95	1,98	7,88	0,99	
-	Fertigungseinzelkosten	0,35	0,60	0,50	0,06	
=	Deckungsbeitrag 2 / ME	4,60	1,38	7,38	0,93	
-	Materialeinzelkosten	0,60	0,78	0,58	0,13	
=	Deckungsbeitrag 3 / ME	4,00	0,60	6,80	0,80	
*	Absatzmenge bzw. Produktionsmenge	10.000	20.000	5.000	30.000	
=	Deckungsbeitrag/Produkt	40.000	12.000	34.000	24.000	110.000
-	Gemeinkosten					101.000
=	Gewinn					9.000

Abbildung 84:
Algebraische Gewinnermittlung nach der Einzelkostenrechnung und
globalen Gemeinkostendeckungsrechnung im Mehrproduktbetrieb

G   = $p_A * m_A - k_{EKA} * m_A + p_B * m_B - k_{EKB} * m_B - GK$

Legende:
G   = Gewinn [€/Periode]
p_i = Preis von Produkt i [€/ME]
m_i = Produktions- und Absatzmenge von Produkt i [ME]
k_{EKi} = Einzelkosten von Produkt i [€/ME]
GK = insgesamt angefallene Gemeinkosten [€/Periode]
i   = Produkt A, B

III. Die produktbezogene und teilweise stückbezogene Kostenrechnung

Abbildung 85:
Beispiel einer Produkt- und Betriebsergebnisrechnung entsprechend einer nach Einzelkosten und Gemeinkosten differenzierenden Vollkostenrechnung

	Produkte				
	A	B	C	D	gesamt
Preis	5,00	2,00	8,00	1,00	
- Kosten/ME	4,90	2,50	5,60	0,80	
davon Einzelkosten	1,00	1,40	1,20	0,20	
davon Gemeinkosten	3,90	1,10	4,40	0,60	
= Gewinn bzw. Verlust/ ME	0,10	- 0,50	2,40	0,20	
* Absatzmenge bzw. Produktionsmenge	10.000	20.000	5.000	30.000	
= Gewinn bzw. Verlust/ Produkt und insgesamt	1.000	- 10.000	12.000	6.000	9.000

Abbildung 86:
Algebraische Gewinnermittlung entsprechend einer nach Einzelkosten und Gemeinkosten differenzierenden Vollkostenrechnung im Mehrproduktbetrieb

$$G = p_A * m_A - k_{EKA} * m_A - \frac{GK_A}{m_A} * m_A + p_B * m_B - k_{EKB} * m_B - \frac{GK_B}{m_B} * m_B$$

Legende:
G = Gewinn [€/Periode]
p_i = Preis von Produkt i [€/ME]
m_i = Produktions- und Absatzenge von Produkt i [ME]
k_{EKi} = Einzelkosten von Produkt i [€/ME]
GK_i = anteilige Gemeinkosten von Produkt i [€/Periode]
i = Produkt A, B

Entsprechend wäre bei den anderen Produktgruppen zu verfahren. Anschließend könnten von der Summe der Überschüsse über die variablen Kosten bei allen Produktgruppen die verbleibenden variablen Gemeinkosten, die variablen Unternehmensgemeinkosten im üblichen Sinne, subtrahiert werden. Es ergäbe sich der Überschuss über alle variablen Kosten. Anschließend wären die fixen Gemeinkosten zu berücksichtigen. Vgl. das Zahlenbeispiel in Abbildung 87, das gegenüber den früheren leicht abgewandelt wurde, sowie die entsprechende algebraische Darstellung in Abbildung 88.

Abbildung 87:
Beispiel einer Produkt- und Betriebsergebnisrechnung nach der
Einzelkostenrechnung und stufenweisen Gemeinkostendeckungsrechnung

	Produkte				
	A	B	C	D	gesamt
Preis	5,00	2,00	8,00	1,00	
- Einzelkosten/ME	1,00	1,40	1,20	0,20	
= Deckungsbeitrag 1 / ME	4,00	0,60	6,80	0,80	
* Absatzmenge bzw. Produktionsmenge	10.000	20.000	5.000	30.000	
= Deckungsbeitrag 1 / Produkt	40.000	12.000	34.000	24.000	110.000
	52.000		58.000		
- variable Gemeinkosten der Produktgruppe	12.000		7.000		19.000
= Deckungsbeitrag 2	40.000		51.000		91.000
- verbleibende variable Gemeinkosten					20.000
= Deckungsbeitrag 3					71.000
- fixe Gemeinkosten					62.000
= Gewinn					9.000

Abbildung 88:
Algebraische Gewinnermittlung nach der Einzelkostenrechnung und
stufenweisen Gemeinkostendeckungsrechnung

G	$= p_A * m_A - k_{EKA} * m_A - GK_A + p_B * m_B - k_{EKB} * m_B - GK_B - GK_U$

Legende:
G   = Gewinn [€/Periode]
p_i = Preis von Produkt i [€/ME]
m_i = Produktions- und Absatzmenge von Produkt i [ME]
k_{EKi} = Einzelkosten von Produkt i [€/ME]
GK_i = Gemeinkosten von Produkt i [€/ME]
GK_U = sonstige Gemeinkosten [€/Periode]
i   = Produkt A, B

III. Die produktbezogene und teilweise stückbezogene Kostenrechnung

5) Riebel, der die stufenweise Gemeinkostendeckungsrechnung unter der Bezeichnung der Einzelkosten- und Deckungsbeitragsrechnung vertritt,[1] geht noch differenzierter vor als eben skizziert (vgl. sein in Abbildung 89 wiedergegebenes Beispiel).

Abbildung 89:
Schema einer Kostenträgerrechnung und Betriebsergebnisrechnung nach der Einzelkosten- und Deckungsbeitragsrechnung

Bruttoumsatz zu Listenpreisen - Rabatte - preisabhängige Vertriebseinzelkosten der Erzeugnisse   (z. B. Umsatzsteuer, Vertreterprovision, Kundenskonti)
= Nettoerlös I - mengenabhängige Vertriebseinzelkosten der Erzeugnisse   (z. B. Frachten)
= Nettoerlös II - Stoffkosten, soweit Erzeugniseinzelkosten   (z. B. Rohstoffe, Verpackung)
= Deckungsbeitrag I - variable Löhne, soweit Erzeugniseinzelkosten
= Deckungsbeitrag II (über die variablen Kosten)
Summe der Deckungsbeiträge II aller Erzeugnisse der Abteilung (oder Erzeugnisgruppe) - direkte Kosten der Abteilung (oder Erzeugnisgruppe)
= Deckungsbeitrag der Abteilung   (über die Erzeugnis- und die Abteilungseinzelkosten)
Summe der Deckungsbeiträge aller Abteilungen - direkte Kosten der Unternehmung
= liquiditätswirksamer Periodenbeitrag - Amortisations- und Deckungsraten (z. B. Abschreibungen)
= Nettoergebnis der Periode

Quelle: Dieses Schema ist bis zum Deckungsbeitrag der Abteilung identisch mit demjenigen von Riebel und wurde darüber hinaus zur Ermittlung des Nettoergebnisses der Periode ergänzt. Vgl. Riebel, Paul: Einzelkosten- und Deckungsbeitragsrechnung, S. 47

---

[1] Vgl. Riebel, Paul: Einzelkosten- und Deckungsbeitragsrechnung.

5.3. Bildung von Gemeinkostenstufen

1) Die Besonderheit der stufenweisen Gemeinkostendeckungsrechnung besteht in der Abstufung der Gemeinkosten; insofern liegt eine Parallelität zur stufenweisen Fixkostendeckungsrechnung vor. Es sind zumindest folgende Schichten von Gemeinkosten zu unterscheiden:

a) Kosten, die zwar nicht der einzelnen Mengeneinheit, wohl aber einer größeren Zahl von Mengeneinheiten zugerechnet werden können, z. B. einem Auftrag, einem Los;

b) Kosten, die der Gesamtzahl der Mengeneinheiten eines Produkts zugerechnet werden können;

c) Kosten, die einer Produktgruppe zurechenbar sind;

d) Kosten, die nur allen Produkten gemeinsam, nur dem Unternehmen insgesamt, zurechenbar sind.

2) Riebel nimmt noch feinere Differenzierungen der Gemeinkosten vor. Dabei weicht seine Terminologie von der herkömmlichen ab. So versteht er unter den Einzelkosten nicht nur die der einzelnen Mengeneinheit eines Produkts direkt zurechenbaren Kosten (wie üblich), sondern die irgendeinem Bezugsobjekt oder Kalkulationsobjekt direkt zurechenbaren Kosten. Er spricht also von Einzelkosten einer Mengeneinheit, von Einzelkosten eines Auftrags oder Loses, von Einzelkosten eines Produkts, von Einzelkosten einer Produktgruppe, von Einzelkosten einer Kostenstelle oder Abteilung, von Einzelkosten der Unternehmung. Riebel spricht von relativen Einzelkosten.[1] Dementsprechend versteht er unter den Gemeinkosten die dem jeweiligen Bezugsobjekt oder Kalkulationsobjekt nicht direkt zurechenbaren Kosten. Sein Bestreben geht dahin, alle Kosten als Einzelkosten zu erfassen, und zwar an der untersten Stelle der Bezugsgrößenhierarchie, an der sie gerade noch als Einzelkosten ausgewiesen werden können.[2]

3) Die Grenzziehung zwischen den Stückeinzelkosten und Stückgemeinkosten nimmt Riebel[3] genauer vor als es üblich ist, indem er zwischen echten und unechten Stückgemeinkosten unterscheidet (vgl. auch Abbildung 90).

Unter unechten Stückgemeinkosten versteht er solche Kosten, die sich Stück für Stück des Produkts erfassen lassen, bei denen aber aus Gründen der Wirtschaftlichkeit auf eine Erfassung Stück für Stück verzichtet wird, z. B. Kosten für Hilfsstoffe. Bei den unechten Stückgemeinkosten handelt es sich also dem Wesen nach um Stückeinzelkosten.

Unter den echten Stückgemeinkosten versteht er solche Kosten, die sich nicht Stück für Stück erfassen lassen, z. B. Kosten für Betriebsstoffe.

---

[1] Vgl. Riebel, Paul: Einzelkosten- und Deckungsbeitragsrechnung, insbesondere S. 39, 183 f., 284 ff.
[2] Vgl. Riebel, Paul: Einzelkosten- und Deckungsbeitragsrechnung, S. 36 f, S. 39.
[3] Vgl. Riebel, Paul: Einzelkosten- und Deckungsbeitragsrechnung, S. 37.

III. Die produktbezogene und teilweise stückbezogene Kostenrechnung

Abbildung 90:
Übersicht über die Einteilung der Gesamtkosten in Einzel- und Gemeinkosten sowie in variable und fixe Kosten

		Gemeinkosten	
Zurechenbarkeit auf Produkteinheit	Einzelkosten	Unechte Gemeinkosten	Echte Gemeinkosten
Veränderlichkeit bei Beschäftigungsänderungen	Variable Kosten		Fixe Kosten
Beispiele	Kosten für Werkstoffe (außer bei Kuppelprozessen) Verpackungskosten Provisionen	Kosten für Hilfsstoffe Kosten für Energie und Betriebsstoffe bei Leontief-Produktionsfunktionen	Kosten des Kuppelprozesses Kosten für Energie und Betriebsstoffe bei mehrdimensionalen Kostenfunktionen	Kosten der Produktart und Produktgruppe Kosten der Fertigungsvorbereitung und Betriebsleitung Abschreibungen Lohnkosten

Quelle: Schweitzer, Marcell/ Küpper, Hans-Ulrich: Systeme der Kosten- und Erlösrechnung, S. 526

4) Die variablen Kosten unterteilt Riebel in absatzabhängige und erzeugungsabhängige, die absatzabhängigen Kosten wiederum in wertabhängige und nichtwertabhängige.[1]

5) Bei den Fixkosten nimmt Riebel folgende Abstufungen vor:[2]

- Fixkosten, die der jeweiligen Abrechnungsperiode zugerechnet werden können (= Einzelkosten der Periode);

- Fixkosten, die nur mehreren Abrechnungsperioden gemeinsam zugerechnet werden können (= Einzelkosten mehrerer Perioden);

-- Fixkosten, die einer bekannten Zahl von Abrechnungsperioden zugeordnet werden können (= Einzelkosten übergeordneter geschlossener Perioden);

---

[1] Vgl. Riebel, Paul: Einzelkosten- und Deckungsbeitragsrechnung, S. 153.
[2] Vgl. Riebel, Paul: Einzelkosten- und Deckungsbeitragsrechnung, S. 39, S. 152.

220 Hauptteil

Abbildung 91:
Beispiele für unterschiedliche Gruppierungsmöglichkeiten von Kostenkategorien (Zusammenfassung der Kosten in Pfeilrichtung)

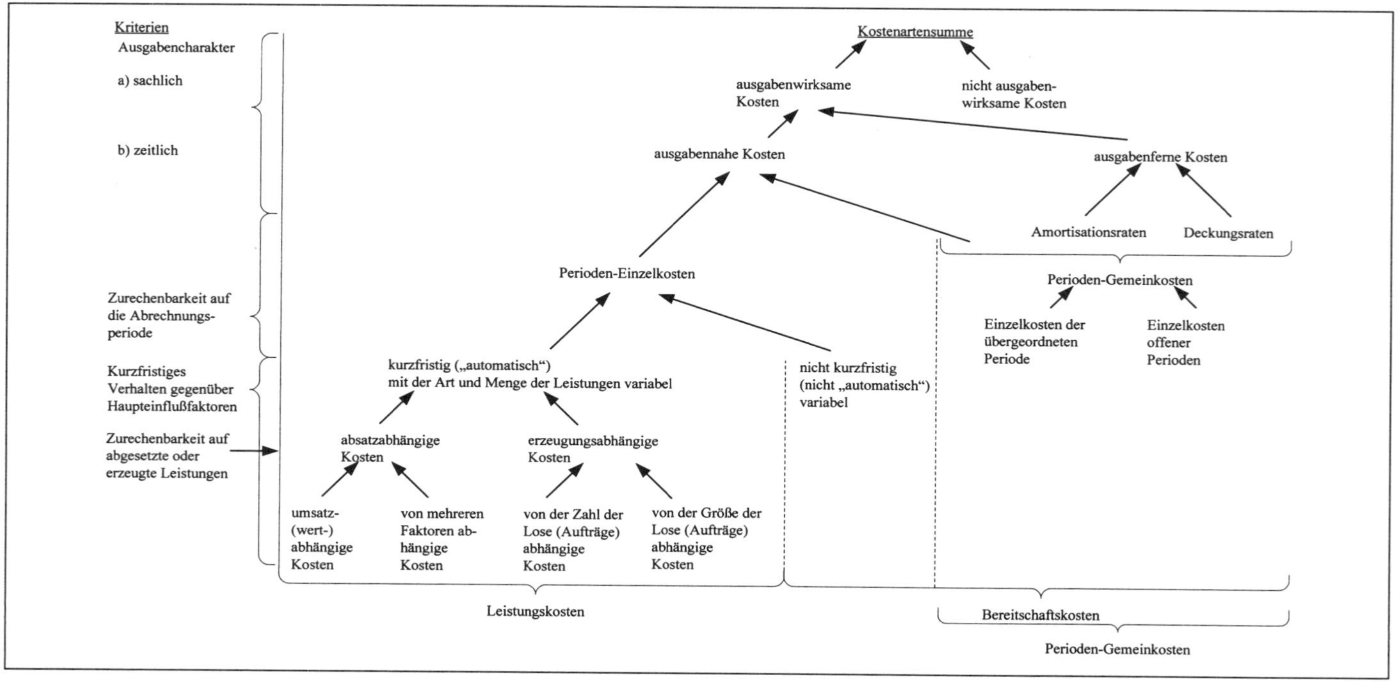

Kriterien
Ausgabencharakter
a) sachlich
b) zeitlich

Zurechenbarkeit auf die Abrechnungsperiode

Kurzfristiges Verhalten gegenüber Haupteinflußfaktoren

Zurechenbarkeit auf abgesetzte oder erzeugte Leistungen

Kostenartensumme
— nicht ausgabenwirksame Kosten
— ausgabenwirksame Kosten
— ausgabennahe Kosten
— ausgabenferne Kosten

Deckungsraten
Amortisationsraten
Perioden-Gemeinkosten
Einzelkosten der übergeordneten Periode
Einzelkosten offener Perioden

Perioden-Einzelkosten

nicht kurzfristig (nicht „automatisch") variabel

kurzfristig („automatisch") mit der Art und Menge der Leistungen variabel

erzeugungsabhängige Kosten
von der Zahl der Lose (Aufträge) abhängige Kosten
von der Größe der Lose (Aufträge) abhängige Kosten

absatzabhängige Kosten
von mehreren Faktoren abhängige Kosten

umsatz-(wert-)abhängige Kosten

Leistungskosten
Bereitschaftskosten
Perioden-Gemeinkosten

Quelle: Riebel, Paul: Einzelkosten- und Deckungsbeitragsrechnung, S. 151

III. Die produktbezogene und teilweise stückbezogene Kostenrechnung 221

-- Fixkosten, die nur einem größeren Zeitraum, einer im Voraus nicht bekannten Zahl von Abrechnungsperioden zugerechnet werden können (= Einzelkosten übergeordneter offener Perioden).

6) Zudem unterscheidet Riebel[1], ähnlich wie Agthe und Mellerowicz, zwischen ausgabenwirksamen und nicht-ausgabenwirksamen Kosten (gemeint sind auszahlungswirksame bzw. nicht-auszahlungswirksame Kosten im Sinne der hier verwendeten Terminologie). Die Erstgenannten unterteilt er nochmals in ausgabennahe und ausgabenferne Kosten.

7) Diese mannigfachen Kostenkategorien kombiniert Riebel in unterschiedlicher, vom Zweck der jeweiligen Fragestellung abhängiger Art und Weise (vgl. sein in Abbildung 91 wieder gegebenes Schema).

5.4. Durchführung der Einzelkosten- und Deckungsbeitragsrechnung

1) Die Einzel- und Gemeinkostendeckungsrechnung unterstellt, dass wegen der Produktions- und Absatzverhältnisse grundsätzlich eine Zuschlagskostenrechnung durchgeführt wird.

Bei einer globalen Gemeinkostendeckungsrechnung könnte man sich auf eine Kostenarten- und Kostenträgerrechnung beschränken. Die Kostenstellenrechnung entfiele. Im Rahmen der Kostenartenrechnung wäre nach Einzelkosten und Gemeinkosten zu unterscheiden. Die Einzelkosten könnten den Mengeneinheiten der Produkte direkt zugerechnet, die Gemeinkosten zu einem Block zusammengefasst werden.

2) Bei einer stufenweisen Gemeinkostendeckungsrechnung benötigt man neben der Kostenartenrechnung und der Kostenträgerrechnung auch eine Kostenstellenrechnung. Dabei müssten die Kostenstellen auf Produkte und Produktgruppen ausgerichtet sein, da man versucht, die variablen und die fixen Gemeinkosten, soweit wie möglich, einzelnen Produkten und Gruppen zusammengehöriger Produkte zuzuordnen. Die verbleibenden variablen Gemeinkosten wären en bloc zu behandeln, ebenso wie die verbleibenden fixen Gemeinkosten.

3) Für die Riebel'sche Einzelkosten- und Deckungsbeitragsrechnung sind differenziertere Kostenarten-, Kostenstellen- und Kostenträgerrechnungen erforderlich als bei jedem anderen Kostenrechnungssystem.

Riebel geht von folgenden Gestaltungsprinzipien seiner Kostenrechnung aus:[2]

---

[1] Vgl. Riebel, Paul: Einzelkosten- und Deckungsbeitragsrechnung, S. 151 f.
[2] Vgl. Riebel, Paul: Einzelkosten- und Deckungsbeitragsrechnung, S. 39.

a) Alle Kosten werden als Einzelkosten erfasst und ausgewiesen, und zwar so, dass sie in der Hierarchie betrieblicher Bezugsgrößen an der untersten Stelle ausgewiesen werden, an der man sie gerade noch als Einzelkosten erfassen kann.

b) Es wird völlig darauf verzichtet, Gemeinkosten aufzuschlüsseln und sie nach den Prinzipien der traditionellen Kostenrechnung auf die Endkostenstellen und die Kostenträger zu überwälzen.

c) Alle Kosten, die einer Periode nicht eindeutig zurechenbar sind, werden gesondert als "Soll-Deckungsbeiträge" oder "Deckungsraten" (Amortisations- und Rückstellungsraten) ausgewiesen.

d) Wünschenswert, aber nicht unabdingbar ist die Berücksichtigung der wichtigsten Kostenabhängigkeiten bei den einzelnen Kostenstellen und Kostenträgern. Dabei ist insbesondere der Ausgabencharakter der Kosten (mit kurzperiodischen Ausgaben verbunden - mit langperiodischen Ausgaben verbunden - überhaupt nicht mit Ausgaben verbunden) zu beachten.

Entsprechend diesen Prinzipien ist die primäre Kostenerfassung vorzunehmen. Das bedeutet, dass die Kostenbeträge für die Kostengüterarten in den Kostenstellen und bei den Kostenträgern zu erfassen sind, bei welchen sie einzeln erfassbar sind. Diese primäre Kostengliederung stellt eine kombinierte Kostenarten-, Kostenstellen- und Kostenträgerrechnung dar. Riebel bezeichnet sie auch als Grundrechnung 1.[1]

Es schließt sich die sekundäre Kostenerfassung, d. h. die Verrechnung der innerbetrieblichen Leistungen, an. Dabei sind nur diejenigen innerbetrieblichen Leistungen von Kostenstelle zu Kostenstelle zu verrechnen, deren Erbringen messbar und deren Verzehr direkt erfassbar ist. Die Bereitschaftskosten der Vorkostenstellen dürfen keinesfalls weiterverrechnet werden, sondern nur die jeweiligen variablen Kosten sowie allenfalls zusätzlich verursachte Fixkosten. Diese sekundäre Kostengliederung stellt ebenfalls eine kombinierte Kostenarten-, Kostenstellen- und Kostenträgerrechnung dar. Riebel bezeichnet sie auch als Grundrechnung 2.[2]

Es schließt sich die Auswertung der Grundrechnung an, z. B. zur Aufstellung eines retrograden Kalkulationsschemas. Die Grundrechnung kann aber auch in viele andere Richtungen ausgewertet werden, z. B. zur Gewinnung von spezifischen oder engpassbezogenen Deckungsbeiträgen der Erzeugnisse. Sie hat den Charakter einer Bereitschaftsrechnung, da sie alle Kostenbausteine für die verschiedensten Fragestellungen enthält.[3]

---

[1] Vgl. Riebel, Paul: Einzelkosten- und Deckungsbeitragsrechnung, S. 40.
[2] Vgl. Riebel, Paul: Einzelkosten- und Deckungsbeitragsrechnung, S. 41 f.
[3] Vgl. Riebel, Paul: Einzelkosten- und Deckungsbeitragsrechnung, S. 243 f.

5.5. Aussagewert der Einzelkosten- und Deckungsbeitragsrechnung

1) Der Aussagewert der Einzelkosten- und Deckungsbeitragsrechnung soll hier anhand eines Zahlenbeispiels demonstriert werden (vgl. Abbildung 92). Bei Beurteilung der vier Produkte nach dem Maßstab des Direct Costing, dem Deckungsbeitrag über die variablen Kosten, schneidet Produkt B am ungünstigsten ab. Der genannte Deckungsbeitrag ist sogar negativ. Das Produkt müsste, benutzt man das Direct Costing als Entscheidungsgrundlage, aus dem Programm genommen werden. Aber dabei würde es sich u. U. um eine Fehlentscheidung handeln.

Führt man eine Einzelkosten- und Deckungsbeitragsrechnung durch, dann ergibt sich für Produkt B ein positiver Deckungsbeitrag über die Einzelkosten. Das Produkt B trägt wenigstens noch zur Deckung der variablen Gemeinkosten bei. Diese Kosten würden auch dann anfallen, wenn man das Produkt B aus dem Programm nähme. Daher ist es richtig, das Produkt B vorläufig im Programm zu belassen. Anderes würde nur gelten, wenn bei Wegfall von Produkt B die Produktion der anderen Produkte entsprechend ausgedehnt werden könnte.

Abbildung 92:
Beispiel einer Produkt- und Betriebsergebnisrechnung mit Einzelkosten und variablen Gemeinkosten

		Produkte				
		A	B	C	D	gesamt
	Preis	6,00	1,50	8,00	1,00	
*	Absatzmenge bzw. Produktionsmenge	10.000	20.000	5.000	30.000	
=	Umsatzerlöse	60.000	30.000	40.000	30.000	160.000
-	Einzelkosten	10.000	28.000	6.000	6.000	50.000
=	Deckungsbeitrag 1	50.000	2.000	34.000	24.000	110.000
-	anteilige variable Gemeinkosten	14.000	3.000	10.000	12.000	39.000
=	Deckungsbeitrag 2	36.000	- 1.000	24.000	12.000	71.000
-	fixe Gemeinkosten					62.000
=	Gewinn					9.000

224   Hauptteil

2) Mehr Bedeutung als den absoluten Deckungsbeiträgen misst Riebel den spezifischen oder engpassbezogenen Deckungsbeiträgen für die Produktbeurteilung und Programmwahl bei. Wenn man bei der Programmwahl die Erzeugnisse in der Reihenfolge ihres Deckungsbeitrags je Engpasseinheit forciere, maximiere man automatisch den Periodenbeitrag und bei vorgegebenem Deckungsbedarf den Periodengewinn.[1]

3) Im Übrigen demonstriert Riebel die Anwendbarkeit der Einzelkosten- und Deckungsbeitragsrechnung anhand von vielen Beispielen, die jedoch zu umfangreich sind, als dass sie hier wiedergegeben werden könnten:[2]

- Kalkulation eines zusätzlichen einmaligen Auftrags bei Unterbeschäftigung;

- Kalkulation eines zusätzlichen langfristigen Liefervertrags bei Unterbeschäftigung;

- Verfahrensauswahl bei Unterbeschäftigung;

- Verfahrensauswahl bei Unterbeschäftigung mit Liquiditätsschwierigkeiten;

- Verfahrensauswahl bei Überbeschäftigung und sonstigen Engpässen;

- Entscheidung über Weiterverarbeitung oder Nicht-Weiterverarbeitung eines Produkts;

- Entscheidung über Eigenherstellung oder Fremdbezug;

- Produktarten- und -mengenplanung speziell bei Kuppelproduktion;

- Preiskalkulation für ein neues Produkt;

- Vorgabe von Deckungsbudgets für die Preis- und Angebotspolitik;

- Analyse der Verkaufsbezirke und Verkaufsgebiete;

- Investitionsentscheidung;

- Ergebnisrechnung und Bestandsbewertung;

- Betriebskontrolle.

---

[1] Vgl. Riebel, Paul: Einzelkosten- und Deckungsbeitragsrechnung, S. 243 f.
[2] Vgl. in der Reihenfolge der Aufzählung Riebel, Paul: Einzelkosten- und Deckungsbeitragsrechnung, S. 249 f., S. 251 f., S. 302 f., S. 304 f., S. 305 f., S. 52 f., S. 301 f., S. 308 f., S. 251 f., S. 54 f., S. 259 f., S. 196 f., S. 60 f., S. 56 f., S. 348 f., S. 11 f.

IV. Die abteilungsbezogene Kostenrechnung

1. Zweck der abteilungsbezogenen Kostenrechnung

1) Eine abteilungsbezogene Kostenrechnung stellt das **Bindeglied** zwischen der betriebsbezogenen Kostenrechnung und der produktbezogenen Kostenrechnung dar. Ihrer bedarf es in den meisten Wirtschaftsbetrieben, damit man, ausgehend von einer betriebsbezogenen Kostenrechnung zu einer produktbezogenen Kostenrechnung gelangt. Dabei sind unter Abteilungen kleinere Einheiten innerhalb des betrachteten Wirtschaftsbetriebs zu verstehen, die bestimmte Teilaufgaben innerhalb der Gesamtaufgabe des Wirtschaftsbetriebs zu erfüllen haben.

Einer solchen abteilungsbezogenen Kostenrechnung bedarf es vor allem dann, wenn die produktbezogene Kostenrechnung aufgrund der Produktions- und Absatzverhältnisse als Zuschlagskostenrechnung durchzuführen ist. In diesem Fall müssen zur Verrechnung der Gemeinkosten sog. Kostenstellen gebildet werden. Die Kostenstellen sind manchmal mit Stellen im organisatorischen Sinne, d. h. mit den kleinsten Einheiten eines Wirtschaftsbetriebs, identisch. In den meisten Fällen handelt es sich bei den Kostenstellen jedoch um Stellenzusammenfassungen im organisatorischen Sinne, also um Abteilungen.

Aber auch dann, wenn die produktbezogene Kostenrechnung noch als eine mehrstufige Äquivalenzziffernkostenrechnung oder als eine mehrstufige Divisionskostenrechnung durchgeführt werden kann, liegt schon ein Ansatz zur Kostenstellenbildung und damit zur abteilungsbezogenen Kostenrechnung vor.

Allein in den seltenen Fällen, in denen die produktbezogene Kostenrechnung als einstufige Äquivalenzziffernkostenrechnung, als einstufige Divisionskostenrechnung oder als Additionskostenrechnung durchgeführt werden kann, kommt man ohne Kostenstellen und ohne eine abteilungsbezogene Kostenrechnung aus.

2) Unabhängig davon, ob eine abteilungsbezogene Kostenrechnung im Hinblick auf eine produktbezogene Kostenrechnung benötigt wird oder nicht: ihr kommt auch eine **eigenständige Bedeutung** zu. Mit ihrer Hilfe kann man versuchen, die Verantwortung für die anfallenden Kosten zu teilen und, neben der Verantwortlichkeit der Betriebs- und Geschäftsleitung für die Kostensumme des Betriebs, eine Verantwortlichkeit der einzelnen Abteilungen, Stellen und Personen für Kostenteilbeträge zu begründen. Dadurch will man die Kosten so niedrig wie möglich halten, die Kosten minimieren und auf diese Weise zur Erhöhung der Rentabilität des Betriebs beitragen.

2. Arten der abteilungsbezogenen Kostenrechnung

1) Damit der genannte Zweck einer eigenständigen abteilungsbezogenen Kostenrechnung erreicht wird, müssen die Kostenstellen primär nach dem Kriterium der Verantwortlichkeit für anfallende Kosten abgegrenzt werden, nicht nach demjenigen der Verrechenbarkeit der anfallenden Gemeinkosten auf die Kostenträger wie im Rahmen der produktbezogenen Zuschlagskostenrechnung. Beiden Kriterien kann aber nebeneinander durch eine differenzierte Kostenstellenbildung Genüge getan werden.

2) Zudem empfiehlt sich zur besseren Erreichung des genannten Zwecks einer eigenständigen abteilungsbezogenen Kostenrechnung:

a) die Kostenstellen enger abzugrenzen und damit mehr Kostenstellen zu bilden, als es für eine produktbezogene Zuschlagskostenrechnung erforderlich sein mag, sich z. B. nicht auf eine Verwaltungskostenstelle zu beschränken, sondern Kostenstellen für das Personalwesen, das Finanzwesen, das Rechnungswesen vorzusehen;

b) alle Kosten Kostenstelle für Kostenstelle zu erfassen, nicht nur die Gemeinkosten, wie es bei einer produktbezogenen Zuschlagskostenrechnung ausreichend sein mag, sondern auch die Einzelkosten.

3) Im Übrigen ist bei einer abteilungsbezogenen Kostenrechnung ähnlich wie bei einer produktbezogenen Kostenrechnung vorzugehen. Wir wollen hier unterstellen, dass die produktbezogene Kostenrechnung als Zuschlagskostenrechnung auszugestalten ist und deren System auch der abteilungsbezogenen Kostenrechnung zugrunde legen.

Das bedeutet, dass zu Beginn der Periode Einzelkosten- und Gemeinkostenarten zu unterscheiden sowie Kostenstellen abzugrenzen sind. Während und am Ende der Periode sind die Kostenbeträge für die Einzelkosten- und Gemeinkostenarten auf jeder Kostenstelle zu ermitteln. Eine Verrechnung der Kosten von Kostenstelle zu Kostenstelle braucht nicht unbedingt vorgenommen zu werden. Man kann sich auf die Vorgabe und Kontrolle der Primärkosten beschränken. Auf jeden Fall erübrigt sich die Verrechnung der Kosten von den Kostenstellen auf die Kostenträger.

4) Die Kosten jeder Kostenstelle bedürfen am Ende der Periode der Beurteilung. Da sie für sich genommen nur schwer beurteilt werden können, muss nach Vergleichsmöglichkeiten gesucht werden. Als solche kommen in Betracht:

a) die Kosten der Vorperiode;

b) die Kosten mehrerer Vorperioden, u. U. die Durchschnittskosten der Vergangenheit oder die sog. Normalkosten;

c) die Kosten anderer Kostenstellen des gleichen Betriebs;

d) die Kosten entsprechender Kostenstellen anderer Betriebe.

5) Zu diesen Vergleichsmöglichkeiten ist zu sagen:

IV. Die abteilungsbezogene Kostenrechnung

a) Bei einem Vergleich nur mit der Vorperiode ist die Vergleichsbasis schmal. Die Kosten der Vorperiode können zufällig hoch oder niedrig gewesen sein.

b) Bei einem Vergleich mit mehreren Vorperioden ist die Vergleichsbasis breiter. Zufälligkeiten werden nivelliert. Allerdings bleiben von Anfang an im Betrieb vorliegende Unwirtschaftlichkeiten unerkannt. Es besteht die Gefahr, dass, wie Schmalenbach es so anschaulich ausgedrückt hat, "Schlendrian mit Schlendrian" verglichen wird.

c) Der Vergleich mit anderen Kostenstellen des gleichen Betriebs dürfte insofern beeinträchtigt sein, als kaum mehrere Kostenstellen genau die gleichen Aufgaben zu erfüllen haben dürften;

d) Der Vergleich mit entsprechenden Kostenstellen anderer Betriebe wäre am aufschlussreichsten; selten sind jedoch einem Betrieb die Kosten anderer Betriebe so genau bekannt.

6) Aufgrund solcher Vergleiche kann man zum Ergebnis kommen, dass die in der abgelaufenen Periode angefallenen Kosten angemessen oder zu hoch waren.

Will man zu hohe Kosten in Zukunft vermeiden, geschieht dies am besten dadurch, dass man zu Beginn der Periode den einzelnen Abteilungen Kosten für die Periode vorgibt, die nicht überschritten werden sollen. Diese Kosten könnte man als Sollkosten bezeichnen (wenngleich dieser Begriff üblicherweise in einem engeren Sinne verwendet wird) oder als Vorgabekosten. Sie müssten auf einem niedrigen Niveau festgesetzt sein, damit von ihnen ein Ansporn, ein Anreiz zu Einsparungen ausgeht. Gleichwohl müsste es sich dabei um ein erreichbares Niveau handeln, damit nicht von vornherein die Bemühungen um Einsparungen unterbleiben.

7) Von den genannten Kosten sind diejenigen Kosten zu unterscheiden, die für die künftige Periode tatsächlich erwartet werden. Denn es wäre unrealistisch anzunehmen, dass die auf niedrigem Niveau vorgegebenen Kosten tatsächlich immer eingehalten werden. Diese Kosten kann man als Prognosekosten oder Vorschaukosten[1] bezeichnen. Man könnte auch von Plankosten sprechen, aber dieser Begriff wird üblicherweise in einem anderen Sinne, nämlich für die Soll- oder Vorgabekosten, verwendet.

8) Entsprechend dem hier mit der abteilungsbezogenen Kostenrechnung verfolgten Zweck der Kostenrechnung sind allein die Vorgabekosten zu betrachten.

9) Die Vorgabekosten können eine etwas unterschiedliche Bedeutung haben:

a) Sie werden den einzelnen Abteilungen zu Beginn der Periode als Orientierungshilfe, als Richtschnur vorgegeben und dürfen von den Abteilungen während der Periode in eigener Kompetenz überschritten werden. Am Ende der Periode

---

[1] Vgl. Kosiol, Erich: Kostenrechnung- und Leistungsrechnung, S. 229 f.; Schulz, Carl Ernst: Ist-, Richt- und Plankostenrechnung, ein Beitrag zur Klärung der Begriffe, S. 460 ff.

werden ihnen die tatsächlich angefallenen Kosten gegenübergestellt und aus Überschreitungen gegebenenfalls Konsequenzen gezogen.

b) Sie werden den einzelnen Abteilungen zu Beginn der Periode verbindlich vorgegeben und dürfen von den Abteilungen während der Periode nur mit Genehmigung der jeweils übergeordneten Abteilung überschritten werden. Am Ende der Periode werden ihnen gleichwohl noch die tatsächlich angefallenen Kosten gegenübergestellt und aus Überschreitungen gegebenenfalls Konsequenzen gezogen.

10) Die Vorgabe der Kosten kann unterschiedlich nach Umfang und Genauigkeit erfolgen:

a) Man gibt den Abteilungen entweder einen Gesamtbetrag an Kosten oder Beträge für alle einzelnen Kostenarten vor.

b) Man gibt den Abteilungen entweder nur die Einzelkosten oder auch die Gemeinkosten vor.

c) Man gibt den Abteilungen entweder einen Kostenbetrag vor oder man spaltet den Kostenbetrag in sein Mengengerüst und seine Preiskomponente auf.

d) Man gibt den Abteilungen einen Kostenbetrag entweder unabhängig von der Beschäftigung oder in Abhängigkeit von der Beschäftigung vor.

11) Zur Ermittlung der vorzugebenden Kosten können verschiedene Wege eingeschlagen werden:

a) Man geht von den in der abgelaufenen Periode angefallenen Kosten aus.

b) Man stützt sich auf die Durchschnittskosten aus mehreren Vorperioden.

c) Man nimmt Untersuchungen der Kostenabhängigkeiten vor, z. B. naturwissenschaftlich-technische Untersuchungen des Materialverbrauchs (sog. analytisch ermittelte Kosten).

12) Die genannten Möglichkeiten der Kostenvorgabe lassen sich in mannigfacher Weise miteinander kombinieren, so dass sich eine Reihe von Systemen abteilungsbezogener Kostenrechnungen ergeben. Nicht für alle liegen eindeutige Bezeichnungen vor.

Von einer **Normalkostenrechnung** spricht man, wenn Durchschnittskosten der Vergangenheit vorgegeben werden; von einer **Standardkostenrechnung**[1] oder einer Plankostenrechnung, wenn die vorgegebenen Kosten weitgehend analytisch ermittelt werden. Eine **starre Plankostenrechnung** liegt vor, wenn die Kosten ohne Berücksichtigung des Beschäftigungsgrades vorgegeben werden. Oft ist dann auch von einer Budgetkostenrechnung die Rede. Aber keiner dieser Begriffe wird einheitlich gebraucht. Eine **flexible Plankostenrechnung** liegt vor, wenn die Kostenvorgabe den Beschäftigungsgrad berücksichtigt. Um eine flexible Vollplankostenrechnung handelt es sich, wenn die variablen Kosten unter Berücksichtigung des Beschäftigungsgrades vorgegeben und zusätzlich die fixen Kosten

---

[1] Vgl. Käfer, Karl: Standardkostenrechnung.

IV. Die abteilungsbezogene Kostenrechnung   229

angegeben werden; um eine flexible Teilplankostenrechnung oder **Grenzplankostenrechnung**[1], wenn die variablen Kosten unter Berücksichtigung des Beschäftigungsgrades vorgegeben werden und auf die Angabe der fixen Kosten verzichtet wird.

13) Nicht alle der unterscheidbaren Systeme können hier behandelt werden. Wir wollen das umfassendste System einer abteilungsbezogenen Kostenvorgabe und Kostenkontrolle, die flexible Vollplankostenrechnung auswählen, die die Grenzplankostenrechnung einschließt.

3. Flexible Vollplankostenrechnung

Wie bei einer flexiblen Vollplankostenrechnung nach der Art der Zuschlagskostenrechnung vorzugehen ist, soll hier sowohl am Beispiel einer Einzelkostenart als auch am Beispiel einer Gemeinkostenart behandelt werden. Eine vollständige Kostenarten- und Kostenstellenrechnung darzustellen, erübrigt sich nach unseren früheren Ausführungen.

3.1. Vorgabe und Kontrolle von Materialeinzelkosten (Rohstoffkosten)

1) Als eine Einzelkostenart seien hier die Materialeinzelkosten, d. h. die Kosten für Fertigungsmaterialien bzw. Rohstoffe, ausgewählt. Als Kostenstelle ist eine Fertigungshauptkostenstelle zu unterstellen. Als Länge der Periode sei ein Monat angenommen; in der Literatur werden noch kürzere Perioden vorgeschlagen, von Kilger z. B. eine Woche.[2]

2) Wie nun ein Kostenbetrag für die genannte Kostenart der Fertigungshauptkostenstelle zu Beginn der Periode vorzugeben und wie seine Einhaltung am Ende der Periode zu kontrollieren ist, soll wiederum in mehreren Rechnungsschritten dargestellt werden.

---

[1] Vgl. Kilger, Wolfgang/ Pampel, Jochen/ Vikas, Kurt: Flexible Plankostenrechnung und Deckungsbeitragsrechnung, S. 1 ff.
[2] Vgl. Kilger, Wolfgang/ Pampel, Jochen/ Vikas, Kurt: Flexible Plankostenrechnung und Deckungsbeitragsrechnung, S. 186.

3.1.1. Rechnungsschritte zu Beginn der Rechnungsperiode

3.1.1.1. Festlegung der spezifischen Planeinsatzmenge

1) Zu Beginn der Rechnungsperiode muss zunächst die Menge des Rohstoffs R festgelegt werden, die für eine Mengeneinheit des Produkts X bei sparsamem Wirtschaften von der jeweiligen Kostenstelle benötigt wird. Sie wird als Planeinsatzmenge, Planverbrauchsmenge oder Standardeinsatzmenge, Standardverbrauchsmenge bezeichnet. Um zum Ausdruck zu bringen, dass sie sich auf eine Mengeneinheit des jeweiligen Produkts bezieht, soll hier von der spezifischen Menge gesprochen werden.

2) Zur Festlegung der spezifischen Planeinsatzmenge ist auszugehen von der Menge des Rohstoffs, die in einer Mengeneinheit des Produkts enthalten sein muss (sog. Nettoplanverbrauch). Zusätzlich bedürfen der Berücksichtigung: unvermeidbare Abfallmengen sowie Mengen, die in unvermeidbarem Ausschuss enthalten sind. Damit erhält man den sog. Bruttoplanverbrauch; er sei hier mit 4 kg pro ME angenommen.

3) Es handelt sich hierbei um Festlegungen, wie sie auch im Rahmen einer Minimalkostenkombination vorzunehmen sind. Das Ergebnis ist in Stücklisten bzw. Rezepturen sowie in Teileverwendungsnachweisen und Materialentnahmescheinen festzuhalten.[1]

4) Wird der betrachtete Rohstoff nicht nur für das Produkt X, sondern auch noch für andere Produkte benötigt, ist in Bezug auf diese ebenso zu verfahren. Benötigt man für das Produkt X nicht nur den Rohstoff R, sondern auch noch andere Rohstoffe, gilt für diese das Gleiche.

3.1.1.2. Festlegung des Planpreises

1) Neben der Planmenge muss der Preis, der für eine Mengeneinheit des Rohstoffs R voraussichtlich zu bezahlen sein wird, festgelegt werden. Er wird als Planpreis oder Verrechnungspreis bezeichnet.

2) Bei seiner Festlegung ist auszugehen vom voraussichtlichen Listenpreis oder Bruttopreis des Lieferanten. Abzuziehen sind etwaige Rabatte, Boni und Skonti, was den sog. Anschaffungspreis ergibt. Hinzuzuzählen sind auf jeden Fall Anschaffungsnebenkosten externer Art (wie Frachten, Versicherungen), u. U. auch die Anschaffungsnebenkosten interner Art, sofern solche dem Rohstoff direkt zugeordnet werden können. Damit erhält man die Anschaffungskosten oder den Einstandspreis; er sei hier mit 2 € pro kg des Rohstoffs R angenommen.

---

[1] Vgl. Weber, Helmut Kurt: Industriebetriebslehre, S. 329.

IV. Die abteilungsbezogene Kostenrechnung 231

3.1.1.3. Errechnung der spezifischen Plankosten

Multipliziert man die spezifische Planeinsatzmenge des Rohstoffs R (von 4 kg) mit dem Planpreis pro Mengeneinheit (von 2 €), erhält man die Plankosten des Rohstoffs R für eine Mengeneinheit des Produkts X (hier 8 €), die man als die spezifischen Plankosten bezeichnen kann.

3.1.1.4. Festlegung der Planproduktionsmenge

1) Um von den spezifischen Plankosten zu den gesamten Plankosten des Rohstoffs zu gelangen, bedarf es der Festlegung der Menge des Produkts X, die in der kommenden Periode voraussichtlich hergestellt werden wird. Sie ist unter einfachen Umständen der Planbeschäftigung gleichzusetzen.

2) Zur Festlegung der Planproduktionsmenge des Produkts X kann etwa wie folgt vorgegangen werden:

a) Erfassung des Auftragsbestands zu Beginn der Periode;

b) Addition der geschätzten Auftragseingänge während der Periode;

c) Subtraktion eines möglicherweise als Puffer gewünschten Auftragsbestands am Ende der Periode, was die potentielle Absatzmenge der Periode ergibt;

d) Subtraktion des Lagerbestands zu Beginn der Periode;

e) Addition eines möglicherweise gewünschten Lagerbestands am Ende der Periode, was die potentielle Produktionsmenge der Periode ergibt;

f) Überprüfung, ob die potentielle Produktionsmenge mit den vorhandenen Kapazitäten oder gegebenenfalls unter Erweiterung der Kapazitäten produzierbar ist und Festlegung der realisierbaren Produktionsmenge; sie wird hier mit 180 ME angenommen.

3) Entsprechend ist bei den anderen Produkten vorzugehen.

3.1.1.5. Errechnung der Plankosten und Vorgabe

1) Multipliziert man die spezifischen Plankosten des Rohstoffs R für Produkt X (von 8 €) mit der Planproduktionsmenge des Produkts X (von 180 ME), erhält man die gesamten Plankosten des Rohstoffs R für das Produkt X (hier 1.440 €).

2) Der ermittelte Kostenbetrag ist nun der Fertigungshauptkostenstelle für die kommende Periode vorzugeben. Er bedarf u. U. noch der Ergänzung um die auf die gleiche Weise ermittelten Kostenbeträge des Rohstoffs R für andere Produkte sowie um die auf die gleiche Weise ermittelten Kostenbeträge für andere Rohstoffe.

3.1.2. Rechnungsschritte während und am Ende der Rechnungsperiode

3.1.2.1. Feststellung der Istkosten

1) Während der Periode hat die jeweilige Kostenstelle auf die Einhaltung des vorgegebenen Kostenbetrags zu achten sowie u. U. vor Überschreitung die Genehmigung der übergeordneten Abteilung einzuholen. Dazu ist sie nur in der Lage, wenn der Verbrauch des Rohstoffs R laufend, etwa über Materialentnahmescheine, erfasst wird.

2) Am Ende der Periode muss festgestellt werden, welche Menge des Rohstoffs R während der gesamten Periode von der jeweiligen Kostenstelle tatsächlich verbraucht wurde. Diese Menge wird als Istverbrauchsmenge bezeichnet; sie beträgt hier 1.000 kg.

3) Daneben muss festgestellt werden, welcher Preis für eine Mengeneinheit des Rohstoffs R tatsächlich bezahlt wurde. Unter Umständen bedarf es der Ermittlung eines Durchschnittspreises. Dieser Preis wird als Istpreis bezeichnet; er beträgt hier 2,50 €/kg.

4) Multipliziert man die Istverbrauchsmenge (hier von 1.000 kg) mit dem Istpreis (hier von 2,50 €/kg), erhält man die Kosten, die in der abgelaufenen Periode für den Rohstoff R tatsächlich angefallen sind (hier 2.500 €). Dies sind die Istkosten.

Häufig werden sie als Istkosten der Istkostenrechnung oder als Istkosten der Istbeschäftigung bezeichnet. Diese Bezeichnungen stellen einen Pleonasmus dar, der nur deswegen entschuldbar ist, weil sich bei Gegenüberstellung der Istkosten und der Plankosten sowie der Ausschaltung von bestimmten Abweichungen so viele verschiedene Kostengrößen ergeben, dass ein Mangel an Bezeichnungen besteht. Genau genommen handelt es sich bei den Istkosten der Istkostenrechnung um die Istverbrauchs-, Istpreis- und Istbeschäftigungskosten.

5) Die genannten Istkosten (hier 2.500 €) sind den Plankosten (hier 1.440 €) gegenüberzustellen. Dabei kann man entweder von den zunächst festgelegten Plankosten ausgehen und von diesen die später angefallenen Istkosten abziehen oder umgekehrt vorgehen. Der zweite Weg ist der Übliche, ihm soll auch hier gefolgt werden.

Häufig werden die Istkosten die Plankosten überschreiten (hier um 1.060 €). Diese Kostenüberschreitung kann verschiedene Ursachen haben, die ergründet werden müssen, bevor die jeweilige Kostenstelle zur Verantwortung herangezogen wird.

6) Üblicherweise werden drei Arten von Abweichungen zwischen Plankosten und Istkosten unterschieden:
   a) Verbrauchsabweichung,
   b) Preisabweichung,
   c) Beschäftigungsabweichung.

IV. Die abteilungsbezogene Kostenrechnung   233

Die Verbrauchsabweichungen und die Beschäftigungsabweichungen könnte man unter dem Oberbegriff der Mengenabweichungen zusammenfassen, denen die Preisabweichungen gegenüberstehen.

7) Die genannten Abweichungen werden aber nicht in der obigen Reihenfolge ermittelt, die der natürlichen Reihenfolge der Festlegung der Plankosten und der Feststellung der Istkosten entspräche, sondern in der folgenden Reihenfolge:

a) Preisabweichung,

b) Beschäftigungsabweichung,

c) Verbrauchsabweichung.

Diese Vorgehensweise, die der folgenden Ermittlung der Teilabweichungen zugrunde gelegt werden soll, wird in der Literatur auch als mengenorientierte Variante der kumulativen Methode bezeichnet.[1]

Man könnte der Auffassung sein, dass es gleichgültig ist, in welcher Reihenfolge die Abweichungen ermittelt werden. Aber dies trifft bedauerlicherweise nicht zu. Die Ergebnisse sind je nach Reihenfolge unterschiedlich wie wir noch sehen werden.

8) Wenn umgekehrt als in Ziffer 5) angenommen, die Istkosten die Plankosten unterschreiten, scheint dies positiv zu sein. Aber dieser Eindruck muss sich nicht bestätigen. Unter Umständen hätten bei sparsamem Wirtschaften noch niedrigere Istkosten anfallen müssen. Daher bedarf auch die Kostenunterschreitung der Analyse.

9) Entsprechendes gilt, wenn die Istkosten mit den Plankosten übereinstimmen.

10) In jedem Fall muss also untersucht werden, ob die bei Festlegung der Plankosten getroffenen Annahmen berechtigt waren und inwieweit die bei Festlegung der Plankosten gehegten Erwartungen eingetroffen sind. Dazu ist zu prüfen, ob der spezifische Istverbrauch mit dem spezifischen Planverbrauch übereinstimmt, der Istpreis mit dem Planpreis und die Istbeschäftigung mit der Planbeschäftigung. Bei Diskrepanzen sind die darauf zurückzuführenden Abweichungen der Istkosten von den Plankosten zu errechnen. Dies soll hier zunächst in der üblichen Art und Weise geschehen.

3.1.2.2. Ermittlung der Preisabweichung

1) Divergieren der Istpreis und der Planpreis (wie hier), wird die am Ende der Periode festgestellte Istverbrauchsmenge des Rohstoffs R der betrachteten Kostenstelle (hier 1.000 kg) mit dem Planpreis (von 2 €/kg) multipliziert. Die sich ergebenden Kosten (hier 2.000 €) werden Istkosten der Plankostenrechnung genannt.

---

[1] Vgl. Betz, Stefan: Operatives Erfolgscontrolling, S. 145.

Diese Bezeichnung stellt einen Widerspruch in sich selbst dar, der nur deswegen entschuldbar ist, weil sich, wie erwähnt, bei Gegenüberstellung der Istkosten und der Plankosten so viele Kostengrößen ergeben, dass es schwer ist, für alle treffende Bezeichnungen zu finden. Genau genommen handelt es sich bei den Istkosten der Plankostenrechnung um die Istverbrauchs-, Planpreis- und Istbeschäftigungskosten.

2) Diese am Ende der Periode errechneten Istkosten der Plankostenrechnung (von 2.000 €) werden den am Ende der Periode festgestellten Istkosten der Istkostenrechnung (von 2.500 €) gegenübergestellt. Die sich ergebende Abweichung (von 500 €) wird Preisabweichung genannt. Sie kann entweder positiv (wie hier) oder negativ sein. Verständlicher wäre im vorliegenden Fall die Bezeichnung "Überschreitung der Plankosten wegen höherer Preise" oder kurz "Preisüberschreitung der Plankosten" und im umgekehrten Fall die Bezeichnung "Unterschreitung der Plankosten wegen niedrigerer Preise" oder kurz "Preisunterschreitung der Plankosten".

3) Für eine positive Preisabweichung bzw. für die Überschreitung der Plankosten wegen höherer Preise wird eine Fertigungshauptkostenstelle in der Regel nicht zur Verantwortung gezogen. Ausnahmsweise könnte dies allenfalls dann geschehen, wenn z. B. aufgrund mangelnder Vorausdisposition der Fertigungshauptkostenstelle der Rohstoff zu einem gegenüber dem normalen Preis erhöhten Preis nachbestellt werden musste. Sonst wäre eine Preisabweichung allenfalls von einer Einkaufskostenstelle zu vertreten.

4) Neben dem gezeigten üblichen Weg zur Ermittlung einer Preisabweichung gibt es weitere Wege. Statt wie hier die Istkosten der Istkostenrechnung zu verändern und dem Planpreis anzupassen, könnte man ebenso gut umgekehrt verfahren und die Plankosten der Plankostenrechnung dem Istpreis anpassen. In der Literatur wird dann von der preisorientierten Variante der kumulativen Methode gesprochen.[1]

Dabei wäre der Planverbrauch des Rohstoffs R (hier von 720 kg) mit dem Istpreis (hier von 2,50 €/kg) zu multiplizieren, was die Planverbrauchs-Istpreiskosten ergibt (hier 1.800 €). Diesen wären die Plankosten der Plankostenrechnung (hier 1.440 €) gegenüberzustellen.

Damit erhielte man eine positive Preisabweichung von 360 €, also eine niedrigere Preisabweichung als beim üblichen Vorgehen. Welche ist nun die richtige Preisabweichung? Auf diese Frage soll erst später eingegangen werden. Wir wollen den üblichen Weg weiter verfolgen.

---

[1] Vgl. Betz, Stefan: Operatives Erfolgscontrolling, S. 146.

3.1.2.3. Ermittlung der Beschäftigungsabweichung

1) Am Ende der Periode muss festgestellt werden, wie viele Mengeneinheiten des Produkts X von der jeweiligen Kostenstelle tatsächlich hergestellt wurden. Diese Menge wird als Istproduktionsmenge bezeichnet und ist unter einfachen Umständen der Istbeschäftigung gleichzusetzen. Sie beträgt hier 200 ME.

2) Divergieren die Istbeschäftigung und die Planbeschäftigung (wie hier), ist die darauf zurückzuführende Abweichung der Istkosten von den Plankosten zu errechnen, die Beschäftigungsabweichung. Dazu werden die spezifischen Plankosten (von 8 €) mit der Istbeschäftigung (von 200 ME) multipliziert. Die sich ergebenden Kosten (hier 1.600 €) werden Plankosten der Istbeschäftigung oder Sollkosten genannt.

Der Begriff der Sollkosten wird also in einem recht engen Sinne verwendet, nicht etwa an Stelle desjenigen der Plankosten schlechthin, wofür er gut geeignet wäre. Die Bezeichnung "Plankosten der Istbeschäftigung" ist widersprüchlich. Es handelt sich eben um eine aus Planelementen und Istelementen gemischte Kostengröße. Genauer wäre es, von Planverbrauchs-, Planpreis- und Istbeschäftigungskosten zu sprechen.

3) Diesen am Ende der Periode errechneten Plankosten der Istbeschäftigung (von 1.600 €) werden die zu Beginn der Periode vorgegebenen Plankosten (von 1.440 €) gegenübergestellt. Die zuletzt genannten Plankosten sind auf der Grundlage der Planbeschäftigung errechnet worden und werden daher auch als Plankosten der Planbeschäftigung bezeichnet.

Sind die Plankosten der Istbeschäftigung höher, lässt sich von einer positiven Beschäftigungsabweichung sprechen (hier + 160 €), im umgekehrten Fall von einer negativen Beschäftigungsabweichung. Der Begriff der Beschäftigungsabweichung wird allerdings bedauerlicherweise überwiegend in einem anderen Sinne verwendet, wie wir noch sehen werden (vgl. Abschnitt IV.3.3.2.3.).

Aussagekräftiger wäre im vorliegenden Fall die Bezeichnung "Überschreitung der Plankosten wegen höherer Beschäftigung" oder kurz "Beschäftigungsüberschreitung der Plankosten" und im umgekehrten Fall diejenige der "Unterschreitung der Plankosten wegen niedrigerer Beschäftigung" oder kurz "Beschäftigungsunterschreitung der Plankosten".

4) Bei einer positiven Beschäftigungsabweichung, d. h. bei einer Überschreitung der Plankosten wegen höherer Beschäftigung, besteht kein Grund zur Unzufriedenheit. Die höheren Kosten werden wegen der höheren Beschäftigung in Kauf genommen.

5) Anderes gilt bei einer negativen Beschäftigungsabweichung, d. h. bei einer Unterschreitung der Plankosten wegen niedrigerer Beschäftigung. Allerdings bezieht sich hier die Unzufriedenheit nicht auf die Höhe der Kosten, sondern auf das Niveau der Beschäftigung.

Die Gründe dafür, dass die Istbeschäftigung niedriger als die Planbeschäftigung ist, können recht verschiedenartiger Natur sein: unrealistische, zu optimistische Prognosen; rückläufige Nachfrage; zunehmender Konkurrenzdruck; zu hohe Ausfallzeiten bei der Produktion. Unter Umständen liegt ein Fehlverhalten der jeweiligen Kostenstelle vor, für das sie die Verantwortung übernehmen müsste.

6) Neben dem üblichen Weg zur Ermittlung der Beschäftigungsabweichung könnte auch der umgekehrte Weg eingeschlagen werden. Statt wie hier die Plankosten zu verändern und der Istbeschäftigung anzupassen, wären dann die Istkosten zu verändern und der Planbeschäftigung anzupassen.

Dazu müssen zunächst die spezifischen Istkosten ermittelt werden. Man dividiert den Istverbrauch (von 1.000 kg) durch die Istbeschäftigung (von 200 ME) und erhält den spezifischen Istverbrauch (von 5 kg). Dieser wird mit dem Istpreis (von 2,50 €/kg) multipliziert, was die spezifischen Istkosten (von 12,50 €) ergibt.

Diese sind anschließend mit der Planbeschäftigung zu multiplizieren, was die Istverbrauchs-, Istpreis- und Planbeschäftigungskosten (von 2.250 €) ergibt. Sie sind den Istverbrauchs-, Istpreis- und Istbeschäftigungskosten (von 2.500 €) gegenüberzustellen. Damit erhält man eine positive Beschäftigungsabweichung von 250 €, also einen höheren Betrag als beim üblichen Vorgehen.

3.1.2.4. Ermittlung der Verbrauchsabweichung

1) Zur Ermittlung der Verbrauchsabweichung stellt man die im Zusammenhang mit der Beschäftigungsabweichung errechneten Plankosten der Istbeschäftigung oder die sog. Sollkosten (von 1.600 €) den im Zusammenhang mit der Preisabweichung errechneten Istkosten der Plankostenrechnung (von 2.000 €) gegenüber.

2) Sind die Istkosten höher, wird von einer positiven Verbrauchsabweichung gesprochen (hier 400 €) und im umgekehrten Fall, der meist vernachlässigt wird, von einer negativen Verbrauchsabweichung. Aussagekräftiger wäre die Bezeichnung "Überschreitung der Plankosten wegen höheren Verbrauchs" oder kurz "Verbrauchsüberschreitung der Plankosten" und im umgekehrten Fall "Unterschreitung der Plankosten wegen niedrigeren Verbrauchs" oder kurz "Verbrauchsunterschreitung der Plankosten".

3) Eine positive Verbrauchsabweichung, ein Überschreiten der Plankosten wegen höheren Verbrauchs, ist grundsätzlich negativ zu beurteilen.

Bevor jedoch die jeweilige Kostenstelle dafür verantwortlich gemacht wird, ist zu prüfen, ob die Verbrauchsabweichung wegen besonderer Umstände zustande gekommen ist, z. B. wegen einer Änderung des herzustellenden Produkts, wegen einer Änderung des einzusetzenden Rohstoffs, wegen Änderungen bei den anderen Produktionsfaktoren, wegen Änderungen des Produktionsprozesses. Die darauf zurückzuführenden Abweichungen der Istkosten von den Plankosten müssen durch Sonderuntersuchungen ermittelt werden. Nur eine verbleibende Abweichung (üblicherweise Verbrauchsabweichung im engen Sinne, echte Verbrauchs-

IV. Die abteilungsbezogene Kostenrechnung 237

abweichung oder Restabweichung genannt) ist von der jeweiligen Kostenstelle zu vertreten.[1]

In der Literatur wird deshalb vorgeschlagen, sog. Spezialabweichungen zu ermitteln, wie die Losgrößen- bzw. Rüstkostenabweichung, die Bedienungsrelationsabweichung, die Leistungs- bzw. Ausbeutegradabweichung, die Verfahrensabweichung und die Intensitätsabweichung.[2]

4) Eine negative Verbrauchsabweichung, d. h. ein Unterschreiten der Plankosten wegen niedrigeren Verbrauchs, ist grundsätzlich positiv zu beurteilen. Allerdings muss auch in diesem Fall geprüft werden, ob sie wegen besonderer Umstände zustande gekommen ist, ohne dass ein Verdienst der jeweiligen Kostenstelle vorliegt.

5) Entsprechendes gilt, wenn sich keine Verbrauchsabweichung ergibt.

6) Das erläuterte Vorgehen bei Vorgabe und Kontrolle von Fertigungsmaterialkosten oder Rohstoffkosten sei noch anhand eines Schemas sowie einer Grafik veranschaulicht (vgl. Abbildungen 93 und 94).

Speziell zu den Abweichungen vgl. das Schema in Abbildung 95.

3.1.2.5. Ermittlung reiner und gemischter Abweichungen

1) Wie schon bei Ermittlung der Preisabweichung und der Beschäftigungsabweichung gezeigt, sind neben dem üblichen Weg zur Errechnung dieser Abweichungen noch andere Wege denkbar. Entsprechendes gilt für die Verbrauchsabweichung. Je nach eingeschlagenem Weg ergeben sich unterschiedliche Beträge für die genannten Abweichungen. Die Höhe der einzelnen Abweichungen ist also von der Reihenfolge ihrer Ermittlung abhängig.

2) Wie ist die übliche Reihenfolge zu beurteilen?

In der ersten Phase ermittelt man die Preisabweichung und stellt dazu die Istkosten der Istkostenrechnung sowie die Istkosten der Plankostenrechnung einander gegenüber.

In der zweiten Phase fährt man jedoch nicht mit den Istkosten der Plankostenrechnung fort, sondern beginnt sozusagen erneut und stellt zur Ermittlung der Beschäftigungsabweichung die Plankosten der Istbeschäftigung sowie die Plankosten der Planbeschäftigung einander gegenüber.

---

[1] Vgl. Kilger, Wolfgang/ Pampel, Jochen/ Vikas, Kurt: Flexible Plankostenrechnung und Deckungsbeitragsrechnung, S. 188 ff.;

[2] Vgl. Haberstock, Lothar: Kostenrechnung II, S. 264 ff.; Kilger, Wolfgang/ Pampel, Jochen/ Vikas, Kurt: Flexible Plankostenrechnung und Deckungsbeitragsrechnung, S. 432 ff.; Seicht, Gerhard: Moderne Kosten- und Leistungsrechnung, S. 458 ff.

Abbildung 93:
Vorgabe und Kontrolle einer Einzelkostenart nach der üblichen kumulativen Vorgehensweise

Plandaten: $v_p = 4$ kg/ME $\quad p_p = 2{,}00$ €/kg $\quad B_p = 180$ ME
Istdaten: $\quad v_i = 5$ kg/ME $\quad p_i = 2{,}50$ €/kg $\quad B_i = 200$ ME

übliche Bezeichnung: Istkosten (oder Istkosten der Istkostenrechnung oder Istkosten der Istbeschäftigung)		übliche Bezeichnung: Plankosten (oder Plankosten der Planbeschäftigung)		
$v_i * p_i * B_i$		$v_p * p_p * B_p$		
$5 * 2{,}50 * 200 = 2.500$	./.	$4 * 2{,}00 * 180 = 1.440$	= Gesamtabweichung	+ 1.060 €
genauere Bezeichnung: Istverbrauchs-, Istpreis- und Istbeschäftigungskosten		genauere Bezeichnung: Planverbrauchs-, Planpreis- und Planbeschäftigungskosten		
übliche Bezeichnung: Istkosten (oder Istkosten der Istkostenrechnung oder Istkosten der Istbeschäftigung)	./.	übliche Bezeichnung: Istkosten der Plankostenrechnung	= Preisabweichung	
$v_i * p_i * B_i$		$v_i * p_p * B_i$		
$5 * 2{,}50 * 200 = 2.500$		$5 * 2{,}00 * 200 = 2.000$		+ 500 €
genauere Bezeichnung: Istverbrauchs-, Istpreis- und Istbeschäftigungskosten		genauere Bezeichnung: Istverbrauchs-, Planpreis- und Istbeschäftigungskosten		
übliche Bezeichnung: Plankosten der Istbeschäftigung (Sollkosten)	./.	übliche Bezeichnung: Plankosten (oder Plankosten der Planbeschäftigung)	= Beschäftigungsabweichung	
$v_p * p_p * B_i$		$v_p * p_p * B_p$		
$4 * 2{,}00 * 200 = 1.600$		$4 * 2{,}00 * 180 = 1.440$		+ 160 €
genauere Bezeichnung: Planverbrauchs-, Planpreis- und Istbeschäftigungskosten		genauere Bezeichnung: Planverbrauchs-, Planpreis- und Planbeschäftigungskosten		
übliche Bezeichnung: Istkosten der Plankostenrechnung	./.	übliche Bezeichnung: Plankosten der Istbeschäftigung (Sollkosten)	= Verbrauchsabweichung	
$v_i * p_p * B_i$		$v_p * p_p * B_i$		
$5 * 2{,}00 * 200 = 2.000$		$4 * 2{,}00 * 200 = 1.600$		+ 400 €
genauere Bezeichnung: Istverbrauchs-, Planpreis- und Istbeschäftigungskosten		genauere Bezeichnung: Planverbrauchs-, Planpreis- und Istbeschäftigungskosten		

IV. Die abteilungsbezogene Kostenrechnung 239

Legende:
v_i = Ist-Verbrauch $\quad$ v_p = Plan-Verbrauch
p_i = Istpreis $\quad$ p_p = Plan-Preis
B_i = Ist-Beschäftigung $\quad$ B_p = Plan-Beschäftigung

Abbildung 94:
Grafische Darstellung der Abweichungen
nach der üblichen kumulativen Vorgehensweise

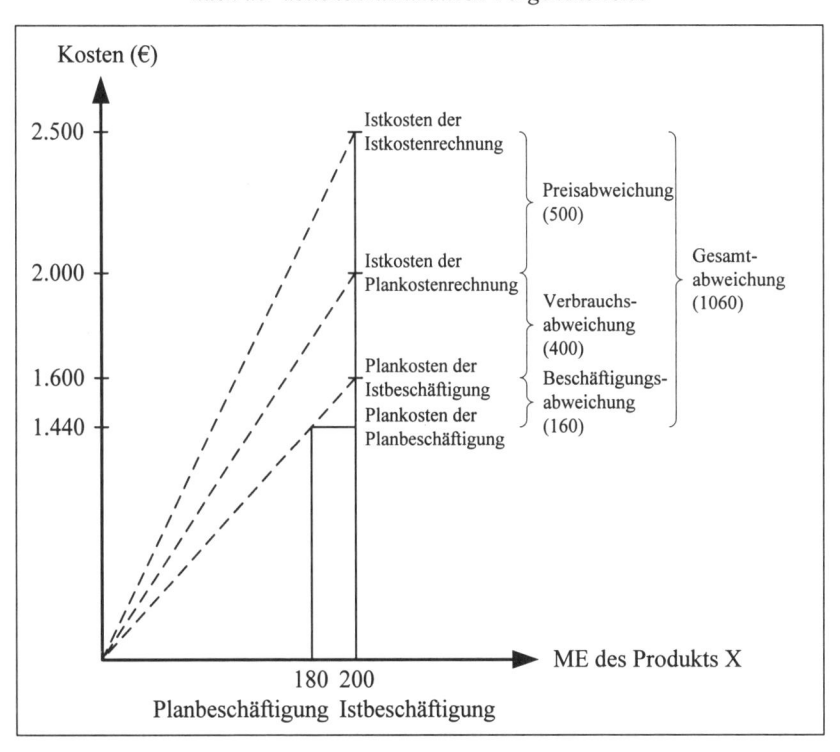

Kosten (€)

2.500 — Istkosten der Istkostenrechnung

Preisabweichung (500)

2.000 — Istkosten der Plankostenrechnung

Gesamtabweichung (1060)

Verbrauchsabweichung (400)

1.600 — Plankosten der Istbeschäftigung

1.440 — Plankosten der Planbeschäftigung

Beschäftigungsabweichung (160)

180 $\quad$ 200 $\qquad$ ME des Produkts X
Planbeschäftigung Istbeschäftigung

In der dritten Phase bleibt allerdings keine andere Möglichkeit, als mit den unmittelbar vorher errechneten Plankosten der Istbeschäftigung weiterzurechnen und sie zur Ermittlung der Verbrauchsabweichung den in der ersten Phase errechneten Istkosten der Plankostenrechnung gegenüberzustellen.

Insgesamt ist diese Vorgehensweise also sprunghaft.

3) Welches sind die Alternativen zur üblichen Reihenfolge?

240 Hauptteil

Abbildung 95:
Arten von Abweichungen

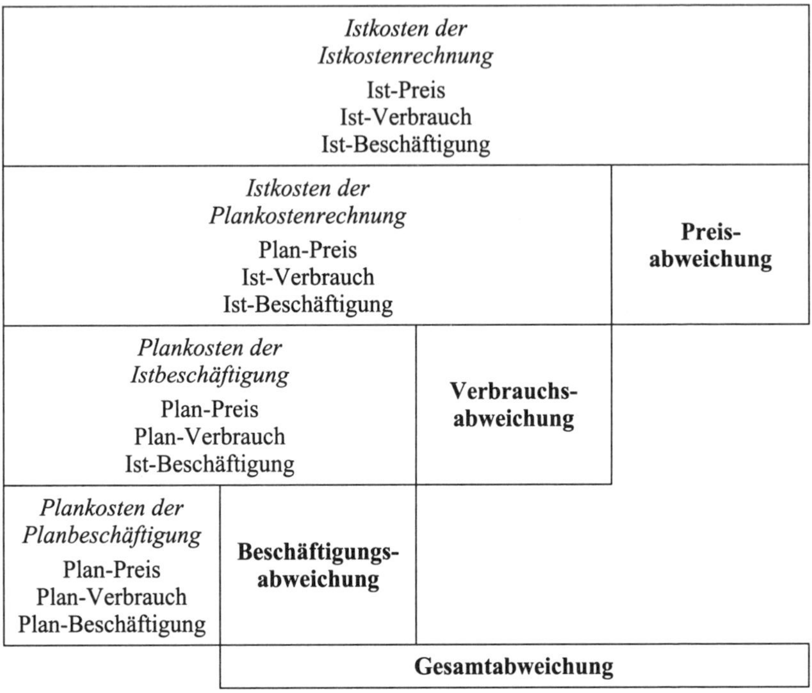

Istkosten der Istkostenrechnung Ist-Preis Ist-Verbrauch Ist-Beschäftigung		
Istkosten der Plankostenrechnung Plan-Preis Ist-Verbrauch Ist-Beschäftigung		**Preis- abweichung**
Plankosten der Istbeschäftigung Plan-Preis Plan-Verbrauch Ist-Beschäftigung	**Verbrauchs- abweichung**	
Plankosten der Planbeschäftigung Plan-Preis Plan-Verbrauch Plan-Beschäftigung	**Beschäftigungs- abweichung**	
Gesamtabweichung		

Quelle: In Anlehnung an Dellmann, Klaus: Kosten- und Leistungsrechnungen, S. 664

Man könnte z. B. die Plankosten sukzessive an die Istkosten anpassen und dabei genauso vorgehen wie bei Ermittlung der Plankosten, was bedeuten würde: erstens Errechnung der Verbrauchsabweichung, zweitens Errechnung der Preisabweichung, drittens Errechnung der Beschäftigungsabweichung.

Man könnte auch umgekehrt die Istkosten sukzessive den Plankosten anpassen und dabei umgekehrt wie bei Ermittlung der Plankosten vorgehen, was bedeuten würde: erstens Errechnung der Beschäftigungsabweichung, zweitens Errechnung der Preisabweichung, drittens Errechnung der Verbrauchsabweichung.

Aber keine dieser Reihenfolge lässt sich zwingend begründen.

4) Es bestehen sogar noch weitere Möglichkeiten. So sind zur Ermittlung der drei Teilabweichungen bei Anpassung der Plankosten an die Istkosten insgesamt sechs Reihenfolgen denkbar (vgl. Abbildung 96) sowie bei Anpassung der Istkosten an die Plankosten ebenfalls insgesamt sechs Reihenfolgen (vgl. Abbildung 97). Sie führen jeweils zu unterschiedlichen Ergebnissen. Welches Ergebnis, welche Reihenfolge ist nun richtig?

IV. Die abteilungsbezogene Kostenrechnung

Abbildung 96:
Ermittlung der Teilabweichungen nach unterschiedlichen Reihenfolgen
bei Anpassung der Plankosten an die Istkosten

1) $v_p * p_p * B_p$ — $v_p * p_i * B_p$ — $v_p * p_i * B_i$ — $v_i * p_i * B_i$
$4 * 2{,}00 * 180$ $4 * 2{,}50 * 180$ $4 * 2{,}50 * 200$ $5 * 2{,}50 * 200$
$= 1.440\ €$ $= 1.800\ €$ $2.000\ €$ $2.500\ €$

    Preis-   Beschäftigungs-   Verbrauchs-
    abweichung   abweichung   abweichung
    $= -360\ €$ $= -200\ €$ $= -500\ €$

2) $v_p * p_p * B_p$ — $v_p * p_i * B_p$ — $v_i * p_i * B_p$ — $v_i * p_i * B_i$
$4 * 2{,}00 * 180$ $4 * 2{,}50 * 180$ $5 * 2{,}50 * 180$ $5 * 2{,}50 * 200$
$= 1.440\ €$ $= 1.800\ €$ $2.250\ €$ $2.500\ €$

    Preis-   Verbrauchs-   Beschäftigungs-
    abweichung   abweichung   abweichung
    $= -360\ €$ $= -450\ €$ $= -250\ €$

3) $v_p * p_p * B_p$ — $v_p * p_p * B_i$ — $v_p * p_i * B_i$ — $v_i * p_i * B_i$
$4 * 2{,}00 * 180$ $4 * 2{,}00 * 200$ $4 * 2{,}50 * 200$ $5 * 2{,}50 * 200$
$= 1.440\ €$ $= 1.600\ €$ $2.000\ €$ $2.500\ €$

    Beschäftigungs-   Preis-   Verbrauchs-
    abweichung   abweichung   abweichung
    $= -160\ €$ $= -400\ €$ $= -500\ €$

4) $v_p * p_p * B_p$ — $v_p * p_p * B_i$ — $v_i * p_p * B_i$ — $v_i * p_i * B_i$
$4 * 2{,}00 * 180$ $4 * 2{,}00 * 200$ $5 * 2{,}00 * 200$ $5 * 2{,}50 * 200$
$= 1.440\ €$ $= 1.600\ €$ $2.000\ €$ $2.500\ €$

    Beschäftigungs-   Verbrauchs-   Preis-
    abweichung   abweichung   abweichung
    $= -160\ €$ $= -400\ €$ $= -500\ €$

5) $v_p * p_p * B_p$ — $v_i * p_p * B_p$ — $v_i * p_i * B_p$ — $v_i * p_i * B_i$
$4 * 2{,}00 * 180$ $5 * 2{,}00 * 180$ $5 * 2{,}50 * 180$ $5 * 2{,}50 * 200$
$= 1.440\ €$ $= 1.800\ €$ $2.250\ €$ $2.500\ €$

    Verbrauchs-   Preis-   Beschäftigungs-
    abweichung   abweichung   abweichung
    $= -360\ €$ $= -450\ €$ $= -250\ €$

6) $v_p * p_p * B_p$ — $v_i * p_p * B_p$ — $v_i * p_p * B_i$ — $v_i * p_i * B_i$
$4 * 2{,}00 * 180$ $5 * 2{,}00 * 180$ $5 * 2{,}00 * 200$ $5 * 2{,}50 * 200$
$= 1.440\ €$ $= 1.800\ €$ $2.000\ €$ $2.500\ €$

    Verbrauchs-   Beschäftigungs-   Preis-
    abweichung   abweichung   abweichung
    $= -360\ €$ $= -200\ €$ $= -500\ €$

Abbildung 97:
Ermittlung der Teilabweichungen nach unterschiedlichen Reihenfolgen bei Anpassung der Istkosten an die Plankosten

1) $v_i * p_i * B_i$ — $v_i * p_p * B_i$ — $v_i * p_p * B_p$ — $v_p * p_p * B_p$
   5 * 2,50 * 200   5 * 2,00 * 200   5 * 2,00 * 180   4 * 2,00 * 180
   2.500 €   = 2.000 €   1.800 €   = 1.440 €
   Preis-   Beschäftigungs-   Verbrauchsabweichung   abweichung   abweichung
   = + 500 €   = + 200 €   = + 360 €

2) $v_i * p_i * B_i$ — $v_i * p_p * B_i$ — $v_p * p_p * B_i$ — $v_p * p_p * B_p$
   5 * 2,50 * 200   5 * 2,00 * 200   4 * 2,00 * 200   4 * 2,00 * 180
   2.500 €   = 2.000 €   1.600 €   = 1.440 €
   Preis-   Verbrauchs-   Beschäftigungsabweichung   abweichung   abweichung
   = + 500 €   = + 400 €   = + 160 €

3) $v_i * p_i * B_i$ — $v_i * p_i * B_p$ — $v_i * p_p * B_p$ — $v_p * p_p * B_p$
   5 * 2,50 * 200   5 * 2,50 * 180   5 * 2,00 * 180   4 * 2,00 * 180
   2.500 €   = 2.250 €   1.800 €   = 1.440 €
   Beschäftigungs-   Preis-   Verbrauchsabweichung   abweichung   abweichung
   = + 250 €   = + 450 €   = + 360 €

4) $v_i * p_i * B_i$ — $v_i * p_i * B_p$ — $v_p * p_i * B_p$ — $v_p * p_p * B_p$
   5 * 2,50 * 200   5 * 2,50 * 180   4 * 2,50 * 180   4 * 2,00 * 180
   2.500 €   = 2.250 €   1.800 €   = 1.440 €
   Beschäftigungs-   Verbrauchs-   Preisabweichung   abweichung   abweichung
   = + 250 €   = + 450 €   = + 360 €

5) $v_i * p_i * B_i$ — $v_p * p_i * B_i$ — $v_p * p_p * B_i$ — $v_p * p_p * B_p$
   5 * 2,50 * 200   4 * 2,50 * 200   4 * 2,00 * 200   4 * 2,00 * 180
   2.500 €   = 2.000 €   1.600 €   = 1.440 €
   Verbrauchs-   Preis-   Beschäftigungsabweichung   abweichung   abweichung
   = + 500 €   = + 400 €   = + 160 €

6) $v_i * p_i * B_i$ — $v_p * p_i * B_i$ — $v_p * p_i * B_p$ — $v_p * p_p * B_p$
   5 * 2,50 * 200   4 * 2,50 * 200   4 * 2,50 * 180   4 * 2,00 * 180
   2.500 €   = 2.000 €   1.800 €   = 1.440 €
   Verbrauchs-   Beschäftigungs-   Preisabweichung   abweichung   abweichung
   = + 500 €   = + 200 €   = + 360 €

IV. Die abteilungsbezogene Kostenrechnung

Man könnte pragmatisch verfahren und diejenige Reihenfolge bevorzugen, welche zur niedrigsten Verbrauchsabweichung führt, damit die jeweilige Kostenstelle keinesfalls für eine zu hohe Abweichung verantwortlich gemacht wird. Dies ist in der Abbildung 96 entweder die Reihenfolge 5 oder die Reihenfolge 6, in Abbildung 97 die Reihenfolge 1 oder 3. Beide führen zu einer Verbrauchsabweichung von 360 €, während sich bei der üblichen Reihenfolge ein Betrag von 400 € ergibt.

5) Die Tatsache, dass jede der sechs denkbaren Reihenfolgen zur Ermittlung der drei Teilabweichungen zu unterschiedlichen Beträgen führt, ist auf das Phänomen der Interdependenz der Abweichungen[1] zurückzuführen.

Wenn z. B. der spezifische Istverbrauch und der spezifische Planverbrauch divergieren, ebenso wie der Istpreis und der Planpreis, ergibt sich insgesamt eine Abweichung, die zurückzuführen ist: zum Teil auf den divergierenden Verbrauch, zum Teil auf den divergierenden Preis und zum Teil sowohl auf den divergierenden Verbrauch als auch auf den divergierenden Preis. Oder anders ausgedrückt, die sich ergebende Gesamtabweichung setzt sich zusammen aus einer reinen Verbrauchsabweichung, einer reinen Preisabweichung sowie einer gemischten Verbrauchs- und Preisabweichung.

Wenn nicht nur der Istverbrauch und der Planverbrauch sowie der Istpreis und der Planpreis divergieren, sondern auch noch die Istbeschäftigung und die Planbeschäftigung, ergibt sich eine Gesamtabweichung bestehend aus folgenden Teilabweichungen:

a) reine Preisabweichung,

b) reine Beschäftigungsabweichung,

c) reine Verbrauchsabweichung,

d) gemischte Preis- und Beschäftigungsabweichung,

e) gemischte Preis- und Verbrauchsabweichung,

f) gemischte Beschäftigungs- und Verbrauchsabweichung,

g) gemischte Preis-, Beschäftigungs- und Verbrauchsabweichung.

6) Das bedeutet, dass bei Ermittlung der Teilabweichungen nach reinen und gemischten Abweichungen unterschieden werden müsste (differenzierte Methode; vgl. Abbildung 98). In der Literatur werden die reinen Abweichungen auch als Abweichungen erster Ordnung bezeichnet, die gemischte Preis- und Beschäftigungsabweichung, die gemischte Preis- und Verbrauchsabweichung sowie die gemischte Beschäftigungs- und Verbrauchsabweichung als Abweichungen zweiter Ordnung und die gemischte Preis-, Beschäftigungs- und Verbrauchsabweichung als Abweichung dritter Ordnung.[2]

---

[1] Vgl. Kilger, Wolfgang/ Pampel, Jochen/ Vikas, Kurt: Flexible Plankostenrechnung und Deckungsbeitragsrechnung, S. 135 ff.

[2] Vgl. Betz, Stefan: Operatives Erfolgscontrolling, S. 131.

Abbildung 98:
Errechnung von Abweichungen bei einer Einzelkostenart bei differenzierter Vorgehensweise

1) Reine Preisabweichung:
Preisdifferenz * Planverbrauch * Planbeschäftigung
0,50 €/kg   *   4 kg/ME   *   180 ME   =   + 360 €

2) Reine Beschäftigungsabweichung:
Beschäftigungsdifferenz * Planverbrauch * Planpreis
20 ME   *   4 kg/ME   *   2,00 €/ME   =   + 160 €

3) Reine Verbrauchsabweichung:
Verbrauchsdifferenz * Planpreis * Planbeschäftigung
1 kg/ME   *   2,00 €/ME   *   180 ME   =   + 360 €

4) Gemischte Preis- und Beschäftigungsabweichung:
Preisdifferenz * Beschäftigungsdifferenz * Planverbrauch
0,50 €/kg   *   20 ME   *   4 kg/ME   =   + 40 €

5) Gemischte Preis- und Verbrauchsabweichung:
Preisdifferenz * Verbrauchsdifferenz * Planbeschäftigung
0,50 €/kg   *   1 kg/ME   *   180 ME   =   + 90 €

6) Gemischte Beschäftigungs- und Verbrauchsabweichung:
Beschäftigungsdifferenz * Verbrauchsdifferenz * Planpreis
20 ME   *   1 kg/ME   *   2,00 €/ME   =   + 40 €

7) Gemischte Preis-, Beschäftigungs- und Verbrauchsabweichung:
Preisdifferenz * Beschäftigungsdifferenz * Verbrauchsdifferenz
0,50 €/kg   *   20 ME   *   1 kg/ME   =   + 10 €

8) Gesamtabweichung   + 1.060 €

Im gewählten Beispielsfall ergibt sich als reine Preisabweichung ein Betrag von 360 €. Demgegenüber beläuft sich die Preisabweichung im üblichen Sinne auf 500 €. Sie stellt eine gemischte Abweichung dar, die sich zusammensetzt aus der reinen Preisabweichung von 360 €, der gemischten Preis- und Verbrauchsabweichung von 90 €, der gemischten Preis- und Beschäftigungsabweichung von 40 € sowie der gemischten Preis-, Verbrauchs- und Beschäftigungsabweichung von 10 € (vgl. Abbildung 99).

Die reine Beschäftigungsabweichung ergibt sich mit 160 €, also in der gleichen Höhe wie die Beschäftigungsabweichung im üblichen Sinne. Allein hier stimmt die reine Abweichung mit der üblichen Abweichung überein (vgl. Abbildung 99).

IV. Die abteilungsbezogene Kostenrechnung   245

Die reine Verbrauchsabweichung ergibt sich mit 360 €. Demgegenüber beläuft sich die Verbrauchsabweichung im üblichen Sinne auf 400 €. Sie stellt eine gemischte Abweichung dar, die sich zusammensetzt aus der reinen Verbrauchsabweichung von 360 € sowie aus der gemischten Verbrauchs- und Beschäftigungsabweichung von 40 €. Die Verbrauchsabweichung im üblichen Sinne wird also zu weit gefasst. Die jeweilige Kostenstelle sollte nicht für einen Betrag von 400 €, sondern nur für einen solchen von 360 € verantwortlich gemacht werden (vgl. Abbildung 99).

Zum gleichen Betrag der reinen Verbrauchsabweichung gelangt man übrigens, wenn man bei Ermittlung der Teilabweichungen entweder die Reihenfolge 1 oder die Reihenfolge 3 aus Abbildung 97 einschlägt, denen wir gegenüber den anderen Reihenfolgen weiter vorn aus pragmatischen Gründen den Vorzug gegeben haben.

Abbildung 99:
Vergleich der Höhe der Abweichungen bei üblicher kumulativer Vorgehensweise und differenzierter Vorgehensweise

übliche kumulative Vorgehensweise		differenzierte Vorgehensweise	
Beschäftigungsabweichung	+ 160 €	reine Beschäftigungsabweichung	+ 160 €
Verbrauchsabweichung	+ 400 €	reine Verbrauchsabweichung	+ 360 €
		gemischte Beschäftigungs- und Verbrauchsabweichung	+ 40 €
Preisabweichung	+ 500 €	reine Preisabweichung	+ 360 €
		gemischte Preis- und Beschäftigungsabweichung	+ 40 €
		gemischte Preis- und Verbrauchsabweichung	+ 90 €
		gemischte Preis-, Beschäftigungs- und Verbrauchsabweichung	+ 10 €
Gesamtabweichung	+ 1.060 €	Gesamtabweichung	+ 1.060 €

3.2. Vorgabe und Kontrolle von Fertigungseinzelkosten (Fertigungslohnkosten)

1) Wenn Fertigungseinzelkosten, d. h. Fertigungslohnkosten, einer Fertigungshauptkostenstelle vorgegeben werden sollen, muss zu Beginn der Periode zunächst die Zeit festgelegt werden, die eine Arbeitskraft für eine Mengeneinheit des Produkts X bei Normalleistung, d. h. bei normaler Arbeitsgeschwindigkeit, benötigt (= Planzeit, Standardzeit, Normzeit, spezifische Arbeitszeit). Dabei kann man sich entweder analytischer Verfahren (z. B. REFA-Verfahren) oder synthetischer Verfahren (z. B. Methods Time Measurement) bedienen.[1]

Zur Festlegung ist auszugehen von der reinen Arbeitszeit am Werkstück (sog. Grundzeit). Zusätzlich sind anteilig zu berücksichtigen: Rüstzeiten, Reinigungs- und Instandhaltungszeiten sowie u. U. Wege- und Transportzeiten (sog. Verteilzeiten). Wird die betreffende Arbeitskraft im Akkord entlohnt, dann ist die Festlegung dieser Zeit schon für Zwecke der Entlohnung erforderlich.[2]

Es handelt sich hierbei um Überlegungen, wie sie im Rahmen einer Minimalkostenkombination anzustellen sind. Das Ergebnis ist in Lohnscheinen festzuhalten.

Wird die betrachtete Arbeitskraft nicht nur für das Produkt X, sondern auch für andere Produkte eingesetzt, ist in Bezug auf diese ebenso zu verfahren. Werden für das Produkt X auch noch andere Arbeitskräfte eingesetzt, gilt für diese das Gleiche.

2) Neben der Planzeit muss sodann der Lohn, der für eine Zeiteinheit der Arbeitskraft voraussichtlich bezahlt werden wird, festgelegt werden (Planlohnsatz, Verrechnungslohnsatz).

Zu seiner Festlegung ist vom voraussichtlichen Grundlohn auszugehen. Zusätzlich sind anteilig zu berücksichtigen: etwaige Zulagen und Zuschläge sowie die Lohnnebenkosten.

3) Multipliziert man die spezifische Planarbeitszeit mit dem Planlohnsatz, erhält man die spezifischen Planlohnkosten.

4) Im Übrigen ist so zu verfahren, wie schon bei der Vorgabe und Kontrolle der Materialeinzelkosten dargestellt:

a) noch zu Beginn der Periode: Festlegung der Planproduktionsmenge des Produkts, Multiplikation mit den spezifischen Planlohnkosten, Vorgabe der sich dabei ergebenden Planlohnkosten;

b) am Ende der Periode: Feststellung der Istlohnkosten, Ermittlung der Lohnsatzabweichung (Tarifabweichung), der Beschäftigungsabweichung sowie

---

[1] Vgl. Luczak, Holger: Arbeitswissenschaft, S. 656 ff.; Martin, Hans: Grundlagen der menschengerechten Arbeitsgestaltung, S. 338 ff.; Scholz, Christian: Personalmanagement, S. 316 ff.

[2] Vgl. Weber, Helmut Kurt: Industriebetriebslehre, S. 513 ff.

schließlich der Zeitabweichung, für welche die Kostenstelle verantwortlich zu machen ist.

3.3. Vorgabe und Kontrolle von Betriebsstoffkosten

1) Als eine Gemeinkostenart seien hier aus den Fertigungsgemeinkosten die Kosten für Betriebsstoffe ausgewählt. Es soll sich dabei um eine gemischte Kostenart handeln, d. h. um eine aus beschäftigungsvariablen und beschäftigungsfixen Kosten zusammengesetzte Kostenart. Bei einer rein variablen Gemeinkostenart wäre die Kostenvorgabe und -kontrolle fast genauso vorzunehmen wie bei einer Einzelkostenart. Auf rein fixe Gemeinkosten soll im folgenden Abschnitt eingegangen werden.

2) Als Kostenstelle sei die gleiche Fertigungshauptkostenstelle wie vorher unterstellt.

3.3.1. Rechnungsschritte zu Beginn der Rechnungsperiode

3.3.1.1. Festlegung eines Beschäftigungsmaßstabs

1) Anders als bei den Einzelkosten, die sich ex definitione auf eine Mengeneinheit eines bestimmten Produkts beziehen, muss bei den Gemeinkosten erst nach einer geeigneten Bezugsgröße, nach einem Maßstab der Kostenverursachung gesucht werden. Als solcher gilt generell die Beschäftigung, die aber wiederum recht unterschiedlich gemessen werden kann:

a) einerseits anhand von Einsatzgrößen wie Rohstoffverbrauch, Betriebsstoffverbrauch (der freilich im vorliegenden Fall als Maßstab ausscheidet), Maschinenstunden, Beschäftigtenstunden;

b) andererseits anhand von Ausbringungsgrößen wie Produktionsmenge, Bruttoproduktionswert, Nettoproduktionswert, Umsatz.

2) Die genannten Größen wurden bereits in einem anderen Zusammenhang beurteilt (vgl. Abschnitt III.3.2.). Diese Beurteilung soll nicht wiederholt werden. Hier werden die Maschinenstunden als Beschäftigungsmaßstab gewählt.

3.3.1.2. Festlegung des variablen spezifischen Planverbrauchs sowie des fixen Planverbrauchs

1) Ist ein geeigneter Maßstab für die Beschäftigungsabhängigkeit der betrachteten Kostenart gefunden, muss die Menge des Betriebsstoffs B ermittelt werden, die für eine Beschäftigungseinheit (hier für eine Maschinenstunde) der jeweiligen Kostenstelle bei sparsamem Wirtschaften benötigt wird. Sie soll als variable Plan-

verbrauchsmenge pro Beschäftigungseinheit oder kurz als variable spezifische Planverbrauchsmenge bezeichnet und hier mit 2,5 kg pro Maschinenstunde angenommen werden.

2) Zudem muss die Menge des Betriebsstoffs B ermittelt werden, die unabhängig von der Beschäftigung (hier unabhängig von der Maschinenlaufzeit) von der jeweiligen Kostenstelle benötigt wird. Sie soll als fixe Planverbrauchsmenge bezeichnet und hier mit 270 kg pro Periode angenommen werden.

3.3.1.3. Festlegung des Planpreises

Neben der Planmenge muss der Preis, der für eine Mengeneinheit des Betriebsstoffs B voraussichtlich zu zahlen sein wird, ermittelt werden. Dieser Planpreis sei hier mit 2 €/kg angenommen.

3.3.1.4. Errechnung der variablen spezifischen Plankosten sowie der fixen Plankosten

1) Multipliziert man die variable Planverbrauchsmenge des Betriebsstoffs B pro Beschäftigungseinheit (von 2,5 kg) mit dem Planpreis (von 2 €/kg), erhält man die variablen Plankosten für eine Beschäftigungseinheit oder die variablen spezifischen Plankosten (hier 5 €).

2) Multipliziert man den fixen Planverbrauch des Betriebsstoffs B der Periode (von 270 kg) ebenfalls mit dem Planpreis (von 2 €/kg), erhält man die fixen Plankosten der Periode (hier 540 €).

3.3.1.5. Festlegung der Planbeschäftigung

Schließlich muss festgelegt werden, welche Beschäftigung von der betrachteten Kostenstelle in der kommenden Periode voraussichtlich erreicht werden wird. Diese Planbeschäftigung sei hier mit 180 Maschinenstunden angenommen.

3.3.1.6. Errechnung der Plankosten und Vorgabe

1) Die Multiplikation der spezifischen variablen Plankosten des Betriebsstoffs B (von 5 €) mit der Planbeschäftigung (von 180 Std.) ergibt die gesamten variablen Plankosten des Betriebsstoffs (hier 900 €).

Addiert man die fixen Plankosten des Betriebsstoffs der Periode (von 540 €), erhält man die gesamten Plankosten des Betriebsstoffs (hier 1.440 €).

2) Der so ermittelte Kostenbetrag ist nun der Fertigungshauptkostenstelle für die kommende Periode vorzugeben. Er bedarf der Ergänzung um die auf gleiche

Weise ermittelten Kostenbeträge für andere Betriebsstoffe sowie um die auf ähnliche Weise ermittelten Kostenbeträge für andere Fertigungsgemeinkosten.

Statt die gesamten Plankosten vorzugeben, würde man sich bei einer Grenzplankostenrechnung auf die Vorgabe der variablen Plankosten beschränken.

3.3.2. Rechnungsschritte während und am Ende der Rechnungsperiode

3.3.2.1. Feststellung der Istkosten

1) Während der Periode hat die jeweilige Kostenstelle auf die Einhaltung des vorgegebenen Kostenbetrags zu achten.

2) Am Ende der Periode muss festgestellt werden, welche Menge des Betriebsstoffs B tatsächlich verbraucht wurde (hier 870 kg). Zieht man von dieser die fixe Verbrauchsmenge (hier 270 kg) ab, erhält man die variable Verbrauchsmenge (hier 600 kg).

3) Daneben muss festgestellt werden, welcher Preis für eine Mengeneinheit des Betriebsstoffs B tatsächlich bezahlt wurde (hier 2,50 €/kg).

4) Multipliziert man die Istverbrauchsmenge mit dem Istpreis, erhält man die Istkosten des Betriebsstoffs B (hier 2.175 €).

5) Diese Istkosten sind den Plankosten (von 1.440 €) gegenüberzustellen, was die negative oder positive Gesamtabweichung ergibt (hier + 735 €).

3.3.2.2. Ermittlung der Preisabweichung

1) Wenn der Istpreis vom Planpreis abweicht (wie hier), wird üblicherweise zur Ermittlung der darauf zurückzuführenden Kostenabweichung der Istverbrauch (hier 870 kg) mit dem Planpreis (von 2 €/kg) multipliziert.

2) Die sich ergebenden Istkosten der Plankostenrechnung (hier 1.740 €) werden den Istkosten der Istkostenrechnung (von 2.175 €) gegenübergestellt. Damit erhält man die negative oder positive Preisabweichung (hier + 435 €).

3.3.2.3. Ermittlung der Beschäftigungsabweichung

1) Wenn die Istbeschäftigung von der Planbeschäftigung abweicht (wie hier), werden üblicherweise zur Ermittlung der darauf zurückzuführenden Kostenabweichung die variablen Plankosten pro Beschäftigungseinheit (von 5 €/Std.) mit der Istbeschäftigung (hier 200 Maschinenstunden) multipliziert. Es ergeben sich die variablen Plankosten der Istbeschäftigung oder die variablen Sollkosten (hier 1.000 €).

Addiert man die fixen Plankosten (von 540 €), erhält man die gesamten Plankosten der Istbeschäftigung oder die gesamten Sollkosten (hier 1.540 €).

2) Diesen Kosten werden die Plankosten der Planbeschäftigung gegenübergestellt (von 1.440 €), was die negative oder positive Beschäftigungsabweichung ergibt (hier + 100 €).

3) Der Begriff der Beschäftigungsabweichung wird in der Literatur oftmals nicht für die Differenz zwischen den Plankosten der Istbeschäftigung und den Plankosten der Planbeschäftigung gebraucht, wie hier, sondern für die Differenz zwischen den Plankosten der Istbeschäftigung (Sollkosten) und den sog. verrechneten Plankosten.[1] Dabei werden unter den verrechneten Plankosten die Plankosten der Planbeschäftigung bezogen auf die Istbeschäftigung verstanden. In unserem Beispiel ergibt sich für die verrechneten Plankosten ein Betrag von 1.600 € (1.440 € / 180 Std * 200 Std) und damit für die „Beschäftigungsabweichung" ein Betrag von - 60 €. Die so ermittelte Beschäftigungsabweichung ist auf die Proportionalisierung der Fixkosten zurückzuführen (vgl. Abschnitt IV.3.6.). Bei dieser Interpretation der Beschäftigungsabweichung wird als Gesamtabweichung die Differenz zwischen Istkosten und verrechneten Plankosten angesehen. Sie beträgt in unserem Beispiel + 575 € (2.175 € - 1.600 €).

3.3.2.4. Ermittlung der Verbrauchsabweichung

1) Zur Ermittlung der Verbrauchsabweichung im üblichen Sinne werden die Plankosten der Istbeschäftigung oder die Sollkosten (von 1.540 €) gegenübergestellt den Istkosten der Plankostenrechnung (von 1.740 €). Damit erhält man die Verbrauchsabweichung (hier + 200 €).

2) Es handelt sich dabei um die Verbrauchsabweichung im weiten Sinne. Diese bedarf noch der Überprüfung und gegebenenfalls der Überführung in eine Verbrauchsabweichung im engen Sinne, welche die Kostenstelle zu vertreten hat.[2]

3) Das erläuterte Vorgehen sei noch anhand eines Schemas veranschaulicht (vgl. Abbildung 100).

---

[1] Vgl. Götze, Uwe: Kostenrechnung und Kostenmanagement, S. 194 ff.; Haberstock, Lothar: Kostenrechnung II, S. 367 ff.; Kilger, Wolfgang/ Pampel, Jochen/ Vikas, Kurt: Flexible Plankostenrechnung und Deckungsbeitragsrechnung, S. 53 f.

[2] Vgl. Kilger, Wolfgang/ Pampel, Jochen/ Vikas, Kurt: Flexible Plankostenrechnung und Deckungsbeitragsrechnung, S. 188 ff.

Abbildung 100:
Vorgabe und Kontrolle einer Gemeinkostenart nach der üblichen kumulativen Vorgehensweise

Plandaten: V_{fp} = 270 kg/Periode v_{vp} = 2,5 kg/Std
 p_p = 2,00 €/kg B_p = 180 Std
Istdaten: V_{fi} = 270 kg/Periode v_i = 3 kg/Std
 p_i = 2,50 €/kg B_i = 200 Std

übliche Bezeichnung: Istkosten (oder Istkosten der Istkostenrechnung oder Istkosten der Istbeschäftigung)	./.	übliche Bezeichnung: Plankosten (oder Plankosten der Planbeschäftigung)	= Gesamtabweichung
$V_{fi} * p_i + v_{vi} * p_i * B_i$ $270*2,50 + 3*2,50*200$ $= 2.175$		$V_{fp} * p_p + v_{vp} * p_p * B_p$ $270*2,00 + 2,5*2,00*180$ $= 1.440$	+ 735 €
genauere Bezeichnung: Istverbrauchs-, Istpreis- und Istbeschäftigungskosten		genauere Bezeichnung: Planverbrauchs-, Planpreis- und Planbeschäftigungskosten	
übliche Bezeichnung: Istkosten (oder Istkosten der Istkostenrechnung oder Istkosten der Istbeschäftigung)	./.	übliche Bezeichnung: Istkosten der Plankostenrechnung	= Preisabweichung
$V_{fi} * p_i + v_{vi} * p_i * B_i$ $270*2,50 + 3*2,50*200$ $= 2.175$		$V_{fi} * p_p + v_{vi} * p_p * B_i$ $270*2,00 + 3*2,00*200$ $= 1.740$	+ 435 €
genauere Bezeichnung: Istverbrauchs-, Istpreis- und Istbeschäftigungskosten		genauere Bezeichnung: Istverbrauchs-, Planpreis- und Istbeschäftigungskosten	
übliche Bezeichnung: Plankosten der Istbeschäftigung (Sollkosten)	./.	übliche Bezeichnung: Plankosten (oder Plankosten der Planbeschäftigung)	= Beschäftigungsabweichung
$V_{fp} * p_p + v_{vp} * p_p * B_i$ $270*2,00 + 2,5*2,00*200$ $= 1.540$		$V_{fp} * p_p + v_{vp} * p_p * B_p$ $270*2,00 + 2,5*2,00*180$ $= 1.440$	+ 100 €
genauere Bezeichnung: Planverbrauchs-, Planpreis- und Istbeschäftigungskosten		genauere Bezeichnung: Planverbrauchs-, Planpreis- und Planbeschäftigungskosten	

übliche Bezeichnung: Istkosten der Plankostenrechnung	./.	übliche Bezeichnung: Plankosten der Istbeschäftigung (Sollkosten)	=	Verbrauchs- abweichung
$V_{fi} * p_p + v_{vi} * p_p * B_i$ $270*2{,}00 + 3*2{,}00*200$ $= 1.740$		$V_{fp} * p_p + v_{vp} * p_p * B_i$ $270*2{,}00 + 2{,}5*2{,}00*200$ $= 1.540$		$+ 200$ €
genauere Bezeichnung: Istverbrauchs-, Planpreis- und Istbeschäftigungskosten		genauere Bezeichnung: Planverbrauchs-, Planpreis- und Istbeschäftigungskosten		

Legende:
V_{fi} = fixer Ist-Verbrauch pro Periode $\quad V_{fp}$ = fixer Plan-Verbrauch pro Periode
v_{vi} = variabler Ist-Verbrauch pro Std $\quad v_{vp}$ = variabler Plan-Verbrauch pro Std
p_i = Istpreis $\qquad\qquad\qquad\qquad\quad\; p_p$ = Plan-Preis
B_i = Ist-Beschäftigung $\qquad\qquad\quad\; B_p$ = Plan-Beschäftigung

3.3.2.5. Ermittlung reiner und gemischter Abweichungen

1) Zum dargestellten üblichen Weg der Ermittlung der Teilabweichungen bei Gemeinkosten ist kritisch das Gleiche zu sagen, was schon bei den Einzelkosten ausgeführt wurde. Er berücksichtigt nicht die Interdependenz zwischen den Abweichungen und führt nur zu gemischten Abweichungen.

2) Statt solch gemischter Abweichungen müssten getrennt voneinander reine und gemischte Abweichungen errechnet werden (vgl. Abbildung 101). Im vorliegenden Fall ergibt sich eine reine Verbrauchsabweichung von + 180 € gegenüber der üblichen gemischten Verbrauchsabweichung von + 200 €.

3.4. Vorgabe und Kontrolle von Lohn- und Gehaltskosten

1) Als eine fixe Kostenart seien hier aus den Fertigungsgemeinkosten Gehaltskosten ausgewählt.

2) Damit man zu Plankosten kommt, ist die Zahl der Beschäftigten zu schätzen, die man für die kommende Periode unabhängig vom jeweiligen Grad der Beschäftigung aus betrieblichen Gründen benötigt, sowie die Zahl der Beschäftigten, deren Arbeitsverhältnis man aus rechtlichen Gründen in der kommenden Periode nicht beenden kann. Zudem sind die Löhne und Gehälter der genannten Beschäftigten zu schätzen.

3) Nach Ablauf der Perioden sind die Istkosten zu ermitteln, die von den Plankosten in zweierlei Hinsicht abweichen können:

Abbildung 101:
Errechnung von Abweichungen bei einer Gemeinkostenart bei differenzierter Vorgehensweise

1) Reine Preisabweichung: Preisdifferenz * fixer Planverbrauch + Preisdifferenz * variabler Planverbrauch * Planbeschäftigung 0,50 €/kg * 270 kg/Periode + 0,50 €/kg *2,5 kg/Std * 180 Std	= + 360 €
2) Reine Beschäftigungsabweichung: Beschäftigungsdifferenz * variabler Planverbrauch * Planpreis 20 Std * 2,5 kg/Std * 2,00 €/kg	= + 100 €
3) Reine Verbrauchsabweichung: fixe Verbrauchsdifferenz * Planpreis + variable Verbrauchsdifferenz * Planpreis * Planbeschäftigung 0 kg/Periode * 2,00 €/kg + 0,5 kg/Std * 2,00 €/Std * 180 Std	= + 180 €
4) Gemischte Preis- und Beschäftigungsabweichung: Preisdifferenz * Beschäftigungsdifferenz * variabler Planverbrauch 0,50 €/kg * 20 Std * 2,5 kg/Std	= + 25 €
5) Gemischte Preis- und Verbrauchsabweichung: Preisdifferenz * fixe Verbrauchsdifferenz + Preisdifferenz * variable Verbrauchsdifferenz * Planbeschäftigung 0,50 €/kg * 0 kg/Periode + 0,50 €/kg * 0,5 kg/Std * 180 ME	= + 45 €
6) Gemischte Beschäftigungs- und Verbrauchsabweichung: Beschäftigungsdifferenz * variable Verbrauchsdifferenz * Planpreis 20 ME * 0,5 kg/Std * 2,00 €/Std	= + 20 €
7) Gemischte Preis-, Beschäftigungs- und Verbrauchsabweichung: Preisdifferenz * Beschäftigungsdifferenz * variable Verbrauchsdifferenz 0,50 €/kg * 20 ME * 0,5 kg/Std	= + 5 €
8) Gesamtabweichung	+ 735 €

a) Die tatsächliche Zahl der Beschäftigten war höher (etwa weil man zusätzliche Spezialisten einstellen musste) oder niedriger (etwa weil manche Beschäftigte das Arbeitsverhältnis von sich aus beendet haben).

b) Die tatsächlichen Löhne und Gehälter der jeweils Beschäftigten waren höher (weil man sich an Tariferhöhungen anpassen musste) oder niedriger (weil die Beschäftigten einer Lohnsenkung zugestimmt haben).

Im Fall a) liegt eine Mengenabweichung im üblichen Sinne vor, im Fall b) eine Preisabweichung.

4) Dabei handelt es sich um gemischte Abweichungen. Statt ihrer sollten eine reine Mengenabweichung, eine reine Preisabweichung sowie eine gemischte Mengen- und Preisabweichung errechnet werden.

3.5. Begrenzung oder Senkung der Gemeinkosten

1) Wegen der großen und zunehmenden Bedeutung der Gemeinkosten sind im Laufe der Zeit eine Reihe von Konzepten entwickelt worden, die zur Begrenzung des weiteren Anstiegs bzw. zur Senkung der Gemeinkosten führen sollen. Zum Teil sind sie im öffentlichen Bereich entstanden und von diesem auf den privaten Bereich übertragen worden.

2) Diese Konzepte überschneiden sich auf mehrfache Weise; sie lassen sich nur schwer systematisieren. Daher sollen sie hier einfach nacheinander dargestellt werden.

3) Das klassische System der Kostenkontrolle stellt dasjenige der **Kostenbudgetierung** dar.[1] Man kann auch von einer Budgetkostenrechnung sprechen. Dem Wesen nach handelt es sich um eine starre Plankostenrechnung.

Das Budgetdenken ist für den öffentlichen Haushalt typisch. Budgetiert werden vor allem Ausgaben bzw. im Sinne der hier verwendeten Terminologie Auszahlungen. Es handelt sich also um Finanzbudgets. Überträgt man die Grundsätze der Finanzbudgetierung von Witte[2] auf die Kostenbudgetierung, dann gilt folgende Kombination von Regelungen:

a) Die Gemeinkosten werden der Höhe nach festgelegt. Die festgelegte Höhe darf nicht ohne Erlaubnis übergeordneter Stellen überschritten werden (sog. quantitative Spezialität).

b) Die Gemeinkosten werden für bestimmte Zwecke festgelegt; sie dürfen nicht anderen Zwecken zugewandt werden (sog. qualitative Spezialität).

c) Die Gemeinkosten werden für einen bestimmten Zeitraum festgelegt; sie dürfen nicht auf andere Zeiträume übertragen werden (sog. zeitliche Spezialität).

d) Die Gemeinkosten werden bestimmten Stellen zugeordnet und dürfen nicht auf andere Stellen überwälzt werden (sog. organisatorische Spezialität).

---

[1] Zur Budgetierung vgl. Eisenführ, Franz: Budgetierung, Sp. 363 ff.; Busse von Colbe, Walther: Budgetierung und Planung, Sp. 176 f.

[2] Vgl. Witte, Eberhard: Finanzrechnung, insbesondere Finanzplanung, Sp. 555.

IV. Die abteilungsbezogene Kostenrechnung   255

4) Eine Variante der Kostenbudgetierung stellt das **Planning Programming Budgeting System** dar (abgekürzt PPBS, nicht zu verwechseln mit dem System zur Produktionsplanung und -steuerung, abgekürzt PPS).[1] Es wurde in den sechziger Jahren im amerikanischen Verteidigungsministerium eingeführt sowie nach und nach auf die ganze Bundesverwaltung der USA ausgedehnt. Dieses System besteht, wie schon der Name besagt, aus drei Phasen. In der Planungsphase werden die Ziele oder Aufgaben festgelegt. In der Programmierungsphase werden die Wege (Programme) zur Zielerreichung aufgezeigt, die mit Hilfe von Nutzen-Kosten-Analysen zu beurteilen sind, damit eine Auswahl getroffen werden kann. In der Budgetierungsphase werden die Kosten der zu realisierenden Programme ermittelt und festgelegt.

5) Eine weitere Variante der Kostenbudgetierung stellt das **Objectives, Strategies and Tactics-System** dar (abgekürzt OST).[2] Es wurde in den sechziger Jahren bei Texas Instruments eingeführt.

Dieses System will die langfristige strategische Planung mit der kurzfristigen taktischen Planung verbinden. Nach Festlegung der Ziele und Strategien sollen diese in taktische Operationsbudgets übersetzt werden. Dabei wird nach dem Prinzip des management by objectives vorgegangen. Vor allem Entscheidungen in innovativen Bereichen, wie Forschung, Entwicklung, sollen auf diese Weise vorbereitet, getroffen und realisiert werden.

6) Das bekannteste System zur Überprüfung der Gemeinkosten ist das **Zero Base Budgeting** (abgekürzt ZBB), übersetzt mit Null-Basis-Budgetierung (abgekürzt NBB).[3] Es kann als eine Weiterentwicklung des Objectives, Strategies and Tactics System angesehen werden und ist ebenfalls von Texas Instruments zuerst angewandt worden.

Dieses System wendet sich gegen die übliche Fortschreibung von Gemeinkostenbeträgen und stellt das Vorhandene in Frage. Die Grundidee ist, gedanklich von vorn, bei Null zu beginnen. Es wird vom bestehenden Unternehmen abstrahiert und angenommen, das Unternehmen sei erst noch zu gründen. Mit dieser Grundeinstellung wird gefragt, welche Arbeiten geleistet werden müssen und welche Kosten damit verbunden sind.

7) Eine Variante des Zero Base Budgeting stellt das **Scratch Line Budgeting** dar. Anders als beim Zero Base Budgeting wird nicht bei Null begonnen, sondern bei

---

[1] Vgl. Rürup, Bert: PPBS (Planning-Programming-Budgeting-System), Sp. 1568 ff.; Rürup, Bert/ Hansmeyer, Karl-Heinrich: Staatswirtschaftliche Planungsinstrumente, S. 58 f.; Wittmann, Walter: Das Planning-Programming-Budgeting System (PPBS), S. 169 ff.
[2] Vgl. Lück, Wolfgang: Betriebswirtschaftliche Perspektiven der Rationalisierung (Teil II), S. 1050; Lücke, Wolfgang: Scratch-Line-Budgeting, S. 265.
[3] Vgl. Hahn, Dietger/ Hungenberg, Dietger: PuK, S. 561 ff.; Lück, Wolfgang: Betriebswirtschaftliche Perspektiven der Rationalisierung (Teil II), S. 1050 ff.; Meyer-Piening, Arnulf: Zero-Base-Budgeting, S. 260 f.; Meyer-Piening, Arnulf: Zero-Base-Budgeting, Sp. 2277 ff.

256   Hauptteil

einer Normallinie. Man stellt nicht alles Vorhandene in Frage, sondern nur die
über ein bestimmtes Maß hinausgehenden Aktivitäten und Kosten.[1]

8) Ausdrücklich auf Gemeinkosten bezieht sich die **Overhead Analysis** (abgekürzt OA) oder die Overhead Value Analysis (abgekürzt OVA). Denn unter overheads (genauer: unter overhead costs) werden im angelsächsischen Sprachraum Gemeinkosten verstanden. Die Overhead Analysis lässt sich einfach mit Gemeinkostenanalyse übersetzen, die Overhead Value Analysis mit Gemeinkostenwertanalyse.[2]

Das Ziel der Overhead Analysis besteht zwar in der Senkung der Gemeinkosten, die Gemeinkosten sollen aber nicht global oder schematisch gekürzt werden, z. B. indem jeder Kostenstelle aufgetragen wird, 10 % der Gemeinkosten einzusparen. Kürzungen sollen vielmehr erst nach Analyse der Tätigkeiten und Aufgaben jeder Abteilung und jeder Stelle innerhalb einer Abteilung vorgenommen werden.

Dazu wird empfohlen, wie bei jeder Wertanalyse entsprechend der DIN-Norm 69910, in folgenden sechs Grundschritten vorzugehen:[3]

a) Vorbereitung, d. h. Auswahl des Objekts, Aufgabenstellung, Festlegung des quantifizierten Ziels;

b) Ermittlung des Istzustands, d. h. Beschaffung von Informationen, Beschreibung der Funktionen, Ermittlung der Kosten;

c) Prüfung des Istzustands, d. h. der Funktionserfüllung und der Kosten;

d) Ermittlung von Lösungen;

e) Prüfung der Lösungen im Hinblick auf ihre sachliche Durchführbarkeit und Wirtschaftlichkeit;

f) Vorschlag und Verwirklichung einer Lösung.

3.6. Fortführung der Plankostenstellenrechnung zu einer Plankostenträgerrechnung

1) Der Schwerpunkt der Plankostenrechnung liegt auf der Kostenstellenrechnung. Mit ihrer Hilfe soll der Kostenanfall in den einzelnen Abteilungen so niedrig wie möglich gehalten werden. In der Literatur sind allerdings immer wieder Vorschläge gemacht worden, die Plankostenstellenrechnung zu einer Plankosten-

---

[1] Vgl. Wolfgang Lücke: Scratch-Line-Budgeting, S. 271 f.
[2] Vgl. Hahn, Dietger/ Hungenberg, Dietger: PuK, S. 560 f.; Horváth, Péter: Controlling, S. 267 ff.
[3] Vgl. DIN (Hrsg.): DIN 69910, Wertanalyse; Händel, Siegfried: Wertanalyse, Sp. 2214; Jehle, Egon: Wertanalyse, Sp. 2247 ff.; VDI-Gemeinschaftsausschuss "Wertanalyse": Wertanalyse.

IV. Die abteilungsbezogene Kostenrechnung 257

trägerrechnung oder Plankalkulation fortzuführen.[1] Daher sei hier nach den möglichen Aufgaben einer solchen Rechnung gefragt.

2) Mit Hilfe einer Plankalkulation könnten zu Beginn einer Periode Stückplankosten Produkt für Produkt festgelegt und für die kommende Periode vorgegeben werden (vgl. auch Abschnitt II.5.6.2.3.). Am Ende der Periode wären dann die Stückistkosten zu ermitteln und den Stückplankosten gegenüberzustellen. Etwaige Preisabweichungen und Beschäftigungsabweichungen müssten ausgeschaltet werden. Es verblieben die Verbrauchsabweichungen, für die man allerdings keine einzelne Abteilung allein verantwortlich machen könnte, sondern allenfalls mehrere Abteilungen zusammen, also etwa einen Unternehmensbereich, der für ein Produkt zuständig ist. Aber einen solchen Bereich würde man besser anhand der Differenz zwischen Istkosten und Erlösen beurteilen als anhand der Differenz zwischen Istkosten und irgendwelchen Plankosten.

3) Die Plankalkulation könnte ferner als Ersatz für eine Vorkalkulation zur Bemessung der Preisforderung dienen. Die Plankosten stellen allerdings auf einen sparsamen Verbrauch ab, der bei allen Kostengüterarten kaum je erreicht werden dürfte. Sie würden daher eine zu niedrige Grundlage für die Preispolitik abgeben. Wollte man sie gleichwohl für diesen Zweck verwenden, müsste man sie erhöhen um die voraussichtlich auftretenden Abweichungen. Aber abgesehen davon, dass dieses Vorgehen umständlich ist, rechnet man dann im Ergebnis doch mit erwarteten Istkosten oder Prognosekosten und nicht mit Plankosten.

4) Die Plankalkulation könnte schließlich zur Bewertung der fertigen und unfertigen Erzeugnisse in der Handels- und Steuerbilanz herangezogen werden. Aber die Bewertung der genannten Vermögensgegenstände ist erst zum Ende eines Geschäftsjahrs vorzunehmen und zu diesem Zeitpunkt sind die Istkosten bereits bekannt.

5) Daher ist die Fortführung der Plankostenstellenrechnung zu einer Plankostenträgerrechnung unseres Erachtens von geringem Nutzen.

6) Für den Fall der Fortführung ist der sog. Plankostensatz[2] zu ermitteln. Darunter versteht man den zu Beginn der Periode festgelegten Betrag an Gemeinkosten, der auf jede Mengeneinheit eines Produkts bzw. auf jede Beschäftigungseinheit in der kommenden Periode verrechnet werden soll. Man erhält ihn, wenn man die Plankosten der Planbeschäftigung (in dem von uns gewählten Beispiel die Betriebsstoffkosten von 1.440 €) durch die Planmenge bzw. durch die Planbeschäftigung (in unserem Beispiel 180 Maschinenstunden) dividiert (hier 8 €). Dem Plankostensatz wird am Ende der Periode der sog. Sollkostensatz gegenübergestellt. Darunter versteht man den Betrag an Gemeinkosten, der auf jede

---

[1] Vgl. Kilger, Wolfgang/ Pampel, Jochen/ Vikas, Kurt: Flexible Plankostenrechnung und Deckungsbeitragsrechnung, S. 467 ff.
[2] Vgl. Kilger, Wolfgang/ Pampel, Jochen/ Vikas, Kurt: Flexible Plankostenrechnung und Deckungsbeitragsrechnung, S. 52.

Mengeneinheit eines Produkts bzw. auf jede Beschäftigungseinheit hätte verrechnet werden sollen. Er ergibt sich, wenn die Sollkosten, d. h. die Plankosten der Istbeschäftigung (in unserem Beispiel 1.540 €), durch die Istmenge bzw. die Istbeschäftigung (in unserem Beispiel 200 Maschinenstunden) dividiert werden (hier 7,70 €).

Ist der Sollkostensatz niedriger als der Plankostensatz (wie hier), wurde wegen der Überschreitung der Planbeschäftigung ein zu hoher Betrag an Gemeinkosten auf jede Mengeneinheit bzw. Beschäftigungseinheit verrechnet. Ist der Sollkostensatz höher, wurde wegen Unterschreitung der Planbeschäftigung ein zu niedriger Betrag an Gemeinkosten auf jede Mengeneinheit bzw. Beschäftigungseinheit verrechnet.

Multipliziert man die Differenz zwischen dem Sollkostensatz und dem Plankostensatz (in unserem Beispiel 0,30 €) mit der Istbeschäftigung (von 200 Maschinenstunden), erhält man den Betrag, um den insgesamt zu viele oder zu wenige Gemeinkosten verrechnet wurden (hier - 60 €). In der Literatur wird in Bezug darauf im Allgemeinen von der „Beschäftigungsabweichung"[1] gesprochen, eine Begriffsbildung, die schwer verständlich ist. Zudem wird auf diese Weise ein Begriff belegt, der an anderer Stelle dringend benötigt wird. Ist die ermittelte Beschäftigungsabweichung positiv, handelt es sich um die nicht genutzten Fixkosten der geplanten Beschäftigung. Diese können alternativ auch mit Hilfe der Formel $(1 - B_i/B_p) * K_{fp}$ ermittelt werden (hier $(1 - 200/180) * 540 = - 60$ €). Diese Beschäftigungsabweichung ist mit den sog. Leerkosten identisch, wenn die Planbeschäftigung der Maximalbeschäftigung entspricht. Liegt die Planbeschäftigung unter der Maximalbeschäftigung, sind die Leerkosten höher als die Beschäftigungsabweichung, da sie die Unterauslastung gegenüber der Maximalbeschäftigung wiedergeben, die Beschäftigungsabweichung dagegen die Unterauslastung gegenüber der Planbeschäftigung.[2]

3.7. Fortführung der abteilungsbezogenen Kostenrechnung zu einer Abteilungsergebnisrechnung

1) Wünschenswert ist es, den Kosten der einzelnen Abteilungen Leistungen gegenüberzustellen. Es ließen sich dann Abteilungsgewinne bzw. -verluste zur Beurteilung des Wirtschaftens der einzelnen Abteilungen errechnen.

Die Abteilungen allein nach ihren Kosten oder nach der Einhaltung vorgegebener Kosten zu beurteilen, ist einseitig. Ebenso einseitig wäre es, wollte man sie allein nach Leistungen, etwa nach erzielten Umsatzerlösen, beurteilen. Einen ausgewo-

---

[1] Vgl. Götze, Uwe: Kostenrechnung und Kostenmanagement, S. 194 ff.; Kilger, Wolfgang/ Pampel, Jochen/ Vikas, Kurt: Flexible Plankostenrechnung und Deckungsbeitragsrechnung, S. 53 f. und S. 451 ff.

[2] Vgl. Scherrer, Gerhard: Kostenrechnung, S. 525 ff.

IV. Die abteilungsbezogene Kostenrechnung

genen Maßstab stellt erst der Saldo aus beiden gegenläufigen Größen, der Gewinn bzw. Verlust, dar.

Es handelt sich dabei um den gleichen Maßstab, nach dem auch der Betrieb insgesamt beurteilt wird. Auf diese Weise würde also die Betriebsergebnisrechnung durch Abteilungsergebnisrechnungen vertieft werden.

2) Das Wünschenswerte ist jedoch nur teilweise realisierbar. Während sich Kosten Abteilung für Abteilung unter allen Umständen errechnen lassen, gilt dies für Leistungen nur unter bestimmten Umständen.

a) Wenn die Abteilungen nach betrieblichen Funktionen (wie Beschaffung, Produktion, Absatz, Finanzierung) abgegrenzt sind[1], müsste man versuchen, um für jede Abteilung Leistungen zu erhalten, den beim Verkauf der Erzeugnisse erzielten Erlös aufzuspalten in: einen Anteil der Beschaffungsabteilung am Erlös, einen Anteil der Produktionsabteilung am Erlös, etc. Dies ist jedoch nicht möglich. Die Beschaffungsabteilung, die Produktionsabteilung, die Absatzabteilung und andere Abteilungen haben zwar jeweils zur Erzielung des Verkaufserlöses beigetragen; es lässt sich jedoch nicht errechnen, in welchem Maße dies geschehen ist.

Man könnte allenfalls daran denken, den beim Verkauf der Erzeugnisse erzielten Erlös auf die einzelnen Abteilungen entsprechend den in jeder Abteilung entstandenen Kosten aufzuteilen. Aber abgesehen davon, dass dies widersinnig wäre; es muss keinesfalls eine Übereinstimmung zwischen Kosten und dem Beitrag zum Erlös bestehen. Manche Abteilungen und Stellen verursachen hohe Kosten, tragen gleichwohl wenig zur Erzielung eines Erlöses bei; bei anderen verhält es sich umgekehrt.

Da sich der beim Verkauf der Erzeugnisse erzielte Erlös nicht in einen Anteil der Beschaffungsabteilung, der Produktionsabteilung, etc. aufspalten lässt, erhält man keine Leistungen für diese Abteilungen, um sie den entstandenen Kosten gegenüberzustellen. Abteilungsgewinne bzw. -verluste sind für funktional abgegrenzte Abteilungen nicht errechenbar. Die Betriebsergebnisrechnung kann in diesem Fall nicht durch Abteilungsergebnisrechnungen vertieft werden.

Es handelt sich dabei um ein unlösbares betriebswirtschaftliches Problem. Hasenack spricht von einer der Aporien der Betriebswirtschaftslehre. "Man mag noch so viele Behelfsmittel wie Indexrechnung, Plankostenaufstellung, Analyse von verbrauchs- und beschäftigungsbewirkten Abweichungen des Ist vom Soll, retrograde Aufwandserfassungsmethoden, "Kontrollversuche" usw. anwenden: das Ziel, in klarer und objektiver Weise die funktionalen "Teilgewinne" mit im Ergebnis sinnvollen Meßgrößen "herauszuspalten", ist nicht erreichbar".[2]

---

[1] Vgl. Weber, Helmut Kurt: Funktionsorientierte und produktorientierte Organisation der industriellen Unternehmung, S. 589.
[2] Hasenack, Wilhelm: Ertragsbildungs-Analyse und Erfolgspaltung als betriebswirtschaftliche Probleme, S. 283.

b) Wenn die Abteilungen nach Produkten abgegrenzt sind[1], so dass jeweils eine Abteilung für alle zu einem Produkt gehörenden Funktionen zuständig ist, können die beim Verkauf der Produkte erzielten Erlöse den Leistungen dieser Abteilungen weitgehend gleichgesetzt werden. Man erhält Größen, die sich den entstandenen Kosten gegenüberstellen lassen. Auch Abteilungsgewinne bzw. -verluste sind für solche nach Produkten abgegrenzte Abteilungen mit Einschränkungen errechenbar. Sie entsprechen den Produktgewinnen bzw. -verlusten. Die Abteilungen sind nicht mehr reine cost centers, sondern werden auch zu revenue centers und schließlich zu profit centers.[2]

Einschränkungen sind allerdings angebracht, weil auch die Unternehmensleitung und andere zentrale Einheiten zur Erzielung der Verkaufserlöse beitragen, ohne dass jedoch deren Beitrag messbar ist.

Im Übrigen können die Abteilungen nur auf der ersten Ebene der Abteilungsbildung nach Produkten oder Produktgruppen abgegrenzt werden. Auf den weiteren Ebenen, also innerhalb einer Produktabteilung, kommt allein eine funktionale Gliederung in Betracht.

3) Da für die nach Funktionen abgegrenzten Abteilungen keine Leistungen errechnet werden können, es jedoch einseitig wäre, sie allein nach Kosten zu beurteilen, ist nach Ersatzgrößen, nach Hilfsgrößen zu suchen.

Solche lassen sich jedoch nur bei abteilungsspezifischem Vorgehen finden. Sie sind daher kaum vergleichbar.

a) Für die Absatzabteilung kommen z. B. in Betracht: die Absatzmenge, der Absatzwert, der Absatzwert pro Mengeneinheit; die Zahl der Aufträge, das Auftragsvolumen, die durchschnittliche Auftragsgröße; die Zahl der Abnehmer, die durchschnittliche Abnahmemenge bzw. der durchschnittliche Abnahmewert; die Größe des Absatzgebiets, die Dichte des Absatzgebiets; die Lagerdauer der verkaufsfähigen Erzeugnisse, die Lagerumschlagshäufigkeit; der Anteil der Barumsätze an den gesamten Umsätzen, die Geschwindigkeit des Zahlungseingangs bei Kreditumsätzen, die Zahlungsausfälle, das Durchsetzen von Eigentumsvorbehalten gegenüber insolventen Abnehmern; die Beratungsleistung beim Verkauf der Erzeugnisse, die Kundendienstleistung bei Wartung und Reparatur.

b) Für die Produktionsabteilung können herangezogen werden: die Produktionsmenge, der Produktionswert, die Auslastung der Kapazität; die Zahl der Fertigungslose, die durchschnittliche Losgröße; die Produktqualität; die Ausschussquote bei der Produktion, die von den Abnehmern geltend gemachten Mängelrügen, das Einhalten von Fertigstellungsterminen; die Produktionsdauer; die Ausfallzeiten bei der Produktion, z. B. das Verhältnis von Maschinenstillstandszeiten zu Maschinenlaufzeiten, das Verhältnis von geleisteter zur bezahlten Arbeitszeit;

---

[1] Vgl. Weber, Helmut Kurt: Funktionsorientierte und produktorientierte Organisation der industriellen Unternehmung, S. 590.

[2] Vgl. Frese, Erich/ Lehmann, Patrick: Profit Center, Sp. 1540 ff.; Heitger, Lester E./ Matulich, Serge: Managerial Accounting, S. 448 f.; Schweitzer, Marcell: Profit-Center, Sp. 2078 ff.

IV. Die abteilungsbezogene Kostenrechnung 261

die Abfallmengen bei der Produktion; die Zahl und Schwere von Arbeitsunfällen; die Umweltbelastung durch die Produktion.

c) Für die Beschaffungsabteilung sind folgende Kriterien geeignet: die Beschaffungsmenge, das Beschaffungsvolumen, der Beschaffungswert pro Mengeneinheit; die Zahl der Bestellungen, die durchschnittliche Bestellgröße; die Zahl der Lieferanten, die durchschnittliche Liefermenge bzw. der durchschnittliche Lieferwert; die Größe und Streuung des Beschaffungsgebiets; das Erreichen der Qualitätsanforderungen bei den Beschaffungsobjekten; das Einhalten von Bereitstellungsterminen, die Vermeidung von Lieferausfällen; die Lagerdauer der beschafften Roh-, Hilfs- und Betriebsstoffe, die Lagerumschlagshäufigkeit.

Die Erreichung eines bestimmten Niveaus bei den genannten Größen kann den Abteilungen zu Beginn der Periode zur Aufgabe gemacht werden, so wie ihnen das Einhalten eines bestimmten Niveaus bei den Kosten aufgetragen wird. Am Ende der Periode ist dann der Istzustand zu ermitteln und mit dem Sollzustand zu vergleichen. Wird so verfahren, liegt Unternehmensführung durch Zielvorgaben oder management by objectives[1] vor.

---

[1] Vgl. Gebert, Dieter: Führung im MbO-Prozeß, Sp. 426 ff.; Heinen, Edmund: Grundlagen betriebswirtschaftlicher Entscheidungen, S. 215 ff.; Humble, John W. (Hrsg.): Management by objectives in action; Schanz, Günther: Organisationsgestaltung, S. 208 ff.

V. Die produktionsfaktorbezogene Kostenrechnung

1) Die produktionsfaktorbezogene Kostenrechnung ist als Kostenartenrechnung **Bestandteil** der anderen Kostenrechnungen, nämlich der betriebsbezogenen, der abteilungsbezogenen und der produktbezogenen Kostenrechnung. Denn die Kosten des Betriebs, diejenigen der Abteilungen oder Stellen sowie diejenigen der Produkte leiten sich weitgehend von den Kosten der Produktionsfaktoren ab. Die Kosten werden gelegentlich sogar definiert als bewertete Faktoreinsatzmengen. Aber dabei handelt es sich um eine zu enge Auffassung von Kosten.

Mit Produktionsfaktoren sind Einsatzgüter gemeint. Bei manchen Einsatzgütern handelt es sich um freie Güter, deren Einsatz kostenlos ist, wie die Nutzung von Sonnenlicht, von Sonnenwärme, von Luft, von Feuchtigkeit, von Regenwasser. Die meisten Einsatzgüter allerdings stellen knappe Güter dar, deren Einsatz unmittelbar mit Kosten verbunden ist, so der Verbrauch von Rohstoffen und ähnlichen Verbrauchsgütern (der noch leicht zu bemessen ist), so die Nutzung von Maschinen und ähnlichen abnutzbaren Gebrauchsgütern (die schwer zu messen ist), so die Inanspruchnahme von Dienst- und Arbeitsleistungen. Der Einsatz von manchen knappen Gütern, so derjenige der nicht abnutzbaren Grundstücke, ist nur indirekt mit Kosten verbunden, über die Verzinsung des in ihnen investierten Kapitals.

Kosten sind also direkt oder indirekt auf den Einsatz von knappen Gütern zurückzuführen, allerdings nicht ausnahmslos. Man denke an die nicht-gewinnabhängigen Steuern, die man allenfalls noch als Entgelte für die Inanspruchnahme staatlicher Leistungen interpretieren könnte, ferner die Abschreibungen von Forderungen wegen des Zahlungsausfalls eines Kunden, die die für einen solchen etwaigen Fall angesetzten kalkulatorischen Wagnisse überschreiten. Streng genommen handelt es sich dabei zwar um eine Minderung von in Vorperioden ausgewiesenen Erlösen bzw. Leistungen, aber die Rechnungen früherer Perioden können deswegen nicht neu erstellt werden.

2) Die produktionsfaktorbezogene Kostenrechnung ist aber als Kostenartenrechnung nicht nur Bestandteil anderer Kostenrechnungen, ihr kommt auch eine **eigenständige Bedeutung** zu, insofern als sie Entscheidungen, die sich auf Produktionsfaktoren beziehen, sowie der Bewertung von Produktionsfaktoren zu dienen vermag. Dies sei hier anhand einer Reihe von Beispielen gezeigt.

1. Kalkulation der Preisobergrenze bei Einkauf eines Rohstoffs

1) Während zur Ermittlung der Preisuntergrenze beim Verkauf der Produkte von den Kosten der Produktionsfaktoren ausgegangen wird, kann umgekehrt zur Ermittlung der Preisobergrenze beim Einkauf eines Produktionsfaktors vom Preis

V. Die produktionsfaktorbezogene Kostenrechnung

des Produkts ausgegangen werden.[1] Das Überschreiten der Preisobergrenze würde bei gegebenem Verkaufspreis des Produkts zu einem Verlust führen.

2) In diesem Fall wird ebenfalls von einer retrograden Kalkulation gesprochen. Es ist damit aber eine andere Art der retrograden Kalkulation gemeint als im Rahmen der Teilkostenrechnung, nämlich eine vom gegebenen Verkaufspreis des Produkts ausgehende bis zum gewünschten Einkaufspreis bzw. zur Preisobergrenze eines Produktionsfaktors zurückführende Kalkulation.

3) Ein Beispiel für eine solche retrograde Kalkulation bringt Mellerowicz, das in Abbildung 102 wiedergegeben ist. Als Preisobergrenze für 100 kg Stahlblech, die bei einem Lieferanten eingekauft werden sollen, ergibt sich ein Betrag von 69,20 €. Dabei wird aber nicht nur von einem gegebenen Preis des Produkts ausgegangen, sondern auch unterstellt, dass die Preise aller übrigen Produktionsfaktoren Daten seien. Einkalkuliert ist aber noch ein Gewinnaufschlag. Dieses Vorgehen entspricht somit den Prinzipien der Vollkostenrechnung.

Abbildung 102:
Beispiel für eine retrograde Kalkulation der Preisobergrenze für Stahlblech zur Fertigung von Werkzeugen nach Mellerowicz

Verkaufspreis des Werkzeugs (ohne MwSt)		408,61 GE
- 10 % Gewinn (kalkuliert als Zuschlag zu den Selbstkosten)		37,15 GE
= Selbstkosten		371,46 GE
- 10,4 % Verwaltungs- und Vertriebskosten, (kalkuliert als Zuschlag zu den Herstellkosten)		34,99 GE
= Herstellkosten		336,47 GE
- Akkordlohn	63,50 GE	
+ 215 % Fertigungsgemeinkosten (kalkuliert als Zuschlag zum Akkordlohn)	136,53 GE	200,03 GE
= Preis für Material insgesamt		136,44 GE
- 11,4 % Materialgemeinkosten (kalkuliert als Zuschlag zum Einzelmaterial)		13,96 GE
= möglicher Nachfragepreis für den Gesamtbedarf (177 kg) an Einzelmaterial (Stahlblech)		122,48 GE
möglicher Nachfragepreis für 100 kg Stahlblech		69,20 GE

Quelle: In Anlehnung an Mellerowicz, Konrad: Kosten und Kostenrechnung, Bd. 2.2, S. 307

---

[1] Vgl. Männel, Wolfgang: Preisobergrenzen im Einkauf; Reichmann, Thomas: Kosten und Preisgrenzen, S. 107 f.

4) Lässt man den Gewinnaufschlag und im Sinne der Teilkostenrechnung die fixen Kosten außer Acht, ergibt sich bei der Preisobergrenze ein Deckungsbeitrag von Null. Die Preisobergrenze für einen Rohstoff, der nur in ein Produkt einfließt, kann dann dadurch ermittelt werden, dass der Deckungsbeitrag des Produkts ohne die Kosten für den Rohstoff durch den spezifischen Verbrauch des Rohstoffs dividiert wird (vgl. Abbildung 103).[1]

Abbildung 103:
Ermittlung der Preisobergrenze für einen Rohstoff R,
der in das Produkt X einfließt

1. allgemein:

Preisobergrenze =
$$\frac{\text{Deckungsbeitrag des Produkts ohne Kosten für den Rohstoff}}{\text{spezifischer Verbrauch des Rohstoffs}}$$

2. Beispiel:

Absatzpreis für Produkt X	80 €/ME
variable Kosten insgesamt pro ME von Produkt X	60 €/ME
Kosten von R pro ME von Produkt X	24 €/ME
spezifischer Verbrauch von R für eine ME von Produkt X	4 kg/ME

Preisobergrenze = $\dfrac{80-(60-24)}{4}$ = 11 €/kg

Werden weitere Produkte hergestellt und liegt dabei eine Engpasssituation vor, ist zudem noch zu berücksichtigen, dass bei der Herstellung des einen Produkts auf die Herstellung eines anderen verzichtet werden muss. In der obigen Gleichung ist der Deckungsbeitrag noch um den verdrängten Deckungsbeitrag zu vermindern. Die Preisobergrenze sinkt dadurch.

Geht der Rohstoff in mehrere Produkte ein, sind in der obigen Gleichung die Daten pro Mengeneinheit durch über alle Mengeneinheiten und über alle Produkte summierte Größen zu ersetzen (vgl. Abbildung 104).

Besteht zudem bei der Produktion der Produkte ein Engpass, sind einerseits die verdrängten Deckungsbeiträge und andererseits die nicht benötigte Menge des Produktionsfaktors abzuziehen.

---

[1] Vgl. Ewert, Ralf/ Wagenhofer, Alfred: Interne Unternehmensrechnung, S. 154 ff.; Ossadnik, Wolfgang: Controlling, S. 238 ff.; Zentes, Joachim: Preisgrenzen, Sp. 1494 ff.

Abbildung 104:
Ermittlung der Preisobergrenze für einen Rohstoff,
der in mehrere Produkte einfließt

1. allgemein:
Preisobergrenze = $\dfrac{\text{Summe der Deckungsbeiträge der Produkte ohne Kosten für den Rohstoff}}{\text{gesamter Verbrauch des Rohstoffs}}$

2. **Beispiel:**

Produkt	A	B	C
Absatzmenge [ME/Periode]	2.000	4.000	1.000
Absatzpreis [€/ME]	28	16	30
Variable Kosten insgesamt [€/ME]	22	15	28
Deckungsbeitrag [€/ME]	6	1	2
Preis von R [€/ME]	2		
Spezifischer Verbrauch von R [kg/ME]	3	1	2
Kosten von R [€/ME]	6	2	4
Deckungsbeitrag ohne Kosten für R [€/ME]	12	3	6

$$\text{Preisobergrenze} = \frac{12*2.000 + 3*4.000 + 6*1.000}{3*2.000 + 1*4.000 + 2*1.000} = 3,50 \text{ €/ME}$$

5) Wenn die auf diese Weise errechnete Preisobergrenze bei einem bestimmten Lieferanten nicht erreicht werden kann, kommen folgende Alternativen in Betracht:

a) Suche nach einem billigeren Lieferanten;

b) Suche nach einem Rohstoff ähnlicher Art, aber minderer Qualität, der billiger ist;

c) Suche nach einem Rohstoff anderer Art, der billiger ist;

d) Untersuchung, ob der gewünschte Rohstoff im eigenen Betrieb billiger produziert werden kann;

e) Versuch, niedrigere Einkaufspreise bei den anderen Produktionsfaktoren zu erreichen;

f) Versuch, den Verkaufspreis des Produkts zu erhöhen.

2. Wahl zwischen einem Lieferanten A und einem Lieferanten B

1) Wenn ein Rohstoff von mehreren Lieferanten in ein und derselben Qualität zu unterschiedlichen Preisen, aber sonst zu gleichen Konditionen und unter gleichen Umständen angeboten wird, fällt die Wahl leicht. Der Lieferant mit dem niedrigsten Preis ist vorzuziehen.

2) Wenn der Rohstoff zu unterschiedlichen Konditionen (wie Rabatten, Boni, Skonti) angeboten wird, sind die Preise nicht unmittelbar vergleichbar. Es bedarf erst einer Vergleichsrechnung, bevor eine Auswahl vorgenommen werden kann. Eine solche ist noch relativ einfach, wenn z. B. die Rabatte nicht gestaffelt sind, so dass jede gewünschte Menge zum gleichen Rabatt bezogen werden kann. Etwas anderes gilt bei starker Rabattstaffelung. Dann ist zu überlegen, ob eine größere Menge als momentan benötigt in Ausnutzung der Rabattstaffelung bezogen werden soll. Dazu müssen die Lagerkosten in die Vergleichsrechnung einbezogen werden.

3) Wenn der Rohstoff unter unterschiedlichen Umständen angeboten wird, bedarf es ebenfalls einer Vergleichsrechnung. Sind z. B. Abwerkpreise üblich und weichen die Standorte der Lieferanten voneinander ab, müssen die Transportkosten in die Vergleichsrechnung einbezogen werden: unter der Prämisse, dass der Transport von Dritten wahrgenommen wird, ebenso wie unter der Prämisse, dass der Transport vom eigenen Betrieb übernommen wird.

4) Wenn der Rohstoff in unterschiedlichen Qualitäten angeboten wird und bei minderen Qualitäten Nachbesserungen im eigenen Betrieb möglich sind, bedarf es einer Vergleichsrechnung unter Einbeziehung der Nachbesserungskosten.

5) Bei der Wahl zwischen mehreren Lieferanten sind freilich noch weitere Gesichtspunkte zu beachten, wie die Lieferfrist des jeweiligen Lieferanten und seine bisherige Einhaltung von Lieferterminen, die Angebotskapazität des jeweiligen Lieferanten und seine Fähigkeit, etwaigen Nachbestellungen nachzukommen, die Aussicht auf Gegenseitigkeitsgeschäfte.

3. Wahl zwischen einem Rohstoff A und einem Rohstoff B

1) Wenn für die Herstellung eines Erzeugnisses mehrere Rohstoffe gleicher Art in Betracht kommen und diese zu unterschiedlichen Preisen, aber sonst zu gleichen Konditionen und unter gleichen Umständen angeboten werden, fällt die Wahl leicht. Der Rohstoff mit dem niedrigeren Preis ist vorzuziehen.

2) Werden die Rohstoffe zu unterschiedlichen Konditionen und unter unterschiedlichen Umständen angeboten, sind die Preise nicht unmittelbar vergleichbar. Es bedarf einer Vergleichsrechnung unter Einbeziehung von Rabatten, Boni, Skonti, Transportkosten, Lagerhaltungskosten.

3) Wenn mehrere Rohstoffe verschiedener Art für die Herstellung eines Erzeugnisses in Betracht kommen, muss die Vergleichsrechnung auf die Verarbeitungskosten ausgedehnt werden. Zudem sind die Auswirkungen auf die Qualität des Erzeugnisses und damit auf den Preis desselben zu bedenken. Unter Umständen müssen Preiseinbußen als Opportunitätskosten berücksichtigt werden.

4. Wahl der Bestellmenge bei einem Rohstoff

1) Wenn ein Rohstoff kontinuierlich während eines Jahres verarbeitet wird und lagerfähig ist, stellt sich die Frage: Soll die für das Jahr benötigte Menge auf einmal eingekauft und auf Lager gelegt werden oder sollen mehrmals geringere Mengen eingekauft werden?

2) Im ersten Fall dürfte man einen niedrigeren Preis pro Mengeneinheit erreichen können als im zweiten Fall; allerdings geht man das Risiko ein, die gesamte Menge in einem ungünstigen Zeitpunkt, in einem Zeitpunkt hoher Preise einzukaufen. Die Kosten im Zusammenhang mit einem Einkauf entstehen im ersten Fall nur einmal, im zweiten Fall mehrmals. Allerdings entstehen dafür im ersten Fall höhere Lagerkosten; zudem geht man ein höheres Lagerrisiko ein.

3) Zur Lösung dieses Problems ist die sog. Losgrößenformel[1] entwickelt worden. Hier soll nur auf das klassische Modell der Losgrößenformel eingegangen werden, das allerdings nicht alle der vorher genannten Gesichtspunkte berücksichtigt. Es minimiert die Summe der einander entgegen gesetzten Kosten, nämlich die Summe aus den Einkaufskosten und aus den Lagerkosten.

4) Ausgegangen sei hier von der Gleichung der gesamten Einkaufs- oder Beschaffungskosten,[2] die berücksichtigt:

a) die fixen Einkaufskosten der Periode, die unabhängig von der Einkaufsmenge der Periode sowie von der Zahl der Bestellungen sind, z. B. die Gehälter der Angestellten und die Löhne der Arbeiter der Einkaufsabteilung;

b) die variablen Einkaufskosten, die beim Einkauf jeder Mengeneinheit entstehen, z. B. die Kosten für Provisionen, für Versicherungen, für Zölle, für Steuern;

c) die bestellfixen Kosten, die bei jedem Einkauf, bei jeder Bestellung anfallen, unabhängig von der Menge, die jeweils eingekauft wird, die damit aber in Abhängigkeit von der Zahl der Bestellungen in der Periode stehen; z. B. die Kosten für Angebotseinholung und -prüfung, für Auftragserteilung, für Liefertermin- überwachung, für Wareneingangskontrolle, für Rechnungsprüfung;

---

[1] Vgl. Bloech, Jürgen/ Lücke, Wolfgang: Produktionswirtschaft, S. 203 f.; Kern, Werner: Industrielle Produktionswirtschaft, S. 234 ff.; Zwehl, Wolfgang von: Kostentheoretische Analyse des Modells der optimalen Bestellmenge.

[2] Vgl. Weber, Helmut Kurt: Industriebetriebslehre, S. 333.

268   Hauptteil

d) die Einkaufsmenge der Periode;

e) die jeweilige Einkaufs- bzw. Bestellmenge.

5) Die genannte Gleichung ist zu ergänzen um die Gleichung der gesamten Lagerkosten,[1] die zu berücksichtigen hat:

a) die fixen Lagerkosten, die unabhängig von der Lagerzugangs-, Lagerbestands- und Lagerabgangsmenge sind, z. B. die Kosten für das Lagergebäude;

b) die variablen Lagerkosten, die bei der Einlagerung und Auslagerung jeder Mengeneinheit entstehen, z. B. die Kosten für Betriebsstoffe;

c) die variablen Lagerkosten, die vom Lagerbestand abhängig sind, z. B. die Kosten für die Verzinsung des im Lagerbestand investierten Kapitals, die Kosten für die Eigen- oder Fremdversicherung des Lagerbestands;

d) die Einkaufsmenge der Periode;

e) die durchschnittliche Lagerbestandsmenge;

f) den Wert pro Mengeneinheit des Lagerbestands.

6) Nimmt man beide Gleichungen zusammen, erhält man die Gleichung für die gesamten Einkaufskosten und Lagerkosten.

Aus dieser können eine Reihe von Kosten außer Acht gelassen werden, da sie ohne Einfluss auf das Ergebnis sind. Dies sind: die fixen Einkaufskosten, die variablen Einkaufskosten, die fixen Lagerkosten, die variablen Einlagerungs- und Auslagerungskosten. Gleichwohl erscheint es sinnvoll, sie am Anfang in die Betrachtung einzubeziehen, da auf diese Weise gewährleistet wird, dass alle Kosten im Hinblick auf ihre Relevanz überprüft werden.

7) Die Summe der verbleibenden Kosten ist zu minimieren. Dabei wird üblicherweise angenommen, dass der Lagerzugang unendlich schnell, der Lagerabgang kontinuierlich vor sich geht, dass folglich im Durchschnitt die halbe Bestellmenge auf Lager liegt. Ferner wird unterstellt, dass die Transportkapazität und Lagerkapazität ausreichen sowie dass entsprechende Finanzierungsmöglichkeiten bestehen.

8) Als Ergebnis erhält man die kostenminimale Bestellmenge (vgl. auch Abbildung 105).

---

[1] Vgl. Weber, Helmut Kurt: Industriebetriebslehre, S. 334 f.

Abbildung 105:
Ableitung der Bestellmengenformel

Beschaffungskosten:	$K_B = K_{bf} + k_{bv} * M + Kb * M/m$
Lagerkosten:	$K_L = K_{lf} + k_{lv} * M + \varnothing LB * Lw * p/100$
Gesamtkosten:	$K_B + K_L = K_{bf} + k_{bv} * M + Kb * M/m +$ $K_{lf} + k_{lv} * M + \varnothing LB * Lw * p/100$
zu minimierende Kosten:	$K = Kb * M/m + \varnothing LB * Lw * p/100$
	$K = Kb * M/m + \frac{1}{2} * m * Lw * p/100$
Minimierung:	$\dfrac{dK}{dm} = -Kb * \dfrac{M}{m^2} + \dfrac{1}{2} * Lw * \dfrac{p}{100} = 0$
optimale Bestellmenge:	$m_{opt} = \sqrt{\dfrac{Kb * M * 2 * 100}{Lw * p}}$

Legende:
K = gesamte Kosten (Beschaffungskosten + Lagerkosten)
K_B = gesamte Beschaffungskosten des Rohstoffs [€/Periode]
K_L = gesamte Lagerkosten des Rohstoffs [€/Periode]
K_{bf} = fixe Beschaffungskosten [€/Periode]
K_{lf} = fixe Lagerkosten [€/Periode]
k_{bv} = variable Beschaffungskosten [€/ME]
k_{lv} = variable Lagerkosten [€/ME]
Kb = bestellfixe Kosten [€/Bestellung]
M = gesamte Beschaffungsmenge ME/Periode]
m = Bestellmenge, Losmenge [ME/Beschaffung]
M/m = Zahl der Bestellungen in der Periode
$\varnothing$ LB = durchschnittlicher Lagerbestand in ME (Annahme: ½ * m)
Lw = Lagerwert pro Mengeneinheit
p/100 = Zinssatz

5. Wahl zwischen Fremdbezug und Selbsterstellung eines Werkzeugs

1) Steht ein Betrieb vor der Frage, einen Rohstoff, ein Werkzeug oder eine Maschine fremd zu beziehen oder selbst herzustellen, bedarf er einer Kostenrechnung, die ebenso gut als produktionsfaktorbezogene wie als produktbezogene Kostenrechnung bezeichnet werden kann. Da wir auf diese Fragestellung im Rahmen der produktbezogenen Rechnung nicht eingegangen sind, soll sie hier behandelt werden.

2) Beispiele für Kostenrechnungen zur Beantwortung der gestellten Frage bringt Männel.[1] Ein Betrieb des Maschinenbaus, der unterbeschäftigt ist, benötigt eine Vorrichtung, die er von einem auf solche Gegenstände spezialisierten Lieferanten beziehen, die er aber auch selbst herstellen kann.

Bei einer Vollkostenrechnung (vgl. Abbildung 106) wird ausgegangen von den Materialeinzelkosten und den Fertigungseinzelkosten. Ihnen werden Materialgemeinkosten und Fertigungsgemeinkosten sowie Verwaltungsgemeinkosten in Höhe eines üblichen Zuschlagssatzes hinzugefügt. Den auf diese Weise errechneten Selbstkosten der Eigenfertigung (hier 4.083,85 €) stellt man die Kosten des Fremdbezugs (von 3.380,50 €) gegenüber, die sich aus dem Kaufpreis und den Nebenkosten zusammensetzen. Sind die Kosten des Fremdbezugs niedriger (wie hier), gebührt dem Fremdbezug Vorrang gegenüber der Eigenfertigung.

Dabei würde es sich aber nach Männel um eine typische Fehlentscheidung aufgrund einer Vollkostenrechnung handeln. Sofern der Betrieb unterbeschäftigt ist, wie hier angenommen, seien die Vollkosten nicht maßgebend. So enthielten vor allem die Verwaltungsgemeinkosten Beträge, die mit der Frage "Eigenfertigung oder Fremdbezug" überhaupt nichts zu tun hätten. Die Materialgemeinkosten und die Fertigungsgemeinkosten seien nur zum geringen Teil variabel. Selbst die Fertigungslöhne erwiesen sich bei gründlicher Betrachtung auf kurze Sicht eindeutig als fix.[2]

3) Aus den genannten Gründen eignet sich nach Männel nur eine Teilkostenrechnung zur Beantwortung der gestellten Frage (vgl. Abbildung 107). Dabei berücksichtigt er die vorher angegebenen Materialeinzelkosten, die zusätzlich bei Eigenfertigung anfallenden Beschaffungsnebenkosten und Fertigungskosten, jedoch keine Verwaltungskosten. Auf diese Weise erhält er die Kosten der Eigenfertigung (von 2.486,-- €), die er den Kosten des Fremdbezugs (wie vorher 3.380,50 €) gegenüberstellt. Da die Kosten der Eigenfertigung niedriger sind, ist diese gegenüber dem Fremdbezug vorzuziehen.

4) Zu betonen ist, dass dieser Vergleich auf Teilkostenbasis nur unter den Prämissen der Unterbeschäftigung des Betriebs sowie der Festlegung auf kurze Sicht gilt.

Wenn der Betrieb nicht unterbeschäftigt ist, muss unseres Erachtens die Eigenfertigung mit den gleichen Kosten belastet werden, mit denen die zum Verkauf bestimmten Erzeugnisse zu belasten sind. Wenn der Betrieb auf lange Sicht zur Eigenfertigung übergehen will, müssen unseres Erachtens fixe Kosten in die Betrachtung einbezogen werden.

5) Im Übrigen sind bei der Wahl zwischen Eigenfertigung und Fremdbezug weitere Gesichtspunkte zu bedenken. Bei Fremdbezug macht man unter Umständen einen Lieferanten stark, der bei Gelegenheit in die Weiterverarbeitung vordringt und zu einem Konkurrenten wird. Bei Eigenfertigung wahrt man sein know

---

[1] Vgl. Männel, Wolfgang: Die Wahl zwischen Eigenfertigung und Fremdbezug, S. 89 f., S. 107 f.

[2] Vgl. Männel Wolfgang: Die Wahl zwischen Eigenfertigung und Fremdbezug, S. 92 f.

how, seine Betriebsgeheimnisse besser, man profitiert jedoch nicht von der technischen Entwicklung anderer.

Abbildung 106:
Traditioneller Vollkostenvergleich zwischen Eigenfertigung und Fremdbezug nach Männel

I) Kalkulatorische Kosten der Eigenfertigung [GE]:			
1) Materialkosten			
a) Materialeinzelkosten			
Grundstoffe	430,00		
Hilfsstoffe	65,50		
Einbauteil I	1.500,00		
Einbauteil II	238,50		
Kleinteile	40,75	2.274,75	
b) Materialgemeinkostenzuschlag		113,74	2.388,49
(5 % der Materialeinzelkosten)			
2) Fertigungskosten			
a) Schmiedekosten 2,4 Std à 26,20 €/Std		62,88	
b) Mechanische Bearbeitung			
64,5 Std à 14,80 €/Std		954,60	
c) Zusammenbau			
Fertigungslöhne 8,75 Std à 6,50 €/Std		56,88	
Fertigungsgemeinkosten			
(130 % der Fertigungslöhne)		73,94	
d) Anstreicherei			
Fertigungslöhne 0,80 Std à 5,80 €/Std		4,64	
Fertigungsgemeinkosten			
(210 % der Fertigungslöhne)		9,74	1.162,68
3) Herstellkosten der Eigenfertigung			3.551,17
4) anteilige Verwaltungsgemeinkosten			
(15 % der Herstellkosten)			532,68
5) *Selbstkosten der Eigenfertigung*			4.083,85
II) Kalkulatorische Kosten des Fremdbezugs [GE]:			
1) Kaufpreis			3.100,00
2) Nebenausgaben für Antransport, Verpackung und dergleichen			280,50
3) *Gesamtkosten des Fremdbezugs*			3.380,50

Quelle: Männel, Wolfgang: Die Wahl zwischen Eigenfertigung und Fremdbezug, S. 93

Abbildung 107:
Vergleich der zusätzlichen (kurzfristig variablen) Kosten von Eigenfertigung und Fremdbezug nach Männel

I) Zusätzliche (kurzfristig variable) Kosten der Eigenfertigung [GE]:		
1) Materialkosten		
Grundstoffe	430,00	
Hilfsstoffe	65,50	
Einbauteil I	1.500,00	
Einbauteil II	238,50	
Kleinteile	40,75	2.274,75
2) Zusätzliche Beschaffungsnebenkosten Transport, Verpackung, Versicherung und dergleichen für		
Grundstoffe	28,20	
Hilfsstoffe	1,35	
Einbauteil I	22,50	
Einbauteil II	8,30	
Kleinteile	1,05	61,40
3) Zusätzliche Kosten der Fertigung		
a) Zusätzliche Schmiedekosten		
Energieverbrauch	4,05	
Betriebsmaterial	1,40	
b) Zusätzliche Kosten der mechanischen Bearbeitung		
Energieverbrauch	103,20	
Betriebsmaterial	12,90	
Verbrauch an kurzlebigen, gebrauchsbedingt verschleißenden Werkzeugen	24,50	
c) Zusätzliche Kosten des Zusammenbaus		
Schweißstoffe	2,90	
d) Zusätzliche Kosten der Anstreicherei		
Betriebsmaterial	0,90	149,85
4) Zusätzliche Kosten der Eigenfertigung		*2.486,00*
II) Zusätzliche (kurzfristig variable) Kosten des Fremdbezugs [GE]:		
1) Kaufpreis der Vorrichtung laut Angebot		3.100,00
2) Nebenausgaben für Antransport, Verpackung und dergleichen		280,50
3) Zusätzliche Kosten des Fremdbezugs		*3.380,50*

Quelle: Männel, Wolfgang: Die Wahl zwischen Eigenfertigung und Fremdbezug, S. 114

6. Wahl zwischen einer Produktionsanlage A und einer Produktionsanlage B

1) Wenn ein Betrieb seine Kapazität erweitern will und dafür verschiedene Produktionsanlagen in Betracht zieht, bedarf es einer Investitionsrechnung.[1] Eine solche kann auf der Grundlage von Kosten und Leistungen,[2] auf der Basis von Einzahlungen und Auszahlungen[3] oder mit Hilfe von Nutzwerten durchgeführt werden. Eine Investitionsrechnung auf der Grundlage von Kosten stellt eine produktionsfaktorbezogene Kostenrechnung dar.

2) Beispiele für solche Investitionsrechnungen nach Blohm/Lüder sind in den Abbildungen 108 und 109 wiedergegeben.

Eine Anlage I und eine Anlage II stehen zur Wahl. Die Anschaffungswerte sind unterschiedlich. Die Nutzungsdauer ist gleich lang. Die Anschaffungswerte werden gleichmäßig auf die Jahre der Nutzung verteilt, was die Abschreibungen pro Jahr ergibt. Daneben werden Zinsen und sonstige fixe Kosten eines Jahres berücksichtigt, die unterschiedlich sind.

Als variable Kosten werden einbezogen: Materialkosten, die gleich sind; Löhne, Energiekosten und sonstige Kosten, die unterschiedlich sind.

Insgesamt ergeben sich höhere Jahreskosten für Anlage I (25.070 €) als für Anlage II (24.350 €). Die Anlage II ist unter der Prämisse gleicher Auslastung vorzuziehen.

Für den Fall einer unterschiedlichen Auslastung werden aus den Jahreskosten Kosten pro Leistungseinheit errechnet. Diejenigen für Anlage I (1,73 €) sind niedriger als diejenigen für Anlage II (2,03 €). Daher ist unter dieser Prämisse Anlage I vorzuziehen.

Allerdings dürfen unseres Erachtens bei Annahme einer unterschiedlichen Auslastung nicht mehr allein die Kosten verglichen werden. Es müssten die Preise bzw. Erlöse einbezogen werden. Zumindest müsste unterstellt werden, dass die größere Menge zum gleichen Preis abgesetzt werden kann wie die geringere Menge.

3) Durch Einbeziehung der Preise bzw. Erlöse wird die Kostenvergleichsrechnung zu einer Gewinnvergleichsrechnung. Diese wiederum müsste bei unterschiedlichen Anschaffungswerten der Anlagen (wie hier) zu einer Renditevergleichsrechnung fortgeführt werden.

---

[1] Vgl. Blohm, Hans/ Lüder, Klaus: Investition, S. 54 ff., S. 157 ff.; Kruschwitz, Lutz: Investitionsrechnung, S. 31 ff., S. 44 f.
[2] Vgl. Lücke, Wolfgang: Investitionsrechnungen auf der Grundlage von Ausgaben oder Kosten?, S. 310 ff.
[3] Vgl. Weber, Helmut Kurt/ Rogler, Silvia: Betriebswirtschaftliches Rechnungswesen, Bd. 1, S. 33 f.

Abbildung 108:
Auswahl der kostengünstigeren Alternative durch Vergleich der durchschnittlichen Kosten je Zeitabschnitt unter der Annahme kontinuierlicher Amortisation des gebundenen Kapitals nach Blohm/Lüder

	Anlage I		Anlage II	
Anschaffungswert [€]	100.000		50.000	
Lebensdauer [Jahre]	8		8	
Liquidationserlöse am Ende der Lebensdauer [€]	-		-	
Auslastung [LE/Jahr]	12.000		12.000	
Abschreibungen [€/Jahr]	12.500		6.250	
Zinsen (10 % auf ½ Anschaffungswert) [€/Jahr]	5.000		2.500	
Sonstige fixe Kosten [€/Jahr]	1.000		600	
Fixe Kosten insgesamt [€/Jahr]		18.500		9.350
Löhne und Lohnnebenkosten [€/Jahr]	4.600		12.000	
Material [€/Jahr]	1.200		1.200	
Energie und sonstige variable Kosten [€/Jahr]	770		1.800	
Variable Kosten insgesamt [€/Jahr]		6.570		15.000
Kosten insgesamt [€/Jahr]		25.070		24.350

Quelle: Blohm, Hans/ Lüder, Klaus: Investition, S. 160 (DM in € geändert)

7. Wahl zwischen mehreren Produktionsverfahren

1) Häufig steht ein Betrieb vor der Wahl zwischen zwei recht unterschiedlichen Produktionsverfahren: einem Verfahren mit niedrigem Maschineneinsatz, aber hohem Arbeitseinsatz und einem Verfahren mit hohem Maschineneinsatz, aber niedrigem Arbeitseinsatz.

2) Solche unterschiedlichen Verhältnisse liegen meistens schon bei der Wahl zwischen zwei Produktionsanlagen vor, von der im vorhergehenden Abschnitt ausgegangen wurde. So ist auch die Anlage I in Abbildung 108 bzw. 109 kapitalintensiver und mit höheren Fixkosten verbunden als die Anlage II. Die Anlage II ist umgekehrt arbeitsintensiver und mit höheren variablen Kosten verbunden als die Anlage I.

Abbildung 109:
Auswahl der kostengünstigeren Alternative durch Vergleich der durchschnittlichen Kosten je Leistungseinheit bei unterschiedlicher Auslastung unter der Annahme kontinuierlicher Amortisation des gebundenen Kapitals nach Blohm/Lüder

	Anlage I		Anlage II	
Anschaffungswert [€]	100.000		50.000	
Lebensdauer [Jahre]	8		8	
Liquidationserlöse am Ende der Lebensdauer [€]	-		-	
Auslastung [LE/Jahr]	15.600		12.000	
Abschreibungen [€/Jahr]	12.500		6.250	
Zinsen (10 % auf ½ Anschaffungswert) [€/Jahr]	5.000		2.500	
Sonstige fixe Kosten [€/Jahr]	1.000		600	
Fixe Kosten je Jahr [€/Jahr]		18.500		9.350
Fixe Kosten je Leistungseinheit [€/LE]		1,18		0,78
Löhne und Lohnnebenkosten [€/LE]	0,39		1,00	
Material [€/LE]	0,10		0,10	
Energie und sonstige variable Kosten [€/Jahr]	0,06		0,15	
Variable Kosten je Leistungseinheit [€/LE]		0,55		1,25
Kosten je Leistungseinheit [€/Jahr]		1,73		2,03

Quelle: Blohm, Hans/ Lüder, Klaus: Investition, S. 161 (DM in € geändert)

3) Daher kann auch für die Wahl zwischen zwei Produktionsverfahren die gleiche Art einer Kostenrechnung durchgeführt werden, wie sie vorher behandelt wurde.

Häufig wird vorgeschlagen, diese Rechnung geringfügig zu modifizieren und die sog. kritische Menge zu ermitteln.[1] Darunter wird diejenige Menge verstanden, bei welcher sich die Kosten beider Kombinationen decken, oder anders ausgedrückt, diejenige Menge, bis zu welcher die eine Kombination kostengünstiger ist und ab welcher die andere Kombination kostengünstiger ist (vgl. Abbildung 110).

---

[1] Vgl. Bea, Franz Xaver: Verfahrenswahl, Sp. 2157 f.; Müller-Merbach, Heiner: Operations Research, S. 43 f.; Weber, Helmut Kurt: Industriebetriebslehre, S. 181 f.

Abbildung 110:
Ermittlung der kritischen Menge für die Wahl
zwischen mehreren Faktorkombinationen

1. allgemein:	$K_{fI} + k_{vI} * m = K_{fII} + k_{vII} * m$ $m = \dfrac{K_{fII} - K_{fI}}{k_{vI} - k_{vII}}$
2. Beispiel:	$18.500{,}00 + 0{,}55 * m = 9.350{,}00 + 1{,}25 * m$ $m = \dfrac{9.350{,}00 - 18.500{,}0}{0{,}55 - 1{,}25} = 13.071\,\text{LE}$
Legende: K_{fI} = fixe Kosten der Anlage I in €/Priode K_{fII} = fixe Kosten der Anlage II in €/Periode k_{vI} = variable Kosten der Anlage I in €/LE k_{vII} = variable Kosten der Anlage II in €/LE m = kritische Menge (bzw. kritische Auslastung)	

Quelle: In Anlehnung an Blohm, Hans/ Lüder, Klaus: Investition, S. 161

8. Suche nach der Minimalkostenkombination

1) Zur Abrundung sei noch auf das Modell der Minimalkostenkombination[1] hingewiesen. Damit ist unter allen Kombinationen, die die gleiche Produktionsmenge ergeben, diejenige mit den niedrigsten Kosten gemeint.

Das Gegenstück dazu bildet unter allen Kombinationen mit den gleichen Kosten diejenige mit der größten Produktionsmenge. Sie wird als die ertragsmaximale Kombination bezeichnet, was jedoch missverständlich ist, denn mit dem Ertrag ist sonst in der Betriebswirtschaftslehre eine Wertgröße gemeint. Besser wäre es also, von der produktionsmengenmaximalen oder output-maximalen Kombination zu sprechen.

Zur Bestimmung sowohl der kostenminimalen als auch der produktionsmengenmaximalen Kombination bedarf es produktionsfaktor- und produktbezogener Kostenrechnungen.

---

[1] Vgl. Gutenberg, Erich: Grundlagen der Betriebswirtschaftslehre, Bd. 1, S. 316 f.

V. Die produktionsfaktorbezogene Kostenrechnung

2) Im Allgemeinen werden in Bezug auf die Produktionsfaktorverhältnisse stark vereinfachende Annahmen getroffen. Auch hier soll nur von zwei Produktionsfaktoren (Rohstoffen) ausgegangen werden, die bei Konstanz der übrigen Produktionsfaktoren variiert werden, wobei sich jeweils die gleiche Produktionsmenge ergibt.

3) Im Zahlenbeispiel[1] in Abbildung 111 wird angenommen, dass jeweils eine Mengeneinheit des einen Faktors durch eine Mengeneinheit des anderen Faktors substituiert werden kann, dass aber eine totale Substitution ausgeschlossen ist. Von jedem Faktor wird eine Mindestmenge benötigt, der eine Höchstmenge des anderen Faktors entspricht.

Abbildung 111:
Minimalkostenkombination bei Substitution jeweils einer Mengeneinheit des Faktors A durch jeweils eine Mengeneinheit des Faktors B und Produktion einer Mengeneinheit des Produktes X

Einsatzmenge Faktor A [ME]	Kosten Faktor A [€]	Einsatzmenge Faktor B [ME]	Kosten Faktor B [€]	Kosten der Faktorkombination [ME]
1	20,00	16	640,00	660,00
2	40,00	15	600,00	640,00
3	60,00	14	560,00	620,00
4	80,00	13	520,00	600,00
5	100,00	12	480,00	580,00
6	120,00	11	440,00	560,00
7	140,00	10	400,00	540,00
8	160,00	9	360,00	520,00
9	180,00	8	320,00	500,00
10	200,00	7	280,00	480,00
11	220,00	6	240,00	460,00
12	240,00	5	200,00	440,00
13	260,00	4	160,00	420,00
14	280,00	3	120,00	400,00
15	300,00	2	80,00	380,00
16	320,00	1	40,00	360,00

---

[1] Vgl. auch Weber, Helmut Kurt: Industriebetriebslehre, S. 303.

Die Produktionsfaktoren bedürfen der Bewertung mit ihren von Preisen abgeleiteten Kosten. Wenn die Kosten für eine Mengeneinheit des einen Faktors genauso hoch sind wie diejenigen für eine Mengeneinheit des anderen Faktors, sind alle angegebenen Faktorkombinationen gleichwertig.

Wenn die Kosten für eine Mengeneinheit des einen Faktors niedriger sind als diejenigen für eine Mengeneinheit des anderen Faktors, ist die Kombination mit der höchsten Einsatzmenge des billigeren Faktors vorzuziehen.

4) Im Zahlenbeispiel[1] in Abbildung 112 wird angenommen, dass nicht jeweils eine Mengeneinheit des einen Faktors durch eine Mengeneinheit des anderen Faktors ersetzt werden kann. Im Übrigen gilt das gleiche wie vorher.

Das genannte Zahlenbeispiel wird in Abbildung 112 algebraisch sowie in Abbildung 113 grafisch dargestellt.

5) Das dargestellte Modell der Minimalkostenkombination ist recht allgemein gehalten und weit von der betrieblichen Wirklichkeit entfernt. Denn selten kann man zwei Faktoren gegeneinander substituieren bei Konstanthalten der übrigen Faktoren und wieder so mit zwei anderen Faktoren verfahren, bis alle Möglichkeiten ausgeschöpft sind.

9. Bewertung von Vermögensgegenständen außer Erzeugnissen

1) Wenn Vermögensgegenstände erstellt werden, die nicht zum Verkauf bestimmt sind (wie dies auf Erzeugnisse zutrifft), sondern zum Einsatz im eigenen Betrieb (wie Gebäude, Maschinen, also Anlagen) handelt es sich dabei zunächst um Produkte, dann um Produktionsfaktoren. Zu ihrer Bewertung bedarf es einer Kostenrechnung, die ebenso gut als produktbezogene wie als produktionsfaktorbezogene Kostenrechnung bezeichnet werden kann.

Diese selbst erstellten Anlagen sind in der Handels- und Steuerbilanz mit ihren Herstellungskosten anzusetzen, es sei denn, der ihnen am Bilanzstichtag beizulegende Wert wäre auch auf Dauer niedriger. Die Herstellungskosten werden vom Gesetzgeber als Aufwendungen definiert, gleichwohl ist zu ihrer Ermittlung wie bei einer Kostenrechnung vorzugehen.

Wie die Herstellungskosten abzugrenzen sind, wurde von uns bereits im Zusammenhang mit der Bewertung der fertigen und unfertigen Erzeugnisse dargestellt und braucht hier nicht wiederholt zu werden.

---

[1] Vgl. auch Weber, Helmut Kurt: Industriebetriebslehre, S. 303 f.

Abbildung 112:
Minimalkostenkombination bei Substitution jeweils einer Mengeneinheit des Faktors A durch jeweils mehrere Mengeneinheiten des Faktors B und Produktion einer Mengeneinheit des Produktes X (algebraische Lösung)

Einsatz- menge Faktor A [ME]	Kosten Faktor A [€]	Einsatz menge Faktor B [ME]	Kosten Faktor B [€]	Kosten der Faktorkom- bination [€]
1	20,00	16	640,00	660,00
2	40,00	8	320,00	360,00
4	80,00	4	160,00	240,00
8	160,00	2	80,00	240,00
16	320,00	1	40,00	360,00

Kostenfunktion	$K = m_A * p_A + m_B * p_B$ (zu minimierende Kosten)	
Produktionsfunktion	$X = 1/16 * m_A * m_B$	
Lagrange-Funktion	$L = K + \lambda (1 - X) \Rightarrow$ Min.!	
	$L = 20 * m_A + 40 * m_B + \lambda (1 - 1/16 * m_A * m_B)$ $\Rightarrow$ Min.!	
Ableitungen	$\dfrac{\delta L}{\delta m_A} = 20 - \lambda * 1/16 * m_B = 0$	
	$\dfrac{\delta L}{\delta m_B} = 40 - \lambda * 1/16 * m_A = 0$	
	$\dfrac{\delta L}{\delta \lambda} = 1 - 1/16 * m_A * m_B = 0$	
Berechnung	$\dfrac{20}{40} = \dfrac{\lambda * 1/16 * m_B}{\lambda * 1/16 * m_A}$	
	$\dfrac{1}{2} = \dfrac{m_B}{m_A}$ oder $m_B = \dfrac{1}{2} m_A$	
	$X = 1/16 * m_A * m_B$	
	$1 = 1/16 * m_A * 1/2\, m_A$	
	$1 = 1/32 * m_A^2$	
	$m_A^2 = 32$	
Minimalkosten- kombination	$m_A = \sqrt{32} = 5{,}66$ ME	
	$m_B = 0{,}5 * 5{,}66 = 2{,}83$ ME	

Legende:
K = Kosten der Faktorkombination
m_A = Einsatzmenge des Faktors A
m_B = Einsatzmenge des Faktors B
p_A = Preis pro Mengeneinheit des Faktors A (20 €/ME)
p_B = Preis pro Mengeneinheit des Faktors B (40 €/ME)
X = Ausbringungsmenge des Produkts
L = Lagrange-Funktion
λ = Lagrange-Multiplikator

Abbildung 113:
Minimalkostenkombination bei Substitution jeweils einer Mengeneinheit des Faktors A durch jeweils mehrere Mengeneinheiten des Faktors B und Produktion einer Mengeneinheit des Produkts X (grafische Lösung)

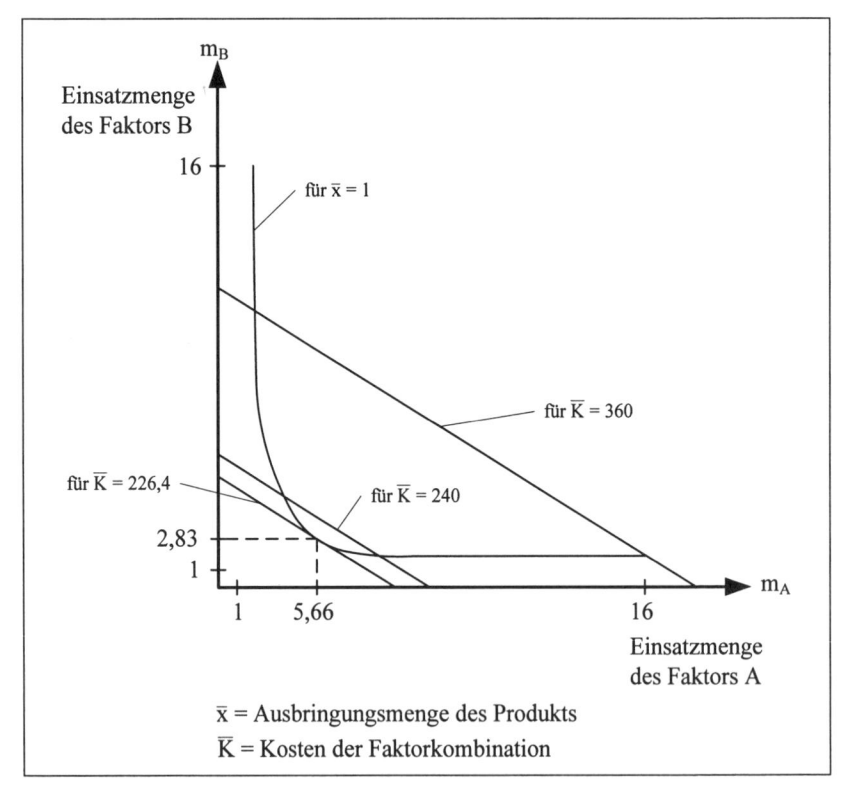

Einsatzmenge des Faktors B

m_B

16

für $\bar{x} = 1$

für $\overline{K} = 360$

für $\overline{K} = 226{,}4$

für $\overline{K} = 240$

2,83
1

1   5,66   16 m_A

Einsatzmenge des Faktors A

$\bar{x}$ = Ausbringungsmenge des Produkts
$\overline{K}$ = Kosten der Faktorkombination

2) Wenn Vermögensgegenstände fremdbezogen wurden, handelt es sich dabei im Allgemeinen um Produktionsfaktoren (wie Roh-, Hilfs- und Betriebsstoffe, Werkzeuge, Maschinen). Sie sind in der Handels- und Steuerbilanz mit ihren Anschaffungskosten anzusetzen, es sei denn, der den Gegenständen am Bilanzstichtag beizulegende Wert wäre bei Gegenständen des Umlaufvermögens niedriger, bei Gegenständen des Anlagevermögens auf Dauer niedriger. Die Anschaffungskosten werden vom Gesetzgeber ebenfalls als Aufwendungen definiert. Sie setzen sich zusammen aus dem Anschaffungspreis, abzüglich etwaiger Anschaffungspreisminderungen, den Anschaffungsnebenkosten und den nachträglichen Anschaffungskosten. Zur Ermittlung der Anschaffungsnebenkosten ist wie bei einer Kostenrechnung vorzugehen.[1]

3) Die Anschaffungsnebenkosten könnten den Beschaffungskosten gleichgesetzt werden, die bestehen aus:[2]

a) Kosten externer Art, die gegenüber Dritten entstehen, z. B. Frachtgebühren, Versicherungsprämien, Provisionen, Zölle, Steuern;

b) Kosten interner Art, die auf einer Einkaufs- oder Beschaffungskostenstelle anfallen, z. B. Kosten beim Transport mit eigenen Fahrzeugen für Treibstoffe, für die Abnutzung der Fahrzeuge, für Löhne und Gehälter;

c) Kosten interner Art, die eine Einkaufs- oder Beschaffungskostenstelle von anderen Kostenstellen zu übernehmen hat, z. B. von Verwaltungskostenstellen.

4) Nach dem Gesetz sind die Anschaffungsnebenkosten jedoch enger abzugrenzen. Nur diejenigen Kosten, die dem Vermögensgegenstand einzeln zugeordnet werden können, sind nach § 255 Abs. 1 HGB Anschaffungskosten. Demnach sind die unter a) genannten Kosten externer Art im Allgemeinen voll in die Anschaffungsnebenkosten einzubeziehen, die unter b) genannten Kosten interner Art nur zum Teil und die unter c) genannten Kosten interner Art keinesfalls.

Wenn ein Teil der unter b) genannten Kosten als Anschaffungsnebenkosten den Anschaffungskosten eines Vermögensgegenstands zugerechnet wird, entfällt eine Verrechnung dieser Kosten zusammen mit anderen Kosten von Beschaffungskostenstellen auf andere Kostenstellen bzw. auf die Kostenträger.

Wird z. B. eine Zuschlagskostenrechnung üblicher Art durchgeführt, dann sind aus den Kosten, die missverständlicherweise als Materialgemeinkosten bezeichnet und die auf Beschaffungskostenstellen erfasst werden, diejenigen auszusondern, die den beschafften Vermögensgegenständen einzeln zugeordnet werden können. Sie gehen in den Wert ein, mit dem die betreffenden Vermögensgegenstände aktiviert werden, dürfen aber nicht mehr bei Verrechnung der Materialgemeinkosten auf die Materialeinzelkosten berücksichtigt werden.

---

[1] Vgl. Weber, Helmut Kurt/ Rogler, Silvia: Betriebswirtschaftliches Rechnungswesen, Bd. 1, S. 144.
[2] Vgl. Weber, Helmut Kurt: Beschaffungskosten und Anschaffungskosten, S. 20.

VI. Weitere Erscheinungsformen der Kostenrechnung

1. Prozesskostenrechnung

1) In der angloamerikanischen Literatur war mit **process costing** ursprünglich eine Kostenrechnung gemeint, die anzuwenden ist, wenn keine distinct units hergestellt werden, wenn die Mengeneinheiten der Produkte nicht deutlich voneinander abgegrenzt sind, wenn, in deutscher Terminologie, Schüttgüter hergestellt werden.[1] Unter diesen Umständen sind die Kosten eines oder mehrerer aufeinander folgender Produktionsprozesse zu erfassen und einfach durch die Zahl der hergestellten Mengeneinheiten zu dividieren, damit man Kosten pro Mengeneinheit erhält. Es handelt sich also, in deutscher Terminologie, um eine ein- oder mehrstufige Divisionskostenrechnung.

2) Den Gegensatz zum process costing bildet in der angloamerikanischen Literatur das **job order costing** bzw. **job costing**, das anzuwenden ist, wenn distinct units hergestellt werden, wenn, in deutscher Terminologie, Stückgüter hergestellt werden.[2] Unter diesen Umständen wird versucht, die Kosten Stück für Stück der hergestellten Güter zu erfassen. Die verbleibenden Kosten werden in einem cost pool oder in mehreren cost centers zusammengefasst und von diesen auf die Mengeneinheiten der Produkte verteilt. Es handelt sich also in deutscher Terminologie um eine Zuschlagskostenrechnung.

3) Im Laufe der Zeit wurden die Gedanken des process costing partiell auf die Verhältnisse übertragen, in denen sonst ausschließlich das job order costing angewandt wurde. Statt von process costing wird nunmehr auch von **activity based costing**, activity costing, activity accounting oder transaction accounting gesprochen.[3]

Diese Art der Kostenrechnung hat schließlich Eingang in die deutschsprachige Literatur gefunden und wurde hier weiterentwickelt. Es wird von **Prozesskostenrechnung** gesprochen,[4] obwohl eine Identität mit dem, was in der angloamerikanischen Literatur als process costing bezeichnet wird, nicht mehr besteht. Daraus ergeben sich immer wieder Missverständnisse, die man bei besserer Begriffswahl leicht hätte vermeiden können.

---

[1] Vgl. Horngren, Charles T./ Datar, Srikant M./ Foster, George: Cost Accounting, S. 99.

[2] Vgl. Horngren, Charles T./ Datar, Srikant M./ Foster, George: Cost Accounting, S. 99; Horngren, Charles T./ Sundem, Gary L./ Stratton, William O.: Introduction to Management Accounting, S. 633.

[3] Vgl. Horngren, Charles T./ Datar, Srikant M./ Foster, George: Cost Accounting, S. 144 ff.; Horngren, Charles T./ Sundem, Gary L./ Stratton, William O.: Introduction to Management Accounting, S. 140 ff.

[4] Vgl. Fröhling, Oliver: Dynamisches Kostenmanagement, S. 144; Horváth, Péter/ Mayer, Reinhold: Prozesskostenrechnung, Der neue Weg zu mehr Kostentransparenz und wirkungsvolleren Unternehmensstrategien, S. 216 ff.; Wilkens, Klaus: Kosten- und Leistungsrechnung, S. 501.

VI. Weitere Erscheinungsformen der Kostenrechnung

4) Der Grund für die Entwicklung der Prozesskostenrechnung ist in der großen und noch zunehmenden Bedeutung der Gemeinkosten sowie in der Unzufriedenheit mit der Verrechnung der Gemeinkosten zu sehen.

Abgesehen davon, dass manche Autoren die Verrechnung der Gemeinkosten auf die Mengeneinheiten der Produkte gänzlich ablehnen, andere Autoren die Verrechnung nur der variablen Gemeinkosten für gerechtfertigt halten, erscheint vielen Autoren die übliche Verrechnung der Gemeinkosten auf der Basis der Einzelkosten zu pauschal, zu ungenau.

Daher wird empfohlen, wenn nicht alle Gemeinkosten, so doch zumindest einen Teil auf der Grundlage von in Anspruch genommenen Prozessen auf die Mengeneinheiten der Produkte zu verrechnen.

5) Bei einer Prozesskostenrechnung ist in folgenden Schritten vorzugehen (vgl. Abbildung 114):

a) Es sind geeignete Abteilungen oder Kostenstellen auszuwählen, nämlich solche, für welche repetitive Prozesse typisch sind. Als Beispiele werden in der Literatur vorwiegend der Einkauf und der Verkauf genannt.

b) Es sind die Tätigkeiten zu ermitteln und zu analysieren, welche in der ausgewählten Kostenstelle auszuführen sind. Unter einer **Tätigkeit** wird dabei die kleinste betrachtete Ausführungseinheit in einer Kostenstelle verstanden, die in Richtung auf ein Arbeitsergebnis unternommen wird.[1] Als Beispiele für solche Tätigkeiten seien genannt: im Einkauf Anfragen bei Lieferanten, Erteilen von Bestellungen, Prüfen der eingegangenen Güter, Prüfen der erhaltenen Rechnungen; im Verkauf Bearbeitung von eingehenden Anfragen, Auslieferung der bestellten Güter, Erstellen der zu versendenden Rechnungen, Bearbeiten von Reklamationen.

Die einzelnen Tätigkeiten werden noch zu sog. **Teilprozessen** zusammengefasst. Unter einem Teilprozess ist ein Bündel von sachlich aufeinander bezogenen Tätigkeiten in einer Kostenstelle zu verstehen, das zu einem Arbeitsergebnis führt.[2] Als Beispiele für solche Teilprozesse seien genannt: im Einkauf Material bestellen, Liefereranten betreuen; im Verkauf Produkte ausliefern, Kunden betreuen.

Die Teilprozesse werden schließlich u. U. zu sog. **Hauptprozessen** verdichtet. Es handelt sich dabei um eine kostenstellenübergreifende Aggregation sachlogisch zusammengehöriger Teilprozesse.[3] Teilprozesse der Kostenstellen Einkauf, Qualitätssicherung und Materiallagerung könnten beispielsweise zu einem Hauptprozess Materialbereitstellung zusammengefasst werden.

c) Es sind die Kosten zu ermitteln, die in einer bestimmten Periode für eine Tätigkeit bzw. für einen Teilprozess entstanden sind. Da die Ermittlung der Kos-

---

[1] Vgl. Wilkens, Klaus: Kosten- und Leistungsrechnung, S. 500.
[2] Vgl. Schweitzer, Marcell/ Küpper, Hans-Ulrich: Systeme der Kosten- und Erlösrechnung, S. 351; Wilkens, Klaus: Kosten- und Leistungsrechnung, S. 500.
[3] Vgl. Coenenberg, Adolf Gerhard: Kostenrechnung und Kostenanalyse, S. 213; Wilkens, Klaus: Kosten- und Leistungsrechnung, S. 500.

ten für die einzelnen Tätigkeiten oft als zu mühevoll angesehen wird, werden üblicherweise gleich die Kosten der Teilprozesse ermittelt.

Dabei liegt es nahe, mit den Kosten des Personaleinsatzes zu beginnen und die für einen Teilprozess erforderliche Arbeitszeit zu ermitteln sowie mit dem Lohnbzw. Gehaltssatz pro Zeiteinheit zu bewerten. In ähnlicher Weise müssten die Kosten der anderen eingesetzten Faktoren bestimmt werden, was aber viel Mühe bereitet. Daher werden meistens die Kosten des Personaleinsatzes als repräsentativ für die Kosten aller eingesetzten Faktoren angesehen und die in einer Kostenstelle insgesamt angefallenen Kosten auf Basis der Arbeitszeit (z. B. der Anzahl der Personenjahre pro Teilprozess) oder der bewerteten Arbeitszeit (d. h. der Höhe der Löhne und Gehälter) auf die Teilprozesse verrechnet.[1]

Da man von vornherein Kostenstellen mit repetitiven Prozessen ausgewählt hat, dürfte sich ergeben, dass die Kosten eines Teilprozesses größtenteils von der Häufigkeit der darin durchgeführten Tätigkeiten, von der sog. Prozessmenge, abhängig sind, z. B. von der Zahl der erteilten Bestellungen. Man spricht insoweit von **leistungsmengeninduzierten** Kosten sowie leistungsmengeninduzierten Teilprozessen.[2] Die Kostendeterminante wird üblicherweise als Prozessgröße bezeichnet.[3]

Ein Teil der Kosten fällt aber auch unabhängig von der jeweiligen Prozessmenge an, z. B. die Kosten für die Leitung der Abteilung. Man spricht insoweit von **leistungsmengenneutralen** Kosten sowie von leistungsmengenneutralen Teilprozessen.[4]

d) Es ist die Zahl der durchgeführten Tätigkeiten innerhalb eines Teilprozesses bzw. die Prozessmenge in der betrachteten Periode zu ermitteln. Die leistungsmengeninduzierten Kosten sind durch die Prozessmenge zu dividieren, was den sog. **Prozesskostensatz** ergibt.

Die leistungsmengenneutralen Kosten bedürfen der Umlage auf die leistungsmengeninduzierten Kosten, was den **Umlagesatz** ergibt. Die Umlage wird üblicherweise mit Hilfe der gleichen Schlüsselgrößen durchgeführt, die bereits bei der Verteilung der insgesamt angefallenen Kosten auf die Teilprozesse verwendet wurden.

Der Prozesskostensatz und der Umlagesatz ergeben zusammen den **Gesamtprozesskostensatz**.

e) Es könnte ermittelt werden, welche Prozessmengen der Teilprozesse jeweils auf eine Mengeneinheit der verschiedenen Produkte entfallen. Die festgestellten Prozessmengen sind mit den jeweiligen Prozesskostensätzen bzw. Gesamtprozesskostensätzen zu multiplizieren, womit man die **Prozesskosten bzw. Gesamtprozesskosten pro Mengeneinheit** der verschiedenen Produkte erhält.

---

[1] Vgl. Götze, Uwe: Kostenrechnung und Kostenmanagement, S. 213 f.
[2] Vgl. Götze, Uwe: Kostenrechnung und Kostenmanagement, S. 212.
[3] Vgl. Coenenberg, Adolf Gerhard: Kostenrechnung und Kostenanalyse, S. 213.
[4] Vgl. Götze, Uwe: Kostenrechnung und Kostenmanagement, S. 212.

Abbildung 114:
Schritte der Prozesskostenrechnung

I. Vorbereitende Rechnungsschritte 1. Schritt: Auswahl geeigneter Abteilungen oder Kostenstellen 2. Schritt: Durchführung einer Tätigkeitsanalyse und Bildung von Teilprozessen sowie Hauptprozessen
II. Rechnungsschritte auf Teilprozessebene 3. Schritt: Ermittlung der Kosten sowie der Prozessgrößen der Teilprozesse 4. Schritt: Ermittlung der Prozessmengen sowie des Prozesskostensatzes, des Umlagesatzes und des Gesamtprozesskostensatzes für die Teilprozesse 5. Schritt: u. U. Ermittlung der Prozesskosten bzw. Gesamtprozesskosten pro Produkt sowie pro Mengeneinheit der Produkte
III. Rechnungsschritte auf Hauptprozessebene 6. Schritt: Ermittlung der Kosten sowie der cost driver der Hauptprozesse 7. Schritt: Ermittlung der Prozessmengen sowie des Prozesskostensatzes und des Gesamtprozesskostensatzes für die Hauptprozesse 8. Schritt: Ermittlung der Prozesskosten bzw. Gesamtprozesskosten pro Produkt sowie pro Mengeneinheit der Produkte

Da die Ermittlung der Prozesskosten pro Mengeneinheit der Produkte mit Hilfe der Prozesskostensätze auf Teilprozessebene große Mühe bereitet, entfällt oftmals dieser Schritt. Stattdessen werden gleich Hauptprozesse betrachtet.

f) Es sind die Prozesskosten je Hauptprozess zu bestimmen. Dazu werden die Kosten der in den Hauptprozess einfließenden Teilprozesse, entweder nur die leistungsmengeninduzierten Kosten oder die Gesamtkosten, addiert. Anschließend sind für die Hauptprozesse Prozessgrößen festzulegen. Diese werden üblicherweise als **cost driver** bezeichnet.[1] Problematisch ist dabei, dass in einen Hauptprozess oftmals Teilprozesse mit unterschiedlichen Prozessgrößen einfließen.

g) Es sind die Prozessmengen der Hauptprozesse zu bestimmen. Werden die Kosten des Hauptprozesses durch die Prozessmenge dividiert, erhält man den **Hauptprozesskostensatz**. Dieser kann entweder nur die Kosten der leistungsmengeninduzierten Teilprozesse enthalten oder alle Kosten.

h) Es ist zu ermitteln, welche Prozessmengen der Hauptprozesse jeweils auf eine Mengeneinheit der verschiedenen Produkte entfallen. Diese werden auch als Prozesskoeffizienten bezeichnet.[2] Die festgestellten Prozessmengen sind mit den

---

[1] Vgl. Coenenberg, Adolf Gerhard: Kostenrechnung und Kostenanalyse, S. 213; Wilkens, Klaus: Kosten- und Leistungsrechnung, S. 500.

[2] Vgl. Götze, Uwe: Einsatzmöglichkeiten und Grenzen der Prozeßkostenrechnung, S. 156; Schweitzer, Marcell/ Küpper, Hans-Ulrich: Systeme der Kosten- und Erlösrechnung, S. 355.

jeweiligen Prozesskostensätzen bzw. Gesamtprozesskostensätzen zu multiplizieren, womit man die **Prozesskosten bzw. Gesamtprozesskosten pro Mengeneinheit** der verschiedenen Produkte erhält.

6) Anhand eines Beispiels von Michel, Torspecken und Jandt soll die Ermittlung von Teilprozesskosten sowie Teilprozesskostensätzen sowie von Hauptprozesskosten und Hauptprozesskostensätzen verdeutlicht werden (vgl. Abbildung 115).[1] Darin werden drei Kostenstellen unterschieden: Einkauf und Organisation, Qualitätssicherung sowie Materiallagerung. Von diesen soll hier die Kostenstelle „Einkauf und Organisation" betrachtet werden, die in 7 Teilprozesse unterteilt wurde.

Ausgegangen wird von einer Kostensumme von 661.500 €, die für die Kostenstelle insgesamt angefallen ist. Dann wird festgestellt, wie viele Mitarbeiter für die einzelnen Teilprozesse zuständig sind und wie viel Zeit sie benötigen, hier 6,3 Personenjahre für die Kostenstelle insgesamt. Die Kostensumme wird durch die Personenjahre dividiert, was einen Kostensatz von 105.000 € pro Personenjahr ergibt. Die jeweiligen Personenjahre für die einzelnen Teilprozesse werden dann mit diesem Kostensatz multipliziert. Es ergeben sich die Kosten für die einzelnen Teilprozesse, z. B. für den Teilprozess „Material bestellen - Rahmenverträge" 131.250 € (105.000 € * 1,25 Personenjahre).

Die Kosten des Teilprozesses „Abteilung leiten" werden anschließend auf die leistungsmengeninduzierten Kosten verteilt. Dazu wird die Gesamtsumme von 36.750 € durch die für die leistungsmengeninduzierten Prozesse insgesamt erforderlichen Personenjahre (hier 5,95 Personenjahre) dividiert (hier gerundet 6.180 €[2] pro Personenjahr) und mit den einzelnen Personenjahren multipliziert. So ergeben sich beispielsweise für den Teilprozess „Material bestellen - Rahmenverträge" 7.720 €.

Die Prozesskostensätze auf Basis der leistungsmengeninduzierten Kosten sowie der Gesamtkosten ergeben sich durch Division der Kosten der Teilprozesse durch die jeweiligen Prozessmengen, beispielsweise für den Teilprozess „Material bestellen - Rahmenverträge", in dem 4.200 Abrufe durchgeführt wurden, 31,23 € bzw. 33,09 € pro Abruf.

Anschließend werden verschiedene Teilprozesse aus den drei Kostenstellen zum Hauptprozess „Material bereitstellen" zusammengefasst. Es ergeben sich für den Hauptprozess leistungsmengeninduzierte Kosten in Höhe von 899.250 € sowie Gesamtkosten in Höhe von 974.800 €. Als cost driver wird für diesen Hauptprozess die Anzahl der Gitterboxen verwendet, da die Bereitstellung des Materials über Gitterboxen erfolgt. Bei 4.500 Gitterboxen ergibt sich ein Prozesskostensatz von 199,83 bzw. ein Gesamtprozesskostensatz von 216,62 €.

---

[1] Vgl. Michel, Rudolf/ Torspecken, Hans-Dieter/ Jandt, Jürgen: Neuere Formen der Kostenrechnung mit Prozeßkostenrechnung, S.238 ff.

[2] Der Ermittlung liegen, wie in der Quelle, auf glatte Zehnerbeträge gerundete Zahlen zugrunde.

VI. Weitere Erscheinungsformen der Kostenrechnung 287

Abbildung 115:
Beispiel für die Ermittlung von Prozesskosten und Prozesskostensätzen für Teilprozesse und Hauptprozesse

1) Ermittlung der Prozesskosten und der Prozesskostensätze für die Teilprozesse der Kostenstelle „Einkauf und Organisation":

Art der Teilprozesse		Art und Zahl der Prozessgröße		Mitarbeiter [Personenjahre]	Prozesskosten [€/Periode]			Prozesskostensatz [€/Prozessmenge]	
Nr.	Bezeichnung	Art	Menge	Anzahl	lmi	lmn-Umlage	gesamt	lmi	gesamt
01	Material bestellen - Rahmenverträge	Abrufe	4.200	1,25	131.250	7.720	138.970	31,25	33,09
02	Material bestellen - Einzelverträge	Einzel-bestellungen	2.400	1,75	183.750	10.810	194.560	76,56	81,07
03	Lieferanten betreuen	Lieferanten	420	1,0	105.000	6.180	111.180	250,00	264,71
04	Rahmenverträge abschließen	Rahmenverträge	180	0,75	78.750	4.630	83.380	437,50	463,22
05	Reklamationen bearbeiten	Reklamationen	340	0,5	52.500	3.090	55.590	154,41	163,50
06	Organisationspläne ändern	Organisations-änderungen	80	0,7	73.500	4.320	77.820	918,75	972,75
07	Abteilung leiten			0,35					
	Summe			6,3	624.750	36.750	661.500		

2) **Ermittlung der Prozesskosten und des Prozesskostensatzes für den Hauptprozess „Material bereitstellen":**

Kostenstelle	Teilprozess		Prozessgröße und Prozessmenge im Hauptprozess		Teilprozesskosten im Hauptprozess [€/Periode]	
	Nr.	Bezeichnung	Art	Menge	lmi	gesamt
Einkauf und Organisation	01	Material bestellen - Rahmenverträge	Abrufe	4.200	131.250	138.970
	02	Material bestellen - Einzelverträge	Einzelbestellungen	2.400	183.750	194.560
	03	Lieferanten betreuen	Lieferanten	420	105.000	111.180
	04	Rahmenverträge abschließen	Rahmenverträge	180	78.750	83.380
	05	Reklamationen bearbeiten	Reklamationen	340	52.500	55.590
Qualitäts-sicherung		verschiedene Teilprozesse	verschiedene Prozessgrößen		138.000	146.12
Material-lagerung		verschiedene Teilprozesse	verschiedene Prozessgrößen		210.000	245.000
Hauptprozesskosten [€/Periode]					899.250	974.800
Hauptprozesskostensatz [€/ME]			Gitterboxen	4.500	199,83	216,62

Quelle: In Anlehnung an Michel, Rudolf/ Torspecken, Hans-Dieter/ Jandt, Jürgen: Neuere Formen der Kostenrechnung mit Prozesskostenrechnung, S. 244 ff. (die gerundeten Zahlen wurden übernommen)

VI. Weitere Erscheinungsformen der Kostenrechnung

7) Anhand eines weiteren und einfacheren Beispiels wird gezeigt, was oft unterbleibt, nämlich wie die Materialgemeinkosten mit Hilfe von Teilprozesskostensätzen auf die Mengeneinheiten einzelner Produkte verrechnet werden können (vgl. Abbildung 116).

Dabei wird die Kostenstelle „Einkauf", für die die gesamten Materialgemeinkosten angefallen sind, in vier Teilprozesse aufgespalten, von denen drei leistungsmengeninduziert und einer leistungsmengenneutral ist. Die Ermittlung der Teilprozesskostensätze erfolgt wie oben dargestellt. Vereinfachend wird anschließend keine Zusammenfassung von Teilprozessen zu Hauptprozessen vorgenommen, sondern die ermittelten Teilprozesskostensätze werden direkt zur Verrechnung der Materialgemeinkosten auf die Produkte herangezogen. Die anderen Gemeinkosten werden wie in der Zuschlagskostenrechnung üblich auf die Produkte verrechnet. Es ergeben sich für Produkt X Selbstkosten in Höhe von 286,05 €/ME und für Produkt Y Selbstkosten in Höhe von 146,84 €/ME.

Gegenübergestellt wird dieser Verrechnung die übliche Verrechnung der Materialgemeinkosten auf der Basis der Einzelkosten. Danach ergeben sich für Produkt X Selbstkosten in Höhe von 244,93 €/ME und für Produkt Y Selbstkosten in Höhe von 163,29 €/ME. Die Veränderung liegt darin begründet, dass Produkt Y zwar hohe Materialeinzelkosten hat, im Einkauf aber weniger Prozesse in Anspruch nimmt.

8) Im Beispiel in Abbildung 116 wird die Prozesskostenrechnung mit anderen Formen der Kostenrechnung kombiniert. Die Gemeinkosten sog. direkter Bereiche,[1] wie diejenigen der Fertigung, werden über Maschinenstunden auf die Kostenträger verrechnet. Die Gemeinkosten sog. indirekter Bereiche, für die Prozesse gebildet werden können, z. B. für die Materialgemeinkosten und die Vertriebsgemeinkosten, erfolgt die Verrechnung mit Hilfe von Prozesskostensätzen, entweder auf Teilprozessebene oder auf Hauptprozessebene. Gemeinkosten indirekter Bereiche, für die keine Prozesse gebildet wurden, da beispielsweise der Produktbezug fehlt, z. B. Verwaltungsgemeinkosten, werden weiterhin mit Hilfe von Zuschlagssätzen auf die Kostenträger verrechnet. Dieses Vorgehen wird auch als prozessorientierte Kalkulation bezeichnet.[2]

9) Des Weiteren wird diskutiert, bei Unternehmen, die Variantenfertigung betreiben, die Kosten der leistungsmengeninduzierten Prozesse in variantenabhängige und volumenabhängige Kosten aufzuspalten.[3] Dieser sog. **Variantenkalkulation** liegt die Annahme zugrunde, dass die Prozessmenge entweder von der Variantenzahl oder von dem Mengenvolumen abhängig ist. Die volumenabhängigen Kosten

---

[1] Vgl. zu den Begriffen direkte und indirekte Bereiche Wilkens, Klaus: Kosten- und Leistungsrechnung, S. 499.

[2] Vgl. Oetzel, Harald/ Ehlken, Jörg: Implementierung der Prozesskostenrechnung in einem mittelständischen Unternehmen, S. 69.

[3] Vgl. Franz, Klaus-Peter: Die Prozeßkostenrechnung, S. 125 ff.; Freidank, Carl-Christian: Kostenrechnung, S. 360 f.; Horváth, Péter/ Mayer, Reinhold: Prozeßkostenrechnung, S. 218 f.; Wilkens, Klaus: Kosten- und Leistungsrechnung, S. 513 ff.; Zimmermann, Gebhard: Grundzüge der Kostenrechnung, S. 213.

sollen direkt über den Prozess auf die Kalkulationsobjekte verrechnet werden, die variantenabhängigen Kosten dagegen zunächst auf die Varianten und dann auf die jeweiligen Kalkulationsobjekte.

Abbildung 116:
Beispiel für eine Kostenträgerrechnung im Rahmen der Prozesskostenrechnung

1) Ausgangsdaten:

	Produkt X	Produkt Y
Produktions- und Absatzmenge	10.000 ME	25.000 ME
Materialeinzelkosten	300.000 €	500.000 €
Materialgemeinkosten	880.000 €	
Fertigungseinzelkosten	600.000 €	1.000.000 €
Fertigungsgemeinkosten	2.500.000 €	
Verwaltungsgemeinkosten	289.000 €	
Vertriebsgemeinkosten	462.400 €	

2) Prozesskosten und Prozesskostensätze für die Kostenstelle "Beschaffung":

TP	PJ	Prozessgröße		Prozesskosten			Prozesskostensatz	
		Art	Menge	lmi	lmn	gesamt	lmi	gesamt
Angebote einholen	1,5	Anzahl Angebote	1.000	330.000	110.000	440.000	330,00	440,00
Bestellungen aufgeben	1,25	Anzahl Bestellungen	800	275.000	91.667	366.667	343,75	458,33
Reklamationen bearbeiten	0,25	Anzahl Reklamationen	200	55.000	18.333	73.333	275,00	366,67
Abteilung leiten	1							
Summe	4			660.000	220.000	880.000		

3) Inanspruchnahme der Teilprozesse durch die Produkte:

Inanspruchnahme	Produkt X	Produkt Y
TP Angebote einholen	800 Angebote	200 Angebote
TP Bestellungen aufgeben	650 Bestellungen	150 Bestellungen
TP Reklamationen bearbeiten	120 Reklamationen	80 Reklamationen

4) Kostenträgerrechnung bei Anwendung der Prozesskostenrechnung für die Materialgemeinkosten

Kostenarten	Produkt X	Produkt Y	Summe
Materialeinzelkosten	300.000	500.000	800.000
Materialgemeinkosten			880.000
Angebote einholen	352.000	88.000	
Bestellungen aufgeben	297.917	68.750	
Reklamationen bearbeiten	44.000	29.333	
Materialkosten	993.917	686.083	1.680.000
Fertigungseinzelkosten	600.000	1.000.000	1.600.000
Fertigungsgemeinkosten [156,25 % der Fe-EK]	937.500	1.562.500	2.500.000
Fertigungskosten	1.537.500	2.562.500	4.100.000
Herstellkosten	2.531.417	3.248.583	5.780.000
Verwaltungsgemeinkosten [5 % der HK]	126.571	162.429	289.000
Vertriebsgemeinkosten [8 % der HK]	202.513	259.887	462.400
Selbstkosten insgesamt	2.860.501	3.670.899	6.531.400
Selbstkosten pro ME	286,05	146,84	

5) Kostenträgerrechnung bei Anwendung der Zuschlagskostenrechnung:

Kostenarten	Produkt X	Produkt Y	Summe
Materialeinzelkosten	300.000	500.000	800.000
Materialgemeinkosten [110 % der Ma-EK]	330.000	550.000	880.000
Materialkosten	660.000	1.050.000	1.680.000
Fertigungseinzelkosten	600.000	1.000.000	1.600.000
Fertigungsgemeinkosten [156,25 % der Fe-EK]	937.500	1.562.500	2.500.000
Fertigungskosten	1.537.500	2.562.500	4.100.000
Herstellkosten	2.167.500	3.612.500	5.780.000
Verwaltungsgemeinkosten [5 % der HK]	108.375	180.625	289.000
Vertriebsgemeinkosten [8 % der HK]	173.400	289.000	462.400
Selbstkosten insgesamt	2.449.275	4.082.125	6.531.400
Selbstkosten pro ME	244,93	163,29	

10) Die Vorteile der Prozesskostenrechnung werden in der Literatur darin gesehen, dass sie Fehlsteuerungseffekte bezüglich der Produkt- und Preispolitik vermeidet. Dabei werden drei Effekte unterschieden, der Allokationseffekt, der Komplexitätseffekt und der Degressionseffekt.[1]

Unter dem **Allokationseffekt** wird verstanden, dass die Gemeinkosten im Rahmen der Prozesskostenrechnung in Abhängigkeit von möglichst verursachungsgerechten Prozessgrößen auf die Kostenträger verrechnet werden und damit eine im Gegensatz zu den Zuschlagsbasen der üblichen Zuschlagskostenrechnung genauere Kostenverrechnung erfolgt.

Komplexitätseffekt bedeutet, dass durch Produktkomplexität und Variantenreichtum bedingte indirekte Produktkosten in der Prozesskostenrechnung genauer abgebildet werden können als in der üblichen Zuschlagskostenrechnung.

Der **Degressionseffekt** zeigt sich daran, dass die Prozesskosten pro Mengeneinheit des Produktes bei konstanten Prozesskosten mit zunehmender Stückzahl sinken. Dadurch wird berücksichtigt, dass beispielsweise die Abwicklungskosten für einen Auftrag über 1.000 ME genauso hoch sein dürften wie die Abwicklungskosten für einen Auftrag über 200 ME. Zumindest werden sie nicht proportional mit dem Auftragswert steigen, wie in der üblichen Zuschlagskostenrechnung unterstellt.

11) Kritisch ist zu der in der Literatur vorgeschlagenen Prozesskostenrechnung zu sagen, dass sie mit einer Reihe von Problemen bei den einzelnen Teilschritten verbunden ist:

a) Die Durchführung der Tätigkeitsanalyse ist relativ aufwendig, zumal sie in gewissen Zeitabständen wiederholt werden muss, um Veränderungen bei den in die Rechnung einfließenden Größen, z. B. bei der für einen Teilprozess erforderlichen Arbeitszeit, berücksichtigen zu können.

b) Bei der Ermittlung der Kosten der Teilprozesse werden üblicherweise Schlüsselungen vorgenommen, die es fraglich erscheinen lassen, ob die Verrechnung der Gemeinkosten tatsächlich - wie in der Literatur behauptet - „verursachungsgerecht" ist. So erfolgt die Bestimmung der Kosten der Teilprozesse nicht direkt, sondern die Kosten einer Kostenstelle werden mit Hilfe der für die einzelnen Teilprozesse erforderlichen Arbeitszeit bzw. der bewerteten Arbeitszeit auf diese verrechnet. Anschließend werden auf die gleiche Weise die Kosten von leistungsmengenneutralen Teilprozessen auf die leistungsmengeninduzierten Teilprozesse verrechnet.

c) Fraglich ist auch, ob immer Prozessgrößen für Teilprozesse gefunden werden können, bei denen die unterstellte proportionale Beziehung zwischen der Höhe der Kosten und der Prozessmenge gegeben ist, beispielsweise ob jede Bestellung tatsächlich die gleichen Kosten verursacht. Das Problem kann zwar da-

---

[1] Vgl. Coenenberg, Adolf Gerhard: Kostenrechnung und Kostenanalyse, S. 222 ff.; Fröhling, Oliver: Dynamisches Kostenmanagement, S. 171 ff.

durch abgemildert werden, dass nur gleichartige Bestellungen zusammengefasst werden, aber dadurch wird die Rechnung wieder aufwendiger.

d) Besonders schwierig ist es, geeignete Kostentreiber für Hauptprozesse zu finden, da oftmals Teilprozesse mit unterschiedlichen Prozessgrößen zu einem Hauptprozess verdichtet werden. Zu fragen ist, ob damit nicht die zunächst erreichte Genauigkeit bei der Kostenverrechnung wieder aufgegeben wird.

e) Die Ermittlung der Kosten der einzelnen Produkte ist aufwendig, da jeweils festgestellt werden muss, wie oft diese einen bestimmten Teilprozess oder zumindest einen bestimmten Hauptprozess in Anspruch nehmen, z. B. wie oft für ein Produkt X Einzelbestellungen von Rohstoffen erteilt oder Abrufe getätigt wurden, wie oft für ein Produkt Y Einzelbestellungen erteilt oder Abrufe getätigt wurden usw.

Ferner ist es nicht für alle Kosten möglich, Kostentreiber zu finden, die zur Verrechnung auf die Produkte geeignet sind, da sie keinen direkten Produktbezug aufweisen, z. B. ein Großteil der Verwaltungsgemeinkosten. Die Prozesskostenrechnung muss deshalb, wie gezeigt, mit anderen Kostenrechnungssystemen kombiniert werden.

f) Die auf Basis der Prozesskostenrechnung ermittelten Kosten pro Produkt beruhen auf Vollkosten und können deshalb zu Fehlentscheidungen führen. Auch wenn diese Kritik der Teilkostenrechnung an der Vollkostenrechnung, wie in Abschnitt III.1.3. gezeigt, nicht immer gerechtfertigt ist, ist es sinnvoll, eine differenzierende Prozesskostenrechnung durchzuführen und dabei zwischen entscheidungsvariablen und entscheidungsfixen Kosten zu unterscheiden.

2. Zielkostenrechnung

1) Die **Zielkostenrechnung** ist die deutsche Übersetzung des angloamerikanischen **target costing**, das in Japan entwickelt wurde.[1] Gemeint ist damit eine Kostenrechnung, die den umgekehrten Weg als den Üblichen beschreitet. Während oft von den Kosten ausgegangen und aus diesen der Preis abgeleitet wird, will die Zielkostenrechnung vom Preis ausgehen und von diesem zurück auf die Kosten schließen. Man könnte sagen, dass der übliche Weg im Verfolgen einer kostenorientierten Preisgestaltung besteht, der gegenteilige Weg, derjenige der Zielkostenrechnung, im Verfolgen einer preisorientierten Kostengestaltung. Die Ausgangsfrage lautet also, wie hoch dürfen, damit ein bestimmter Preis erreicht wird, die Kosten eines Produkts sein, und nicht, wie sonst häufig, wie hoch muss der Preis eines Produkts sein, damit bestimmte Kosten überschritten werden.

2) Als Grund für die Entwicklung des target costing wird genannt: zunehmender Wettbewerbs- und Preisdruck, den man nur dadurch entgehen könne, dass man die

---
[1] Vgl. Horngren, Charles T./ Datar, Srikant M./ Foster, George: Cost Accounting, S. 425 ff.

Produkte mit allen ihren Komponenten und in allen ihren Funktionen stärker auf die Wünsche der Kunden ausrichte.[1] Damit müsse man bereits in der Entwicklungsphase eines Produkts beginnen, dann nach einer empirischen Untersuchung würden 80-90 % der Kosten bereits vor der Produktion der ersten Mengeneinheit festgelegt werden.[2]

3) Wenn man, entsprechend dem target costing, von einem Preis zurück auf die Kosten schließen will, wäre es widersinnig, als Ausgangspunkt einen von Kosten abgeleiteten Preis wählen zu wollen. Die Zielkostenrechnung muss also entweder von einem **konkurrenzorientierten Preis** oder von einem **nachfrageorientierten Preis** ausgehen. Der erste Weg wird mit „out of competitor", der zweite Weg mit „market into company" umschrieben.[3] Dabei ist es einfacher, einen Preis von Konkurrenten zu übernehmen und gegebenenfalls zu modifizieren als einen Preis aus den Bedürfnissen und der Kaufkraft der Nachfrager ableiten zu wollen. Ein direkter Bezug zum Kunden ist aber nur bei einem nachfrageorientierten Preis gegeben, so dass allein dieser Weg hier weiter verfolgt werden soll.

4) Um zu einem target price und von diesem zu target costs zu gelangen, kann in folgenden Schritten vorgegangen werden (vgl. Abbildung 117), wie hier an einem Beispiel von Götze gezeigt sei, das leicht verändert und erweitert wurde[4] (vgl. Abbildung 118):

a) Es wird ein **Produktentwurf** vorgelegt, indem man von den durch die Marktforschung ermittelten Kundenwünschen hinsichtlich Eigenschaften und Funktionen des potentiellen Produkts ausgeht. Im Beispiel wird ein Diskman mit den Produkteigenschaften Klang, Stabilität, Zuverlässigkeit und Stromverbrauch betrachtet.

b) Es wird versucht, eine Preisabsatzfunktion für das Produkt aufzustellen und aus dieser die Umsatzfunktion. Der Umsatzfunktion wird jedoch nicht, wie sonst üblich, die Kostenfunktion gegenübergestellt. Von den Kosten wird zunächst abgesehen. Deshalb wird auch nicht, wie sonst üblich, ein gewinnmaximaler Preis bestimmt. Stattdessen wird der im Umsatzmaximum erreichbare Preis ermittelt und als **allowable price** bzw. **target price** (erlaubter Preis bzw. Zielpreis) festgelegt. Im Beispiel ergibt sich ein umsatzmaximaler Preis von 200 €/ME sowie eine umsatzmaximale Menge von 300.000 ME.

c) Von dem zum allowable price erreichbaren Umsatz (hier 60 Mio. €) wird ein erwünschter Gewinn abgezogen, der auf Basis einer gewünschten Umsatzrendite (hier 18 %) ermittelt wird, wobei im Fall einer konstanten Umsatzrendite das

---

[1] Vgl. Seidenschwarz, Werner: Target Costing, S. 7.
[2] Vgl. Coenenberg, Adolf Gerhard/ Fischer, Thomas/ Schmitz, Jochen: Target Costing und Product Life Cycle Costing als Instrumente des Kostenmanagements, S. 1 f.; Coenenberg, Adolf Gerhard/ Fischer, Thomas/ Schmitz, Jochen: Target Costing und Product Life Cycle Costing als Instrumente des Kostenmanagements, S. 197 f.
[3] Vgl. Ederer, Franz: Target Costing - Kalkulieren vom Markt her, S. 523 ff; Seidenschwarz, Werner: Target Costing - Ein japanischer Ansatz für das Kostenmanagement, S. 199 f.
[4] Vgl. Götze, Uwe, Kostenrechnung und Kostenmanagement, S. 279 ff.

Umatzmaximum mit dem Gewinnmaximum identisch ist. Es verbleiben die allowable costs, die erlaubten Kosten (hier 49,2 Mio. € insgesamt bzw. 164,-- €/ME).

d) Diesen allowable costs werden die sog. **drifting costs** (die gegenwärtigen, die anfallenden Kosten, die Standardkosten) gegenübergestellt. Sie sind mit Hilfe der üblichen Kostenrechnungssysteme zu bestimmen. Im Beispiel betragen sie 204,-- €/ME. Meistens werden, wie hier, die drifting costs die allowable costs übersteigen. Ziel des Unternehmens ist es aber, die allowable costs nicht zu überschreiten, so dass die allowable costs als **target costs** (Zielkosten) festgelegt werden, wie im Beispiel unterstellt. Vielfach wird auch vorgeschlagen, zunächst ein weniger ehrgeiziges Ziel zu verfolgen und die target costs in der Spanne zwischen den drifting costs und den allowable costs festzulegen. Häufig wird einfach der Mittelwert gebildet.

Abbildung 117:
Schritte der Zielkostenrechnung

I. Bestimmung der target costs des Produktes
1. Schritt: Entwicklung eines ersten Produktentwurfs
2. Schritt: Aufstellung der Preisabsatzfunktion sowie der Umsatzfunktion und Ermittlung des im Umsatzmaximum erzielbaren Preises (allowable price, target price)
3. Schritt: Ermittlung der allowable costs durch Abzug des erwünschten Gewinns
4. Schritt: Vergleich der allowable costs mit den drifting costs und Ableitung der target costs des Produktes
II. Bestimmung der target costs der Produktkomponenten (Zielkostenspaltung)
5. Schritt: Festlegung der Produktkomponenten
6. Schritt: u. U. Abzug der Gemeinkosten, die keinen direkten Bezug zu den Produktkomponenten haben, von den target costs
7. Schritt: Festlegung der von den Kunden gewünschten Produktfunktionen sowie Gewichtung der Produktfunktionen aus Kundensicht
8. Schritt: Bestimmung des Beitrags der Produktkomponenten zur Erfüllung der Produktfunktionen
9. Schritt: Ermittlung der Nutzenanteile und der target costs der Produktkomponenten
III. Analyse der ermittelten target costs
10. Schritt: Ermittlung des Kostenreduktionsbedarfs
11. Schritt: Ermittlung des Zielkostenindex nach Tanaka
12. Schritt: Ermittlung eines alternativen Zielkostenindex
13. Schritt: Aufstellung des Zielkostenkontrolldiagramms

Abbildung 118:
Beispiel für die Durchführung des Target Costing bei einem Diskman

1) Festlegung des Produkts (Diskman):

Festlegung der Produktkomponenten:
Gehäuse; Abtastsystem; Leiterplatte und Verstärker; Antrieb

Festlegung der von den Kunden gewünschten Produkteigenschaften:
Klang; Stabilität; Zuverlässigkeit; Stromverbrauch

2) Ermittlung der target costs des Produkts (Diskman):

Preisabsatzfunktion: $\quad p(x) = 400 - \dfrac{1}{1.500} x$

Ableitung der umsatzmaximalen Preis-Absatzmengen-Kombination:

$$U(x) = p(x) * x = 400x - \dfrac{1}{1.500} x^2$$

$$U'(x) = 400 - \dfrac{1}{750} x = 0$$

$$x = 300.000 \text{ ME}$$

$$p = 200 \text{ €/ME}$$

Ableitung der gewinnmaximalen Preis-Absatzmengen-Kombination:
bei konstanter Umsatzrendite mit umsatzmaximaler Preis-Absatzmengen-Kombination identisch (gewünschte Umsatzrendite 18 %)

Bestimmung der allowable costs:

	Umsatz	200 * 300.000	= 60.000.000 €
-	Gewinnanteil	18 % von 60.000.000	= 10.800.000 €
=	allowable costs		49.200.000 €
	allowable costs pro ME		164,-- €/ME

Ermittlung der drifting costs:
Annahme: 204,-- €/ME

Ableitung der target costs:
Festlegung der target costs in Höhe der allowable costs (164,-- €/ME)

3) Ermittlung der in die Zielkostenspaltung eingehenden Kosten:

Ermittlung der in die Zielkostenspaltung eingehenden target costs:

	gesamte Zielkosten	49.200.000 €
-	produkt- und komponentenferne Gemeinkosten	16.200.000 €
=	in die Zielkostenplanung eingehende Zielkosten	33.000.000 €
	pro Mengeneinheit	110,-- €/ME

VI. Weitere Erscheinungsformen der Kostenrechnung

Anpassung der drifting costs:

gesamte Standardkosten (204 * 300.000)	61.200.000 €
- produkt- und komponentenferne Gemeinkosten	16.200.000 €
= in die Zielkostenplanung eingehende Standardkosten	45.000.000 €
pro Mengeneinheit	150,-- €

4) Ermittlung der target costs der Produktkomponenten (Zielkostenspaltung)

Gewichtung der Produktfunktionen aus Kundensicht:

Klang: 40 %
Stabilität: 10 %
Zuverlässigkeit: 30 %
Stromverbrauch: 20 %

Beiträge der Komponenten zur Erfüllung der Produktfunktionen:

Funktionen Komponenten	Klang	Stabilität	Zuverlässigkeit	Stromverbrauch
Gehäuse	0 %	60 %	25 %	0 %
Abtastsystem	30 %	20 %	45 %	10 %
Leiterplatte und Verstärker	50 %	5 %	15 %	40 %
Antrieb	20 %	15 %	15 %	50 %
Summe	100 %	100 %	100 %	100 %

Ermittlung der Nutzenanteile:

Funktionen Komponenten	Klang (40 %)	Stabilität (10 %)	Zuverlässigkeit (30 %)	Stromverbrauch (20 %)	Nutzenanteil
Gehäuse	0 %	6 %	7,5 %	0 %	13,5 %
Abtastsystem	12 %	2 %	13,5 %	2 %	29,5 %
Leiterplatte und Verstärker	20 %	0,5 %	4,5 %	8 %	33 %
Antrieb	8 %	1,5 %	4,5 %	10 %	24 %

Ermittlung der target costs der Komponenten:

Gehäuse	0,135	* 110	=	14,85 €
Abtastsystem	0,295	* 110	=	32,45 €
Leiterplatte u. Verstärker	0,33	* 110	=	36,30 €
Antrieb	0,24	* 110	=	26,40 €
Summe				110,-- €

Bestimmung der Standardkosten für die Produktkomponenten:

Gehäuse	30,-- €
Abtastsystem	35,-- €
Leiterplatte und Verstärker	30,-- €
Antrieb	55,-- €
Summe	150,-- €

5) Vergleich der Zielkosten und Standardkosten der Produktkomponenten:

Ermittlung des Kostenreduktionsbedarfs:

Ergebnisgröße Komponenten	Zielkosten (1)	Standardkosten (2)	Kostenreduktionsbedarf (1-2)
Gehäuse	14,85	30,--	- 15,15
Abtastsystem	32,45	35,--	- 2,55
Leiterplatte und Verstärker	36,30	30,--	+ 6,30
Antrieb	26,40	55,--	- 28,60

Ermittlung des Zielkostenindex nach Tanaka:

Ergebnisgröße Komponenten	Nutzenanteil in % (1)	Kostenanteil in % (2)	Zielkostenindex nach Tanaka (1:2)
Gehäuse	13,5	20	0,675
Abtastsystem	29,5	23,33	1,26
Leiterplatte und Verstärker	33	20	1,65
Antrieb	24	36,67	0,65

Ermittlung eines alternativen Zielkostenindex:

Ergebnisgröße Komponenten	Zielkosten (1)	Standardkosten (2)	alternativer Zielkostenindex (1:2)
Gehäuse	14,85	30	0,50
Abtastsystem	32,45	35	0,93
Leiterplatte und Verstärker	36,30	30	1,21
Antrieb	26,40	55	0,48

4) Die Zielkostenrechnung endet hiermit jedoch noch nicht, sondern setzt sich fort, indem die Zielkosten noch differenziert nach Produktkomponenten betrachtet

werden (sog. **Zielkostenspaltung**). Insofern handelt es sich bei der Zielkostenrechnung ansatzweise auch um eine produktionsfaktorbezogene Kostenrechnung. Dies geschieht in folgenden Schritten (vgl. Abbildung 117):

a) Man betrachtet das Produkt nach seinen Bestandteilen und legt die **Produktkomponenten** fest. Im Beispiel besteht der Diskman aus den Produktkomponenten Gehäuse, Abtastsystem, Leiterplatte und Verstärker sowie Antrieb.

b) Von den gesamten Zielkosten werden u. U. Gemeinkosten, die keinen direkten Bezug zu den Produktkomponenten aufweisen, abgezogen.[1] Dazu gehören produktferne Gemeinkosten, wie die Kosten der Unternehmensführung, sowie produktbezogene, aber komponentenferne Gemeinkosten, wie die Entwicklungskosten oder Vertriebskosten. Es verbleiben als **in die Zielkostenspaltung eingehende target costs** die produktnahen und komponentenbezogenen Gemeinkosten, wie Materialkosten der Rohstoffe und Zuliefererteile, Fertigungskosten sowie Gemeinkosten in Einkauf, Logistik und fertigungsnahen Bereichen. Im Beispiel betragen, bei gesamten target costs von 49,2 Mio. €, die produkt- und komponentenfernen Gemeinkosten 16,2 Mio. €. Damit betragen die in die Zielkostenspaltung eingehenden target costs 33 Mio. € insgesamt bzw. 110,-- €/ME.

Wenn nicht die vollen target costs in die Zielkostenspaltung eingehen, bedürfen auch die drifting costs der Anpassung. Dabei bestehen zwei Möglichkeiten: Entweder werden die vollen drifting costs um die produkt- und komponentenfernen Gemeinkosten vermindert oder es werden nur die produktnahen und komponentenbezogenen Gemeinkosten addiert. Im Beispiel wurde der erste Weg gewählt, wobei vereinfachend vom gleichen Betrag an produkt- und komponentenfernen Gemeinkosten ausgegangen wird. Es ergeben sich drifting costs in Höhe von 150,-- €/ME.

c) Man betrachtet das Produkt nach seinem Nutzen, seinen Funktionen für den Abnehmer und legt die vom Kunden gewünschten **Produktfunktionen** fest. Dabei wird häufig in Anlehnung an Tanaka zwischen harten und weichen Funktionen (hard und soft functions) unterschieden.[2] Unter den harten Funktionen werden technisch-objektive Eigenschaften verstanden, wie der Stromverbrauch. Unter den weichen Funktionen werden die subjektiven Eigenschaften verstanden, wie Design. Im Beispiel wurde auf eine Unterteilung auf hard and soft functions verzichtet.

Des Weiteren wird in Anlehnung an Kano vorgeschlagen, zwischen Basisanforderungen, Leistungsanforderungen und Begeisterungsanforderungen zu unterscheiden.[3] Basisanforderungen (expected attributes) sind dadurch charakterisiert, dass sie bei hohem Erfüllungsgrad keine ausreichende Kundenzufriedenheit erzeugen, während sie bei Nichterfüllung zu einer Kundenunzufriedenheit führen. Bei Leis-

---

[1] Vgl. Götze, Uwe: Kostenrechnung und Kostenmanagement, S. 273.
[2] Vgl. Freidank, Carl-Christian: Kostenrechnung, S. 382.
[3] Vgl. Rösler, Frank: Target Costing in der Automobilindustrie - Ein Anwendungsbeispiel des Zielkostenmanagements, S. 284 f.; Rösler, Frank: Target Costing für die Automobilindustrie, S. 107 ff.; Weber, Jürgen: Einführung in das Controlling, S. 468 f.

tungsanforderungen (desired attributes) besteht dagegen eine Abhängigkeit zwischen ihrem Erfüllungsgrad und der Kundenzufriedenheit. Begeisterungsasnforderungen (exciting/surprising attributes) tragen in hohem Maße dazu bei, die Kundenzufriedenheit zu erhöhen. Auch auf diese Unterscheidung soll im Folgenden verzichtet werden.

Zudem wird versucht, eine Gewichtung der ausgewählten Funktionen vorzunehmen, so wie sie potentielle Kunden vornehmen würden. Im Beispiel haben die Kunden dem Klang die höchste Bedeutung zugemessen und mit 40 % gewichtet.

d) Man betrachtet die Komponenten des Produkts und versucht zu ermitteln, wie sie zur Erfüllung der einzelnen harten und weichen Funktionen beitragen. Im Beispiel wird der Klang zu 50 % durch die Produktkomponente Leiterplatte und Verstärker beeinflusst.

e) Die Gewichtungsfaktoren der Produktfunktionen werden mit den Beiträgen der Komponenten zur Erfüllung der einzelnen Funktionen multipliziert und für die einzelnen Produktkomponenten addiert, wodurch sich die sog. **Nutzenanteile** ergeben. Mit ihrer Hilfe werden dann die target costs des Produktes auf die Produktkomponenten aufgespalten. Im Beispiel ergeben sich für die Leiterplatte und den Verstärker bei einem Nutzenanteil von 33 % target costs in Höhe von 36,30 €.

5) Um zu erkennen, ob das geplante Produkt noch verändert werden muss, sind die ermittelten target costs zu analysieren (vgl. Abbildung 117):

a) Die ermittelten target costs der Produktkomponenten werden den drifting costs der Produktkomponenten, die mit Hilfe der üblichen Kostenrechnungssysteme zu bestimmen sind, gegenübergestellt. Es ergibt sich der **Kostenreduktionsbedarf** pro Komponente. Im Beispiel zeigt sich, dass bei den Produktkomponenten Gehäuse, Abtastsystem sowie Antrieb ein Kostenreduktionsbedarf besteht. Bei der Produktkomponente Leiterplatte und Verstärker könnten dagegen höhere Kosten anfallen.

b) Es werden die Nutzenanteile den Kostenanteilen gegenübergestellt, was den sog. **Zielkostenindex nach Tanaka** ergibt.[1] Im Idealfall soll der Zielkostenindex 1 betragen. Ergibt sich ein Wert unter 1, sind Kosten senkende Maßnahmen einzuleiten. Bei einem Wert über 1 können höhere Kosten in Kauf genommen werden, etwa durch Einsatz von Komponenten mit höherer Qualität. Beim Diskman liegt der Zielkostenindex der Komponenten Gehäuse sowie Antrieb unter 1, d. h., hier sind Kosten einzusparen. Der Zielkostenindex der Komponenten Abtastsystem sowie Leiterplatte und Verstärker liegt über 1. Hier sollte über Verbesserungen nachgedacht werden, auch wenn diese die Kosten erhöhen. Die Schlussfolgerung, die sich bei der Komponente Abtastsystem aufgrund des Zielkostenindex ergibt, weicht vom Ergebnis beim Kostenreduktionsbedarf ab.

c) Um zu verhindern, dass der Kostenreduktionsbedarf und der Zielkostenindex zu unterschiedlichen Empfehlungen führen, müsste der Zielkostenindex als

---

[1] Vgl. Coenenberg, Adolf Gerhard: Kostenrechnung und Kostenanalyse, S. 453.

Quotient aus Zielkosten und Standardkosten pro Komponente ermittelt werden. Er soll hier als **alternativer Zielkostenindex** bezeichnet werden.[1]

d) Die Zielkostenindizes werden oftmals in einem **Zielkostenkontrolldiagramm** dargestellt, das aus den Achsen Nutzenanteil (bzw. Zielkosten) und Kostenanteil (bzw. Standardkosten) besteht.[2] Die 45^0-Linie entspricht dem Idealwert von 1. Um zu berücksichtigen, dass bei geringen Abweichungen von der Zielgröße ggf. noch auf Maßnahmen verzichtet werden kann, wird ein Zielkorridor festgelegt, der zudem im Bereich niedriger Teilgewichte höhere Abweichungen erlaubt. Maßnahmen sind dann erst erforderlich, wenn die Indizes außerhalb des Korridors liegen. Im Beispiel liegen die Komponenten Gehäuse und Abtastsystem noch im Zielkorridor (vgl. Abbildung 119). Maßnahmen sind in erster Linie bei den Komponenten Leiterplatte und Verstärker sowie Antrieb zu ergreifen.

6) Die gebotenen Maßnahmen sind bereits in der Entwicklungsphase zu berücksichtigen. Dazu werden so lange Produktkonzepte erarbeitet und die geschätzten drifting costs mit den target costs verglichen, bis diese erreicht sind.

Mit der Einführung des Produktes könnte dann das target costing als abgeschlossen gelten. Wurden jedoch die target costs zwischen den allowable costs und den drifting costs angesetzt, muss auch während der Marktphase noch versucht werden, Kostensenkungen zu erreichen. Langfristig sollten die drifting costs den allowable costs entsprechen.

7) Kritisch ist zum target costing zu sagen, dass es zwar wünschenswert ist, niedrige Kosten zu erreichen, dass man sich aber nicht so einfach über die drifting costs hinwegsetzen kann. Fordert das Unternehmen einen Absatzpreis in Höhe des allowable bzw. target price, müsste die Differenz zwischen den allowable costs und den drifting costs von anderen Produkten getragen werden.

Zudem ist es zwar zweckmäßig, die Kunden nach ihren Wünschen bezüglich der Funktionen eines Produkts zu befragen, aber die damit ermittelten Gewichtungsfaktoren auf die Komponenten eines Produkts zu übertragen, ist schwierig und noch problematischer ist es, diese wiederum auf die Kostenanteile der Komponenten übertragen zu wollen. Denn das unterstellte proportionale Verhältnis zwischen Kundenwünschen bzw. Kundenzufriedenheit einerseits, Nutzen und Kosten der Komponenten andererseits, dürfte oft nicht gegeben sein.

Im Übrigen handelt es sich beim target costing nicht um ein eigenständiges Kostenrechnungssystem, da zur Ermittlung der drifting costs kaum etwas gesagt wird. Aus den wenigen Andeutungen ist zu schließen, dass sie aus einer Vollkostenrechnung übernommen werden sollen. Das target costing eignet sich aber zur Überprüfung er ermittelten Kosten eines Produkts und seiner Bestandteile.

---

[1] Vgl. Fischer, Thomas M./ Schmitz, Jochen: Informationsgehalt und Interpretation des Zielkostenkontrolldiagramms im Target Costing, S. 428 f., die vorschlagen, diese Werte im Zielkostenkontrolldiagramm zu verwenden.

[2] Vgl. Fischer, Thomas M./ Schmitz, Jochen: Informationsgehalt und Interpretation des Zielkostenkontrolldiagramms im Target Costing, S. 428 ff., Götze, Uwe: Kostenrechnung und Kostenmanagement, S. 276.

Abbildung 119:
Zielkostenkontrolldiagramm

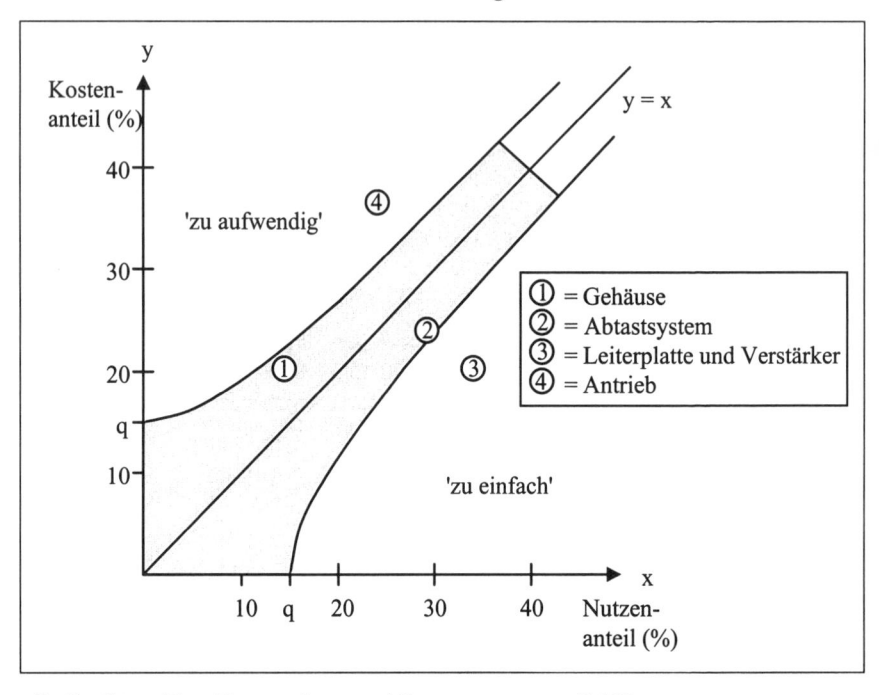

Kostenanteil (%), y-Achse bis 40
'zu aufwendig'
④
②
①
③
'zu einfach'
y = x

① = Gehäuse
② = Abtastsystem
③ = Leiterplatte und Verstärker
④ = Antrieb

x-Achse: 10, 20, 30, 40 Nutzenanteil (%)

Quelle: Götze, Uwe: Kostenrechnung und Kostenmanagement, S. 281

3. Umweltkostenrechnung

1) Wegen der wachsenden Notwendigkeit des Umweltschutzes und damit einhergehend der steigenden Bedeutung der Umweltkosten ist es angebracht, der Umweltkostenrechnung mehr Aufmerksamkeit als bisher zu widmen.

2) Bevor wir uns dieser selbst zuwenden können, bedarf es einiger begrifflicher Klärungen.

3.1. Begriff der Umwelt und der Umweltkosten

1) Unter der **Umwelt des Menschen** ist die ihn umgebende Natur zu verstehen, d. h. der Boden, das Wasser, die Luft, die Pflanzen und die Tiere. Zur **Umwelt eines einzelnen Wirtschaftssubjekts** gehören neben der natürlichen Umwelt

auch die anderen Wirtschaftssubjekte und die von ihnen geschaffenen Einrichtungen.

2) Die Umwelt wird durch die ökonomische Aktivität des Menschen verändert, zum Teil verbessert, zum Teil aber auch beeinträchtigt. Durch den **Umweltschutz** soll vor allem die natürliche Umwelt vor Beeinträchtigungen durch die ökonomische Aktivität des Menschen bewahrt werden, d. h. vor schädlichen Folgen des Produzierens und des Konsumierens von Gütern.

3) Die **Umweltkosten** können demnach generell definiert werden als die Kosten, die durch die schädlichen Folgen der ökonomischen Aktivität des Menschen entstehen, und die **Umweltschutzkosten** als die Kosten für Maßnahmen, die die Umwelt vor solchen schädlichen Folgen bewahren sollen.[1]

4) Schädliche Folgen des Wirtschaftens können sich für jede der beiden Funktionen ergeben, die die natürliche Umwelt für das Wirtschaften erfüllt.

Die erste Funktion der Natur für das Wirtschaften besteht in der Bereitstellung von Gütern, die der Mensch zum Teil sofort konsumieren kann, mit deren Hilfe er zum Teil aber auch weitere Güter für den unmittelbaren und mittelbaren Konsum produzieren kann. Die zweite Funktion der Natur für das Wirtschaften besteht darin, die bei der Produktion und Konsumtion von Gütern entstehenden Abfälle, die man als Ungüter bezeichnen kann, aufzunehmen.[2]

Die Natur ist also einerseits Lieferant von Gütern, andererseits Abnehmer von Ungütern. In ihrer ersten Funktion wird sie beeinträchtigt durch Raubbau der naturgegebenen Güter, in ihrer zweiten Funktion durch Überbelastung mit Abfall.

5) Daraus ergeben sich zwei Ansatzpunkte für Umweltschutzmaßnahmen:

a) Zum einen soll ein sparsamer Verbrauch der naturgegebenen Güter, der freien wie der knappen, bewirkt werden.

b) Zum anderen soll die Belastung der Natur mit Ungütern, die nicht völlig vermeidbar sind, begrenzt, in einem erträglichen Rahmen gehalten werden.

6) Dementsprechend können nun die Umweltschutzkosten definiert werden als: Kosten für Maßnahmen, die einen sparsamen Verbrauch der naturgegebenen Güter bewirken, sowie als Kosten für Maßnahmen, die die Belastung der Natur mit Ungütern begrenzen.[3]

7) Hier sollen nur die Kosten der zweiten Kategorie, d. h. die durch Ungüter oder Abfälle entstehenden Kosten, betrachtet werden. Daher könnte man auch von

---

[1] Vgl. zu verschiedenen Definitionen der Umweltkosten bzw. Umweltschutzkosten Bundesumweltministerium und Umweltbundesamt (Hrsg.): Handbuch Umweltcontrolling, S. 506 f.; Letmathe, Peter: Umweltbezogene Kostenrechnung, S. 13 f.; Petersen, Daniela: Industrielle Umweltkostenrechnung, S. 41 ff.; Rogler, Silvia: Industrielle Umweltkostenrechnung, S. 171 f.; Roth, Ursula: Umweltkostenrechnung, S. 107.

[2] Vgl. hierzu auch Deike, Kerstin: Auswirkungen der Umweltschutzpolitik auf die industrielle Produktion, S. 9 ff.

[3] Vgl. hierzu auch Häberle, Matthias: Betriebswirtschaftliche Analyse des Recycling, S. 3 ff.

abfallbezogener Kostenrechnung sprechen, in Ergänzung zu betriebsbezogener, abteilungsbezogener, produktbezogener und produktionsfaktorbezogener Kostenrechnung.

Die durch Abfälle entstehenden Kosten sollen hier zudem nur insoweit behandelt werden, als sie vom einzelnen Wirtschaftsbetrieb zu tragen sind. Etwaige darüber hinaus durch Abfälle auftretende negative externe Effekte, oft externe Kosten oder gar volkswirtschaftliche Kosten genannt, sollen ausgeklammert bleiben.

8) Unter **Abfällen** sind in einem Industriebetrieb unerwünschte Produktionsergebnisse zu verstehen, die zusammen mit den erwünschten Produktionsergebnissen, den zum Absatz oder zum Gebrauch im eigenen Betrieb bestimmten Produkten, anfallen. Da es sich um Produktionsergebnisse handelt, kann man auch von Abfallprodukten sprechen. Üblich ist der Begriff der Produktionsrückstände.

Ergänzend sind Abfälle zu berücksichtigen, die beim Gebrauch oder Verbrauch der zum Absatz bestimmten Produkte in den abnehmenden Betrieben und Haushalten entstehen, sofern diese vom produzierenden Betrieb zurückgenommen werden. Dabei handelt es sich zum Teil um Konsumtionsrückstände.

9) In erster Linie wird man bemüht sein, das Entstehen von Abfällen, soweit wie möglich, zu vermeiden. Daher sind unter **Umweltkosten** zum Teil **Abfallvermeidungskosten** zu verstehen.

In zweiter Linie wird man bemüht sein, die trotz des Bestrebens der Abfallvermeidung entstandenen Abfälle wieder zu verwerten. Daher sind unter Umweltkosten auch **Abfallverwertungskosten** zu verstehen.

Schließlich werden trotz des Bestrebens zur Abfallverwertung Abfälle verbleiben, die an die Natur abgegeben, d. h. in den Boden, in Gewässer oder in die Luft eingebracht werden müssen, was hier als Abfallablagerung bezeichnet werden soll, um den beschönigenden Ausdruck der Abfallbeseitigung zu vermeiden. Damit diese Abfälle möglichst schonend an die Natur abgegeben werden können, müssen sie vorher oft noch einer Behandlung unterzogen werden, die, auch etwas beschönigend, als Abfallentsorgung bezeichnet wird. Daher sind in die Umweltkosten auch die **Abfallentsorgungskosten** und die **Abfallablagerungskosten** einzubeziehen.

3.2. Zwecke der Umweltkostenrechnung

1) Als Zwecke der Umweltkostenrechnung lassen sich anführen:

a) Es sind die Kosten der Abfallvermeidung, der Abfallverwertung und der Abfallablagerung zu ermitteln und in die Kosten der Produkte mit einzubeziehen, damit sie bei der Kalkulation gewünschter Produktpreise oder, sofern die Produktpreise ein Datum sind, bei der Entscheidung über Produktion oder Nichtproduktion von Produkten berücksichtigt werden können.

b) Es sind die Kosten der Abfallvermeidung, der Abfallverwertung und der Abfallablagerung zu ermitteln, damit fundierte Entscheidungen über die Alternativen „Vermeidung, Verwertung oder Ablagerung" getroffen werden können.

c) Es sind die Kosten von Alternativen bei der Abfallvermeidung, bei der Abfallverwertung (z. B. Eigen- oder Fremdverwertung) und bei der Abfallablagerung (z. B. Einbringen in den Boden, in Gewässer oder in die Luft) zu ermitteln, damit sie bei der Wahl entsprechender Alternativen berücksichtigt werden können.

d) Es sind die voraussichtlichen Kosten der künftigen Behandlung der am Ende eines Geschäftsjahres vorhandenen Ungüter zu ermitteln, damit die für diesen Zweck gebotenen Rückstellungen in der Handels- und Steuerbilanz bemessen werden können.

2) Im Folgenden soll die Gestaltung der Umweltkostenrechnung getrennt nach den genannten Zwecken diskutiert werden.

3.3. Gestaltung der Umweltkostenrechnung zum Zweck der Einbeziehung der Umweltkosten in die Produktkosten

Zur Ermittlung der Umweltkosten, die bei der Herstellung eines Produktes anfallen, kommen grundsätzlich die gleichen Verfahren in Betracht wie in der produktbezogenen Kostenrechnung. Die übliche Kostenarten-, Kostenstellen- und Kostenträgerrechnung ist dabei um abfallbezogene Daten zu erweitern. Bei der folgenden Betrachtung soll zwischen den zuvor unterschiedenen Arten von Umweltkosten differenziert werden, d. h. zwischen Abfallentsorgungs- und Abfallablagerungskosten, Abfallverwertungskosten sowie Abfallvermeidungskosten.

3.3.1. Behandlung der Abfallentsorgungs- und Abfallablagerungskosten

1) Unter den **Abfallentsorgungskosten** sollen hier die Kosten der Behandlung der an die Natur abzugebenden Abfälle verstanden werden, unter den **Ablagerungskosten** die Kosten des Einbringens dieser Abfälle in die Natur. Der Einfachheit halber soll im Folgenden nur noch von Abfallentsorgungskosten gesprochen werden. Es stellt sich vor allem die Frage, zu welchem Zeitpunkt diese Kosten zu erfassen sind.

Eindeutig als Kosten zu erfassen sind Auszahlungen, die für die Entsorgung von Abfällen in der abgelaufenen Periode angefallen sind und die sich auf in der gleichen Periode hergestellte Produkte beziehen.

Wie sollen zukünftige Auszahlungen für die Entsorgung von Abfällen, die sich auf jetzt hergestellte Produkte beziehen, behandelt werden? Dazu gehören beispielsweise Auszahlungen für die Entsorgung von Altprodukten, die erst nach einigen Jahren zurückgegeben werden. Für diese zukünftigen Auszahlungen müssten bereits jetzt Entsorgungskosten angesetzt werden. Das bedeutet streng genommen, dass Rückstellungen in der kalkulatorischen Rechnung zu bilden sind. Zur Bemessung der Entsorgungskosten bzw. Entsorgungsrückstellungen sind die geschätzten Auszahlungen für die Entsorgung heranzuziehen, entweder in voller Höhe oder abgezinst. Wird eine Abzinsung vorgenommen, ist der Rückstellungsbetrag jährlich anzupassen. Dazu sind in Höhe des Differenzbetrages zwischen dem alten und neuen Barwert in der Betriebsergebnisrechnung Kosten anzusetzen. Ist eine Rückstellungsbildung in Vorperioden unterblieben, dürfte dieser Fehler nicht dadurch korrigiert werden, dass die Produkte der betrachteten Periode mit den für die Entsorgung der Altprodukte angefallenen Auszahlungen belastet werden. In die Betriebsergebnisrechnung müssen diese Beträge aber einfließen.

2) Die Erfassung und Verrechnung von Ablagerungskosten bzw. Entsorgungskosten ist davon abhängig, ob Einzelkosten oder Gemeinkosten vorliegen.[1] Einzelkosten im Sinne von Mengeneinheit für Mengeneinheit anfallende Kosten gibt es nur wenige. Als Beispiele können die Gebühren für die Entsorgung von Altautos und die stückbezogenen Gebühren für die „Duale System Deutschland Gesellschaft für Abfallvermeidung und Sekundärrohstoffgewinnung mbH" genannt werden. Alle anderen Entsorgungskosten sind Stückgemeinkosten. Ein Teil dieser Stückgemeinkosten ist aber u. U. produktspezifisch. Da diese produktspezifischen Entsorgungskosten nur durch die Mengeneinheiten geteilt werden müssen, um die Entsorgungskosten pro Mengeneinheit eines Produktes zu erhalten, können sie als Einzelkosten i. w. S. oder als durchschnittliche Einzelkosten angesehen werden. Dazu gehören beispielsweise Abschreibungen auf produktspezifische Mehrwegbehälter für Altprodukte oder Wagniskosten für erwartete Rücknahmeverpflichtungen von Altprodukten. Die restlichen Entsorgungskosten sind produktuniversell und stellen damit Gemeinkosten dar, z. B. Löhne und Gehälter für Arbeitskräfte in der Entsorgung oder Abwasserabgaben.

3) Die **Entsorgungseinzelkosten** sind in der Kostenartenrechnung getrennt zu erfassen. Sie können dann den Mengeneinheiten der Produkte bzw. den Produkten in der Kostenträgerrechnung direkt zugeordnet werden. Eine Kostenstellenrechnung ist nicht erforderlich.

4) Anderes gilt für die **Entsorgungsgemeinkosten**. Sie können nur über Kostenstellen auf die Produkte verrechnet werden. Dazu sind Kostenstellen zu bilden, in denen Entsorgungsleistungen erbracht werden; beispielsweise eine Kostenstelle „Kläranlage" oder eine Kostenstelle „Müllverbrennungsanlage". Im Folgenden soll eine „Kläranlage" unterstellt werden. Die Erfassung der Entsorgungsgemeinkosten auf der Kostenstelle „Kläranlage" entspricht dem üblichen Vorgehen.[2] Ein Teil der Kosten kann der Kostenstelle direkt zugeordnet werden. Es sind Kostenstelleneinzelkosten, beispielsweise Löhne für Arbeiter, die nur in der Kläranlage

---

[1] Vgl. zur Verrechnung auch Petersen, Daniela: Industrielle Umweltkostenrechnung, S. 82 ff.; Rogler, Silvia: Industrielle Umweltkostenrechnung, S. 172 ff.

[2] Vgl. Rogler, Silvia: Industrielle Umweltkostenrechnung, S. 173 f.; Roth, Ursula: Umweltkostenrechnung, S. 124 f.

beschäftigt sind. Voraussetzung ist, dass die entsprechenden Kostengüterarten in der Kostenartenrechnung differenziert erfasst werden. Bei den restlichen Kosten handelt es sich um Kostenstellengemeinkosten, die mit Hilfe von Schlüsseln verrechnet werden müssen. Ein Beispiel dafür sind die kalkulatorischen Zinsen. Als Verrechnungsmaßstab kann in diesem Fall das in der Kostenstelle, hier in der Kläranlage, gebundene Kapital verwendet werden.

5) Anschließend sind die auf der Kostenstelle „Kläranlage" erfassten Kosten auf die Produkte zu verrechnen. Dabei bestehen grundsätzlich zwei Alternativen:

a) Die Kosten der Kläranlage werden zunächst auf andere Kostenstellen verrechnet und von diesen auf die Produkte. Die Kläranlage wird in diesem Fall als Hilfskostenstelle bzw. Vorkostenstelle interpretiert.

b) Die Kosten der Kläranlage werden auf die Produkte verrechnet, ohne andere Kostenstellen zwischenzuschalten. Das bedeutet, dass die Kläranlage als Hauptkostenstelle bzw. Endkostenstelle angesehen wird.

Vgl. auch Abbildung 120.

Abbildung 120:
Erfassung und Verrechnung von Abfallentsorgungskosten

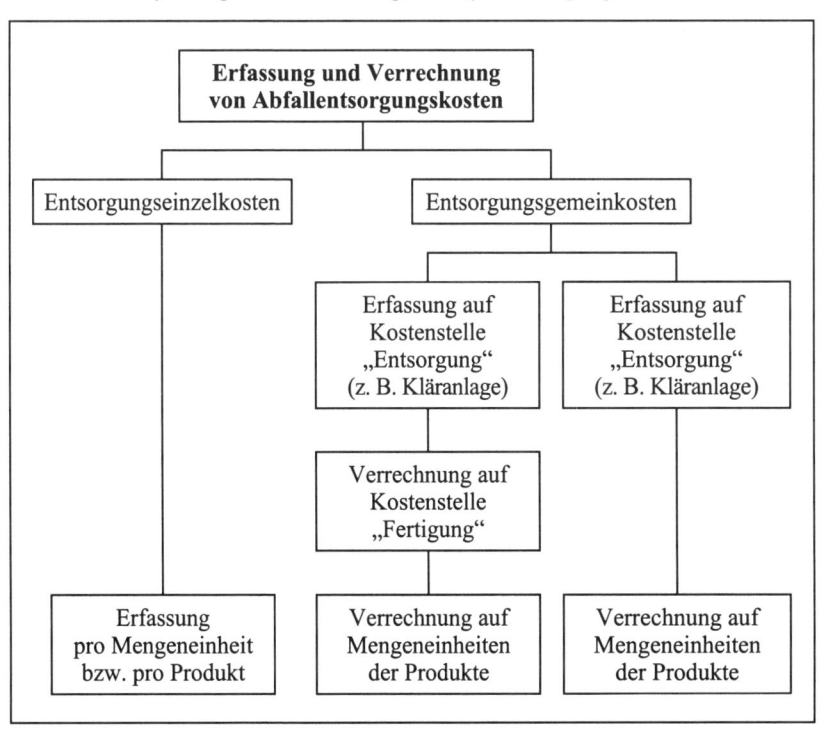

6) Wird die **Kläranlage als Hilfskostenstelle** interpretiert, sind zwei Schritte zu vollziehen (vgl. Abbildung 121):[1]

1. Schritt: Verrechnung der Kosten der Kläranlage auf andere Kostenstellen;
2. Schritt: Verrechnung der Kosten der anderen Kostenstellen (einschließlich der Kosten der Kläranlage) auf die Produkte.

Abbildung 121:
Behandlung der Entsorgungskostenstelle als Hilfskostenstelle

```
┌─────────────────────────────────────────────────────────────────┐
│                    Entsorgungskostenstelle                      │
│                     als Hilfskostenstelle                       │
│                                                                 │
│                          1. Schritt:                            │
│        Verrechnung der Kosten der Kostenstelle „Entsorgung"     │
│             auf die Hauptkostenstelle „Fertigung"               │
│                                                                 │
│     ┌──────────────────────┐    ┌──────────────────────┐        │
│     │  nach der Menge der  │    │   nach der Menge und │        │
│     │   entsorgten Abfälle │    │  der Schädlichkeit der│       │
│     │                      │    │    entsorgten Abfälle │       │
│     └──────────────────────┘    └──────────────────────┘        │
│                                                                 │
│                          2. Schritt:                            │
│  Verrechnung der Kosten der Hauptkostenstelle „Fertigung" auf die Produkte │
│                                                                 │
│     ┌──────────────────────┐    ┌──────────────────────┐        │
│     │      nach den        │    │     mit Hilfe von    │        │
│     │   Fertigungslöhnen   │    │  Maschinenstundensätzen│      │
│     └──────────────────────┘    └──────────────────────┘        │
└─────────────────────────────────────────────────────────────────┘
```

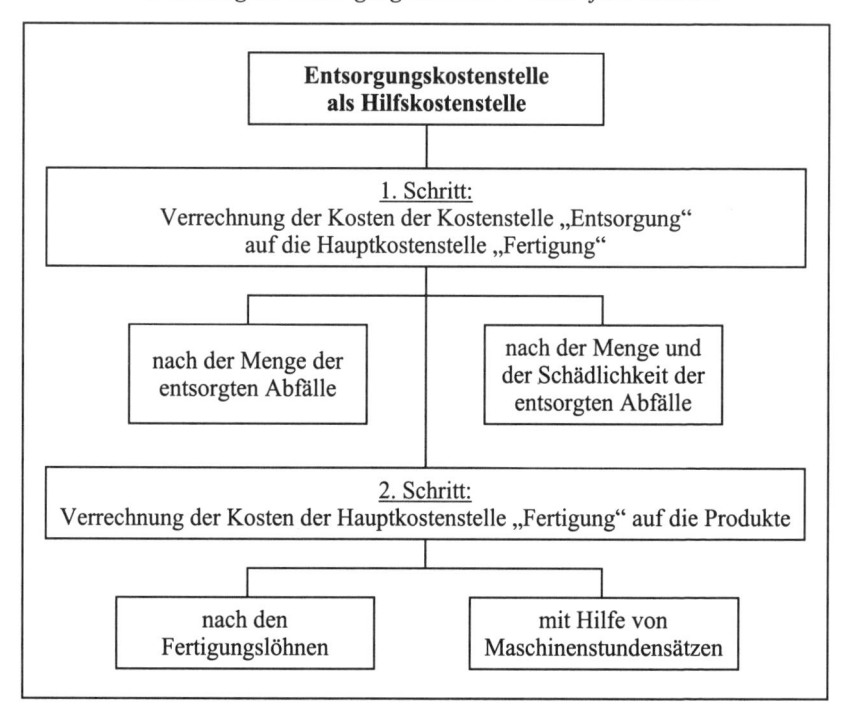

Bei der Verrechnung der Kosten der Kläranlage auf andere Kostenstellen im Rahmen der innerbetrieblichen Leistungsverrechnung sind die Kostenstellen zu belasten, in denen das Wasser verschmutzt wurde. Dies werden vor allem die Fertigungskostenstellen sein. Zur Verrechnung müssen geeignete Maßstäbe gefunden werden.[2] Als Verrechnungsmaßstab kann beispielsweise die Menge des entstandenen Abwassers verwendet werden. Dazu muss das entstandene Abwasser kostenstellenweise erfasst oder geschätzt werden können. Diese Verrechnung

---

[1] Vgl. Rogler, Silvia: Industrielle Umweltkostenrechnung, S. 173 f.

[2] Vgl. Bundesumweltministerium und Umweltbundesamt (Hrsg.): Handbuch Umweltkostenrechnung, S. 59 f.

führt aber nur dann zu einem genauen Ergebnis, wenn das Wasser von den Fertigungskostenstellen in gleicher Weise verschmutzt wird. Anderenfalls ist neben der Menge auch der Schädlichkeitsgrad des Abwassers zu berücksichtigen, da der Aufwand für die Säuberung des Abwassers unterschiedlich ist. Dazu können Äquivalenzziffern gebildet werden, beispielsweise auf Basis der Toxizitätswerte des Abwassers. Wenn zwischen den Kostenstellen gegenseitige Leistungsverflechtungen bestehen, ist es erforderlich, die Kosten der einzelnen Kostenstellen simultan zu verrechnen.

Anschließend werden die auf die Fertigungskostenstellen verteilten Kosten der Kläranlage zusammen mit den anderen Fertigungsgemeinkosten auf die Produkte verrechnet. Das bedeutet, dass für die Kosten der Kläranlage die gleiche Zuschlagsgrundlage verwendet wird wie für die restlichen Fertigungsgemeinkosten. Üblicherweise werden die Fertigungsgemeinkosten im Rahmen der Zuschlagskostenrechnung auf Basis der Fertigungseinzelkosten, d. h. der Fertigungslöhne, verrechnet. Bei diesem Vorgehen ist nicht gewährleistet, dass Produkten, bei deren Herstellung viel Abwasser anfällt, auch hohe Entsorgungskosten angelastet werden. Stattdessen werden arbeitsintensive Produkte stark belastet. Wendet das Unternehmen eine Maschinenstundensatzrechnung an, kann überlegt werden, die Kosten der Kläranlage in den Maschinenstundensatz einzurechnen. Dieses Vorgehen führt nur dann zu einem aussagefähigen Ergebnis, wenn die Abfallmenge und der Schädlichkeitsgrad des Abwassers pro Maschinenstunde bei den Produkten identisch sind. Sollen die Kosten der Kläranlage aus den Selbstkosten ersichtlich sein, damit die Umweltkosten pro Produkt ermittelt werden können, müssen für die Kosten der Kläranlage und die restlichen Fertigungsgemeinkosten getrennte Zuschlagssätze bzw. Maschinenstundensätze ermittelt werden. In diesem Fall kann die Kläranlage gleich als Hauptkostenstelle interpretiert werden.

Vgl. auch das Beispiel in Abbildung 122, das auf dem BAB aus Abbildung 25 aufbaut. In den dort ausgewiesenen Kosten sind Umweltkosten in Höhe von 110 € enthalten. Zusätzlich sind Abfallentsorgungskosten in Höhe von 400 € für eine Kläranlage angefallen. Diese werden auf einer eigenen Kostenstelle „Kläranlage" erfasst und anschließend auf die Fertigungsstufen 1 und 2 verteilt, wobei als Schlüsselgröße die in diesen Kostenstellen angefallene Abwassermenge verwendet wird. Im Rahmen der Kostenträgerrechnung werden die Kosten der Kläranlage als Umweltkosten getrennt ausgewiesen.

Abbildung 122:
Beispiel für eine Umweltkostenrechnung mit einer Umweltkostenstelle als Hilfskostenstelle

1) Kostenartenrechnung:

Einzelkosten:	*insgesamt*	*davon Umweltkosten*
Fertigungsmaterial	12.500	0
Fertigungslöhne	8.700	0
Gemeinkosten:		
Hilfsstoffe	500	0
Betriebsstoffe	1.500	0
Hilfslöhne/Gehälter	4.550	200
Abschreibungen	2.750	250
Sonstige Kosten	1.100	60

2) Kostenstellenrechnung:

Ausschnitt aus dem BAB von Abbildung 25
(Kosten der Kläranlage zusätzlich)

Kostenart	*Kläranlage*	*Fert.-Stufe 1*	*Fert.-Stufe 2*	
Hilfslöhne/Gehälter	150	1.500	1.000	...
davon Umweltkosten	(150)	(10)	(40)	...
Abschreibungen	200	1.000	500	...
davon Umweltkosten	(200)	(0)	(50)	...
Sonstige Kosten	50	200	300	...
	(50)	(0)	(10)	...
...	...	...	...	...
Summe primäre Kosten	400	3.300	2.600	...
Umlagen				
Kläranlage				
(Schlüssel: Abwassermenge)		300	100	
...		...	...	...
Summe primäre und				
sekundäre Kosten		4.500	3.700	
davon Umweltkosten		(310)	(200)	...

3) Kostenträgerrechnung:

	Produkt X		Produkt Y		Summe
Produktions- und Absatzmenge [ME]	2.000		1.000		
Kostenarten	pro ME [€]	insgesamt [€]	pro ME [€]	insgesamt [€]	[€]
Materialeinzelkosten [Ma-EK]	4,00	8.000,00	4,50	4.500,00	12.500
Materialgemeinkosten [8 % auf Ma-EK]	0,32	640,00	0,36	360,00	1.000
davon Umweltkosten	0	0	0	0	0
Materialkosten	4,32	8.640,00	4,86	4.860,00	13.500
davon Umweltkosten	0	0	0	0	0
Fertigungsstufe 1:					
Fertigungseinzelkosten [Fe-EK]	1,50	3.000,00	1,20	1.200,00	4.200
Fertigungsgemeinkosten [≈ 107 % auf Fe-EK]	1,61	3.214,29	1,29	1.285,71	4.500
davon Umweltkosten [≈ 7,4 % auf Fe-EK]	0,11	221,43	0,09	89,57	310
Fertigungsstufe 2:					
Fertigungseinzelkosten [Fe-EK]	1,00	2.000,00	2,50	2.500,00	4.500
Fertigungsgemeinkosten [≈ 82 % auf Fe-EK]	0,82	1.644,44	2,06	2.055,56	3.700
davon Umweltkosten [≈ 4,4 % auf Fe-EK]	0,04	88,89	0,11	111,11	200
Fertigungskosten	4,93	9.858,73	7,05	7.041,27	16.900
davon Umweltkosten	0,15	310,32	0,20	200,68	510
Herstellkosten [HK]	9,25	18.498,73	11,91	11.901,27	30.400
davon Umweltkosten	0,15	310,32	0,20	200,68	510
Verwaltungsgemeinkosten [≈ 2,5 % auf HK]	0,23	456,38	0,29	293,62	750
davon Umweltkosten	0	0	0	0	0
Vertriebsgemeinkosten [≈ 1,5 % auf HK]	0,14	273,83	0,18	176,17	450
davon Umweltkosten	0	0	0	0	0
Selbstkosten	9,62	19.228,94	12,38	12.371,06	31.600
davon Umweltkosten	0,15	310,32	0,20	200,68	510

7) Wird die **Kläranlage als Hauptkostenstelle** angesehen, werden die Kosten der Kläranlage ohne Zwischenschaltung anderer Kostenstellen auf die Produkte verrechnet (vgl. Abbildung 123).[1] Zur Verrechnung können verschiedene Zuschlagsgrundlagen verwendet werden. Die 1. Möglichkeit besteht darin, die Kosten der Kläranlage, d. h. die Entsorgungsgemeinkosten, nach Maßgabe der Entsorgungseinzelkosten zu verrechnen, genauso wie die Materialgemeinkosten auf Basis der Materialeinzelkosten und die Fertigungsgemeinkosten auf Basis der Fertigungseinzelkosten verteilt werden. Diese Verrechnung ist aber nur geeignet, wenn ein Zusammenhang zwischen den Entsorgungseinzelkosten und den Entsorgungsgemeinkosten besteht. Dies wird normalerweise nicht der Fall sein. Die 2. Möglichkeit besteht darin, die Kosten der Kläranlage nach der Menge des Abwassers zu verteilen. Voraussetzung ist, dass das Abwasser produktweise erfasst oder geschätzt werden kann, z. B. mit Hilfe von sog. Produktbilanzen oder Ökobilanzen.[2] Zudem muss der Schädlichkeitsgrad des Abwassers identisch sein. Die 3. Möglichkeit besteht darin, neben der Menge des Abwassers auch dessen Schädlichkeitsgrad zu berücksichtigen, indem Äquivalenzziffern gebildet werden. Diese Verrechnung ist wiederum nur möglich, wenn das Abwasser produktweise erfasst oder geschätzt werden kann. Scheiden diese Möglichkeiten aus, bleibt nur noch, die Kosten der Kläranlage auf Basis von anderen für das Produkt ermittelten Kosten zu verrechnen. Beispielsweise können die Fertigungskosten herangezogen werden, da die Abfälle vor allem bei der Herstellung der Produkte anfallen.

Abbildung 123:
Behandlung der Entsorgungskostenstelle als Hauptkostenstelle

Entsorgungskostenstelle als Hauptkostenstelle
Verrechnung der Kosten der Kostenstelle „Entsorgung" auf die Produkte

nach den Entsorgungseinzelkosten	nach der produktweise festgestellten Menge der entsorgten Abfälle	nach der produktweise festgestellten Menge und Schädlichkeit der entsorgten Abfälle	nach anderen für das Produkt angefallenen Kosten, z. B. nach den Fertigungskosten

---

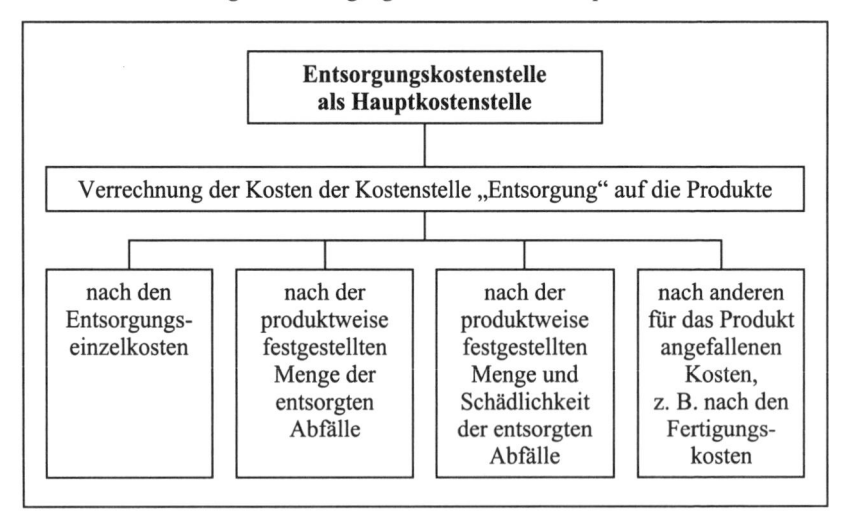

[1] Vgl. Rogler, Silvia: Industrielle Umweltkostenrechnung, S. 174 f.
[2] Vgl. zur Produkt- bzw. Ökobilanz Bundesumweltministerium und Umweltbundesamt (Hrsg.): Handbuch Umweltcontrolling, S. 200 ff.; Letmathe, Peter: Umweltbezogene Kostenrechnung, S. 59

VI. Weitere Erscheinungsformen der Kostenrechnung 313

Abbildung 124:
Beispiel für eine Umweltkostenrechnung mit einer Umweltkostenstelle als Hauptkostenstelle

1) Kostenartenrechnung:		
Einzelkosten:	insgesamt	davon Umweltkosten
Fertigungsmaterial	12.500	0
Fertigungslöhne	8.700	0
Gemeinkosten:		
Hilfsstoffe	500	0
Betriebsstoffe	1.500	0
Hilfslöhne/Gehälter	4.550	200
Abschreibungen	2.750	250
Sonstige Kosten	1.100	60

2) Kostenstellenrechnung:

Ausschnitt aus dem BAB von Abbildung 25
(Kosten der Kläranlage zusätzlich)

Kostenart	Kläranlage	Fert.-Stufe 1	Fert.-Stufe 2	...
Hilfslöhne/Gehälter	150	1.500	1.000	...
davon Umweltkosten	(150)	(10)	(40)	...
Abschreibungen	200	1.000	500	...
davon Umweltkosten	(200)	(0)	(50)	...
Sonstige Kosten	50	200	300	...
	(50)	(0)	(10)	...
...	...	...	...	...
Summe primäre Kosten	400	3.300	2.600	...
Summe primäre und				
sekundäre Kosten	400	4.200	3.600	...
davon Umweltkosten	(400)	(10)	(100)	

3) Kostenträgerrechnung:

	Produkt X		Produkt Y		Summe
Produktions- und Absatzmenge [ME]	2.000		1.000		
Kostenarten	pro ME [€]	insgesamt [€]	pro ME [€]	insgesamt [€]	[€]
Materialeinzelkosten [Ma-EK]	4,00	8.000,00	4,50	4.500,00	12.500
Materialgemeinkosten [8 % auf Ma-EK]	0,32	640,00	0,36	360,00	1.000
davon Umweltkosten	0	0	0	0	0
Materialkosten	4,32	8.640,00	4,86	4.860,00	13.500
davon Umweltkosten	0	0	0	0	0

Fertigungsstufe 1:					
Fertigungseinzelkosten [Fe-EK]	1,50	3.000,00	1,20	1.200,00	4.200
Fertigungsgemeinkosten [100 % auf Fe-EK]	1,50	3.000,00	1,20	1.200,00	4.200
davon Umweltkosten [≈ 0,24 % auf Fe-EK]	0,01	7,14	0,01	2,86	10
Fertigungsstufe 2:					
Fertigungseinzelkosten [Fe-EK]	1,00	2.000,00	2,50	2.500,00	4.500
Fertigungsgemeinkosten [80 % auf Fe-EK]	0,80	1.600,00	2,00	2.000,00	3.600
davon Umweltkosten [≈ 2,2 % auf Fe-EK]	0,02	44,44	0,06	55,56	100
Fertigungskosten	4,80	9.600,00	6,90	6.900,00	16.500
davon Umweltkosten	0,03	51,58	0,07	58,42	110
Kosten Kläranlage Schlüssel: Abwassermenge [400/40.000 = 0,01 €/l] [X 10.000 l; Y 30.000 l]	0,05	100,00	0,30	300,00	400
davon Umweltkosten	0,05	100,00	0,30	300,00	400
Herstellkosten [HK]	9,17	18.340,00	12,06	12.060,00	30.400
davon Umweltkosten	0,08	151,58	0,37	358,42	510
Verwaltungsgemeinkosten [≈ 2,5 % auf HK]	0,23	452,47	0,30	297,53	750
davon Umweltkosten	0	0	0	0	0
Vertriebsgemeinkosten [≈ 1,5 % auf HK]	0,14	271,48	0,18	178,52	450
davon Umweltkosten	0	0	0	0	0
Selbstkosten	9,54	19.063,95	12,54	12.536,05	31.600
davon Umweltkosten	0,08	151,58	0,37	358,42	510

Diese Vorgehensweise soll an dem gleichen Beispiel verdeutlicht werden wie bei der Behandlung der Kläranlage als Hilfskostenstelle. Die Kosten der Kläranlage werden direkt auf die Produkte verteilt, wobei als Schlüssel die bei der Herstellung der Produkte angefallene Abwassermenge verwendet wird (vgl. Abbildung 124). Die Umweltkosten für Produkt X sind stark gestiegen, da dieses Produkt zwar geringere Fertigungseinzelkosten als Produkt Y hat, bei seiner Produktion aber eine höhere Abwassermenge anfällt.

8) Bei der Darstellung der Verrechnung der Entsorgungsgemeinkosten auf die Produkte wurde bisher davon ausgegangen, dass eine reine Entsorgungskostenstelle vorliegt. Daneben werden noch Entsorgungsleistungen durch Kostenstellen erbracht, die primär andere Leistungen erbringen (gemischte Kostenstellen). Beispielsweise sind die Arbeitskräfte im Fertigungsbereich oftmals auch für die Sammlung der Abfälle zuständig oder der Fuhrpark für den Transport der Abfälle. Sollen die Entsorgungskosten insgesamt möglichst genau ermittelt werden, sind diese Kosten im Rahmen der innerbetrieblichen Leistungsverrechnung auf die reinen Entsorgungskostenstellen zu verrechnen. Für die Verrechnung auf die Produkte ist dies nicht unbedingt erforderlich.

3.3.2. Behandlung der Abfallverwertungskosten

1) **Abfallverwertungskosten** sind Kosten im Zusammenhang mit der Sammlung, dem Transport, der Sortierung und der Aufbereitung von unerwünschten Produktionsergebnissen und zurückgenommenen Konsumtionsrückständen sowie ihrem Wiedereinsatz als Sekundärrohstoffe in der Produktion. Einzelkosten i. e. S. können bei den Verwertungskosten nicht auftreten, unter Umständen aber Einzelkosten i. w. S. Dies ist beispielsweise der Fall, wenn in einer Recyclinganlage nur die Abfälle eines Produktes verarbeitet werden. Überwiegend handelt es sich aber um Gemeinkosten, z. B. Abschreibungen auf Recyclinganlagen, in denen die Abfälle mehrerer Produkte verarbeitet werden.

2) Bei der Erfassung und Verrechnung von Verwertungskosten bestehen die gleichen Möglichkeiten wie bei der Erfassung und Verrechnung von Entsorgungskosten, so dass auf die vorherigen Ausführungen verwiesen werden kann (vgl. Abbildung 125). Zusätzlich zu den bereits bei den Entsorgungskosten dargestellten Möglichkeiten soll hier noch überlegt werden, ob zur Verrechnung auch die Prozesskostenrechnung herangezogen werden kann. Die Prozesskostenrechnung ist zur Ermittlung der Verwertungskosten pro Produkt grundsätzlich geeignet, da es sich um einen produktnahen Bereich mit überwiegend repetitiven Tätigkeiten handelt.[1] Es ist aber fraglich, ob durch den Einsatz der Prozesskostenrechnung eine genauere Verrechnung erreicht werden kann als bei den hier vorgeschlagenen Möglichkeiten. Es wurde dabei bereits versucht, jeweils aussagefähige Bezugsgrößen heranzuziehen und nicht eine Verrechnung auf Basis anderer angefallener Kosten vorzunehmen. Die vorgeschlagenen Bezugsgrößen, z. B. die Abfallmenge oder die mit ihrem Schädlichkeitsgrad gewichtete Abfallmenge, sind auch bei der Prozesskostenrechnung als Kostentreiber zu verwenden. Die Kostenstelle „Recyclinganlage" ist im Prinzip mit dem Prozess „Verwertung der Abfälle" vergleichbar. Das bedeutet, dass die obigen Vorschläge bereits Gedanken der Prozesskostenrechnung beinhalten.

---

[1] Vgl. Bundesumweltministerium und Umweltbundesamt (Hrsg.): Handbuch Umweltkostenrechnung, München 1996, S. 73 ff.

Abbildung 125:
Erfassung und Verrechnung von Abfallverwertungskosten

```
                    Erfassung und Verrechnung
                       von Verwertungskosten
                    ┌──────────────┴──────────────┐
            Verwertungseinzelkosten         Verwertungsgemeinkosten
                                           ┌──────────────┴──────────────┐
                                    Erfassung auf              Erfassung auf
                                    Kostenstelle               Kostenstelle
                                    „Verwertung"               „Verwertung"
                                    (z. B. Recyclinganlage)    (z. B. Recyclinganlage)
                                                │
                                        Verrechnung auf
                                        Kostenstelle
                                        „Fertigung"
              │                                │                           │
         Erfassung                    Verrechnung auf              Verrechnung auf
       pro Mengeneinheit              Mengeneinheiten              Mengeneinheiten
        bzw. pro Produkt                der Produkte                 der Produkte
```

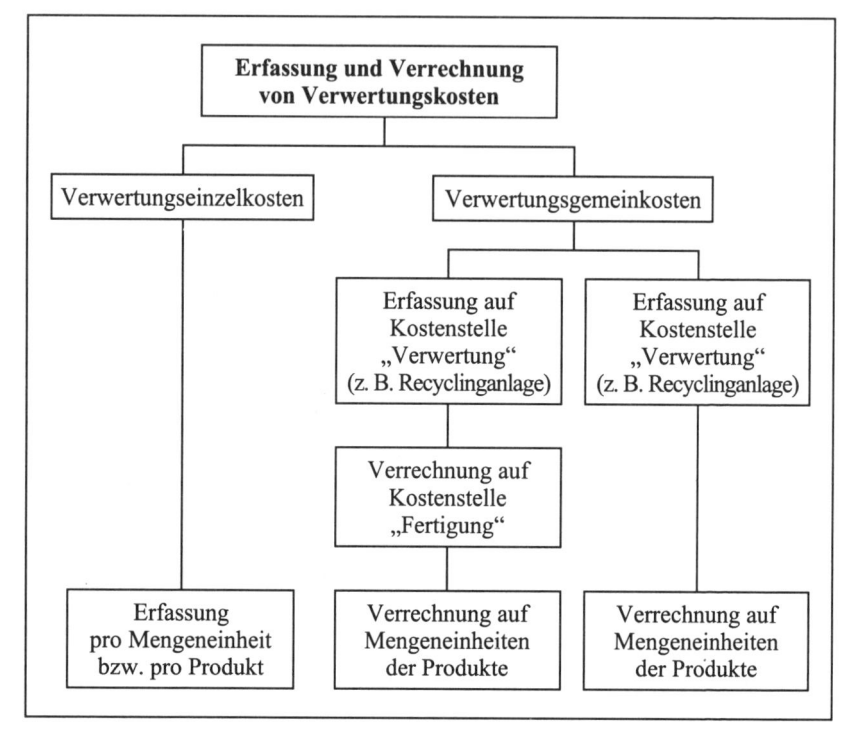

3) Bei der Verwertung der Abfälle fallen nicht nur Kosten an, die verrechnet werden müssen, sondern es können dabei auch Erlöse erzielt oder Kosten eingespart werden. Erlöse können erzielt werden, wenn die Abfälle als Sekundärrohstoffe an andere Unternehmen abgegeben werden, Kosten können eingespart werden, wenn die Abfälle als Sekundärrohstoffe wieder in der Produktion des betrachteten Unternehmens eingesetzt werden. Es stellt sich die Frage, wie die erzielten Erlöse bzw. die eingesparten Kosten in der produktbezogenen Umweltkostenrechnung zu behandeln sind.

4) Werden die **Abfälle an andere Unternehmen abgegeben**, entstehen im betrachteten Unternehmen im Allgemeinen Kosten für die Sammlung, die Sortierung, den Transport und u. U. für die Aufbereitung der Abfälle. Im Übrigen sind folgende Fälle zu unterscheiden:[1]

---

[1] Vgl. Rogler, Silvia: Industrielle Umweltkostenrechnung, S. 175 f.; Weber, Helmut Kurt: Industriebetriebslehre, S. 122.

a) Im besten Fall erzielt das Unternehmen bei der Abgabe einen Erlös, der diese Kosten deckt bzw. überdeckt. Dieser Erlös kann in der Kosten- und Leistungsrechnung unterschiedlich behandelt werden. Die erste Möglichkeit besteht darin, in voller Höhe eine Leistung auszuweisen und dieser Leistung die entstandenen Kosten gegenüberzustellen (Bruttoausweis). Der Abfall wird dabei als Kostenträger angesehen. Das bedeutet, dass die Kosten für die Abfälle nicht auf die Produkte, bei deren Herstellung sie angefallen sind, verrechnet werden. Die zweite Möglichkeit besteht darin, nur den Differenzbetrag zwischen dem Erlös und den Kosten als Leistung auszuweisen (Nettoausweis). Auch in diesem Fall erfolgt keine Verrechnung der Kosten für die Abfälle auf die entsprechenden Produkte. Die dritte Möglichkeit besteht darin, die Produkte zunächst mit den Kosten zu belasten und sie anschließend in Höhe des Erlöses zu entlasten. Es verbleibt eine Gutschrift in Höhe des Differenzbetrages. Schwierig ist hierbei die Verrechnung des für die Abfälle erzielten Erlöses auf die Produkte. Als Verrechnungsmaßstab kann u. U. die Menge der entstandenen Abfälle verwendet werden. Bei dieser Möglichkeit werden die Abfälle nicht als Kostenträger angesehen.

b) Im zweitbesten Fall erzielt das Unternehmen durch die Abgabe zwar einen Erlös, dieser deckt aber nicht die Kosten. Die nicht gedeckten Kosten sollten in die Preiskalkulation des sie verursachenden Produktes einbezogen werden. Das bedeutet, dass von den drei Möglichkeiten des ersten Falles nur noch die dritte Möglichkeit sinnvoll ist. Bei dieser Alternative sind die Produkte zunächst mit den vollen Kosten zu belasten und anschließend in Höhe des Erlöses zu entlasten. Es verbleibt jetzt eine Belastung in Höhe des Differenzbetrages.

c) Im drittbesten Fall erfolgt eine entgeltlose Abgabe. Mit den Kosten für die Sammlung, die Sortierung, die Aufbereitung und den Transport der Abfälle sind die Produkte zu belasten, bei deren Herstellung die Abfälle entstanden sind.

d) Im schlechtesten Fall muss das Unternehmen einen Zuschuss an das andere Unternehmen zahlen, damit dieses die Abfälle übernimmt. Es handelt sich dabei um Kosten, die in den Preis der Produkte einkalkuliert werden sollten. Das bedeutet, dass die Produkte sowohl mit den Kosten für die Sammlung, die Sortierung, die Aufbereitung und den Transport der Abfälle als auch mit dem Zuschuss zu belasten sind. Ob sich die Abgabe lohnt, hängt von der Höhe der Entsorgungskosten ab. Darauf wird bei der entscheidungsbezogenen Umweltkostenrechnung eingegangen.

5) Werden die **Abfälle** nicht an andere Unternehmen abgeben, sondern **im betrachteten Unternehmen selbst wieder als Sekundärrohstoffe eingesetzt**, benötigt das Unternehmen weniger Primärrohstoffe. Das bedeutet ceteris paribus, dass die Materialeinzelkosten geringer sind. Dafür fallen Kosten für die Sammlung, Sortierung und Aufbereitung der Abfälle an, die als Kosten der Sekundärrohstoffe bezeichnet werden sollen. Es stellt sich jetzt die Frage, wie die Kosten der Sekundärrohstoffe zu behandeln sind.[1]

---

[1] Vgl. Rogler, Silvia: Industrielle Umweltkostenrechnung, S. 176 f.

Unproblematisch ist der Ausweis der Kosten der Sekundärrohstoffe, wenn sie geringer sind als die Kosten der Primärrohstoffe. In diesem Fall sollten sie als Materialeinzelkosten erfasst werden. Sind die Kosten der Sekundärrohstoffe dagegen höher als die Kosten der Primärrohstoffe, bestehen mehrere Möglichkeiten. Die erste Möglichkeit besteht darin, die Kosten der Sekundärrohstoffe in voller Höhe als Materialeinzelkosten anzusetzen. Dadurch werden diese aber zu hoch ausgewiesen. Die zweite Möglichkeit besteht darin, sie in voller Höhe als Verwertungskosten zu erfassen. In diesem Fall sind die Materialeinzelkosten zu niedrig. Besser ist es, die Kosten der Sekundärrohstoffe aufzuspalten. In Höhe der Kosten der Primärrohstoffe werden sie als Materialeinzelkosten, in Höhe des Differenzbetrages zwischen den Kosten der Sekundärrohstoffe und den Kosten der Primärrohstoffe als Verwertungskosten ausgewiesen. Gegen diese Aufspaltung kann u. U. eingewendet werden, dass sie nicht erforderlich ist, weil nur eine Verlagerung innerhalb der Kostenkategorien eines Produktes stattfindet. Die Verlagerung wirkt sich aber auch auf die Höhe der Selbstkosten aus. Es ergeben sich andere Zuschlagsgrundlagen für die Verrechnung der Gemeinkosten.

6) Bei den soeben dargestellten Möglichkeiten der Behandlung der Kosten der Sekundärrohstoffe wurde unterstellt, dass die Sekundärrohstoffe wieder beim gleichen Produkt eingesetzt werden. Wenn die **Sekundärrohstoffe für andere Produkte verwendet** werden, ist auf jeden Fall eine Aufspaltung erforderlich. Und zwar unabhängig davon, ob die Kosten der Sekundärrohstoffe höher oder niedriger sind als die Kosten der Primärrohstoffe. Anderenfalls wären die Selbstkosten des einen Produktes um die Kosten der Sammlung, Sortierung und Aufbereitung zu hoch, die Selbstkosten des anderen Produktes um die eingesparten Materialkosten zu niedrig. Daraus folgt, dass das eine Produkt in Höhe der Kosten der Primärrohstoffe zu entlasten und das andere Produkt in der gleichen Höhe zu belasten ist. Die Verwendung der Kosten der Primärrohstoffe als Verrechnungsmaßstab führt dazu, dass eine durch die Verwertung erzielte Kosteneinsparung nur dem Produkt zugeordnet wird, bei dessen Herstellung die Abfälle entstanden sind. Es könnte stattdessen überlegt werden, die durch die Verwertung erzielten Kosteneinsparungen auf die Produkte zu verteilen.

3.3.3. Behandlung der Abfallvermeidungskosten

1) Die bisher diskutierten Umweltkosten fallen an, nachdem die Abfälle entstanden sind. Die Kosten der Verringerung der Menge oder Schädlichkeit der Abfälle dagegen bevor die Abfälle entstehen. Die Erfassung und Verrechnung der Kosten der Verringerung der Menge oder Schädlichkeit der Abfälle hängt davon ab, wie die betreffende Umweltschutzmaßnahme mit dem eigentlichen Produktionsprozess verbunden ist. Durch die Maßnahme kann der eigentliche Produktionsprozess entweder erweitert (additive Technologie) oder verändert (integrierte Technologie) werden (vgl. Abbildung 126).[1]

---

[1] Vgl. Rogler, Silvia: Industrielle Umweltkostenrechnung, S. 177 f.

VI. Weitere Erscheinungsformen der Kostenrechnung   319

Abbildung 126:
Erfassung und Verrechnung von Abfallvermeidungskosten

```
                    Erfassung und Verrechnung von
                        Abfallvermeidungskosten
                    ┌───────────────┴───────────────┐
            bei Erweiterung des              bei Veränderung des
            Produktionsprozesses             Produktionsprozesses
            ┌───────┴────────┐                       │
      Erfassung auf     Erfassung auf          Erfassung auf
      Kostenstelle      Kostenstelle           Kostenstelle
      „Vermeidung"      „Vermeidung"            „Fertigung"
      (z. B. Material-  (z. B. Material-
      verbesserung)     verbesserung)

      Verrechnung auf
      Kostenstelle
      „Fertigung"

      Verrechnung auf   Verrechnung auf       Verrechnung auf
      Mengeneinheiten   Mengeneinheiten       Mengeneinheiten
      der Produkte      der Produkte          der Produkte
```

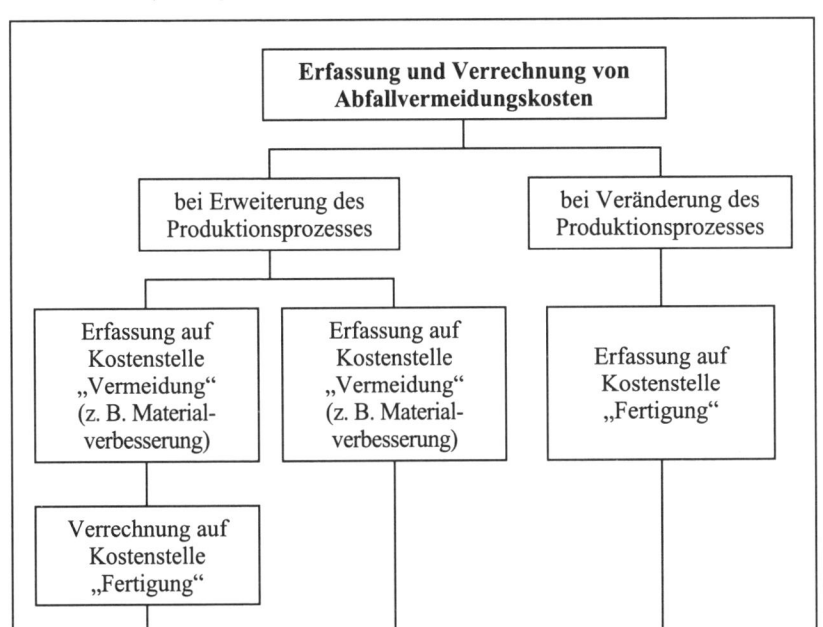

2) Eine **Erweiterung des eigentlichen Produktionsprozesses** um Umweltschutzmaßnahmen kann grundsätzlich am Anfang oder am Ende des Produktionsprozesses erfolgen. Zur Verringerung der Menge oder Schädlichkeit der Abfälle kommen aber nur Maßnahmen zu Beginn des Produktionsprozesses in Betracht, sogenannte Front-of-pipe-Technologien. Maßnahmen am Ende des Produktionsprozesses, sogenannte End-of-pipe-Technologien, wie Filteranlagen, beziehen sich auf bereits entstandene Abfälle und sind deshalb der Entsorgung oder Verwertung zuzuordnen. Mit Hilfe von Front-of-pipe-Technologien soll oftmals die Qualität des eingesetzten Materials verbessert werden, beispielsweise indem vor Beginn des eigentlichen Produktionsprozesses eine Teilentschwefelung von Kohle vorgenommen wird. Wird das verbesserte Material nur für ein Produkt verwendet, können die Kosten der Front-of-pipe-Technologie dem Produkt als Einzelkosten i. w. S. zugeordnet werden. Ist die Front-of-pipe-Technologie nicht produktspezifisch, müssen die dafür angefallenen Kosten über Kostenstellen auf die Produkte verrechnet werden. Dazu sollte eine eigene Kostenstelle gebildet werden, beispielsweise eine Kostenstelle „Materialverbesserung".

Anschließend können die Kosten wie bei den Entsorgungskosten ausgeführt auf die Produkte verrechnet werden. Das heißt entweder über andere Kostenstellen oder ohne Zwischenschaltung anderer Kostenstellen. Werden die Kosten der Front-of-pipe-Technologie zunächst auf die Fertigungskostenstellen und erst von dort auf die Produkte verrechnet, bedeutet dies üblicherweise eine Verrechnung auf Basis der Fertigungslöhne. Dadurch werden arbeitsintensive Produkte stark belastet und nicht die Produkte, bei deren Herstellung das verbesserte Material eingesetzt wird. Besser ist es in diesem Fall, die Materialkosten als Verrechnungsmaßstab zu verwenden, beispielsweise die Rohstoffkosten, wenn durch die Front-of-pipe-Technologie die Rohstoffqualität verbessert wird. Um dies zu erreichen, könnte überlegt werden, die Kosten der Front-of-pipe-Technologie zunächst auf die Materialkostenstelle zu verrechnen und von dort auf die Produkte. Dieses Vorgehen widerspricht aber der üblichen Definition der Materialgemeinkosten. Alternativ kann auch eine Verrechnung ohne Zwischenschaltung anderer Kostenstellen vorgenommen werden. Dabei sind die Rohstoffkosten bzw. - allgemein - die Materialkosten als Verrechnungsmaßstab zu verwenden.

3) Eine **Veränderung des eigentlichen Produktionsprozesses** liegt beispielsweise beim Einsatz von umweltverträglicheren Rohstoffen oder beim Einsatz von umweltverträglicheren Maschinen vor. Die Kosten für die Umweltschutzmaßnahme sind dabei eng mit den Kosten für den eigentlichen Produktionsprozess verbunden und können nur schwer von diesem getrennt werden. Es handelt sich beispielsweise um höhere Materialkosten durch bessere Rohstoffe oder um höhere Abschreibungen durch bessere Maschinen. Aufgrund des engen Zusammenhangs sollte bei der Ermittlung der Selbstkosten der Produkte auf eine Aufteilung verzichtet werden. Das bedeutet, dass die Kosten integrierter Technologien auf der Kostenstelle „Fertigung" zu erfassen und mit den anderen Fertigungsgemeinkosten auf die Produkte zu verrechnen sind. U. U. kommt auch direkt eine Erfassung pro Produkt in Betracht, beispielsweise bei höheren Rohstoffkosten. Eine getrennte Ermittlung ist aber erforderlich, wenn die Kosten der Umweltschutzmaßnahme für bestimmte Entscheidungen benötigt werden. Darauf wird bei der entscheidungsbezogenen Umweltkostenrechnung eingegangen.

3.4. Gestaltung der Umweltkostenrechnung zum Zweck der Alternativenwahl für die Abfallbehandlung

1) Abgesehen davon, dass die Umweltkosten zur Einbeziehung in die Produktkosten zu ermitteln sind, werden sie für Entscheidungen über die Alternativen der Abfallbehandlung benötigt. Folgende Möglichkeiten kommen in Betracht:[1]

    a) Verwertung oder Ablagerung der Abfälle,

---

[1] Vgl. Petersen, Daniela: Industrielle Umweltkostenrechnung, 177 ff.; Rogler, Silvia: Industrielle Umweltkostenrechnung, S. 178 f.

b) falls Verwertung, Wiedereinsatz im eigenen Unternehmen oder Abgabe an andere Unternehmen,

c) falls Ablagerung, Ablagerung im eigenen Unternehmen oder Abgabe an Deponiebetriebe,

d) Verringerung oder Nicht-Verringerung der Menge oder Schädlichkeit der Abfälle.

2) Für die Wahl zwischen „**Verwertung oder Ablagerung der Abfälle**" müssen einerseits die Verwertungskosten, andererseits die Ablagerungskosten geschätzt werden. Dabei kann grundsätzlich wie soeben dargestellt vorgegangen werden. Die Kosten sind nur nicht auf die Produkte, sondern auf die betreffende Abfallart zu verrechnen. Die Höhe der Ablagerungskosten bzw. Verwertungskosten hängt von der Form der Ablagerung bzw. Verwertung ab. Das bedeutet, dass die hier extra aufgeführten Entscheidungen „Wiedereinsatz im eigenen Unternehmen oder Abgabe an andere Unternehmen" und „Ablagerung im eigenen Unternehmen oder Abgabe an Deponiebetriebe", eigentlich einzubeziehen sind. Hier soll zunächst vereinfachend unterstellt werden, dass jeweils eine Abgabe an Dritte erfolgt. Die anderen Alternativen werden anschließend getrennt untersucht.

Bei dieser Annahme fallen als Ablagerungskosten vor allem an: Kosten für die Sammlung und den Transport der Abfälle sowie Gebühren an die Entsorgungsbetriebe. Als Verwertungskosten sind insbesondere anzusetzen: Kosten für die Sammlung und den Transport der Abfälle sowie Kosten für ihre Aufbereitung, sofern diese vom betrachteten Unternehmen vorgenommen wird. Von diesen Kosten sind die ggf. erzielten Erlöse abzuziehen. Die Kosten für die Sammlung und den Transport der Abfälle fallen bei beiden Alternativen oftmals in gleicher Höhe an. Sie können dann beim Vergleich vernachlässigt werden. In diesem Fall verbleiben nur noch die Gebühren an die Entsorgungsbetriebe sowie die Kosten für die Aufbereitung der Abfälle, abzüglich der bei der Abgabe erzielten Erlöse. Das Unternehmen wird sich aus kostenrechnerischer Sicht für die Verwertung entscheiden, wenn die um die Erlöse verminderten Aufbereitungskosten geringer sind als die Entsorgungsgebühren.

3) Bei der Abfallverwertung hat das Unternehmen zwischen den Alternativen „**Wiedereinsatz der Abfälle im eigenen Unternehmen oder Abgabe an andere Unternehmen**" zu wählen. Zu den Verwertungskosten gehören zunächst die Kosten für die Sammlung, den Transport sowie die Aufbereitung der Abfälle. Wenn diese Tätigkeiten bei den Alternativen in gleichem Maße erforderlich sind, können die damit verbundenen Kosten bei der Entscheidung vernachlässigt werden. Beispielsweise müssen bei beiden Alternativen die Abfälle gesammelt und oftmals auch aufbereitet werden. Längere Transporte sind dagegen nur bei Abgabe an andere Unternehmen erforderlich. Des Weiteren sind die beim Wiedereinsatz in der Produktion entfallenden Kosten für Primärrohstoffe sowie die bei Abgabe an andere Unternehmen erzielten Erlöse in die Betrachtung einzubeziehen. Das Unternehmen wird sich aus kostenrechnerischer Sicht für den Wiedereinsatz im eigenen Unternehmen entscheiden, wenn die beim Wiedereinsatz entfallenden Kosten

für Primärrohstoffe höher sind als die bei der Abgabe erzielten Erlöse, abzüglich der dabei zusätzlich anfallenden Transportkosten.

Bei der Bestimmung der Kosten ist zu berücksichtigen, ob die für die jeweilige Maßnahme erforderlichen Kapazitäten, z. B. für die Aufbereitung der Abfälle, vorhanden sind oder geschaffen werden müssen. Ist eine Aufbereitung vorzunehmen, die dazu notwendige Kapazität aber nicht vorhanden, sind die vollen Kosten der Aufbereitungsanlage anzusetzen. Bei vorhandener und nicht ausgelasteter Kapazität sind dagegen nur die durch die Aufbereitung noch anfallenden Kosten einzubeziehen.

4) Bei der Abfallablagerung ist zwischen den Alternativen „**Ablagerung im eigenen Unternehmen oder Abgabe an Deponiebetriebe**" zu wählen. Bei der Ablagerung im eigenen Unternehmen fallen z. B. Zinskosten für das in den Lagerflächen gebundene Kapital oder Kosten der Altlastsanierung an. Für die Abgabe an Deponiebetriebe sind Gebühren zu zahlen. Wenn das betrachtete Unternehmen die Abfälle selbst zu den Deponiebetrieben transportiert, fallen zudem Transportkosten an. Zu den Ablagerungskosten gehören weiterhin die Kosten für die Sammlung und Sortierung der Abfälle. Diese Kosten können aber i. d. R. bei der Entscheidung vernachlässigt werden, da diese Tätigkeiten bei beiden Alternativen gleichermaßen erforderlich sind. Sind die Gebühren der Deponiebetriebe, zuzüglich eventueller Transportkosten, geringer als die Lagerkosten, wird sich das Unternehmen aus kostenrechnerischer Sicht für die Abgabe an Deponiebetriebe entscheiden.

5) Für die Entscheidung „**Verringerung oder Nicht-Verringerung der Menge oder Schädlichkeit der Abfälle**" sind zunächst die mit der Durchführung der Maßnahme verbundenen Kosten zu bestimmen. Überlegt das Unternehmen beispielsweise, seinen Produktionsprozess um eine Anlage zur Verbesserung der Rohstoffqualität zu erweitern, fallen zusätzliche Personalkosten und Abschreibungen an. Diese können relativ leicht ermittelt werden. Überlegt das Unternehmen dagegen, ein neues Produktionsverfahren einzuführen, das zu geringeren Abfallmengen führt, ist diese Maßnahme mit höheren Materialkosten, Personalkosten oder Abschreibungen verbunden. Diese Kosten müssen in Kosten der Umweltschutzmaßnahme und Kosten des eigentlichen Produktionsprozesses aufgespalten werden. Dies ist nur schwer möglich. Hilfsweise können die Kosten der neuen Technologie mit den Kosten der Vorgängertechnologie verglichen werden. Die Kosten der Umweltschutzmaßnahme sind dabei in Höhe des Differenzbetrages anzusetzen. Wenn durch die Umweltschutzmaßnahme aufgrund von Imagegewinnen zusätzliche Umsatzerlöse erzielt werden, sollten diese von den Kosten der Umweltschutzmaßnahme abgezogen werden. Den verbleibenden Kosten sind dann die Entsorgungskosten gegenüberzustellen, die durch die geringere Menge oder Schädlichkeit der Abfälle vermieden werden. Sind die vermiedenen Entsorgungskosten höher, wird sich das Unternehmen aus kostenrechnerischer Sicht für die Maßnahme entscheiden.

3.5. Gestaltung der Umweltkostenrechnung zum Zweck der Bemessung von Rückstellungen für die Abfallbehandlung

1) Die während eines abgelaufenen Geschäftsjahres angefallenen Abfälle dürften selten restlos noch während des Geschäftsjahres der Verwertung oder der Ablagerung zugeführt worden sein.

Ein Teil der angefallenen Abfälle dürfte noch auf Lager liegen und der Abfallbehandlung harren. Es sind nun zu ermitteln:

a) die Mengen der noch vorhandenen Abfälle, die verwertet werden sollen, und die dafür voraussichtlich entstehenden Kosten abzüglich etwaiger Erlöse, die bei der Verwertung voraussichtlich erzielt werden;

b) die Mengen der noch vorhandenen Abfälle, die entsorgt und abgelagert werden sollen und die dafür voraussichtlich entstehenden Kosten.

In Höhe der jeweils ermittelten Kosten sind Rückstellungen in der Handels- und Steuerbilanz wegen öffentlich-rechtlicher Verpflichtung zu bilden. Bei diesen werden steuerrechtlich allerdings höhere Anforderungen an den Grad der Konkretisierung gestellt als bei Verpflichtungen gegenüber bestimmten Dritten.[1]

So fordert der BFH die Erfüllung von drei Kriterien: Die Verpflichtung muss ein inhaltlich genau bestimmtes Handeln vorsehen, dieses Handeln muss innerhalb eines bestimmten (voraussehbaren) Zeitraums gefordert werden und an die Verletzung der Verpflichtung müssen Sanktionen geknüpft sein.[2] Eindeutig erfüllt sind diese Kriterien bei Erlass einer behördlichen Verfügung oder bei Abschluss einer entsprechenden öffentlich-rechtlichen Vereinbarung. Anerkannt sind aber auch Rückstellungen für Rücknahme- und Entsorgungsverpflichtungen, die nur durch Umweltgesetze auferlegt sind.[3] Im Übrigen hat der BFH in einem neuen Urteil entschieden, dass sich bereits unmittelbar aus dem Kreislaufwirtschafts- und Abfallgesetz eine rückstellbare Verpflichtung ergeben kann.[4] Voraussetzung ist, dass die Einhaltung der Verpflichtung behördlich überprüft wird. Der BFH hat somit ein viertes Kriterium eingeführt, die behördliche Kontrolle.[5]

Die genannten Kosten mussten bereits geschätzt werden, wie weiter vorne ausgeführt, damit sie bei Berechnung der Kosten der in der abgelaufenen Periode hergestellten Produkte und bei der Kalkulation der gewünschten Verkaufspreise für diese Produkte berücksichtigt werden konnten. Sie bedürfen aber der Überprüfung, ob die ermittelten Kosten auch in der handels- und steuerrechtlichen Rech-

---

[1] Vgl. Rogler, Silvia: Risikomanagement im Industriebetrieb, Analyse von Beschaffungs-, Produktions- und Absatzrisiken, S. 226 ff.
[2] Vgl. u. a. BFH: Urteil vom 19.5.1983 - IV R 205/75; BFH: Urteil vom 19.10.1993 - VIII R 14/92.
[3] Vgl. Zühlsdorff, Andreas/ Geißler, Oliver: Abfallrechtliche Rückstellungen im Fokus des BFH, S. 1100.
[4] Vgl. BFH: Urteil vom 25.3.2004 - IV R 35/02.
[5] Vgl. Zühlsdorff, Andreas/ Geißler, Oliver: Abfallrechtliche Rückstellungen im Fokus des BFH, S. 1103.

nung ansetzbar sind. Zu eliminieren sind beispielsweise Zusatzkosten, da handels- und steuerrechtlich nur Aufwendungen angesetzt werden dürfen.

2) Zudem müssen die Rückstellungen überprüft werden, die im Vorjahr für die am Ende des Vorjahres noch vorhandenen Abfälle gebildet worden sind. Wenn diese Abfälle inzwischen der Verwertung oder Ablagerung zugeführt worden sind, müssen die für diesen Zweck gebildeten Rückstellungen bestimmungsgemäß aufgelöst werden.

Wenn ein Teil dieser Abfälle noch nicht verwertet oder abgelagert werden konnte, könnte sich ergeben dass dafür höhere oder niedrigere Auszahlungen als bisher geschätzt erforderlich werden. Die Rückstellungen müssen dann aufgestockt oder herabgesetzt werden.

Abschließender Teil

1. Das Rechnungswesen im Rahmen des Wirtschaftsbetriebs

1) Das Rechnungswesen, bestehend aus den vorher in Band 1 und nunmehr in Band 2 behandelten Rechnungen, versucht, das Wirtschaften des einzelnen Betriebs in allen seinen Funktionsbereichen abzubilden: die Beschaffung von Gütern, den Einsatz von Gütern, die Produktion von Gütern, den Absatz von Gütern, die Finanzierung etc.[1] Wegen dieser Abbildungstätigkeit kann das Rechnungswesen selbst als eine Funktion gesehen werden, freilich nur als eine die anderen Funktionen begleitende Funktion.

Um eine solche Abbildung vornehmen zu können, benötigt das Rechnungswesen Angaben von der Unternehmensleitung und aus allen Funktionsbereichen über den Abschluss und die Erfüllung von Verträgen, über die Bewegungen und die Bestände von Gütern, über die Bewegungen und Bestände von Geld, über das Erbringen von Arbeitsleistungen, etc. Diese Angaben sind auszuwerten, zu verarbeiten und zu Rechnungen zusammenzufügen, wie zu Einzahlungs- und Auszahlungsrechnungen, Einnahmen- und Ausgabenrechnungen, Aufwands- und Ertragsrechnungen, Kosten- und Leistungsrechnungen sowie zu Geldbestandsrechnungen, Kreditbestandsrechnungen, Güterbestandsrechnungen, Vermögens- und Kapitalbestandsrechnungen.

2) Anhand solcher Rechnungen versucht das Rechnungswesen, die Unternehmensleitung und die anderen Funktionsbereiche über das Erreichen von Zielen sowie über die Einhaltung von Nebenbedingungen zu informieren, zur Fundierung von Entscheidungen beschaffungswirtschaftlicher, produktionswirtschaftlicher, absatzwirtschaftlicher, finanzwirtschaftlicher, organisatorischer und personeller Art beizutragen, die Rechenschaftslegung von untergeordneten Organen gegenüber übergeordneten Organen innerhalb des Betriebs sowie die Berichterstattung gegenüber Dritten zu erleichtern.[2] Das Rechnungswesen stellt somit auch eines der wichtigsten Instrumente der Unternehmensführung dar.

3) Die Beziehungen des Rechnungswesens zur Unternehmensleitung und den anderen Funktionsbereichen sind demnach zweiseitiger Art: das Rechnungswesen benötigt Angaben und stellt nach deren Verarbeitung entsprechend aufbereitete Informationen zur Verfügung.

---

[1] Vgl. Weber, Helmut Kurt/ Rogler, Silvia: Betriebswirtschaftliches Rechnungswesen, Bd. 1, S. 7 ff.
[2] Vgl. Weber, Helmut Kurt/ Rogler, Silvia: Betriebswirtschaftliches Rechnungswesen, Bd. 1, S. 12 ff.

Die Beziehungen des Rechnungswesens mit den anderen Instrumenten der Unternehmensführung sind nicht konkurrierender Art, wenngleich das im einen oder anderen Betrieb gelegentlich so empfunden werden mag, sondern komplementärer Art, worauf hier kurz eingegangen sei.

4) Das Rechnungswesen als Informationssystem wird durch andere Informationssysteme, insbesondere durch die Marktforschung[1], ergänzt. Unter der Marktforschung, wie sie vom einzelnen Unternehmen betrieben wird, ist zu verstehen: die Erkundung der Gegebenheiten und die Beobachtung der Entwicklungen auf den Märkten des Unternehmens. Dies sind die Beschaffungsmärkte und die Absatzmärkte bzw., nach einer anderen Systematik, die Gütermärkte und die Geldmärkte. Im Vordergrund des Interesses steht im Allgemeinen der Absatzmarkt des Unternehmens für Güter.

Vergleicht man die Marktforschung und das Rechnungswesen, dann ist festzustellen: Die Marktforschung greift insofern weiter als das Rechnungswesen, als sie sich nicht auf die Quantifizierung von Sachverhalten beschränkt, sondern auch qualitative Sachverhalte zu erfassen sucht. Das Rechnungswesen ist insofern umfassender als die Marktforschung, als es sich nicht auf die Markt- oder Außenverhältnisse beschränkt, sondern auch die Betriebs- oder Innenverhältnisse wiedergibt. Das bedeutet, dass sich die Marktforschung und das Rechnungswesen teilweise decken und teilweise ergänzen. Die Marktforschung und das Rechnungswesen können somit gedanklich zu einem Informationssystem zusammengefügt werden.

5) Das Rechnungswesen wird heute durch die Informatik[2] stark erleichtert. Unter der Informatik, wie sie im einzelnen Betrieb zur Anwendung kommt, ist die elektronische oder computergestützte Behandlung von betriebsrelevanten Daten zu verstehen.

Das Rechnungswesen bedient sich der Informatik zumindest, um Daten, die es selbst ermittelt hat, zu verarbeiten, verarbeitet wiederzugeben und zu speichern. Da aber auch die anderen Unternehmensbereiche die Dienste der Datenverarbeitung in der gleichen Weise in Anspruch nehmen (wie der Einkauf, die Arbeitsvorbereitung, die Fertigungssteuerung, der Verkauf, das Personalwesen), kann das Rechnungswesen sich dies zu Nutze machen, indem es auf die eigene Datenermittlung weitgehend verzichtet und die von den anderen Bereichen eingegebenen Daten für seine Zwecke übernimmt. Die Datenverarbeitung wird damit zu einem zentralen Datenpool; in ihn gehen die jeweils von einem Unternehmensbereich ermittelten Primärdaten ein; diese stehen dann aber allen anderen Unternehmensbereichen als Sekundärdaten zur Verfügung.

Die Informatik ermöglicht es also dem Rechnungswesen, eine große Zahl von Daten schnell zu ermitteln und zu verarbeiten, in vielfacher Weise auszuwerten

---

[1] Vgl. dazu Köhler, Richard: Marktforschung, Sp. 2782 ff.; Riebel, Paul: Marktforschung und Rechnungswesen, S. 441 ff.; Schäfer, Erich/ Knoblich, Hans: Grundlagen der Marktforschung, S. 45 f.; Weber, Helmut Kurt: Marktforschung und Rechnungswesen, S. 56 ff.

[2] Vgl. auch Scheer, August-Wilhelm: Betriebs- und Wirtschaftsinformatik, Sp. 390 ff.

1. Das Rechnungswesen im Rahmen des Wirtschaftsbetriebs

und darzustellen sowie in leicht zugänglicher Weise zu speichern. Das Rechnungswesen wird dadurch in die Lage versetzt, der Unternehmensleitung und den anderen Unternehmensbereichen mehr Informationen, bessere Informationen sowie Informationen in kürzerer Zeit zu geben, als es vor Einführung der elektronischen oder computergestützten Datenverarbeitung geschehen konnte.

6) Mit der Statistik ist in der Betriebswirtschaftslehre oft ein Teilgebiet des Betriebswirtschaftlichen Rechnungswesens gemeint, und zwar ein Gebiet, das vorwiegend Mengengrößen sowie isolierte, nicht aggregierbare Wertgrößen zum Gegenstand hat.[1]

Wenn man jedoch unter der Statistik, wie es sonst üblich ist und auch im Rahmen der Betriebswirtschaftslehre angebracht wäre, die Analyse massenhafter Erscheinungen versteht,[2] dann stellt sie kein Teilgebiet des Rechnungswesens dar, sondern ein Hilfsmittel des Rechnungswesens ebenso wie anderer Unternehmensbereiche. Das Rechnungswesen wendet statistische Methoden zur Gewinnung und Verarbeitung von Daten an, z. B. die Stichprobentheorie bei der Inventur, die Korrelationsrechnung bei der Aufspaltung der Kosten in ihre fixen und variablen Bestandteile.

7) Unter Operations Research (= Unternehmensforschung), wie es im einzelnen Unternehmen betrieben wird, ist die modellhafte Darstellung und Optimierung von betrieblichen Entscheidungsproblemen mit Hilfe mathematischer Methoden zu verstehen.[3]

Die in die Modelle eingehenden Daten sind zum größten Teil solche des Rechnungswesens. Insofern stützt sich das Operations Research auf das Rechnungswesen. Ebenso gut könnte man aber auch umgekehrt sagen, dass im Rahmen des Rechnungswesens Methoden des Operations Research angewandt werden, z. B. im Rahmen der produktbezogenen Kostenrechnung die Simplexmethode zur Bestimmung des optimalen Produktionsprogramms bei mehreren Engpässen.

8) Das Rechnungswesen unterstützt das Controlling. Dabei handelt es sich um eine häufig gebrauchte Bezeichnung für Teilaufgaben der Unternehmensleitung, die selten genau umrissen werden.

Nach Horváth beispielsweise ist Controlling „- funktional gesehen - dasjenige Subsystem der Führung, das Planung und Kontrolle sowie Informationsversorgung systembildend und systemkoppelnd ergebniszielorientiert koordiniert und so die Adaption und Koordination des Gesamtsystems unterstützt."[4] Küpper bezieht die Koordinationsfunktion auf das Führungsgesamtsystem, das, neben dem Planungs-, Kontroll- und Informationssystem, auch das Personalführungssystem und

---

[1] Vgl. Weber, Helmut Kurt/ Rogler, Silvia: Betriebswirtschaftliches Rechnungswesen, Bd. 1, S. 19 f.
[2] Vgl. auch Hochstädter, Dieter: Statistik, betriebliche, Sp. 3987 ff.
[3] Vgl. auch Müller-Merbach, Heiner: Operations Research und Planung, Sp. 1290 ff.; Schneeweiß, Christoph: Operations Research, Sp. 2940 ff.
[4] Horváth, Péter: Controlling, S. 151.

die Organisation umfasst.[1] Jürgen Weber definiert Controlling als „Rationalitätssicherung der Führung"[2].

Das Controlling kann innerhalb des Unternehmens entweder von darauf spezialisierten Stellen bzw. Personen wahrgenommen werden (sog. Controller) oder von Stellen bzw. Personen, die auch mit anderen Aufgaben betraut sind.[3] In kleineren Unternehmen wird der Controlling-Bereich häufig mit dem Rechnungswesen zusammengefasst, in größeren Unternehmen jedoch verselbständigt.[4]

Die Aufgaben, die einem solchen Controller in der Praxis zugeordnet werden, sind unterschiedlich. Auch in der Literatur besteht keine Einigkeit über die Aufgaben eines Controllers.[5] Oft genannt werden als Aufgaben Planung, Steuerung, Koordination, Kontrolle und Informationsversorgung.

9) Bei einer Reihe von Unternehmen ist ein Teil des Rechnungswesens Gegenstand externer Revision. So unterliegen bei großen und mittelgroßen Kapitalgesellschaften der Pflichtprüfung durch Abschlussprüfer: die am Ende eines Geschäftsjahrs aufgestellte Bilanz, die Gewinn- und Verlustrechnung, der Anhang sowie der Lagebericht (§ 316 HGB). In diese Prüfung ist auch die Buchführung einzubeziehen sowie in Grundzügen die Kostenrechnung, die der Bewertung der fertigen und unfertigen Erzeugnisse sowie der selbst erstellten Sachanlagen dient. Zu beurteilen ist dabei die Übereinstimmung mit Gesetz und Satzung bzw. Gesellschaftsvertrag (§ 317 HGB).

Anderes gilt für die interne Revision.[6] Sie erstreckt sich auf das gesamte Rechnungswesen und sie versucht, anhand des Rechnungswesens auch das Wirtschaften der einzelnen Unternehmensbereiche zu beurteilen. Unter Umständen werden sogar einzelne Geschäfts- und Vertretungsmaßnahmen sowie einzelne Entscheidungen überprüft.

10) Wegen seiner Bedeutung als Instrument der Unternehmensführung wäre es gerechtfertigt, das Rechnungswesen direkt der Unternehmensleitung zu unterstellen, z. B. in einem Einzelunternehmen dem Einzelunternehmer, in einer AG dem Vorstandsvorsitzenden. Aber dies kann leicht zu einer Überforderung einer solchen Person führen, die auch viele andere Aufgaben wahrzunehmen hat, bzw. zu einer Vernachlässigung des Rechnungswesens. Daher ist es vertretbar, das Rechnungswesen tiefer einzufügen.

Wenn ein Unternehmen nur grob in einen technischen Bereich und einen kaufmännischen Bereich unterteilt ist, sollte das Rechnungswesen dem kaufmänni-

---

[1] Vgl. Küpper, Hans-Ulrich: Controlling, S. 28 ff.; Küpper, Hans-Ulrich: Controlling, Sp. 647 ff.
[2] Weber, Jürgen: Einführung in das Controlling, S. 48.
[3] Vgl. Horváth, Péter: Controlling, S. 836 ff.; Ossadnik, Wolfgang: Controlling, S. 67 ff.
[4] Vgl. Heigl, Anton: Controlling - Interne Revision, S. 43 f.
[5] Vgl. die Übersichten über empirische Untersuchungen in den USA sowie im deutschen Sprachraum zu Controllingfunktionen sowie zu Controllingfunktionen in amerikanischen sowie deutschen Hand- und Lehrbüchern von Horváth, Péter: Controlling, S. 32 ff. und S. 64 ff. sowie S. 49 ff. und S. 73 ff.
[6] Vgl. auch Heinhold, Michael/ Wotschofsky, Stefan: Interne Revision, Sp. 1217 ff.

1. Das Rechnungswesen im Rahmen des Wirtschaftsbetriebs

schen Leiter wegen seines größeren Sachverstands zugeordnet werden, wenngleich es den technischen Bereich mit abzubilden und auch dem technischen Leiter als Informationsinstrument zur Verfügung zu stehen hat. Entsprechendes gilt bei Aufspaltung des Unternehmens in einen technischen Bereich, einen Vertriebsbereich und einen kaufmännischen Bereich oder bei Aufspaltung des Unternehmens in einen Einkaufsbereich, einen Fertigungsbereich, einen Vertriebsbereich und einen kaufmännischen Bereich.

Wenn ein Unternehmen in der Linie noch stärker nach Funktionen gegliedert ist (wie Einkauf, Fertigung, Vertrieb, Finanzierung, Personalwesen), wird das Rechnungswesen oft mit dem Finanzwesen zusammengefasst, was wegen der besonders engen Beziehungen zwischen beiden Bereichen vertretbar ist. Allerdings birgt diese Zusammenfassung die Gefahr in sich, dass das Verhältnis zu den anderen Unternehmensbereichen beeinträchtigt wird.

Gerechtfertigt wäre es daher auch, das Rechnungswesen zu verselbständigen und als eigenen Bereich zu führen, dem freilich nicht die Bedeutung zukommen kann, wie dem Einkauf, der Fertigung, dem Vertrieb. Müßig erscheint es uns, darüber zu streiten, ob in diesem Fall dem Rechnungswesen Liniencharakter oder Stabscharakter zukommt. Denn das Rechnungswesen darf keinesfalls den anderen Abteilungen Weisungen erteilen, aber es muss umgekehrt auch nicht Anweisungen anderer gleich geordneter Abteilungen entgegennehmen.

Wenig sinnvoll wäre es jedenfalls, das Rechnungswesen nach den genannten Funktionen aufzuspalten und jedem Funktionsbereich die Abbildung seines Bereichs zu überlassen. Abgesehen davon, dass dies große Abgrenzungsschwierigkeiten, Überschneidungen, Doppelarbeit und widersprüchliche Ergebnisse mit sich brächte, würde man auf diese Weise nicht eine Abbildung des Unternehmens insgesamt erreichen. Daher ist bei einer funktionsorientierten Organisation des Unternehmens ein zentrales Rechnungswesen allen anderen Modellen vorzuziehen.

Wenn ein Unternehmen in der Linie nach Produkten oder Produktgruppen gegliedert ist, so dass jeder Bereich für alle Funktionen seines Produkts zuständig ist, könnte überlegt werden, jedem Produktbereich die Abbildung seines Bereichs zu überlassen. Denn ein Produktbereich bildet eher eine geschlossene Einheit als ein Funktionsbereich. Zusätzlich bedürfte es dann aber eines zusammenfassenden und übergeordneten Rechnungswesens. Stattdessen kann aber das gesamte Rechnungswesen von vornherein einer zentralen Abteilung übertragen werden.

2. Das Rechnungswesen im Rahmen der Betriebswirtschaftslehre

1) Das Rechnungswesen stellt von jeher ein wichtiges betriebswirtschaftliches Lehr- und Forschungsgebiet dar. Als sich die Betriebswirtschaftslehre etwa um die Jahrhundertwende verselbständigte, war das Rechnungswesen bereits gut ausgeprägt. Es bildete ein Kernstück der noch jungen Wissenschaft, um das herum sich andere Gebiete gruppierten. Als der Umfang der Betriebswirtschaftslehre immer mehr zunahm, blieb das Rechnungswesen ein fester Bestandteil derselben.

2) Im Rahmen der Betriebswirtschaftslehre wird zwischen einer Allgemeinen Betriebswirtschaftslehre und einer Reihe von Speziellen Betriebswirtschaftslehren unterschieden.

Das Rechnungswesen galt lange nur als Bestandteil der Allgemeinen Betriebswirtschaftslehre, die die Klammer für die Speziellen Betriebswirtschaftslehren bildet, denn für eine solche Verklammerung eignet es sich besonders gut. Der Umfang des Rechnungswesens hat jedoch im Laufe der Zeit immer mehr zugenommen, so dass es heute mit allen seinen Verästelungen den Rahmen der Allgemeinen Betriebswirtschaftslehre sprengt. Daher sollte es mit seinem vollen Umfang besser auch noch den Gegenstand einer Speziellen Betriebswirtschaftslehre bilden.

3) Als Spezielle Betriebswirtschaftslehren lassen sich deutlich unterscheiden: funktional abgegrenzte Teillehren und institutional abgegrenzte Teillehren.

Zu den Funktionslehren werden von jeher gerechnet: die Beschaffungswirtschaft, die Produktionswirtschaft, die Absatzwirtschaft, die Finanzwirtschaft. Sie könnten ergänzt werden um: die Organisationswirtschaft, die Personalwirtschaft und das Rechnungswesen. Die Beschaffungswirtschaft, die Produktionswirtschaft und die Absatzwirtschaft stellen güterbezogene Funktionen dar. Die Beschaffung ist auf von Dritten bezogene Produktionsfaktoren ausgerichtet, die Absatzwirtschaft auf für Dritte bestimmte Produkte, die Produktionswirtschaft sowohl auf Produktionsfaktoren als auch auf Produkte. Die Finanzwirtschaft ist auf Geld bezogen, die Organisationswirtschaft auf Organe, Stellen (Aufgabenträger im abstrakten, idealtypischen Sinn), die Personalwirtschaft auf Personen (Aufgabenträger im konkreten, realen Sinn). Das Rechnungswesen versucht nun, die genannten Funktionen rechenhaft zu durchdringen, mit Hilfe von Mengen- und Wertgrößen zu erfassen. Alle diese Funktionen gehören zusammen, greifen ineinander, machen das Wirtschaften in einem Betrieb aus.

Während die Funktionslehren jeweils eine Funktion bei allen Wirtschaftsbetrieben zum Gegenstand haben, gilt das Umgekehrte für die Institutionslehren: sie haben jeweils einen bestimmten Wirtschaftsbetrieb mit allen seinen Funktionen zum Gegenstand. Daher ist das Rechnungswesen auch Bestandteil der Institutionslehren.

Institutionslehren sind: die Industriebetriebslehre, die Handelsbetriebslehre, die Verkehrsbetriebslehre, die Bankbetriebslehre, die Versicherungsbetriebslehre, etc.

2. Das Rechnungswesen im Rahmen der Betriebswirtschaftslehre

Die stärksten Besonderheiten weist das Rechnungswesen der Bankbetriebe sowie dasjenige der Versicherungsbetriebe auf. Daher wird im Rahmen der Funktionslehre des Rechnungswesens häufig nur auf den Industriebetrieb und den Handelsbetrieb abgestellt, wie es auch hier geschehen ist. Die Besonderheiten des Rechnungswesens der Bankbetriebe und der Versicherungsbetriebe bleiben den jeweiligen Institutionslehren überlassen. Die genannten Wirtschaftsbetriebe ergänzen einander in einer arbeitsteiligen Wirtschaft. Sie machen das Geflecht einer Volkswirtschaft aus.

4) Der Vollständigkeit halber sei erwähnt, dass neben den Funktionslehren und Institutionslehren sich weitere Spezielle Betriebswirtschaftslehren herausgebildet haben, die schwer zuzuordnen sind, wie die Unternehmensforschung (Operations Research), die Datenverarbeitung oder Informatik, das Prüfungswesen, die Steuerlehre.

5) Im gleichen Verhältnis wie die Betriebswirtschaftslehre zur Volkswirtschaftslehre steht das Betriebswirtschaftliche Rechnungswesen zum Volkswirtschaftlichen Rechnungswesen. Die Betriebswirtschaftslehre hat den einzelnen Betrieb zum Gegenstand, die Volkswirtschaftslehre das Zusammenwirken aller einzelnen Betriebe. Das Betriebswirtschaftliche Rechnungswesen bildet das Wirtschaften des einzelnen Betriebs ab, das Volkswirtschaftliche Rechnungswesen das Wirtschaften aller einzelnen Betriebe. Dazu hat das Volkswirtschaftliche Rechnungswesen die Zahlen der einzelnen Betriebe zu aggregieren; es baut also auf dem Betriebswirtschaftlichen Rechnungswesen auf.

Besonders deutlich wird das im Fall der Errechnung des Sozialprodukts[1], eine der wichtigsten makroökonomischen Größen. Dabei handelt es sich um den Wert der in einer Volkswirtschaft in einer Periode produzierten Güter. Um es zu ermitteln, muss von den Werten der in den einzelnen Betrieben produzierten Güter ausgegangen werden. Würde man allerdings einfach die Bruttoproduktionswerte der Betriebe addieren, erhielte man ein zu hohes Sozialprodukt, denn im Bruttoproduktionswert eines Betriebs ist der Wert der von den anderen Betrieben übernommenen Güter, der Wert der so genannten Vorleistungen, enthalten. Daher müssen die Nettoproduktionswerte der einzelnen Betriebe addiert werden. Um diese zu erhalten, bedarf es einer Wertschöpfungsrechnung wie sie hier in Band 1 dargestellt wurde.[2] Allerdings dürfen für diesen Zweck z. B. die Zins- und Dividendenerträge nicht in die wertschöpfungsrelevanten Erträge des einzelnen Betriebs einbezogen werden.

Ähnliches wie für die Errechnung des Sozialprodukts gilt für diejenige des Volksvermögens[3], die allerdings im Rahmen eines Volkswirtschaftlichen Rechnungswesens nur selten vorgenommen wird. Um das gesamte Vermögen einer Volkswirtschaft zu ermitteln, muss vom Vermögen der einzelnen Betriebe und Wirtschaftseinheiten ausgegangen werden. Würde man allerdings das Vermögen der

---

[1] Vgl. dazu Stobbe, Alfred: Volkswirtschaftliches Rechnungswesen, S. 133 ff.
[2] Vgl. Weber, Helmut Kurt/ Rogler, Silvia: Betriebswirtschaftliches Rechnungswesen, Bd. 1, S. 404 ff.
[3] Vgl. dazu Stobbe, Alfred: Volkswirtschaftliches Rechnungswesen, S. 79 ff.

Betriebe einfach addieren, erhielte man ein zu hohes Volksvermögen, denn wenn ein Unternehmen Anteile an anderen Unternehmen hält, ist in seinem Vermögen zum Teil das Vermögen der anderen Unternehmen enthalten. Daher müssen die um das Anteils- oder Beteiligungsvermögen bereinigten Vermögenswerte der Betriebe addiert werden. Entsprechendes gilt für das Forderungsvermögen.

Die Ermittlung von Sozialprodukt und Volksvermögen sowie von anderen makroökonomischen Größen setzt also ein entsprechend differenziertes Rechnungswesen der einzelnen Betriebe voraus. Hierin zeigt sich erneut die große und vielfache Bedeutung des Betriebswirtschaftlichen Rechnungswesens.

Abkürzungsverzeichnis

AG	Aktiengesellschaft
AktG	Aktiengesetz
Ba	Beschaffung aktuell (Zeitschrift)
BAB	Betriebsabrechnungsbogen
BB	BetriebsBerater (Zeitschrift)
BFH	Bundesfinanzhof
BFuP	Betriebswirtschaftliche Forschung und Praxis (Zeitschrift)
BuW	Betrieb und Wirtschaft (Zeitschrift)
DB	Der Betrieb (Zeitschrift)
GE	Geldeinheiten
GmbHG	Gesetz betreffend die Gesellschaften mit beschränkter Haftung
GuV	Gewinn- und Verlustrechnung
HGB	Handelsgesetzbuch
KG	Kommanditgesellschaft
KGaA	Kommanditgesellschaft auf Aktien
krp	Kostenrechnungspraxis (Zeitschrift)
LE	Leistungseinheiten
lmi	leistungsmengeninduziert
lmn	leistungsmengenneutral
LSP	Leitsätze für die Preisermittlung aufgrund von Selbstkosten
MbO	Management by Objectives
ME	Mengeneinheiten
NBBV	Null-Basis-Budgetierung
OA	Overhead Analysis
OHG	Offene Handelsgesellschaft
OST	Objectives, Strategies and Tactics-System
OVA	Overhead Value Analysis
PJ	Personenjahre
PPBS	Planning Programming Budgeting System
PPS	Produktionsplanung und Steuerung
RE	Rechnungseinheiten
TP	Teilprozess
VOL	Verdingungsordnung für Leistungen ausgenommen Bauleistungen
VPöA	Verordnung über die Preise bei öffentlichen Aufträgen

WiSt	Wirtschaftswissenschaftliches Studium (Zeitschrift)
ZBB	Zero Base Budgeting
ZE	Zeiteinheiten
ZfB	Zeitschrift für Betriebswirtschaft
ZfbF	Zeitschrift für betriebswirtschaftliche Forschung
ZfhF	Zeitschrift für handelswissenschaftliche Forschung
ZfO	Zeitschrift für Organisation
ZP	Zeitschrift für Planung

Abbildungsverzeichnis

Abb. 1 Überblick über die wichtigsten monetären Rechnungen der BWL 3
Abb. 2 Zwecke von Kosten- und Leistungsrechnungen 13
Abb. 3 Beispiel für eine kalkulatorische Vermögens- und Kapitalrechnung .. 25
Abb. 4 Abgrenzung der Kosten von den Aufwendungen 35
Abb. 5 Abgrenzung der Leistungen von den Erträgen 41
Abb. 6 Beispiel für eine Betriebsergebnisrechnung in Kontoform 48
Abb. 7 Beispiel für eine Betriebsergebnisrechnung in Staffelform 49
Abb. 8 Beispiel für die Erstellung einer Betriebsergebnisrechnung nach dem Gesamtkostenverfahren und dem Umsatzkostenverfahren . 51
Abb. 9 Beispiel einer mehrstufigen Divisionskostenrechnung 58
Abb. 10 Beispiel für eine einstufige Äquivalenzziffernkostenrechnung 60
Abb. 11 Beispiel für eine mehrstufige Äquivalenzziffernkostenrechnung 61
Abb. 12 Überblick über die Begriffe von Einzelkosten und Gemeinkosten 65
Abb. 13 Varianten der Zuschlagskostenrechnung 67
Abb. 14 Übliche Gliederung der Zuschlagskostenrechnung 68
Abb. 15 Schritte der Zuschlagskostenrechnung 69
Abb. 16 Ausgangsdaten für die Beispiele zur Verrechnung der Gemeinkosten von Kostenstellen mit gegenseitigen Beziehungen 85
Abb. 17 Sukzessive Verrechnung der Kosten von Kostenstellen mit gegenseitigen Beziehungen 86
Abb. 18 Simultane Verrechnung der Kosten von Kostenstellen mit gegenseitigen Beziehungen nach der üblichen einstufigen Vorgehensweise 88
Abb. 19 Simultane Verrechnung der Kosten von Kostenstellen mit gegenseitigen Beziehungen nach einer zweistufigen Vorgehensweise 90
Abb. 20 Simultane Verrechnung der Kosten von Kostenstellen mit gegenseitigen Beziehungen nach dem Matrizenverfahren 91
Abb. 21 Simultane Verrechnung der Kosten von Kostenstellen mit gegenseitigen Beziehungen nach dem Kreislaufverfahren 93
Abb. 22 Simultane Verrechnung der Kosten von Kostenstellen mit gegenseitigen Beziehungen nach dem Einzelschrittverfahren 93
Abb. 23 Beispiel für die Verrechnung der Fertigungsgemeinkosten auf der Grundlage der Maschinenstunden 97
Abb. 24 Beispiel für die Verrechnung der maschinenabhängigen Fertigungsgemeinkosten auf der Grundlage der Maschinenstunden sowie für

	die Verrechnung der maschinenunabhängigen Fertigungsgemeinkosten auf der Grundlage der Fertigungseinzelkosten 99
Abb. 25	Beispiel für eine stark vereinfachte Kostenarten- und Kostenstellenrechnung (BAB) im Rahmen der Zuschlagskostenrechnung............ 102
Abb. 26	Beispiel für eine Kostenträgerrechnung im Rahmen der Zuschlagskostenrechnung nach der üblichen Vorgehensweise 103
Abb. 27	Beispiel einer Auftragsvorkalkulation zur Ermittlung des gewünschten Preises... 107
Abb. 28	Fehler bei Verwendung eines durch eine Nachkalkulation ermittelten globalen Gemeinkostenzuschlags bei Auftragsvorkalkulation... 108
Abb. 29	Beispiel einer Auftragsnachkalkulation............................... 110
Abb. 30	Beispiel einer Auftragsnachkalkulation zur Ermittlung von etwaigen Kostenüberschreitungen....................................... 111
Abb. 31	Beispiel einer Auftragsnachkalkulation zur Ermittlung des Auftragsergebnisses... 111
Abb. 32	Beispiel einer Auftragsnachkalkulation zur Preisfindung................ 112
Abb. 33	Algebraische Ermittlung der gewinnmaximalen Produktmenge, des gewinnmaximalen Produktpreises sowie des Gewinnmaximums und der Gewinnschwelle für das Produkt X eines Angebotsmonopolisten bei polypolistischer Nachfrage 115
Abb. 34	Beispiele für die Entscheidung zwischen Verkauf und Verschrottung eines Bestands an fertigen Erzeugnissen 117
Abb. 35	Algebraische Ermittlung der gewinnmaximalen Produktmenge sowie des Gewinnmaximums und der Gewinnschwelle für das Produkt X eines Angebotspolypolisten bei polypolistischer Nachfrage auf vollkommenem Markt (sog. Mengenanpasser).......... 119
Abb. 36	Beispiel einer Nachkalkulation zur Bewertung eines Bestands an fertigen Erzeugnissen.. 122
Abb. 37	Beispiel für die gleichmäßige Verteilung der Kosten der Kuppelproduktion auf die Produkte 125
Abb. 38	Beispiel für die Verteilung der Kosten der Kuppelproduktion auf die Produkte entsprechend den Produktmengen........................... 126
Abb. 39	Beispiel für die Verteilung der Kosten der Kuppelproduktion auf die Produkte entsprechend naturwissenschaftlich-technischen Merkmalen.. 126
Abb. 40	Beispiel für die Verteilung der Kosten der Kuppelproduktion auf die Produkte entsprechend den Verkaufserlösen..................... 127
Abb. 41	Beispiel für die Behandlung der Kosten der Kuppelproduktion nach der sog. Restwertmethode... 127
Abb. 42	Beispiel für die Verteilung der Kosten der Kuppelproduktion entsprechend Grenzkosten.. 128

Abbildungsverzeichnis 337

Abb. 43 Gegenüberstellung von Vollkostenrechnung und
Teilkostenrechnung 130
Abb. 44 Überblick über die Systeme der Teilkostenrechnung 141
Abb. 45 Beispiel einer Produkt- und Betriebsergebnisrechnung nach dem
Direct Costing, summarisches Vorgehen 143
Abb. 46 Beispiel einer Produkt- und Betriebsergebnisrechnung nach dem
Direct Costing, differenziertes Vorgehen in Umkehrung des
Kalkulationsschemas 143
Abb. 47 Beispiel einer Produkt- und Betriebsergebnisrechnung nach der
globalen Vollkostenrechnung 144
Abb. 48 Beispiel einer Produkt- und Betriebsergebnisrechnung
entsprechend einer nach variablen und fixen Kosten
differenzierenden Vollkostenrechnung 144
Abb. 49 Algebraische Gewinnermittlung nach dem Direct Costing 145
Abb. 50 Algebraische Gewinnermittlung nach der globalen
Vollkostenrechnung im Mehrproduktbetrieb 145
Abb. 51 Algebraische Gewinnermittlung entsprechend einer nach
variablen und fixen Kosten differenzierenden Vollkostenrechnung
im Mehrproduktbetrieb 146
Abb. 52 Kostenauflösung mit Hilfe des proportionalen Satzes von
Schmalenbach 150
Abb. 53 Kostenauflösung mit Hilfe der High Point-Low Point-Methode 151
Abb. 54 Kostenauflösung mit Hilfe des Streupunktdiagramms 152
Abb. 55 Kostenauflösung mit Hilfe der Korrelationsrechnung 154
Abb. 56 Rohstoffkosten als variable oder fixe Kosten in Abhängigkeit von
Gegebenheiten und Erwartungen 158
Abb. 57 Abschreibungskosten (Abnutzungskosten) als variable oder fixe
Kosten in Abhängigkeit von Gegebenheiten und Erwartungen 159
Abb. 58 Eignung der Vollkostenrechnung und Teilkostenrechnung je nach
Art der Entscheidung 165
Abb. 59 Eignung der Vollkostenrechnung und Teilkostenrechnung je nach
Entscheidungssituation 166
Abb. 60 Engpassanalyse bei gleicher Inanspruchnahme eines Engpasses
durch eine Mengeneinheit der Produkte 171
Abb. 61 Engpassanalyse bei unterschiedlicher Inanspruchnahme eines
Engpasses durch eine Mengeneinheit der Produkte 173
Abb. 62 Bestimmung der Preisuntergrenze für ein zusätzliches Produkt
bei Verdrängung eines anderen Produkts 174
Abb. 63 Engpassanalyse bei unterschiedlicher Inanspruchnahme von zwei
Engpässen durch eine Mengeneinheit der Produkte 175
Abb. 64 Algebraische Ermittlung der Gewinnschwelle nach dem
Direct Costing im Einproduktbetrieb 177

Abb. 65   Grafische Ermittlung der Gewinnschwelle nach dem
          Direct Costing im Einproduktbetrieb.. 178
Abb. 66   Algebraische Ermittlung der Gewinnschwelle nach dem
          Direct Costing im Mehrproduktbetrieb mit festliegender
          Reihenfolge zwischen den Produkten.. 180
Abb. 67   Algebraische Ermittlung der Gewinnschwelle nach dem
          Direct Costing im Mehrproduktbetrieb mit feststehendem
          Verhältnis zwischen den Produkten.. 181
Abb. 68   Algebraische Ermittlung der Gewinnschwelle nach dem
          Direct Costing im Mehrproduktbetrieb bei Annahme
          bestimmter Reihenfolgen zwischen den Produkten.......................... 182
Abb. 69   Algebraische Ermittlung der Gewinnschwelle nach dem
          Direct Costing im Mehrproduktbetrieb bei Annahme einer
          bestimmten Absatzmengenkombination.. 185
Abb. 70   Beispiel für die Bewertung des Fertigerzeugnisbestands mit
          Vollkosten und Teilkosten, wenn in Periode 1 nur Produktion
          auf Lager und in Periode 2 nur Absatz vom Lager........................... 190
Abb. 71   Beispiel für die Bewertung des Fertigerzeugnisbestands mit
          Vollkosten und Teilkosten, wenn in Periode 1 und 2 konstante
          Produktionsmenge, aber unterschiedliche Absatzmengen................ 191
Abb. 72   Beispiel für die Bewertung des Fertigerzeugnisbestands mit
          Vollkosten und Teilkosten, wenn in Periode 1 und 2 unterschied-
          liche Produktionsmengen, aber konstante Absatzmenge.................. 192
Abb. 73   Gewinngleichung bei Bewertung des Fertigerzeugnisbestands mit
          Vollkosten... 193
Abb. 74   Gewinngleichung bei Bewertung des Fertigerzeugnisbestands mit
          Teilkosten (mit variablen Kosten).. 194
Abb. 75   Vergleich der Gewinngleichung bei Bewertung des Fertigerzeugnis-
          bestands mit Vollkosten und mit Teilkosten (mit variablen Kosten). 195
Abb. 76   Beispiel einer Produkt- und Betriebsergebnisrechnung nach der
          stufenweisen Fixkostendeckungsrechnung....................................... 200
Abb. 77   Algebraische Gewinnermittlung nach der stufenweisen Fixkosten-
          deckungsrechnung.. 200
Abb. 78   Beispiel einer Produkt- und Betriebsergebnisrechnung bei
          stufenweiser Fixkostendeckungsrechnung nach Agthe................... 202
Abb. 79   Beispiel einer Produkt- und Betriebsergebnisrechnung bei
          stufenweiser Fixkostendeckungsrechnung nach Mellerowicz......... 203
Abb. 80   Beispiel für eine retrograde Kalkulation bei mehrstufiger
          Deckungsbeitragsrechnung nach Mellerowicz................................. 209
Abb. 81   Beispiel für eine progressive Kalkulation bei mehrstufiger
          Deckungsbeitragsrechnung nach Mellerowicz................................. 210

Abbildungsverzeichnis 339

Abb. 82 Beispiel einer Produkt- und Betriebsergebnisrechnung nach der Einzelkostenrechnung und globalen Gemeinkostendeckungsrechnung, summarisches Vorgehen 213
Abb. 83 Beispiel einer Produkt- und Betriebsergebnisrechnung nach der Einzelkostenrechnung und globalen Gemeinkostendeckungsrechnung, differenziertes Vorgehen in Umkehrung des Kalkulationsschemas 214
Abb. 84 Algebraische Gewinnermittlung nach der Einzelkostenrechnung und globalen Gemeinkostendeckungsrechnung im Mehrproduktbetrieb 214
Abb. 85 Beispiel einer Produkt- und Betriebsergebnisrechnung entsprechend einer nach Einzelkosten und Gemeinkosten differenzierenden Vollkostenrechnung 215
Abb. 86 Algebraische Gewinnermittlung entsprechend einer nach Einzelkosten und Gemeinkosten differenzierenden Vollkostenrechnung im Mehrproduktbetrieb 215
Abb. 87 Beispiel einer Produkt- und Betriebsergebnisrechnung nach der Einzelkostenrechnung und stufenweisen Gemeinkostendeckungsrechnung 216
Abb. 88 Algebraische Gewinnermittlung nach der Einzelkostenrechnung und stufenweisen Gemeinkostendeckungsrechnung 216
Abb. 89 Schema einer Kostenträgerrechnung und Betriebsergebnisrechnung nach der Einzelkosten- und Deckungsbeitragsrechnung 217
Abb. 90 Übersicht über die Einteilung der Gesamtkosten in Einzel- und Gemeinkosten sowie in variable und fixe Kosten 219
Abb. 91 Beispiele für unterschiedliche Gruppierungsmöglichkeiten von Kostenkategorien (Zusammenfassung der Kosten in Pfeilrichtung) . 220
Abb. 92 Beispiel einer Produkt- und Betriebsergebnisrechnung mit Einzelkosten und variablen Gemeinkosten 223
Abb. 93 Vorgabe und Kontrolle einer Einzelkostenart nach der üblichen kumulativen Vorgehensweise 238
Abb. 94 Grafische Darstellung der Abweichungen nach der üblichen kumulativen Vorgehensweise 239
Abb. 95 Arten von Abweichungen 240
Abb. 96 Ermittlung der Teilabweichungen nach unterschiedlichen Reihenfolgen bei Anpassung der Plankosten an die Istkosten 241
Abb. 97 Ermittlung der Teilabweichungen nach unterschiedlichen Reihenfolgen bei Anpassung der Istkosten an die Plankosten 242
Abb. 98 Errechnung von Abweichungen bei einer Einzelkostenart bei differenzierter Vorgehensweise 244
Abb. 99 Vergleich der Höhe der Abweichungen bei üblicher kumulativer Vorgehensweise und differenzierter Vorgehensweise 245

340　Abbildungsverzeichnis

Abb. 100　Vorgabe und Kontrolle einer Gemeinkostenart nach der üblichen kumulativen Vorgehensweise 251

Abb. 101　Errechnung von Abweichungen bei einer Gemeinkostenart bei differenzierter Vorgehensweise 253

Abb. 102　Beispiel für eine retrograde Kalkulation der Preisobergrenze für Stahlblech zur Fertigung von Werkzeugen nach Mellerowicz 263

Abb. 103　Ermittlung der Preisobergrenze für einen Rohstoff R, der in das Produkt X einfließt 264

Abb. 104　Ermittlung der Preisobergrenze für einen Rohstoff, der in mehrere Produkte einfließt 265

Abb. 105　Ableitung der Bestellmengenformel 269

Abb. 106　Traditioneller Vollkostenvergleich zwischen Eigenfertigung und Fremdbezug nach Männel 271

Abb. 107　Vergleich der zusätzlichen (kurzfristig variablen) Kosten von Eigenfertigung und Fremdbezug nach Männel 272

Abb. 108　Auswahl der kostengünstigeren Alternative durch Vergleich der durchschnittlichen Kosten je Zeitabschnitt unter der Annahme kontinuierlicher Amortisation des gebundenen Kapitals nach Blohm/Lüder 274

Abb. 109　Auswahl der kostengünstigeren Alternative durch Vergleich der durchschnittlichen Kosten je Leistungseinheit bei unterschiedlicher Auslastung unter der Annahme kontinuierlicher Amortisation des gebundenen Kapitals nach Blohm/Lüder 275

Abb. 110　Ermittlung der kritischen Menge für die Wahl zwischen mehreren Faktorkombinationen 276

Abb. 111　Minimalkostenkombination bei Substitution jeweils einer Mengeneinheit des Faktors A durch jeweils eine Mengeneinheit des Faktors B und Produktion einer Mengeneinheit des Produktes X 277

Abb. 112　Minimalkostenkombination bei Substitution jeweils einer Mengeneinheit des Faktors A durch jeweils mehrere Mengeneinheiten des Faktors B und Produktion einer Mengeneinheit des Produktes X (algebraische Lösung) 279

Abb. 113　Minimalkostenkombination bei Substitution jeweils einer Mengeneinheit des Faktors A durch jeweils mehrere Mengeneinheiten des Faktors B und Produktion einer Mengeneinheit des Produkts X (grafische Lösung) 280

Abb. 114　Schritte der Prozesskostenrechnung 285

Abb. 115　Beispiel für die Ermittlung von Prozesskosten und Prozesskostensätzen für Teilprozesse und Hauptprozesse 287

Abb. 116　Beispiel für eine Kostenträgerrechnung im Rahmen der Prozesskostenrechnung 290

Abb. 117　Schritte der Zielkostenrechnung 295

Abb. 118 Beispiel für die Durchführung des Target Costing bei einem
Diskman.. 296
Abb. 119 Zielkostenkontrolldiagramm 302
Abb. 120 Erfassung und Verrechnung von Abfallentsorgungskosten............... 307
Abb. 121 Behandlung der Entsorgungskostenstelle als Hilfskostenstelle......... 308
Abb. 122 Beispiel für eine Umweltkostenrechnung mit einer
Umweltkostenstelle als Hilfskostenstelle................................... 310
Abb. 123 Behandlung der Entsorgungskostenstelle als Hauptkostenstelle....... 312
Abb. 124 Beispiel für eine Umweltkostenrechnung mit einer
Umweltkostenstelle als Hauptkostenstelle................................. 313
Abb. 125 Erfassung und Verrechnung von Abfallverwertungskosten............. 316
Abb. 126 Erfassung und Verrechnung von Abfallvermeidungskosten............. 319

Literaturverzeichnis

Agthe, Klaus: Stufenweise Fixkostendeckung im System des Direct Costing, in: ZfB 1959, S. 404-418.

Agthe, Klaus: Zur stufenweisen Fixkostendeckung, in: ZfB 1959, S. 742-748.

Albach, Horst: Bewertungsprobleme des Jahresabschlusses nach dem Aktiengesetz 1965, in: BB 1966, S. 377-382.

Bär, Wolfrath: Produktionsplanung und Auftragsbearbeitung im Industriebetrieb, Wiesbaden 1977.

Bea, Franz Xaver: Verfahrenswahl, in: Handwörterbuch der Produktionswirtschaft, hrsg. von Werner Kern/ Hans-Horst Schröder/ Jürgen Weber, 2. Aufl., Stuttgart 1996, Sp. 2150-2162.

Betge, Peter: Kapazität und Beschäftigung, in: Handwörterbuch der Produktionswirtschaft, hrsg. von Werner Kern/ Hans-Horst Schröder/ Jürgen Weber, 2. Aufl., Stuttgart 1996, Sp. 852-861.

Betz, Stefan: Operatives Erfolgscontrolling, Ein funktionaler Ansatz für industrielle Fertigungsprozesse, Wiesbaden 1996.

BFH: Urteil vom 19.5.1983 - IV R 205/75, BStBl. 1983, Teil II, S. 670-671; abgedruckt in: BB 1983, S. 1966-1967.

BFH: Urteil vom 19.10.1993 - VIII R 14/92, BStBl. 1993, Teil II, S. 891-894; abgedruckt in: BB 1994, S. 37-39.

BFH: Urteil vom 25.3.2004 - IV R 35/02; abgedruckt in: BB 2004, S. 1620-1623.

Bloech, Jürgen: Lineare Optimierung für Wirtschaftswissenschaftler, Opladen 1974.

Bloech, Jürgen/ Lücke, Wolfgang: Produktionswirtschaft, Stuttgart 1982.

Blohm, Hans/ Lüder, Klaus: Investition, 8. Aufl., München 1995.

Brink, Hans-Josef: Kostenstellen und Kostenstellenrechnung, in: Handwörterbuch der Betriebswirtschaft, hrsg. von Waldemar Wittmann u. a., 5. Aufl., Stuttgart 1993, Sp. 2376-2385.

Budäus, Dietrich: Aufträge, öffentliche, in: Handwörterbuch der Betriebswirtschaft, hrsg. von Waldemar Wittmann u. a., 5. Aufl., Stuttgart 1993, Sp. 204-213.

Bundesumweltministerium und Umweltbundesamt (Hrsg.): Handbuch Umweltcontrolling, 2. Aufl., München 2001.

Bundesumweltministerium und Umweltbundesamt (Hrsg.): Handbuch Umweltkostenrechnung, München 1996.

Bundesverband der Deutschen Industrie e. V. (Hrsg.): Empfehlungen zur Kosten- und Leistungsrechnung, Bd. 1: Kosten- und Leistungsrechnung als Istrechnung, 3. Aufl., Köln, Bergisch Gladbach 1991.

Busse von Colbe, Walther: Budgetierung und Planung, in: Handwörterbuch der Planung, hrsg. von Norbert Szyperski, Stuttgart 1989, Sp. 176-182.

Coenenberg, Adolf Gerhard: Kostenrechnung und Kostenanalyse, 5. Aufl., Stuttgart 2003.

Coenenberg, Adolf Gerhrad/ Fischer, Thomas/ Schmitz, Jochen: Target Costing und Product Life Cycle Costing als Instrumente des Kostenmanagements, in: ZP Nr. 1/1994, S. 1-38.

Coenenberg, Adolf Gerhard/ Fischer, Thomas/ Schmitz, Jochen: Target Costing und Product Life Cycle Costing als Instrumente des Kostenmanagements, in: Kostenmanagement, Aktuelle Konzepte und Anwendungen, hrsg. von Carl-Christian Freidank u. a., Berlin u. a. 1997, S. 195-232.

Daub, Walter/ Meierrose, Rudolf (Begr.), fortgeführt und hrsg. von Hans Hermann Eberstein: Kommentar zur VOL/A, 5. Aufl., Düsseldorf 2000.

Deike, Kerstin: Auswirkungen der Umweltschutzpolitik auf die industrielle Produktion, Bergisch-Gladbach, Köln 1994.

Dellmann, Klaus: Kosten- und Leistungsrechnungen, in: Vahlens Kompendium der Betriebswirtschaftslehre, Bd. 1, 4. Aufl., München 1998, S. 587-676 (in der 5. Aufl. nicht mehr enthalten).

Deppe, Hans-Dieter: "Selbstkosten" - eine betriebswirtschaftlich gerechtfertigte Preisuntergrenze?, in: Die Preisunterbietung im Wettbewerbsrecht, hrsg. von Wolfgang Fikentscher, 2. Aufl., Heidelberg 1962, Betriebswirtschaftlicher Anhang, S. 85-144.

DIN (Hrsg.): DIN 69910, Wertanalyse, Berlin, Köln 1973.

Ebisch, Hellmuth/ Gottschalk, Joachim (Begr.), fortgeführt von Werner Knauss/ Johann K. Schmidt: Preise und Preisprüfungen bei öffentlichen Aufträgen, einschließlich Bauaufträge, Kommentar, 7. Aufl., München 2000.

Ederer, Franz: Target Costing - Kalkulieren vom Markt her, in: BuW 1998, S. 521-530.

Ehrt, Robert: Die Zurechenbarkeit von Kosten auf Leistungen auf der Grundlage kausaler und finaler Beziehungen, Stuttgart u. a. 1967.

Eichhorn, Peter: Gesellschaftsbezogene Unternehmensrechnung, Göttingen 1974.

Eichmann, Andreas Alexander: Industrielle Fertigungskostenrechnung, Erfassung und Verrechnung der Fertigungskosten des Industriebetriebs, Lohmar, Köln 2000.

Eisele, Wolfgang: Technik des betrieblichen Rechnungswesen, Buchführung und Bilanzierung - Kosten- und Leistungsrechnung - Sonderbilanzen, 7. Aufl., München 2002.

Eisenführ, Franz: Budgetierung, in: Handwörterbuch der Organisation, hrsg. von Erich Frese, 3. Aufl., Stuttgart 1992, Sp. 363-373.

Ewert, Ralf/ Wagenhofer, Alfred: Interne Unternehmensrechung, 6. Aufl., Berlin u. a. 2005.

Fettel, Johannes: Ein Beitrag zur Diskussion über den Kostenbegriff, in: ZfB 1959, S. 567-569.

Fischer, Thomas M.: Kosten-Controlling, Stuttgart 2000.

Fischer, Thomas M./ Schmitz, Jochen: Informationsgehalt und Interpretation des Zielkostenkontrolldiagramms im Target Costing, in: krp 1994, S. 427-433.

Franz, Klaus-Peter: Die Prozeßkostenrechnung, Darstellung und Vergleich mit der Plankosten- und Deckungsbeitragsrechnung, in: Finanz- und Rechnungswesen als Führungsinstrument, Festschrift für Herbert Vormbaum zum 65. Geburtstag, hrsg. von Dieter Ahlert/ Klaus-Peter Franz/ Hermann Göppl, Wiesbaden 1990, S. 109-136.

Franz, Klaus-Peter: Kostenverursachung und Kostenzurechnung, in: Handwörterbuch der Betriebswirtschaft, hrsg. von Waldemar Wittmann u. a., 5. Aufl., Stuttgart 1993, Sp. 2418-2426.

Freidank, Carl-Christian: Kostenrechnung, Einführung in die begrifflichen, theoretischen, verrechnungstechnischen sowie planungs- und kontrollorientierten Grundlagen des innerbetrieblichen Rechnungswesens und einem Überblick über neuere Konzepte des Kostenmanagements, 7. Aufl., München, Wien 2001.

Frese, Erich/ Lehmann, Patrick: Profit Center, in: Handwörterbuch Unternehmensrechnung und Controlling, hrsg. von Hans-Ulrich Küpper/ Alfred Wagenhofer, 4. Aufl., Stuttgart 2002, Sp. 1540-1551.

Fricke, Wolfgang: Kosten und Kostenrechnung im Saisonbetrieb, Frankfurt u. a. 1991.

Fröhling, Oliver: Dynamisches Kostenmanagement. Konzeptionelle Grundlagen und praktische Umsetzung im Rahmen eines strategischen Kosten- und Erfolgs-Controlling, München 1994.

Gebert, Dieter: Führung im MbO-Prozeß, in: Handwörterbuch der Führung, hrsg. von Alfred Kieser/ Gerhard Reber/ Rolf Wunderer, 2. Aufl., Stuttgart 1995, Sp. 426-436.

Götze, Uwe: Einsatzmöglichkeiten und Grenzen der Prozeßkostenrechnung, in: Kostenmanagement, Aktuelle Konzepte und Anwendungen, hrsg. von Carl-Christian Freidank u. a., Berlin u. a. 1997, S. 141-174.

Götze, Uwe: Kostenrechnung und Kostenmanagement, 3. Aufl. Berlin u. a. 2004.

Gutenberg, Erich: Grundlagen der Betriebswirtschaftslehre, Bd. 1: Die Produktion, 24. Aufl., Berlin u. a. 1983.

Gutenberg, Erich: Grundlagen der Betriebswirtschaftslehre, Bd. 2: Der Absatz, 17. Aufl., Berlin u. a. 1984.

Haberstock, Lothar: Kostenrechnung I: Einführung, bearb. von Volker Breithecker, 12. Aufl., Berlin 2005.

Haberstock, Lothar: Kostenrechnung II: (Grenz-) Plankostenrechnung mit Fragen, Aufgaben und Lösungen, bearb. von Volker Breithecker, 9. Aufl., Berlin 2004.

Häberle, Matthias: Betriebswirtschaftliche Analyse des Recycling, Lohfelden 1997.

Händel, Siegfried: Wertanalyse, in: Handwörterbuch der Planung, hrsg. von Norbert Szyperski, Stuttgart 1989, Sp. 2213-2220.

Hahn, Dietger: Direct Costing und die Aufgaben der Kostenrechnung, Teil 1, in: Neue Betriebswirtschaft 1964, S. 221-223.

Hahn, Dietger: Direct Costing und die Aufgaben der Kostenrechnung, Teil 2, in: Neue Betriebswirtschaft 1965, S. 8-13.

Hahn, Dietger/ Hungenberg, Harald: PuK, Planung und Kontrolle, Planungs- und Kontrollsysteme, Planungs- und Kontrollrechnung, Wertorientierte Controllingkonzepte, 6. Aufl., Wiesbaden 2001.

Hasenack, Wilhelm: Ertragsbildungs-Analyse und Erfolgsspaltung als betriebswirtschaftliche Probleme, in: BFuP 1954, S. 276-295.

Hax, Herbert: Lineare Planungsrechnung und Simplex-Methode als Instrumente betriebswirtschaftlicher Planung, in: ZfhF 1960, S. 578-605.

Heigl, Anton: Controlling - Interne Revision, 2. Aufl., Stuttgart, New York 1989.

Heine, Peter: Direct Costing, eine angloamerikanische Teilkostenrechnung, in: ZfhF 1959, S. 515-534.

Heinen, Edmund: Reformbedürftige Zuschlagskalkulation, in: ZfhF 1958, S. 1-27.

Heinen, Edmund: Grundlagen betriebswirtschaftlicher Entscheidungen. Das Zielsystem der Unternehmung, 3. Aufl., Wiesbaden 1976.

Heinhold, Michael: Kosten- und Erfolgsrechnung in Fallbeispielen, 3. Aufl., Stuttgart 2004.

Heinhold, Michael/ Wotschofsky, Stefan: Interne Revision, in: Handwörterbuch der Rechnungslegung und Prüfung, hrsg. von Wolfgang Ballwieser/ Adolf G. Coenenberg/ Klaus v. Wysocki, 3. Aufl., Stuttgart 2002, Sp. 1217-1228.

Heitger, Lester E./ Matulich, Serge: Managerial Accounting, 2. Aufl., New York 1987.

Hochstädter, Dieter: Statistik, betriebliche, in: Handwörterbuch der Betriebswirtschaft, hrsg. von Waldemar Wittmann u. a., 5. Aufl., Stuttgart 1993, Sp. 3987-4003.

Hoitsch, Hans-Jörg: Vollkostenrechnung / Teilkostenrechnung, in: Handwörterbuch Unternehmensrechnung und Controlling, hrsg. von Hans-Ulrich Küpper/ Alfred Wagenhofer, 4. Aufl., Stuttgart 2002, Sp. 2099-2110.

Homburg, Carsten: Kostenbegriffe, in: Handwörterbuch Unternehmensrechnung und Controlling, hrsg. von Hans-Ulrich Küpper/ Alfred Wagenhofer, 4. Aufl., Stuttgart 2002, Sp. 1051-1060.

Horngren, Charles T./ Datar, Srikant M./ Foster, George: Cost Accounting. A Managerial Emphasis, 12th ed., Upper Saddle River, NJ 2005.

Horngren, Charles T./ Sundem, Gary L./ Stratton, William O.: Introduction to Management Accounting, 4th ed., Upper Saddle River, NJ 2005.

Horváth, Péter: Controlling, 9. Aufl., München 2003.

Horváth, Péter/ Mayer, Reinhold: Prozeßkostenrechnung, Der neue Weg zu mehr Kostentransparenz und wirkungsvolleren Unternehmensstrategien, in: Controlling 1989, S. 214-219.

Humble, John W. (Hrsg.): Management by objectives in action, London, New York 1970.

Hummel, Siegfried: Die Auswirkungen von Lagerbestandsveränderungen auf den Periodenerfolg, ein Vergleich der Erfolgskonzeptionen von Vollkostenrechnung und Direct Costing, in: ZfbF 1969, S. 155-180.

Hummel, Siegfried: Fixe und variable Kosten - Zwei häufig mißverstandene Grundbegriffe der Kostenrechnung, in: krp 1975, S. 63-74.

Hummel, Siegfried/ Männel, Wolfgang: Kostenrechnung 1, Grundlagen, Aufbau und Anwendung, 4. Aufl., Wiesbaden 1986 (Nachdruck 1999).

Hummel, Siegfried/ Männel, Wolfgang: Kostenrechnung 2, Moderne Verfahren und Systeme, 3. Aufl., Wiesbaden 1983 (Nachdruck 1999).

Jehle, Egon: Wertanalyse, in: Handwörterbuch der Produktionswirtschaft, hrsg. von Werner Kern/ Hans-Horst Schröder/ Jürgen Weber, 2. Aufl., Stuttgart 1996, Sp. 2247-2256.

Käfer, Karl: Standardkostenrechnung, 2. Aufl., Stuttgart 1964.

Kern, Werner: Die Messung industrieller Fertigungskapazitäten und ihrer Ausnutzung, Köln, Opladen 1962.

Kern, Werner: Kalkulation mit Opportunitätskosten, in: ZfB 1965, S. 133-147.

Kern, Werner: Industrielle Produktionswirtschaft, 5. Aufl., Stuttgart 1992.

Kilger, Wolfgang: Einführung in die Kostenrechnung, 3. Aufl., Wiesbaden 1987.

Kilger, Wolfgang/ Pampel, Jochen/ Vikas, Kurt: Flexible Plankostenrechnung und Deckungsbeitragsrechnung, 11. Aufl., Wiesbaden 2002.

Kloock, Josef: Betriebliche Leistungsverrechnung auf der Basis von Gesamtkosten oder/und Endkosten der Kostenstellen, in: ZfB 1968, S. 455-464.

Kloock, Josef/ Sieben, Günter/ Schildbach, Thomas: Kosten- und Leistungsrechnung, 8. Aufl., Düsseldorf 1999.

Kloppenburg, Günter: Mitverwaltungsrechte der Aktionäre, Thun, Frankfurt am Main 1982.

Koch, Helmut: Die Ermittlung der Durchschnittskosten als Grundprinzip der Kostenrechnung, in: ZfhF 1953, S. 303-327.

Koch, Helmut: Grundprobleme der Kostenrechnung, Köln, Opladen 1966.

Köhler, Richard: Marktforschung, in: Handwörterbuch der Betriebswirtschaft, hrsg. von Waldemar Wittmann u. a., 5. Aufl., Stuttgart 1993, Sp. 2782-2803.

Kolb, Jürgen: Industrielle Erlösrechnung, Wiesbaden 1978.

Kosiol, Erich: Verrechnung innerbetrieblicher Leistungen, 2. Aufl., Wiesbaden 1959.

Kosiol, Erich: Kosten- und Leistungsrechnung, Grundlagen, Verfahren, Anwendungen, Berlin, New York 1979.

Krauss, Axel: Die Anwendung der Teilkostenrechnung für unternehmerische Entscheidungen, Frankfurt, Zürich 1976.

Krökel, Edgar: Die kalkulatorische Vermögens- und Kapitalrechnung, Berlin 1981.

Kruschwitz, Lutz: Investitionsrechnung, 10. Aufl., München, Wien 2005.

Küpper, Hans-Ulrich: Controlling, in: Handwörterbuch der Betriebswirtschaft, hrsg. von Waldemar Wittmann u. a., 5. Aufl., Stuttgart 1993, Sp. 647-661.

Küpper, Hans-Ulrich: Controlling. Konzeption, Aufgaben und Instrumente, 4. Aufl., Stuttgart 2005.

Kürpick, Heinrich: Die Lehre von den fixen Kosten, Köln, Opladen 1965.

Küting, Karlheinz/ Weber, Claus-Peter: Die Bilanzanalyse, 7. Aufl., Stuttgart 2004.

Langen, Heinz: Dynamische Preisuntergrenze, in: ZfbF 1966, S. 649-659.

Lawrence, Frederick Charles/ Humphreys, Edward Newland: Marginal Costing, 2nd ed., London 1967.

Layer, Manfred: Möglichkeiten und Grenzen der Anwendbarkeit der Deckungsbeitragsrechnung im Rechnungswesen der Unternehmung, Berlin 1967.

Layer, Manfred: Die Herstellkosten der Deckungsbeitragsrechnung und ihre Verwendbarkeit in Handelsbilanz und Steuerbilanz für die Bewertung unfertiger und fertiger Erzeugnisse, in: ZfhF 1969, S. 131-154.

Lehmann, Max Rudolf: Industriekalkulation, 5. Aufl., Essen 1964.

Letmathe, Peter: Umweltbezogene Kostenrechnung, München 1998.

Lorson, Peter: Break-Even-Analyse, in: Handwörterbuch Unternehmensrechnung und Controlling, hrsg. von Hans-Ulrich Küpper/ Alfred Wagenhofer, 4. Aufl., Stuttgart 2002, Sp. 207-219.

Lück, Wolfgang: Betriebswirtschaftliche Perspektiven der Rationalisierung (Teil II), in: DB 1984, S. 1050-1054.

Lücke, Alexander: Wertsteigerungsrücklagen und Ersatzbeschaffungsrücklagen, Göttingen 2003.

Lücke, Wolfgang: Investitionsrechnungen auf der Grundlage von Ausgaben oder Kosten?, in: ZfhF 1955, S. 310-324.

Lücke, Wolfgang: Die kalkulatorischen Zinsen im betrieblichen Rechnungswesen, in: ZfB-Ergänzungsheft 1965, S. 3-28.

Lücke, Wolfgang: Scratch-Line-Budgeting, in: Bankpolitik, finanzielle Unternehmensführung und die Theorie der Finanzmärkte, Festschrift für Hans-Jacob Krümmel zur Vollendung des 60. Lebensjahres, hrsg. von Bernd Rudolf/ Jochen Wilhelm, Berlin 1988, S. 263-308.

Luczak, Holger: Arbeitswissenschaft, 2. Aufl., Berlin u. a. 1998.

Männel, Wolfgang: Möglichkeiten und Grenzen des Rechnens mit Opportunitätserlösen, in: Beiträge zur betriebswirtschaftlichen Ertragslehre, Erich Schäfer zum 70. Geburtstag, hrsg. von Paul Riebel, Opladen 1971, S. 201-245.

Männel, Wolfgang: Bemerkungen zu den Begriffsreihen "Auszahlungen, Ausgaben, Aufwand, Kosten" und „Einzahlungen, Einnahmen, Erträge, Leistungen" in: krp 1975, S. 215-222.

Männel, Wolfgang: Die Wahl zwischen Eigenfertigung und Fremdbezug, 2. Aufl., Stuttgart 1981.

Männel, Wolfgang: Preisobergrenzen im Einkauf, 2. Aufl., Opladen 1990.

Martin, Hans: Grundlagen der menschengerechten Arbeitsgestaltung, Köln 1994.

Mayer, Elmar/ Liessmann, Konrad/ Mertens, Hans Werner: Kostenrechnung, Grundwissen für den Controllerdienst, 7. Aufl., Stuttgart 1997.

Mellerowicz, Konrad: Kosten und Kostenrechnung, Bd. 1: Theorie der Kosten, 5. Aufl., Berlin, New York 1973.

Mellerowicz, Konrad: Kosten und Kostenrechnung, Bd. 2: Verfahren, 1. Teil: Allgemeine Fragen der Kostenrechnung und Betriebsabrechnung, 5. Aufl., Berlin, New York 1974.

Mellerowicz, Konrad: Neuzeitliche Kalkulationsverfahren, 6. Aufl., Freiburg 1977.

Mellerowicz, Konrad: Kosten und Kostenrechnung, Bd. 2: Verfahren, 2. Teil: Kalkulation und Auswertung der Kostenrechnung und Betriebsabrechnung, 5. Aufl., Berlin, New York 1980.

Menrad, Siegfried: Der Kostenbegriff, Eine Untersuchung über den Gegenstand der Kostenrechnung, Berlin 1965.

Menrad, Siegfried: Die Problematik der Kostenzurechnung, in: WiSt 1972, S. 488-494.

Menrad, Siegfried: Rechnungswesen, Göttingen 1978.

Mertens, Hans-Joachim: § 93, in: Kölner Kommentar zum Aktiengesetz, hrsg. von Wolfgang Zöllner, Bd. 2, §§ 76-117 AktG und Mitbestimmung im Aufsichtsrat, 2. Aufl., Köln u. a. 1996.

Meyer-Piening, Arnulf: Zero-Base-Budgeting, in: Handwörterbuch der Planung, hrsg. von Norbert Szyperski, Stuttgart 1989, Sp. 2277-2296.

Meyer-Piening, Arnulf: Zero-Base-Budgeting, in: ZfO 1982, S. 257-266.

Michel, Rudolf/ Torspecken, Hans-Dieter: Grundlagen der Kostenrechnung, Kostenrechnung I, 4. Aufl., München, Wien 1992.

Michel, Rudolf/ Torspecken, Hans-Dieter/ Jandt, Jürgen: Neuere Formen der Kostenrechnung mit Prozeßkostenrechnung, Kostenrechnung II, 4. Aufl., München, Wien 1998.

Mittendorf, Christoph: Industrielle Verwaltungskostenrechnung, Erfassung und Verrechnung der Verwaltungskosten im Rahmen der Vollkostenrechnung und der Teilkostenrechnung, Northeim 1996.

Moews, Dieter: Zur Aussagefähigkeit neuerer Kostenrechnungsverfahren, Berlin 1969.

Müller, Eckhard: Die Berücksichtigung von Abzugskapital bei der Ermittlung kalkulatorischer Zinsen, in: krp 1981, S. 221-226.

Müller-Kemler, Birgit: Behandlung des Arbeitsentgelts im betriebswirtschaftlichen Rechnungswesen, Bergisch-Gladbach, Köln 1995.

Müller-Merbach, Heiner: Operations Research, 3. Aufl., München 1973.

Müller-Merbach, Heiner: Operations Research und Planung, in: Handwörterbuch der Planung, hrsg. von Norbert Szyperski, Stuttgart 1989, Sp. 1290-1299.

Müller-Wrede, Malte (Hrsg.), bearb. von Florian von Baum u. a.: Verdingungsordnung für Leistungen VOL/A, Kommentar, Köln 2001.

Münstermann, Hans: Verrechnung innerbetrieblicher Leistungen mit Hilfe des Matrizenkalküls, in: Beiträge zur Lehre von der Unternehmung, Festschrift für Karl Schäfer, hrsg. von Otto Angehrn/ Hans Paul Künzi, Stuttgart 1968, S. 185-224.

Munzel, Gerhard: Die fixen Kosten in der Kostenträgerrechnung, Wiesbaden 1966.

Oetzel, Harald/ Ehlken, Jörg: Implementierung der Prozesskostenrechnung in einem mittelständischen Unternehmen, Göttingen 1999.

Ossadnik, Wolfgang: Controlling, 3. Aufl., München, Wien 2003.

Petersen, Daniela: Industrielle Umweltkostenrechnung, Aufgaben und Methoden, Göttingen 2004.

Plaut, Hans-Georg: Die Grenz-Plankostenrechnung, in: ZfB 1953, S. 347-363 (Teil 1) und S. 402-413 (Teil 2).

Plaut, Hans-Georg: Die Grenz-Plankostenrechnung, in: ZfB 1955, S. 25-39.

Plaut, Hans-Georg: Unternehmenssteuerung mit Hilfe der Voll- oder Grenzplankostenrechnung, in: ZfB 1961, S. 460-482.

Raffée, Hans: Kurzfristige Preisuntergrenze als betriebswirtschaftliches Problem, Köln, Opladen 1961.

Reichmann, Thomas: Kosten und Preisgrenzen. Die Ermittlung von Preisobergrenzen und Preisuntergrenzen im Industriebetrieb, Wiesbaden 1973 (Nachdruck 1982).

Reichmann, Thomas: Controlling mit Kennzahlen und Managementberichten, 6. Aufl., München 2001.

Riebel, Paul: Marktforschung und Rechnungswesen, in: ZfB 1951, S. 441-448.

Riebel, Paul: Die Kuppelproduktion, Köln, Opladen 1955.

Riebel, Paul: Die Fragwürdigkeit des Verursachungsprinzips im Rechnungswesen, in: Rechnungswesen und Betriebswirtschaftspolitik, Festschrift für Gerhard Krüger, hrsg. von Manfred Layer/ Heinz Strebel, Berlin 1969, S. 49-64.

Riebel, Paul: Einzelkosten- und Deckungsbeitragsrechnung, 7. Aufl., Wiesbaden 1994.

Riebel, Paul: Kuppelproduktion, in: Handwörterbuch der Produktionswirtschaft, hrsg. von Werner Kern/ Hans-Horst Schröder/ Jürgen Weber, 2. Aufl., Stuttgart 1996, Sp. 992-1004.

Rösler, Frank: Target Costing für die Automobilindustrie, Wiesbaden1996.

Rösler, Frank: Target Costing in der Automobilindustrie - Ein Anwendungsbeispiel des Zielkostenmanagements, in: Kostenmanagement, Aktuelle Konzepte und Anwendungen, hrsg. von Carl-Christian Freidank u. a., Berlin u. a. 1997, S. 275-297.

Rogler, Silvia: Industrielle Umweltkostenrechnung, in: krp 2000, S. 171-179.

Rogler, Silvia: Inflation, in: Handwörterbuch Unternehmensrechnung und Controlling, hrsg. von Hans-Ulrich Küpper/ Alfred Wagenhofer, 4. Aufl., Stuttgart 2002, Sp. 713-722.

Rogler, Silvia: Risikomanagement im Industriebetrieb, Analyse von Beschaffungs-, Produktions- und Absatzrisiken, Wiesbaden 2002.

Roth, Ursula: Umweltkostenrechnung, Wiesbaden 1992.

Rürup, Bert: PPBS (Planning-Programming-Budgeting-System), in: Handwörterbuch der Planung, hrsg. von Norbert Szyperski, Stuttgart 1989, Sp. 1568-1578.

Rürup, Bert/ Hansmeyer, Karl-Heinrich: Staatswirtschaftliche Planungsinstrumente, 3. Aufl., Düsseldorf 1984.

Rummel, Kurt: Einheitliche Kostenrechnung auf der Grundlage einer vorausgesetzten Proportionalität der Kosten zu betrieblichen Größen, 3. Aufl., Düsseldorf 1967.

Samuelson, Paul A./ Nordhaus, William D.: Volkswirtschaftslehre, Übersetzung der 15. amerikanischen Ausgabe Economics, Wien 1998.

Schäfer, Erich: Vom Wesen fixer Kosten, in: Probleme der Betriebsführung, Festschrift zum 65. Geburtstag von Otto R. Schnutenhaus, hrsg. von Carl W. Meyer, Berlin 1959, S. 187-197.

Schäfer, Erich: Die Unternehmung, 10. Aufl., Wiesbaden 1980 (Nachdruck 1991).

Schäfer, Erich/ Knoblich, Hans: Grundlagen der Marktforschung, 5. Aufl., Stuttgart 1978.

Schanz, Günther: Organisationsgestaltung, 2. Aufl., München 1994.

Schär, Johann Friedrich: Allgemeine Handelsbetriebslehre, 5. Aufl., Leipzig 1923.

Scheer, August-Wilhelm: Betriebs- und Wirtschaftsinformatik, in: Handwörterbuch der Betriebswirtschaft, hrsg. von Waldemar Wittmann u. a., 5. Aufl., Stuttgart 1993, Sp. 390-408.

Scherrer, Gerhard: Kostenrechnung, 3. Aufl., Stuttgart 1999.

Schlieper, Ulrich: Externe Effekte, in: Handwörterbuch der Wirtschaftswissenschaften, Bd. 2, hrsg. von Willi Albers u. a., Stuttgart u. a. 1988, S. 524-530.

Schmalenbach, Eugen: Kostenrechnung und Preispolitik, bearb. von Richard Bauer, 8. Aufl., Köln, Opladen 1963.

Schmidt, Heino/ Wenzel, Hans-Heinrich: Maschinenstundensatzrechnung als Alternative zur herkömmlichen Zuschlagskostenrechnung?, in: krp 1989, S. 147-158.

Schmidt, Heino/ Wenzel, Hans-Heinrich: Probleme bei der Ermittlung kalkulatorischer Abschreibungen und Zinsen, in: krp 1989, S. 255-269 (Teil 1) und krp 1990, S. 24-27 (Teil 2).

Schneeweiß, Christoph: Operations Research, in: Handwörterbuch der Betriebswirtschaft, hrsg. von Waldemar Wittmann u. a., 5. Aufl., Stuttgart 1993, Sp. 2940-2953.

Schneider, Dieter: Kostentheorie und verursachungsgemäße Kostenrechnung, in: ZfhF 1961, S. 677-707.

Schneider, Dieter: Entscheidungsrelevante Fixkosten, Abschreibungen und Zinsen zur Substanzerhaltung, in: DB 1984, S. 2521-2528.

Scholz, Christian: Personalmanagement, 5. Aufl., München 2000.

Schürhoff, Horst: Istkostenrechnung in Matrizendarstellung, in: ZfB 1965, S. 840-841.

Schürhoff, Horst: Gegenseitig abrechnende Kostenstellen in der betrieblichen Kostenrechnung, in: ZfB 1968, S. 105-120.

Schulz, Carl Ernst: Ist-, Richt- und Plankostenrechnung, ein Beitrag zur Klärung der Begriffe, in: ZfB 1951, S. 460-468.

Schweitzer, Marcell: Prinzipien der Kostenrechnung, in: WiSt 1977, S. 482-486.

Schweitzer, Marcell: Profit-Center, in: Handwörterbuch der Organisation, hrsg. von Erich Frese, 3. Aufl., Stuttgart 1992, Sp. 2078-2089.

Schweitzer, Marcell/ Küpper, Hans-Ulrich: Systeme der Kosten- und Erlösrechnung, 8. Aufl., München 2003.

Schweitzer, Marcell/ Troßmann, Ernst: Break-Even-Analysen, Methodik und Einsatz, 2. Aufl., Berlin 1998.

Schwetzler, Bernhard: Zinsen, in: Handwörterbuch Unternehmensrechnung und Controlling, hrsg. von Hans-Ulrich Küpper/ Alfred Wagenhofer, 4. Aufl., Stuttgart 2002, Sp. 2178-2187.

Seicht, Gerhard: Moderne Kosten- und Leistungsrechnung. Grundlagen und praktische Gestaltung, 11. Aufl., Wien 2001.

Seidenschwarz, Werner: Target Costing - Ein japanischer Ansatz für das Kostenmanagement, in: Controlling 1991, S. 198-203.

Seidenschwarz, Werner: Target Costing, Marktorientiertes Zielkostenmanagement, München 1993.

Stahlknecht, Peter: Istkostenrechnung in Matrizendarstellung, in: ZfB 1965, S. 127-128.

Stobbe, Alfred: Volkswirtschaftliches Rechnungswesen, 8. Aufl., Berlin u. a. 1994.

Thielmann, Kurt: Der Kostenbegriff in der Betriebswirtschaftslehre, Berlin 1964.

Tillmann, Karl-Heinz: Die Bewertung von marktpreislosen Kuppelprodukten in der Kostenrechnung der chemischen Industrie, in: ZfhF 1995, S. 156-188.

Tucker, Spencer A.: Break-even Analyse, München 1966.

VDI-Gemeinschaftsausschuss "Wertanalyse": Wertanalyse, 5. Aufl., Düsseldorf 1995.

Weber, Helmut Kurt: Funktionsorientierte und produktorientierte Organisation der industriellen Unternehmung, in: ZfB 1968, S. 587-604.

Weber, Helmut Kurt: Marktforschung und Rechnungswesen, in: Der Marktforscher 1977, S. 56-59.

Weber, Helmut Kurt: Kostenstellenbildung, in: Handwörterbuch der Produktionswirtschaft, hrsg. von Werner Kern, Stuttgart 1979, Sp. 963-971 (in 2. Aufl. nicht mehr enthalten).

Weber, Helmut Kurt: Beschaffungskosten und Anschaffungskosten, in: Ba 2/1980, S. 18-23.

Weber, Helmut Kurt: Beschaffungskosten und Materialgemeinkosten, in: Ba 4/1980, S. 16-23.

Weber, Helmut Kurt: Grundbegriffe der Kostenrechnung, in: Handbuch der Kostenrechnung, hrsg. von Wolfgang Männel, Wiesbaden 1992, S. 5-18.

Weber, Helmut Kurt: Einzel- und Gemeinkosten sowie variable und fixe Kosten, 2. Aufl., Göttingen 1996.

Weber, Helmut Kurt: Industriebetriebslehre, 3. Aufl., Berlin u. a. 1999.

Weber, Helmut Kurt: Latente und realisierte Kosten, in: krp 2001, S. 55-59.

Weber, Helmut Kurt: Ansatz von Tageswerten und Bildung von Wertsteigerungs- sowie Ersatzbeschaffungsrücklagen, in: Jahrbuch für Controlling und Rechnungswesen 2004, hrsg. von Gerhard Seicht, Wien 2004, S. 223-243.

Weber, Helmut Kurt/ Rogler, Silvia: Betriebswirtschaftliches Rechnungswesen, Bd. 1: Bilanz sowie Gewinn- und Verlustrechnung, 5. Aufl., München 2004.

Weber, Jürgen: Variable und fixe Kosten, in: WiSt 1987, S. 393-398.

Weber, Jürgen: Einführung in das Controlling, 10. Aufl., Stuttgart 2004.

Weber, Karl: Direct Costing, in: Industrielle Organisation 1960, S. 479-488.

Wedell, Harald: Grundlagen des Rechnungswesens, Bd. 1: Buchführung und Jahresabschluß, 10. Aufl., Herne, Berlin 2003.

Wedell, Harald: Grundlagen des Rechnungswesens, Bd. 2: Kosten- und Leistungsrechnung, 9. Aufl., Herne, Berlin 2004.

Wilkens, Klaus: Kosten- und Leistungsrechnung, 9. Aufl., München, Wien 2004.

Wille, Friedrich: Direktkostenrechnung mit stufenweiser Fixkostendeckung, in: ZfB 1959, S. 737-741.

Witte, Eberhard: Finanzrechnung, insbesondere Finanzplanung, in: Handwörterbuch des Rechnungswesens, hrsg. von Erich Kosiol/ Klaus Chmielewicz/ Marcell Schweitzer, 2. Aufl., Stuttgart 1981, Sp. 544-557 (in 3. Aufl. nicht mehr enthalten).

Wittmann, Walter: Das Planning-Programming-Budgeting System (PPBS), in: WiSt 1975, S. 169-174.

Wöhe, Günter/ Döring, Ulrich: Einführung in die Allgemeine Betriebswirtschaftslehre, 22. Aufl., München 2005.

Wundrack, Carsten: Industrielle Vertriebskostenrechnung, Erfassung und Verrechnung der Vertriebskosten im Rahmen der Vollkostenrechnung und der Teilkostenrechnung, Lohmar, Köln 2000.

Wundrack, Carsten: Berücksichtigung unterschiedlicher Zahlungskonditionen bei der Kalkulation von Angebotspreisen, in: krp 3/2001, S. 165-171.

Wysocki, Klaus von: Sozialbilanzen, Stuttgart, New York 1981.

Zentes, Joachim: Preisgrenzen, in: Handwörterbuch Unternehmensrechnung und Controlling, hrsg. von Hans-Ulrich Küpper/ Alfred Wagenhofer, 4. Aufl., Stuttgart 2002, Sp. 1488-1497.

Zimmermann, Gebhard: Grundzüge der Kostenrechnung, 8. Aufl., München, Wien 2001.

Zühlsdorff, Andreas/ Geißler, Oliver: Abfallrechtliche Rückstellungen im Fokus des BFH, in: BB 2005, S. 1099-1104.

Zwehl, Wolfgang von: Kostentheoretische Analyse des Modells der optimalen Bestellmenge, Wiesbaden 1973.

Stichwortverzeichnis

Abbildungsverfahren 136, 137
Abfall 305, 318
  Ablagerung 322, 323
  Behandlung 321, 324
  Verwertung 322
Abfallablagerungskosten 304, 305
Abfallentsorgungskosten 304, 305, 307
Abfallprodukt 305
Abfallvermeidungskosten 304, 318, 319
Abfallverwertungskosten 304, 305, 315, 316
Abgabekosten 44
Abnutzungskosten 44, 48, 49, 75
Absatzmenge, kritische 185
Abschreibungen 21, 22, 30, 44, 55, 159
Abteilungsergebnis 11
Abteilungsergebnisrechnung 258
Abweichungen 232, 240
  Beschäftigungs- 235, 240, 246, 249, 258
  gemischte 237, 252
  Gesamt- 240, 243, 250
  Lohnsatz- 246
  Mengen- 233, 253
  Preis- 233, 240, 249, 253
  reine 237, 252
  Rest- 237
  Spezial- 237
  Tarif- 246
  Verbrauchs- 236, 240, 250
  Zeit- 247

Abweichungsanalyse
  differenzierte 243, 244, 245, 253
  kumulative 238, 239, 245, 251
Abzugskapital 24, 33
Additionskostenrechnung 55
  einstufige 60
  mehrstufige 61
Äquivalenzziffernkostenrechnung 59, 155
Akkordlohn 81
Allokationseffekt 293
Anfangskostenstelle 77, 83
Angebotsmonopol 115
Angebotspolypol 119, 167
Anlagevermögen 19, 33
Anschaffungskosten bzw. -wert 20, 26, 30, 33, 80, 282
Arbeitskosten 44, 48, 49, 75
Auftragsfertigung 104, 109
Aufwands- und Ertragsrechnung 2, 5, 7, 9
Aufwendungen 2, 26, 35, 36
  Anders- 31
  außergewöhnliche 29
  außerordentliche 31
  betriebsbezogene 34
  betriebsfremde 28, 31
  kostengleiche 32
  kostenverschiedene 31
  neutrale 29, 31, 32, 35
  Nur- 28
  periodenfremde 31
  Zweck- 32, 35
Ausgaben 2, 9, 36

Auszahlungen 2, 9, 36, 166, 274, 306

Benefits, social 42
Beschaffungskosten bzw. -wert 20, 75, 268, 282
Beschäftigung 113, 146, 147, 247
  Maximal- 258
  Normal- 160, 164
  Über- 160
  Unter- 138, 139, 156, 160, 164, 197, 198, 271
  Voll- 164
Beschäftigungsgrad 105, 228
Bestandsrechnung 5, 15
Bestellmenge, optimale 268, 270
Betrieb 11, 15
Betriebsabrechnungsbogen 102
Betriebsergebnis 11, 21, 47, 52
Betriebsergebnisrechnung 1, 47, 48, 49
Betriebsstoffkosten 149, 247
Betriebswirtschaftslehre 330
Bewegungsrechnung 5
Bewertung 19, 22, 112, 120, 139, 148, 188, 257, 279
Bilanz 1, 5, 7, 16, 22
  handels- und steuerrechtliche 5
  kalkulatorische 5
Bilanzwahrheit 139, 194
Break even point 177
Break-Even-Punkt-Erreichung 188
Bruttoproduktionswert 49, 147
Buchhaltung
  Betriebs- 1, 26
  Geschäfts- 1, 26
Budgetkostenrechnung 228, 254

Controlling 327
Cost center 260, 283
Cost driver 286
Costing
  activity based 283
  job order 283
  marginal 140
  process 283
  target 294
Cost pool 283
Costs
  allowable 296, 302
  drifting 296, 300, 302
  overhead 257
  social 37, 42
  target 295, 296, 300, 302

Datenverarbeitung 328
Deckungsbeitrag 132, 142, 199, 206, 208, 265
  engpassspezifischer 170, 224
  Erzeugnis- 201
  Erzeugnisgruppen- 201
  Produkt- 179
  Stück- 179
Deckungsbeitragsrechnung, mehrstufige 208
Degressionseffekt 293
Determinantenverfahren 89
Dienstleistungsgeschäfte 16, 27, 38
Dienstleistungskosten 44, 48, 49
Direct Costing 141, 169, 177, 206
Direktkostenrechnung 140
Divisionskostenrechnung 56
  addierende 59
  durchwälzende 59
Durchschnittsprinzip 135

Effekte, externe 37, 42, 305
Eigenfertigung 271
Eigenkapitalzinsen s. Zinsen für Eigenkapital

Stichwortverzeichnis

Einnahmen 2
Einnahmen- und Ausgabenrechnung 1, 2, 9
Einzahlungen 2, 166
Einzahlungs- und Auszahlungsrechnung 1, 2, 9
Einzelerfassung, Prinzip der 136
Einzelkosten
  Arten 71, 75, 79, 219
  Begriff 62, 64, 65, 218
  Kostenstellen- 68, 82
  Kostenträger- 68
  relative 218
Einzelkosten- und Deckungsbeitragsrechnung 211
Einzelschrittverfahren 92
Einzel- und Gemeinkostenrechnung 64
Endkostenstelle 67, 77, 83
Engpassanalyse 169
Engpasskapazität 169
Entscheidungen 155, 164, 166, 207, 320, 325
Erfolgsneutralität 188, 189, 190
Erfolgswert 20
Erlöse s. Leistungen
Erlöskonzeption
  pagatorische 41
  wertmäßige 42
Ersatzbeschaffungsrücklage 21
Erträge 2, 38, 41, 45
  Anders- 40
  betriebsbezogene 40
  betriebsfremde 39
  leistungsgleiche 40
  leistungsverschiedene 40
  Nur- 39
  periodenfremde 40
  wertschöpfungsrelevante 331
  Zweck- 40

Erzeugnisse 19, 22, 25, 139, 188

Fehlbewertungen 139, 212
Fehlentscheidungen 138, 155, 156, 212, 223, 270, 293
Fertigungseinzelkosten 72, 74, 81, 114, 246
Fertigungsgemeinkosten 73, 74, 75, 95, 114
Fertigungskostenstelle 77, 320
Fertigungslohnkosten 72, 81, 246
Fertigungsmaterialkosten 71, 75
Finalitätsprinzip 135, 195
Finanzgeschäfte 17, 27, 38
Fixkostendeckungsrechnung
  differenzierende bzw. stufenweise 197, 199, 201, 205, 208
  globale 141
Fortschreibung 80
Fremdbezug 269
Fremdkapital 23
Fremdkapitalzinsen s. Zinsen für Fremdkapital

Gebäude 18, 21, 279
Gehaltskosten 252
Geldbestandsrechnung 1, 2
Gemeinkosten
  Arten 72, 75, 82
  Begriff 63, 64, 65, 218
  echte 218
  Kostenstellen- 68, 82
  Kostenträger- 68
  unechte 218
  Verrechnung 66, 69, 76, 83, 94, 212
Gemeinkostenanalyse 256
Gemeinkostendeckungsrechnung 213, 217, 218, 221
  globale 141, 221

stufenweise 221
Gemeinkostenwertanalyse 256
Gemeinkostenzuschläge 106
Gesamtprozesskosten 284, 286
Gesamtprozesskostensatz 284
Gewinn
  handelsrechtlicher 47, 53
  kalkulatorischer 5, 11, 47
  steuerrechtlicher 52
Gewinnaufschlag 33, 105
Gewinnfunktion 10, 114
Gewinnmaximumanalyse 187
Gewinnreagibilität 188
Gewinnschwellenanalyse 177, 187
Gewinn- und Verlustrechnung 5, 7, 26, 28, 38, 39, 42, 45, 188
Gleichungsverfahren 87
Grenzkosten 128
Grenzkostenrechnung 140
Grenzplankostenrechnung 229, 249
Grunderlöse s. Grundleistungen
Grundkosten 32, 34, 35
Grundleistungen 40, 41
Grundrechnung 222
Grundstücke 18, 21
Güter 2, 21, 37, 54, 70, 262

Handelstätigkeit bzw. -geschäfte 11, 16, 27, 38
Hauptkostenstelle 77, 308, 312
Hauptprozess 283, 293
Hauptprozesskosten 285
Hauptprozesskostensatz 285
Haupttätigkeit(sbereich) 2, 9, 15, 22
Herstellkosten 96, 101
Herstellungskosten bzw. -wert 20, 26, 120, 123, 278
High Point-Low Point Methode 150
Hilfskostenstelle 77, 308
Hilfsstoffkosten 149

Identitätsprinzip 135, 211
Industrielle Tätigkeit 11, 16, 27, 38
Informatik 326
Input-Größe 147
Interdependenz der Abweichungen 243, 252
Inventur 19, 78
Inventurmethode 80
Investitionsrechnung 166, 273
Istbeschäftigung 235
Istkosten 232, 249
Istpreis 232, 249
Istverbrauch(smenge) 232, 236, 249
  spezifischer 236

Kalkulation 1, 104, 113, 262
  Nach- 8, 109, 112, 118, 120
  progressive 210
  prozessorientierte 289
  retrograde 199, 209, 263
  Vor- 8, 104, 109, 113, 118
Kalkulationsobjekt 70
Kalkulationsschema 103, 120, 143, 206, 214
Kapazität 147, 273
Kapital
  bilanzielles 22
  kalkulatorisches 22, 33
Kausalitätsprinzip 133, 195
Komplexitätseffekt 292
Kontenrahmen
  Gemeinschaftskontenrahmen der Industrie 43
  Industrie- 43
Kosten 26, 42, 47
  absolut fixe 149
  Anders- 31, 34
  auftragsabhängige 156
  aufwandsergänzende 34

aufwandsgleiche 32, 34
aufwandsverschiedene 31, 34
ausgabenferne 221
ausgabenwirksame 221
beschäftigungsfixe bzw.
 -unabhängige 131, 146
beschäftigungsvariable bzw.
 -abhängige 131, 146
der Unterbeschäftigung 139, 197
degressive 148
fixe 129, 131, 133, 138, 139, 146, 148, 149, 219
gemischte 149, 247
intervallfixe 148
kalkulatorische 34
konstante 148
kundenabhängige 161
latente 157
leistungsmengeninduzierte 284
leistungsmengenneutrale 284
liquiditätswirksame 204
nicht-ausgabenwirksame 221
nicht-liquiditätswirksame 204
Nur- 34
periodenisolierte fixe 196
periodenverkettete fixe 196
primäre 83, 87, 89
produktabhängige 162
progressive 148
proportionale 148
sekundäre 83, 87
sprungfixe 148
stufenfixe 148
überproportionale 148
unterproportionale 148
variable 131, 133, 138, 139, 146, 148, 149, 219
volkswirtschaftliche 37, 304
Zusatz- 31, 34, 35
Kostenanteil 300, 301

Kostenartenrechnung 1, 67, 130, 262, 306
Kostenauflösung 149, 150, 151, 153
Kostenfunktion 10, 113, 167
Kostengüterarten 44, 75
Kostenkontrolle 229, 254
Kostenkonzeption bzw. -begriff
 pagatorische 36
 wertmäßige 35, 36
Kostenrechnung
 abfallbezogene 304
 abteilungsbezogene 225
 betriebsbezogene 15
 produktbezogene 54, 129
 produktionsfaktorbezogene 262
Kostenrechnungspflicht 8
Kostenrechnungsprinzipien 135, 195, 211
Kostenrechnungszwecke 9
Kostenreduktionsbedarf 212
Kostenstelle 57, 59, 76, 82, 83
 gemischte 315
Kostenstellenbeziehungen
 einseitige 84
 gegenseitige 87
Kostenstelleneinzelkosten 68, 82
Kostenstellengemeinkosten 68, 82
Kostenstellenrechnung 1, 67, 130
Kostenträger 70
Kostenträgereinzelkosten 68
Kostenträgergemeinkosten 68
Kostenträgerrechnung 1, 67, 130
Kostenträgerzeitrechnung 119
Kostentragfähigkeitsprinzip 137
Kostenüberdeckung 105, 106
Kostenüberschreitungen 109, 118, 232
Kosten- und Leistungsrechnung
 Arten 6
 Begriff 5

Verpflichtung 7
Zwecke 9
Kostenunterdeckung 106
Kostenunterschreitungen 233
Kostenverrechnung, innerbetriebliche 84
Kostenvorgabe 228, 229
Kreditbestandsrechnung 1, 2
Kreislaufverrechnung 92
Kuppelproduktionskostenrechnung 124

Lagerfertigung 104, 113
Leerkosten 258
Leistungen 37, 45, 47
 Anders- 40
 ertragsergänzende 40
 ertragsgleiche 40
 ertragsverschiedene 40
 Nur- 40
 Zusatz- 40
Leistungsverrechnung, innerbetriebliche 84
Leitsätze für die Preisermittlung aufgrund von Selbstkosten (LSP) 8
Lohnkosten 252
Lohnschein 81, 83, 246
Losgröße, optimale 267

Management by objectives 255, 262
Marktforschung 326
Maschinen 18, 21, 274
Maschinenstundensatzrechnung 96
Materialeinzelkosten 71, 74, 79, 114, 229
Materialentnahmeschein 80, 230, 232
Materialgemeinkosten 72, 74, 94, 114, 289
Materialkosten 44, 45, 48, 49, 75

Materialkostenstelle 77, 320
Matrizenverfahren 89
Menge, kritische 275
Mengenanpasser 119, 167
Mengeneinheitskosten 54, 57, 62, 63
Mengengerüst 19, 20, 228
Mengenkosten 132
Minimalkostenkombination 225, 230, 276

Nebentätigkeit(sbereich) 11
Nettoproduktionswert 49, 147
Normalkostenrechnung 228
Null-Basis-Budgetierung 255
Nutzenanteil 300, 301
Nutzungskosten 44, 48, 49, 75

Objectives, Strategies and Tactics System 255
Operations Research 327
Opportunitätserlöse bzw. -leistungen 116, 157
Opportunitätskosten 15, 105, 170
Output-Größe 147
Overhead Analysis 256
Overhead Value Analysis 256

Periodenkosten 131
Planarbeitszeit 246
Planbeschäftigung 231, 248
Plankalkulation 257
Plankosten 227, 231, 248
 spezifische 231, 248
 verrechnete 250
Plankostenrechnung 228
 flexible 228
 starre 228
Plankostensatz 257
Plankostenstellenrechnung 256

Stichwortverzeichnis

Plankostenträgerrechnung 256
Planlohnsatz 246
Planning Programming Budgeting System 255
Planpreis 230, 248
Planverbrauch(smenge) 230, 247
  spezifischer 233, 247
Platzkostenrechnung 76
Preis
  konkurrenzorientierter 294
  kostenorientierter 293
  nachfrageorientierter 294
Preisabsatzfunktion 10, 113, 167, 294
Preisfindung 110, 120
Preisobergrenze 262
Preispolitik 139, 167, 258, 292
Preisuntergrenze 156, 170
Price
  allowable 294, 295, 301
  target 294, 295, 301
Produktergebnis 10, 118
Produktergebnisrechnung 120
Produktfunktionen 299
Produktionsverfahren 274
Produktkomponenten 299, 300
Profit center 260
Prognosekosten 227, 257
Proportionalitätsprinzip 135
Proportionalkostenrechnung 140
Prozesskosten 284, 285, 286
Prozesskostenrechnung 282
Prozesskostensatz 284

Realisationsprinzip 139, 188, 195
Rechnung, retrograde 80
Rechnungsperiode 69
Rechnungswesen
  betriebswirtschaftliches 1, 331
  volkswirtschaftliches 331

Restwertmethode 54
Revenue center 260
Revision 328
Rohstoffkosten 79, 132, 157, 229
Rückrechnung 80

Sales mix 185
Satz, proportionaler 149
Schüttgüter 70, 282
Scratch Line Budgeting 255
Selbsterstellung 269
Selbstkosten 101, 120, 270
Selbstkostenpreis 7
Sicherheitsabstand 187
Sicherheitskoeffizient 187
Skontration 80
Solldeckungsbeitrag 168
Sollkosten 227, 235
Sollkostensatz 257
Sondereinzelkosten
  der Fertigung 72
  des Vertriebs 72
Sozialprodukt 331
Standardkosten 295, 301
Standardkostenrechnung 228
Statistik 327
Stelle 76, 225
Steuerkosten 44, 48, 49
Streupunktdiagramm 151
Stückeinzelkosten 65, 218
Stückgemeinkosten 65, 218
Stückgüter 70, 282
Stückkosten 54, 55, 56, 59, 62
Stückliste 230
Stufenleiterverfahren 84

Tätigkeit 283
Tageswert 20
Target Costing 293

Teilkosten 148, 189
Teilkostenrechnung 129
Teilprozess 283
Teilprozesskosten 283
Teilprozesskostensatz s. Prozesskostensatz
Treppenverfahren 84

Umlagesatz 284
Umlaufvermögen 19, 25
Umsatz, kritischer 185
Umsatzdeckungsbeitragsrate 205
Umsatzerlöse 37, 46
Umsatzfunktion 113, 167, 294
Umsatzrentabilität 206
Umwelt 302
Umweltkosten 303
Umweltkostenrechnung 302
  Gestaltung 305
  Zwecke 304
Umweltschutz 303
Umweltschutzkosten 303, 320, 323
Ungüter 303
Unternehmensforschung 327
Unternehmensführung 325
Unternehmerlohn 36, 44, 121
Unternehmung 11

Variabelkostenrechnung 129
Variantenkalkulation 289
Veräußerungswert 20, 139
Verbrauchskosten 44
Verfahren, iterative 92
Verhaltenskostenarten 146
Verkaufspreis 105, 167, 197
Verlustabsatzgebiet 138, 155
Verlustauftrag 138, 156
Verlustkunde 138, 161
Verlustprodukt 138, 162

Verlustproduktion 138, 163
Vermögen
  handels- und steuerrechtliches 16
  kalkulatorisches 15, 19
Vermögens- und Kapitalrechnung
  handels- und steuerrechtliche 2, 5
  kalkulatorische 2, 5, 15
Verordnung über die Preise bei öffentlichen Aufträgen (VPöA) 7
Verrechnung
  simultane 87
  sukzessive 84
Verrechnungskostenarten 64, 147
Verrechnungspreis 89, 92, 230
Verteilungsverfahren 124
Vertriebsgemeinkosten 73, 96, 98, 289
Vertriebskostenstelle 76, 77
Verursachungsprinzip 133, 188, 194, 198, 212
Verwaltungsgemeinkosten 74, 101, 289
Verwaltungskostenstelle 77
Volksvermögen 331
Volkswirtschaftslehre 331
Vollkostenrechnung 54
Vollplankostenrechnung 229
Vorgabekosten 227
Vorkostenstelle 67, 77, 83, 222, 307
Vorschaukosten 227
Vorsichtsprinzip 20, 29, 31, 197

Wagniskosten 44, 48, 49
Wagnisse, kalkulatorische 29, 45, 121
Wertanalyse 256
Wertberichtigungskosten 44, 45, 48, 49
Wertschöpfungsrechnung 37, 47, 331

Wertsteigerungsrücklage 21
Wiederbeschaffungskosten bzw.
 -wert 20, 30, 33, 80
Wiederbeschaffungspreis 36

Zeitkosten 131
Zeitlohn 81
Zero Base Budgeting 255
Zielkosten 295, 299, 301
Zielkostenindex
 alternativer 301
 nach Tanaka 300
Zielkostenkontrolldiagramm 301
Zielkostenrechnung 293

Zielkostenspaltung 299
Zinsaufwendungen 27, 28
Zinsen
 für Eigenkapital 28, 32, 36, 105, 121
 für Fremdkapital 27, 121
 kalkulatorische 23, 33, 52, 121
 versteckte 24
Zinskosten 24, 44, 48, 49
Zusatzprodukt 174
Zuschlagsgrundlage bzw. -satz 66
Zuschlagskostenrechnung 62
Zuschreibungen 21, 40
Zwischenkostenstelle 77, 83

Hofmann/Hofmann/Küpper
Übungsbuch zur Finanzbuchhaltung

Von Prof. Dr. Christian Hofmann, Tübingen, Dr. Yvette Hofmann und Prof. Dr. Hans-Ulrich Küpper, München
2004. XI, 317 Seiten. Kartoniert € 16,–
ISBN 3-8006-3132-6

Vahlens Übungsbücher der Wirtschafts- und Sozialwissenschaften

Hofmann/Hofmann Küpper
Übungsbuch zur Finanzbuchhaltung

Verlag Vahlen

Ein ausführlicher Lösungsteil

Das Übungsbuch umfasst das System der Buchführung, die Verbuchung laufender Geschäftsvorfälle, die Vorbereitende Abschlussbuchungen, den Jahresabschluss, Sonderbilanzen sowie die Kapitalflussrechnung. Neben einem ausführlichen Lösungsteil wird das Übungsbuch durch einen Kontenplan und ein Kurzlexikon ergänzt. Das Übungsbuch eignet sich hervorragend für Studierende der Wirtschaftswissenschaften an Universitäten, Fachhochschulen und Akademien sowie für Auszubildende in einer kaufmännischen Lehre.

Das Übungsbuch umfasst folgende Themenschwerpunkte:
– Das System der Buchführung
– Verbuchung laufender Geschäftsvorfälle
– Vorbereitende Abschlussbuchungen
– Jahresabschluss
– Sonderbilanzen
– Kapitalflussrechnung

Neben einem ausführlichen Lösungsteil wird das Übungsbuch durch einen Kontenplan und eine Kurzlexikon ergänzt.

Bestellen Sie bei Ihrem Buchhändler oder bei:
Verlag Vahlen, 80801 München · Fax: 089/38189-402
www.vahlen.de · E-Mail: bestellung@vahlen.de